Cornelia Weinmann

Jesus ruft seine Braut

Cornelia Weinmann

Jesus ruft seine Braut

Gottes Herzschlag für Deutschland
im Hohelied entdecken

GloryWorld-Medien

1. Auflage 2021

Bibelzitate sind, falls nicht anders vermerkt, der folgenden Bibelübersetzung entnommen:

NEUELUTHER BIBEL 2009, F. C. Thompson Studienausgabe, nach der Übersetzung Martin Luthers 2009, La Buona Novella Inc. CH-8832 Wollerau, 2. Aufl. 2013.

Weitere Bibelübersetzungen:

ELB: Elberfelder Bibel, NASB (New American Standard Bible), zweisprachige Ausgabe, SCM R. Brockhaus, Witten, 2. Aufl. 2012.

HFA: Hoffnung für Hoffnung für alle, Die Bibel, Brunnen-Verlag Basel und Gießen, 3. Aufl. 1998. Die Heilige Schrift, ins Deutsche übertragen von Naftali Herz Tur-Sinai, SCM-Verlag GmbH & Co. KG, Witten, 3. Aufl. 2017,

ELSA: Elberfelder Studienbibel mit Sprachschlüssel, Das Alte Testament, revidierte Fassung, R. Brockhaus Verlag, Wuppertal 2001.

ELSN: Elberfelder Studienbibel mit Sprachschlüssel, Das Neue Testament, revidierte Fassung, R. Brockhaus Verlag Wuppertal und Zürich, 2. Aufl. 1995.

Das Buch folgt den Regeln der Deutschen Rechtschreibreform. Die Bibelzitate wurden diesen Rechtschreibregeln angepasst.

Lektorat: Klaudia Wagner
Satz: Manfred Mayer
Illustrationen und Umschlagbild: Horacio Marcelo Valera-Cucinelli; www.quelledergnade.de
Umschlaggestaltung: Jens Neuhaus, www.7dinge.de

Printed in the EU

ISBN: 978-3-95578-397-6
Bestellnummer: 356397

Erhältlich beim Verlag:

GloryWorld-Medien
Beit-Sahour-Str. 4
D-46509 Xanten
Tel.: 02801-9854003
Fax: 02801-9854004
info@gloryworld.de
www.gloryworld.de

oder in jeder Buchhandlung

Inhalt

Widmung

Ich widme dieses Buch dem himmlischen Bräutigam Jesus Christus und seiner weltweiten Brautgemeinde, besonders in Deutschland, meiner Heimat. Darin denke ich zunächst an meine Familie, in der Jesus mich zu einem Leben mit ihm gerufen hat. Ich denke an den CVJM meiner Heimatgemeinde in der evangelischen Landeskirche und an die pietistische Gemeinschaft, die mich geprägt und mir Jesus lieb gemacht haben. Darüber hinaus widme ich dieses Buch aber auch den freikirchlichen Gemeinden und Gemeinschaften, in denen ich im Glauben weiter wachsen und das himmlische Vaterhaus besser kennenlernen konnte. Dazu gehören auch die jüdischen Geschwister, und mein Dank gilt besonders denen, die mir als einer Deutschen im Namen Jeshuas Vergebung zugesprochen haben.

Nicht zuletzt ist es all denen gewidmet, die sich von Jesus in eine neue Zeit rufen lassen, um mit ihm zusammen gerade Deutschland in ein Land zu verwandeln, das die Menschenfreundlichkeit des himmlischen Vaters widerspiegelt, „wie im Himmel so auf Erden“.

Ein Wort auf den Weg

„Jesus ruft seine Braut." In diesem unscheinbar klingenden Titel verbergen sich sowohl die größte Sehnsucht des Himmels als auch die tiefste Sehnsucht der Menschheit nach Liebe und Bedeutung, Sinn und Kraft. Gerade in den Wirren und Erschütterungen, die uns in dieser Zeit persönlich, national und weltweit betreffen, fragen wir nach dem Unerschütterlichen, nach dem, was Halt, Liebe und Freiheit zugleich geben kann. Im Ruf des Sohnes Gottes nach seiner Braut finden wir Antworten und Perspektiven, die in diesem Buch zur Sprache kommen und uns in Bewegung bringen wollen – vielleicht sogar in der Leichtigkeit von Tanzschritten. Die Bedeutung des Buches „Hohelied" in der Mitte der Bibel und was das mit unserem Leben heute zu tun hat – zunächst im deutschen Kontext, und dann auch im Blick auf die internationalen Verbindungen –, ist dabei ein zentrales Thema dieser Botschaft.

Ich bin diesen „geistlichen Weg" durch das Hohelied gegangen, weil mir darin die himmlische Geschichte der Liebe Gottes zu seiner Menschheit aufgeleuchtet ist. Aus meiner Sicht als Deutsche habe ich ich diese himmlische Liebesgeschichte aber auch vor dem Hintergrund unserer *nationalen Geschichte* betrachtet; denn der Sohn Gottes ruft seine Braut aus jedem Volk und Land, also auch aus Deutschland. Im Zusammenhang mit unserer nationalen Geschichte fiel mein Blick dabei besonders auf die Geschichte der Gemeinde Jesu, und ich begann mich zu fragen: Haben sich die Konfessionen und Denominationen der Christenheit dem *Geist* dieser Liebe schon geöffnet, oder noch nicht? Nicht zuletzt berührt das Lied der Lieder vor allem die persönliche Geschichte jedes einzelnen Menschen, der es liest und singt. Denn die „Braut", die von Jesus geliebt wird, ist keine Organisation, sondern eine Person. Darum lädt das Hohelied ein, im Glauben an Gott zu ergreifen, dass diese Liebesgeschichte kein Märchen ist, sondern zur befreienden Wahrheit in jedem Herzen werden will – egal, aus welchem persönlichen, gemeindlichen und nationalen Hintergrund wir selbst kommen mögen.

Auch wenn dieser „Durchgang" durch das Hohelied in erster Linie einen Teil der deutschen Geschichte aufnimmt, lädt er jeden Menschen, egal welcher Nationalität, ein, dieses Lied mit dem Herzen zu lesen, es dort zu empfangen und zu bewegen. Denn nur dort kann auch die Antwort erwachsen, die den Glauben an Jesus in leichte Tanzschritte verwandelt.

So ist es ein persönlicher Entschluss, zu ihm umzukehren und den Weg in die Zukunft mit ihm zusammen zu gehen. Denn Jesus will jeden persönlich zu diesem Weg in Gemeinschaft mit ihm und vielen anderen, die sich rufen lassen, einladen.

Meine eigenen Schritte mit Jesus ins Hohelied hinein – und was er mir darin aufs Herz gelegt hat (wie alles begann und worum es geht) – sollen am Beginn dieses Buches stehen; sie mögen für jeden zur „Folie" werden, den eigenen Weg im Licht seiner Liebe zu betrachten und Glaubensschritte mit ihm in neuer Leichtigkeit zu gehen. Zusammen mit der ganzen Brautgemeinde Christi können diese Schritte dann in einen „himmlischen Tanz" münden, der gerade in der kommenden Zeit für viele eine große Anziehungskraft gewinnt, den kennenzulernen, der diese Leichtigkeit ins Leben bringt.

Nach den Tanzschritten des Glaubens durch die acht Strophen des Hohelieds hindurch bleibt am Ende dann nur die Frage, was wir mit dem großen Angebot seiner Einladung machen. Werden wir im Bund mit ihm das Leben lieben, allen Hass überwinden und zu Liebenden werden, bis er kommt und die Hochzeit im Himmel beginnt? Dazu sind wir eingeladen.

Cornelia Weinmann

אל

Prolog

Wie alles begann

Das Hohelied, geistlich gelesen, beschreibt die Geschichte der größten Liebe überhaupt. Sie begann in der Dimension des Himmels, im Herzen des dreieinigen Gottes.[1] Der Teil der Menschheit, der ihm glaubt, hat dadurch Anteil an einer unvergleichlichen Berufung, einer Berufung, durch die er zugleich eine Perspektive gewinnen kann, die befreiend ist. Die Menschen, die Gott glauben, sind es dann, die zur Braut des himmlischen Bräutigams werden und so auch persönlich ihr eigenes wahres Wesen kennenlernen. Auf diese Weise können sie die Liebe erfahren, für die sie geboren und geschaffen wurden. Wie im Himmel, sollte es auf der Erde sein. Doch durch den Unglauben ihrer Erwählung gegenüber verlor die Menschheit den Himmel *und* die Erde und damit auch sich selbst. Und anstatt im Garten des Lebens in Gemeinschaft mit Gott seine Schöpfung zu regieren, begann eine Geschichte von Neid, Hass und Kriegen, die im Geist der Rebellion gegen die Königsherrschaft Gottes geführt wurden und Menschen bis heute zu Sklaven machen.

Doch mit dem schönsten aller Lieder, das übrigens am Höhepunkt des jüdischen Passahfestes gelesen wird, dürfen wir zusammen mit den Jüngern Jesu von damals auch heute Gottes Ruf nach Herzensgemeinschaft mit jedem einzelnen Menschen hören wie ein Liebeslied. Denn er selbst singt es und will dadurch unsere Herzen heilen und eine Bewegung auslösen – vergleichbar den leichten Schritten einer Braut, wenn sie am Tag der Hochzeit auf dem Weg bis zum Altar ihrem Bräutigam entgegengeht.

[1] Vgl. Eph. 1,4.5.

A Glaubensschritte der Braut Christi – Gründe im Wort Gottes

„Seht, der Bräutigam kommt! Geht hinaus, ihm entgegen!“[2] Jesus selbst ruft seine Braut in diesem Gleichnis von den zehn Jungfrauen im Rahmen seiner Endzeitreden. Denn er selbst ist der Bräutigam.[3] Doch wer ist es, der nach Himmelfahrt und Pfingsten sein zweites Kommen ankündigt und die Einladung ausspricht, aus dem Bisherigen hinauszugehen, ihm entgegen? Und was hat das mit dem Hohelied zu tun, dessen Entstehung dem Friedenskönig Salomo vor fast 3000 Jahren zugeschrieben wird, der ein Mädchen zur Braut erwählt hat und um sie wirbt? Das gemeinsame Band wird allein darin sichtbar, dass bis zum 19. Jahrhundert dieses kleine Liebeslied geistlich mit Gottes unvergleichlicher Liebe zu seinem Volk als seiner Braut im Alten wie im Neuen Testament verbunden wurde.[4] Auch seit der Zeitrechnung nach Christi Geburt hat es auf dieser geistlichen Ebene zusammen mit dem Römerbrief die meisten Kommentare hervorgebracht. Erst im 19. Jahrhundert, nach der Aufklärung, wurde das Hohelied fast ausschließlich auf der horizontalen Ebene einer menschlichen Liebesgeschichte behandelt.[5] Dadurch ging in Deutschland und vielleicht der ganzen westlichen Welt die geistliche Dimension, der innerste Kern dieser tiefen und zugleich weltumspannenden Liebe Gottes, weitgehend verloren.

Doch seit den 1990er-Jahren fingen Männer und Frauen Gottes wieder an, im Hohelied den himmlischen Bräutigam zu entdecken, der wiederkommt, und in den Nachfolgern Jesu aus allen Völkern die Braut, die er in eine reife Partnerschaft mit sich ruft, denn die Hochzeit im Himmel steht bevor. Schon der Apostel Johannes hatte dieses Ereignis in Offenbarung 19,7 im Geist – das heißt in einer Dimension außerhalb von Raum und Zeit – gesehen und prophetisch in Vorfreude

---

[2] Mt. 25,6.

[3] So sah ihn schon sein Wegbereiter, Johannes der Täufer, als er im Blick auf Jesus und seine Jünger sagte: „Der die Braut hat, ist der Bräutigam“ (Joh. 3,29).

[4] Vgl. Hes. 16,1-14; Hos. 2,18-25; Jes. 54,2-5; 62,4.5 u. a.; Eph. 5,32. Vgl. die Einleitung zum Hohelied in der ELSA, S. 781.

[5] Vgl. Mike Bickle in *Den meine Seele liebt, Ein Bibelstudium zum Hohelied Kapitel 1 bis 5,1,* 2. Aufl., Asaph Verlag, Lüdenscheid 2016, S. 16; im Folgenden zitiert als Bickle, *Hohelied,* Band 1.

ausgerufen: „Wir wollen uns freuen und fröhlich sein und ihm die Ehre geben; denn die Hochzeit des Lammes ist gekommen, und seine Braut hat sich bereit gemacht!"

Doch bis zu dieser Hochzeit sind es gerade der Heilige Geist und die Braut, die einer Welt ohne Jesus zurufen: „Seht, der Bräutigam kommt! Geht hinaus, ihm entgegen!" Diese Überbringer der Botschaft werden bis ins letzte Kapitel der Bibel bezeugt: „Und der *Geist* und die *Braut* sagen: ‚Komm!' … Und wen dürstet, der komme; und wer da will, der nehme das Wasser des Lebens geschenkt."[6] Und ganz am Ende ist es der Ruf der Braut, die ihn bittet: „Komm, Herr Jesus!", auf den er hört und handelt: „Ja, ich komme bald."[7] Dieser Ruf der Sehnsucht ist wie die ganze Bibel in der *Sprache des Herzens* verfasst, die von Bildern und Vergleichen lebt. Zugleich hat die Sehnsucht nach Jesus am Beginn des dritten Jahrtausends viele neue Lieder hervorgebracht, die zu Glaubensschritten wie im Tanz mit dem König aller Könige einladen und in die Bitte: *„Dance with me, O Lover of my soul to the song of all songs."*[8]

---

[6] Offb. 22,17.

[7] Offb. 22,20.

[8] Text und Musik von Robert Stearns. Der ganze Text und das Lied, interpretiert von Paul Wilbur in Internetquelle: Wilbour, Paul (2013): Dance with me. Online abrufbar unter: https://www.youtube.com/watch?v=7_4gJvDy2gU. [Zuletzt: 05.07.2021]. Der ganze Text lautet: *„Romance me o Lover of my soul to the song of all songs. Behold You have come, Over the hills, Upon the mountains. To me You have run, My beloved. You've captured my heart. With you I will go. You are my love, you are my fair one. Winter has passed and the springtime has come. Dance with me O Lover of my soul to the song of all songs. Romance me o Lover of my soul to the song of all songs. Take my hand O Lover of my soul. Sing a song of all songs. Come and take us to Yourself, O Lord, Sing a song of all songs."* In diesem Liedtext sind Bilder aus dem Hohelied aufgenommen, die in diesen Tanz geführt haben. Ins Deutsche übertragen lautet es: „Tanz mit mir, Liebhaber meiner Seele, zum Lied der Lieder. Wirb um mich, Liebhaber meiner Seele, zum Lied der Lieder. Sieh, du bist gekommen über die Hügel, über alle Berge hinweg. Zu mir bist du gelaufen, mein Liebster. – Du hast mir das Herz geraubt. Mit dir will ich gehen. – Du bist meine Liebe, meine Einzige. Der Winter ist vorbei und der Frühling ist gekommen. – Tanz mit mir, o Liebhaber meiner Seele zum schönsten aller Lieder. Wirb um mich, o Liebhaber meiner Seele zum Lied der Lieder. Nimm meine Hand, o Liebhaber meiner Seele. Sing ein Liebeslied. Komm und nimm uns zu dir selbst, o HERR! Sing ein Lied aller Lieder."

B Wie ich selbst die Aufforderung zum Tanz mit dem König erlebte – persönliche Gründe

Wie ich dazu kam, im Hohelied Jesus als König und Bräutigam zu entdecken und mich in diesen Ruf des Geistes und der Braut einzureihen, ist auch eine Geschichte, die am Anfang stehen soll. Denn es ist nicht zuletzt eine Geschichte mit dem Heiligen Geist, ohne den die Braut Christi nicht im Namen Jesu einladen kann, das Lied dieser Liebe zu singen und die Tanzschritte des Glaubens zu lernen.

1. Geistlicher Hintergrund

In Kindheit und Jugend von der württembergischen Landeskirche geprägt, erlebte ich, dass der Heilige Geist dort kein großes Thema war; es ging schon gar nicht um eine bewusste Beziehung zu ihm. Einmal hatte ich als Jugendliche in unserer Dorfkirche dennoch eine Begegnung mit ihm, ohne dass ich sie lehrmäßig hätte nachvollziehen können. Doch nach einer Passionsandacht, nachdem ich die Kirche bereits verlassen hatte, rief er mich zurück in den Altarraum, zu Jesus am Kreuz. So kehrte ich um und ließ meine Freundin, mit der ich dort gewesen war, allein nach Hause gehen. Und immer wieder hörte ich die Stimme des Heiligen Geistes, seit ich mit achtzehn Jahren mein Leben im Gebet auf sein Reden hin Jesus anvertraut hatte.

2. Glaubens-, Lebens- und Dienstgemeinschaft ab 1984

Drei Jahre später schloss ich mich auf ein weiteres, für mich unzweifelhaftes Reden des Heiligen Geistes hin mit 21 Jahren einer Lebensgemeinschaft an, die der Landeskirche nahesteht und mit ihr zusammenarbeitet, jedoch ohne von ihr abhängig zu sein. Ich selbst hatte dann als Religionspädagogin mein Dienstfeld direkt innerhalb der evangelischen Kirche. Sowohl dort als auch in dieser Lebensgemeinschaft spielte der Heilige Geist während meiner Zeit eher eine untergeordnete Rolle. Zwar war er der Gründerin sehr wichtig gewesen, doch hatte das nicht zu einer geförderten und durch Lehre verankerten Gemeinschaft mit ihm und auch nicht zu einer Evangeliumsverkündigung mit Zeichen und Wundern in der Kraft des Heiligen Geistes geführt, wie Jesus sie denen verspricht, die glauben: „In meinem Namen werden sie Dämonen austreiben, mit neuen Sprachen reden,

Schlangen aufheben; und wenn sie etwas Tödliches trinken, wird es ihnen nicht schaden; auf die Kranken werden sie die Hände legen, und sie werden gesund werden."[9] Selbst wenn es bei Einzelnen in dieser Gemeinschaft vielleicht so war und ist, schien die Leitung, je länger desto mehr, ihn kontrollieren zu wollen. Obwohl es seine Aufgabe ist, wie eine Mutter die Kinder Gottes zum wahren Vater und damit in die Freiheit eines bestätigten Lebens zu führen, wie in 2. Korinther 3,17 beschrieben, wurde er eher „an der Leine gehalten." Man redete über ihn, beschäftigte sich mit ihm, aber die Kontrolle bekam er nicht.

Ob es an der Berliner Erklärung lag, die 56 leitende Christen der pietistischen Gemeinschaftsbewegung im Jahr 1909 unterschrieben hatten? Denn sie besagte, dass die ganze Bewegung des Heiligen Geistes, die in diesen Jahren in Amerika begonnen hatte, nicht von Gott komme, sondern „von unten." Doch damit waren alle Kreise dieser leitenden Brüder unter einen Geist der Ablehnung dem Heiligen Geist gegenüber gekommen, wie auch unsere pietistische Gemeinschaft, die mit dieser Erklärung indirekt persönlich verwoben war. Erst viel später stellte ich mir darum die Frage: War das Übernommenwerden vom nationalsozialistischen Geist in Deutschland auch deshalb unter vielen Gläubigen in Gemeinden und Gemeinschaften möglich, weil der Heilige Geist als Geist der Wahrheit und der Unterscheidung „vertraglich" ausgeschlossen worden war?[10]

Ohne diese Zusammenhänge zu sehen, musste ich auch bei mir selbst im Rückblick feststellen: Obwohl ich das Reden des Heiligen Geistes wegweisend erlebt hatte, konnte ich mir nicht vorstellen, ihn direkt im Gebet anzusprechen,[11] wie es in alten und neuen Liedern

---

[9] Mk. 16,17.18; vgl. Apg. 1,8.

[10] Vgl. Die Berliner Erklärung in Internetquelle: *Berliner Erklärung (Religion).* Online abrufbar unter: https://de.wikipedia.org/wiki/Berliner_Erklärung_(Religion). [Zuletzt: 05.07.2021]. Im Folgenden zitiert als Berliner Erklärung. Vgl. auch Jürgen Bühler (2021): *Die Berliner Erklärung und der Holocaust, ICEJ Deutschland (Präsident der International Christian Embassy Jerusalem).* Online abrufbar unter: https://www.youtube.com/watch?v=D5OBdiRzIEA [Zuletzt: 05.07.2021]. Im Folgenden zitiert als Bühler, Die Berliner Erklärung und der Holocaust. Auch er vertritt die Überzeugung, dass die Berliner Erklärung maßgeblich dafür verantwortlich ist, dass der Holocaust in Deutschland möglich war.

[11] Mir war nicht bewusst, dass Gott schon im Alten Testament seinen Propheten Hesekiel dazu aufforderte, den Heiligen Geist zu rufen, in das Tal der Toten zu

geschieht, so auch in dem Pfingstlied: „O komm, du Geist der Wahrheit!“[12] Ich ersetzte ihn durch den Namen Jesus oder sang nicht mit. Er war mir als Gegenüber einfach fremd; und ich hatte Angst, etwas falsch zu machen.

3. Gebot des Heiligen Geistes 2014

Nach 30 Jahren in dieser Gemeinschaft hörte ich erneut auf eindrückliche Weise und wiederholt die Stimme des Heiligen Geistes. Ganz unerwartet vernahm ich in meinem Innern im Herbst 2014 bei einem Spaziergang den Auftrag, die Gemeinschaft vom nationalsozialistischen Geist zu lösen. Es war keine Option; es war ein Gebot, so wie auch Josua die Stimme Gottes angesichts der großen Aufgabe, sein Volk in das verheißene Land Israel zu führen, deutlich gehört hatte: „Sieh, ich habe dir *geboten*, getrost und unverzagt zu sein. Lass dir nicht grauen und entsetze dich nicht; denn der HERR, dein Gott, ist mit dir überall, wohin du gehst!“[13]

Natürlich prüfte ich diesen Auftrag, denn ich konnte zunächst gar nichts damit anfangen; doch ignorieren konnte ich ihn auch nicht. Darum erzählte ich meiner damaligen Leitung schließlich davon, die sich jedoch in keiner Weise dazu äußerte, sodass ich im Blick auf die Bedeutung dieser Aufforderung im Dunkeln blieb. Da ich auch im Internet keinen Eintrag zu diesem Stichwort fand, geriet es angesichts meiner täglichen Pflichten wieder in den Hintergrund.

4. Gemeindediakonin im Seniorenbereich ab 2016

Durch einen Teilzeitauftrag als Gemeindediakonin unter Senioren kam dieses Thema jedoch gut ein Jahr später wieder an die Oberfläche. Mit dem Kontakt zu den Bewohnern eines Altenheims und durch ein Fortbildungsangebot beschäftigte ich mich mit den „kriegstraumatischen Folgen für ältere Menschen heute und den Konsequenzen für

---

kommen und dort hineinzublasen, sodass die Menschen seines Volkes lebendig werden, um ihr Leben aus Gott zu leben. Vgl. Hes. 37,9.10.

[12] Philipp Spitta, O komm, du Geist der Wahrheit, in: Evangelisches Gesangbuch, Gesangbuchverlag Stuttgart GmbH, 1. Aufl., Stuttgart 1996, Nr. 136. Im Folgenden zitiert als EG.

[13] Jos. 1,9.

die Seelsorge" – so der Titel der Fortbildung mit Udo Baer.[14] Und auf einmal war die nationalsozialistische Geschichte meines Volkes, auch 70 Jahre nach Kriegsende, wieder ganz präsent. Denn die Tatsache, dass im Alter unbewältigte und traumatische Erfahrungen auf vielfältige Weise an die Oberfläche kommen, wurde mir bewusst, als zum Beispiel einmal ein über 90-jähriger Mann mitten in einer Feier des Altenheims ganz unvermittelt zu mir sagte: „Was wir den Juden angetan haben, war nicht recht."

Mir wurde zunehmend bewusst, dass diese und viele andere Themen im Zusammenhang damit unser ganzes Volk betreffen. Was immer auf politischer Ebene schon geschehen ist, berührt bis heute nicht unbedingt die Ebene von Kirchengemeinden und Familien in der Kriegs- und Nachkriegsgeneration und ihren Kindern, den Kriegsenkeln. Vielmehr fand und findet das große Schweigen auf der familiären und persönlichen Ebene seinen Ausdruck in vielen Erscheinungsformen – wie einer harten, gefühlsarmen oder -kalten, leistungsorientierten oder aggressiven Erziehung und vielen anderen traumatischen Reaktionen aus dem Körpergedächtnis.[15] Auch die inneren Fragezeichen

[14] Dort kam ich auch in Berührung mit seinen Büchern wie Udo Baer, *Wo geht's denn hier nach Königsberg,* Wie Kriegstraumata im Alter nachwirken und was dagegen hilft, Semnos Verlag, Neukirchen-Vluyn 2014; im Folgenden zitiert als Baer, *Königsberg.* Udo Baer, Gabriele Frick-Baer, *Wie Kriegstraumata in die nächste Generation wirken,* Untersuchungen, Erfahrungen, therapeutische Hilfen, Semnos Verlag, Neukirchen-Vluyn 2012, im Folgenden zitiert als Baer/Frick-Baer, *Traumata in der nächsten Generation.* Und Gabriele Frick-Baer, *Kreative Traumatherapie: Aufrichten in Würde,* Methoden und Modelle leiborientierter kreativer Traumatherapie, Semnos Verlag, 2. Aufl., Neukirchen-Vluyn 2015. Im Folgenden zitiert als Frick-Baer, *Aufrichten in Würde.* Diese Bücher haben mir nicht nur für die ältere Generation der Kriegs- und Nachkriegskinder ein neues Verständnis geschenkt, sondern auch für meine eigene Generation der Kriegsenkel, wie Sabine Bode sie in ihrem Buch Kriegsenkel beschreibt. Vgl. auch Sabine Bode, *Die vergessene Generation,* Die Kriegskinder brechen ihr Schweigen, Klett-Cotta Verlag, 27. Aufl., Stuttgart 2015. Im Folgenden zitiert als Bode, *Kriegskinder.* Und Sabine Bode, *Kriegsenkel.* Die Erben der vergessenen Generation, Klett-Cotta Verlag, Stuttgart 2009.

[15] Über die kriegstraumatisierten Väter wird häufig erzählt, dass sie nicht nur unruhig waren, sondern auch oft Jähzornanfälle und cholerische Attacken an Kindern, Partnerinnen und Nachbarn auslebten, immer „beleidigt" und „überempfindlich" waren. Sie sind in einem Zustand der chronisch erhöhten Erregung und Reizbarkeit. Diese Erfahrungen sind berichtet in Baer/Frick-Baer, *Traumata in der nächsten Generation,* S. 32.

und Verunsicherungen – im Blick auf die Bedeutung der eigenen Person als Deutscher nach einem verlorenen Weltkrieg und im Blick auf den Sinn des Lebens nach den unzähligen Verlusten und Entbehrungen, der Schuld und der Scham – wurden mit und ohne Worte an die nächste Generation weitergegeben.[16]

Unter diesen Eindrücken begann ich, für einen nationalen Buß- und Bettag zu beten, an dem der Heilige Geist uns als Volk zum Kreuz Jesu ziehen könnte, wie ich es als Jugendliche schon ganz persönlich erlebt hatte. Dann wären Trauer, Trost und neue „Tanzschritte" der Hoffnung und des Glaubens für alle möglich, die sich dazu einladen lassen, so dachte ich. Denn der Heilige Geist ist ja der Tröster, der wahre Beistand, der allein das aufschließen kann, was im Menschen ist.[17]

Zugleich will er auch das erschließen, was in Wahrheit am Kreuz Jesu an Vergebung und Befreiung zugänglich wurde, ob man sich in seiner nationalen Identität eher als Opfer oder als Täter empfindet. Aber aufgrund der damaligen Propaganda und Umdeutung des Evangeliums war dessen Bedeutung durch andere Mächte verdreht und umgekehrt worden. So lautete zum Beispiel das Schulgebet damals: „Führer, mein Führer, von Gott mir gegeben, beschütz' und erhalte noch lange mein Leben. Hast Deutschland gerettet aus tiefster Not – dir danke ich heute mein täglich Brot! Bleib lange noch bei mir –

---

[16] Das Thema der Scham habe ich dann von demselben Verfasser in hilfreicher und erhellender Weise aufgenommen gesehen in Udo Baer, Gabriele Frick-Baer, *Vom Schämen und Beschämtwerden,* Semnos Verlag, Neukirchen-Vluyn 2008. Im Folgenden zitiert als Baer/Frick-Baer, *Vom Schämen.* So geben sie dort zu bedenken: „Lange Zeit wurden Faschismus, Krieg, Pogrome und die Ermordung von sechs Millionen Juden als Teil deutscher Geschichte des 20. Jahrhunderts ausgeblendet. Schamlos versteckte und versteckt eine ganze Generation ihre Scham über das, wozu sie geschwiegen hat. Dieses Schweigen bot und bietet der Scham ein Zuhause und füllt die Atmosphäre zahlloser Familien." A.a.O., S. 116. Doch die Werte unserer Gesellschaft lassen es nicht wirklich zu, sich zu entschuldigen. Sie drücken es so aus: „Wer sich entschuldigen möchte, findet … allerdings auch wenig Rückendeckung. Es gibt in unserem Land keine Kultur der Reue und des Entschuldigens, es gibt eher eine Kultur des Vertuschens und des Verschweigens, des Aussitzens und des Verhüllens." A.a.O., S. 117.

[17] Jesus selbst spricht vom Heiligen Geist als seinem Stellvertreter, der als Tröster und Geist der Wahrheit zu den Seinen kommt, wenn er selbst zum Vater in die himmlische Dimension zurückkehren würde: Joh.16,15.

verlaß' mich nicht! Führer, mein Führer, mein Glaube, mein Licht! Heil, mein Führer!"[18]

5. Gebetskreis 2017

Mir selbst unbewusst, konnte auch ich mich im Blick auf meine nationale Identität nicht in der Tiefe annehmen, bis Jesus in einem Gebetskreis dieses Thema überraschend berührte. Während jemand spontan Gott dafür dankte, wie sehr er Deutschland und die Deutschen liebe, wehrte sich innerlich alles in mir. Ich konnte es nicht annehmen. Verstandesmäßig zwar überzeugt, aber gefühlsmäßig völlig blockiert, kämpfte ich mit den Tränen.

Mitten in meinem Schmerz erschien mir Jesus plötzlich vor meinen inneren Augen. Er kam vom Kreuz her auf mich zu und ich hörte in meinem Herzen die Worte aus seinem Mund: „Der ganze Todesstrom, der von Deutschland ausging, fließt bis in meine Wunde am Herzen und nicht weiter. Glaubst du das?" Im Aufruhr meiner Gefühle antwortete ich leise: „Ja, ich glaube."

Als ich meine Augen durch einen Tränenschleier hindurch öffnete, hatte jemand inzwischen die Deutschland-Fahne auf den Boden gelegt, und da sah ich es: Das Schwarz – der Todesstrom – hatte eine Grenze. Er ging nur bis zum Rot, in dem ich jetzt das reinigende Blut Jesu sah, und nicht weiter; das hieß: bis zu seiner Wunde am Herzen, an der dieser Strom stoppen musste, denn er hatte mit *seinem* Blut vollständig dafür bezahlt. Von dort ging es ins Gold, in dem ich das ewige Leben sah, das trotz allem in diesem Land für jeden zu finden

[18] Penkazki, *Israel und wir,* S. 31. Das Glaubensbekenntnis „Deutscher Christen" und des deutschen Volkes lautete: „Wir glauben auf dieser Erde allein an Adolf Hitler. Wir glauben, dass der Nationalsozialismus der allein selig machende Glaube für unser Volk ist. Wir glauben, dass es einen Herrgott im Himmel gibt – dieser Herrgott hat uns Hitler gesandt, damit Deutschland für alle Ewigkeit ein Fundament werde." Hitler selbst formulierte sein Credo so: „Ostern ist nicht die Auferstehung, sondern die ewige Erneuerung unseres Volkes. Karfreitag ist nicht die Erlösung von Sünden, sondern die Erlösung von der Blutvermischung und den Blutvergiftern: den Juden. Weihnachten ist die Geburt der Freiheit unseres Volkes." A.a.o., 30.31. Vgl. auch Maria Anne Hirschmann, *Vom Hakenkreuz zum Kreuz,* Autobiografie, Gerth Medien, 1. Aufl., Asslar 2006. Im Folgenden zitiert als Hirschmann, *Vom Hakenkreuz zum Kreuz*. Sie beschreibt autobiografisch diese Umdeutung des Evangeliums mit den Folgen für die Umwertung der Werte, wie auch Leni Immer, *Meine Jugend im Kirchenkampf,* Quell Verlag, Frankfurt am Main 1994. Im Folgenden zitiert als Immer, *Kirchenkampf.*

ist, der sein Vertrauen auf die rettende Liebe des gekreuzigten und auferstandenen Jesus setzt. Ja, durch ihn ist ewiges, kostbares Leben in Deutschland möglich – für das Volk, das sich so unsagbar verschuldet hat, und auch für alle Menschen aus anderen Völkern, die jetzt darin leben. „Seine Vergebung und Heilung reicht aus für alle!"

Schließlich fing ich an, in ein kleines Büchlein zu schreiben, was ich gesehen und gehört hatte, und auch das, was Jesus weiter sagte: „Dein Stolz, Deutschland, bin ICH, Jesus! Ich habe dich freigekauft von Satans Banden! Du bist frei! Gebrauche deine Freiheit zum Segen für die Völker!! Mein Blut hat dich gereinigt, Deutschland, von allen deinen Sünden. ICH habe bezahlt. Den vollen Preis! Nichts, absolut nichts fehlt. Darum kann dich auch nichts von meiner Liebe trennen! Glaube mir!" Und ich rief Deutschland in meinem Herzen zu und musste es einfach in meinem Büchlein festhalten: „Glaube ihm! Glaube deinem Erlöser!" Als ich wahrnahm, dass die Flagge auf dem Boden lag, hörte ich erneut die Stimme Jesu, die sagte: „Deutschland, auch wenn du am Boden liegst – wenn *mein* Name auf dir liegt, kannst du dich erheben in meinem Namen und zu meiner Ehre. Verkündige meine Größe! Stimme in das Lob der Völker ein, die meinen Namen preisen! Das ist deine Bestimmung!" Und ich schrieb: „Ich nehme die Berufung stellvertretend, als Deutsche, an. Dein vergossenes Blut bricht die Ketten! Halleluja! Amen. Du bist mein Ruhm, mein Retter." Im Stillen nahm ich die befreiende Botschaft dieser Vision in meinen Dienstauftrag[19] und ins nächste Jahr mit, das dann auch voller Erinnerungen an die Geschichte unseres Volkes und die schuld- und schicksalhafte Verknüpfung mit dem jüdischen Volk war.

---

[19] In meinem Verkündigungsauftrag in einem Ferienbibelkurs bekam ich im Sommer 2017 durch einen Gast im Blick auf die Lösung vom nationalsozialistischen Geist ein Gebetsblatt mit genau dieser Überschrift: „Wie wir im Blick auf den nationalsozialistischen Geist für unsere Familien beten können". Er arbeitet in einem Gebetsdienst mit, wo dieses Blatt eingesetzt wird, wenn Menschen mit Nöten aus diesem Themenkreis kommen und um Gebet bitten. So wurde mir ganz klar, dass die Berufung, meine Gemeinschaft von diesem Geist zu lösen, ins Gebet führt, durch das ich persönlich und stellvertretend im Glauben nach dem Wort von Jesus handeln kann: „Wahrlich, ich sage euch: Was ihr auf Erden binden werdet, wird auch im Himmel gebunden sein, und was ihr auf Erden lösen werdet, wird auch im Himmel gelöst sein" (Mt. 18,18). Das Gebetsblatt befindet sich in Anhang 1.

6. Gedenktage im Blick auf Deutschland und Israel 2018

Mit dem folgenden Jahr wurde das 70-jährige Bestehen des Volkes Israel im eigenen Land gefeiert und gleichzeitig an die Reichspogromnacht am 9. November 1938 erinnert, in der unzählige Synagogen in Deutschland verbrannt und viele jüdische Geschäfte in einen Scherbenhaufen verwandelt wurden.[20] Das geschah vor über 80 Jahren. Wie sehr die Leitung meiner Gemeinschaft die Anregung ablehnte, den Buß- und Bettag in diesem Jahr als internen Gebetstag zu nutzen, um Gelegenheit zu geben, die persönlichen und gemeinschaftlichen Altlasten aus unserer deutschen Geschichte vor Gott zu bringen, war mir zunächst nicht bewusst. Doch am Beginn des nächsten Jahres zeichnete sich ab, dass mit dem wachsenden Widerstand gegen diese Fragen und Themen ein gemeinsames Weitergehen nicht mehr denkbar war, sodass sich im Sommer unsere Wege trennten.

7. Geführt durch Gottes Reden im August 2019

Am Abend vor der letzten Schlüsselabgabe nahm mich eine Glaubensschwester zu einer Veranstaltung mit, bei der ein Pastor aus Amerika predigte. Im Anschluss an die Predigt sprach er, wie auch schon in anderen Gottesdiensten üblich, prophetisch in das Leben von Besuchern hinein. Auch ich sollte diese Gelegenheit bekommen.

Als ich vor ihm stand, sagte er, ohne mich oder meine Situation zu kennen: „Ich sehe einen Ruf zur Heiligkeit über dir. Und eine Schriftstelle sagt: ‚Ohne Heiligkeit können wir das Angesicht Gottes nicht sehen.‘ Und der Herr sagt: ‚Du wirst eine Begegnung von Angesicht zu Angesicht mit mir haben. Du wirst Dinge sehen, die du vorher noch nie gesehen hast.‘ Und der Herr will dir eine tiefe Begegnung mit ihm selbst geben, sodass du anderen erzählen kannst, was du gesehen hast. Denn das ist die Leidenschaft deines Herzens. Ich habe dich gesehen wie Maria zu den Füßen Jesu. Es ist fast so, als ob du eine Nonne wärst. Du hast dein ganzes Herz dem Herrn geschenkt. Denn das ist deine Leidenschaft. Und ich möchte, dass du weißt: Er ist mit dir verheiratet. Denn ich habe das Hohelied über deinem Kopf geschrieben gesehen. Der Herr sagt: ‚Du wirst dieses Buch erneut

---

[20] So auch auf dem Gemeinde-Israel-Kongress vom 8.-10.11.2018 in der „Gemeinde auf dem Weg“, Berlin unter dem Motto: „Dein Reich komme!“, an dem ich teilnahm.

lesen, und du wirst ein neues Bild darüber bekommen. Und dann wirst du auch andere lehren können, was du in deinem eigenen Studium daraus gelernt hast.' Denn Gott hat dich berufen, die Braut Christi aufzurichten.[21] Das ist deine tiefe Leidenschaft. Und wir brauchen diese Intimität, diesen vertrauten Umgang mit dem Herrn in der Gemeinde. Und du wirst das demonstrieren und lehren. So, Vater, führ sie tiefer, dass sie dein Angesicht sieht, und lass sie diese Begegnung mit dir haben. Amen."

Überwältigt von dieser Bestätigung, dass mich mein himmlischer Bräutigam nach 33 Jahren in dieser Gemeinschaft auch in dem neuen, unbekannten Lebensabschnitt persönlich unter seinen Schutz nehmen würde, verbrachte ich eine Zeit in der Verborgenheit. Dort begann ich, täglich ein Kapitel des Hoheliedes zu lesen. Beim dritten oder vierten Durchgang sah ich auf einmal tiefer, wie in eine neue Dimension hinter den Worten. Das erfüllte mich mit großer Dankbarkeit und neuer Zuversicht, da ich empfand: Gott hat seine Braut auch in Deutschland noch nicht aufgegeben! Nachdem ich über sechs Wochen hinweg meine Offenbarungen darüber festgehalten hatte, verbrachte ich einige Wochen in Israel, um Holocaust-Überlebenden praktisch zu dienen. Auch das hatte Gott mir in diesem Jahr aufs Herz gelegt und die Türen dafür geöffnet.

8. Gedanken und Gebete am Beginn des Jahres 2020

Am Beginn dieses Jahres kamen Gedanken in mein Herz, die zu Gebeten wurden, sodass sich der Eindruck verstärkte: „Du sollst deine Erkenntnisse aus dem Hohelied in acht Kapiteln als Botschaft für die Braut Christi in Deutschland schreiben." Und später: „Lies dazu die Auslegung des Hoheliedes von Mike Bickle."[22] In einem Gebetshaus auf dem Ölberg in Jerusalem hatte ich ein Jahr zuvor erstmalig von ihm gehört. Und nachdem ich wegen der Pandemie nicht wie geplant ab März zunächst für eine längere Zeit in einem Dienst an Holocaust-Überlebenden in Israel mitarbeiten konnte, ging meine Reise ins Hohelied mit einem nächsten Schritt weiter.

---

[21] Wörtlich sagte er: „*You will raise the Bride of Christ.*"
[22] Bickle, *Hohelied*, Band 1 sowie Mike Bickle, *Alles an ihm ist liebenswert,* Ein Bibelstudium zum Hohelied, Kapitel 5,2–8, Asaph Verlag, Lüdenscheid 2005. Im Folgenden zitiert als Bickle, *Hohelied*, Band 2.

9. Gewinn durch gemeinsame Schritte

Nach dem Studium der beiden Bücher von Mike Bickle zum Hohelied, die wiederum die Sichtweise von mehr als 130 anderen Auslegungen aufnehmen, erlebte ich meine eigene Begegnung mit Jesus, dem Bräutigam. Diese Begegnung führte mich in die Wirklichkeit von Bildern, in denen ich mich bewegen konnte, oft wie in einem Tanz. Denn es sind Bilder seines Geistes; und gerade dort wollte und will der dreieinige Gott uns alle treffen, uns persönlich mit seinen Augen der Liebe ansehen, um uns in eine Bewegung des Himmels zu bringen. Das habe ich ganz neu erlebt und in meinem Geist verstanden, dass nur auf dieser Ebene schrittweise die Verwandlung in sein Bild von einer Herrlichkeit zur anderen möglich ist.[23]

Da es eine Begegnung von Angesicht zu Angesicht ist, die jedem gilt, und die uns alle auf diesem Weg in sein Bild verwandeln will, stelle ich vor allem die persönliche Dimension der Braut als einer *einzelnen Person* dar. Es bedeutet zum einen, dass meine eigene Geschichte immer wieder durchschimmert, wo sie auch im Hohelied selbst verankert ist. Zum andern steht das Mädchen aus dem Hohelied aber auch für *Deutschland,* das zur Braut Christi erwählt ist. Denn mit

---

[23] Gerade im Blick auf die schmerzvolle deutsche Geschichte, in die ich selbst bis zu jenem Gebetskreis 2017 seelisch wie verfangen war, und die für viele in ihrer nationalen Identität noch immer wie eine offene Wunde, d. h. ein kollektives Trauma ist, bedeuten die heilsamen Bilder im Hohelied einen entscheidenden Weg zur Verarbeitung und Bewältigung vom Himmel her. So sagt Monika Klotz treffend: „Da Traumata der kognitiven Erinnerung unzugänglich abgelegt, aber somatosensorisch erinnert werden, sollte allen sprachlich-kognitiven Formen der Bearbeitung eines Traumas eigentlich sinnvollerweise eine Bearbeitungsform vorgeschaltet werden, bei der die rechte Gehirnhälfte besonders aktiviert wird. Dies passiert bei allen künstlerischen und musikalischen Aktivitäten oder auch beim Erzählen von Geschichten. Weil das so ist, können alle Medien, die die rechte Gehirnhälfte aktivieren, als therapeutisch und hilfreich bezeichnet und eingesetzt werden und sind für die Traumabearbeitung wertvoll." Zitiert in: Monika Klotz, *Transgenerational weitergegebene Traumata,* Eine praktisch-theologische Untersuchung, LIT Verlag, Berlin 2020. In *Praktische Theologie interdisziplinär,* hrsg. Prof. Dr. Christoph Schneider-Harpprecht (Karlsruhe) und Prof. Dr. Dirk Oesselmann (Freiburg), Band 6, S. 216. Im Folgenden zitiert als Klotz, *Traumata.* Die Bedeutung dieser heilsamen Bilder und Bildfolgen wie im Film im Blick auf die rechte Gehirnhälfte wird in der zweiten Strophe auf der geistlichen Ebene ausführlicher entfaltet. Es kommt dort in den Blick, wo es in Hld. 2,6 heißt: „Seine Linke liegt unter meinem Kopf, und *seine Rechte* umarmt mich." Vgl. dazu auch Ps. 16,8.11.

den Augen einer Deutschen hatte ich gerade für die Situation und Geschichte dieses Teils der Brautgemeinde eine ermutigende Botschaft vom Himmel her empfangen, die ich weitergeben sollte. Wer sich aus anderen Hintergründen oder Völkern durch diese Botschaft von ihm geliebt und aus seiner Kultur und Religion zu ihm selbst gerufen sieht, hat denselben Gewinn, der wiederum der ganzen Braut des himmlischen Bräutigams zugutekommt. Denn ihre letzte Gestalt in all den Farben des Lichts dieser Liebe wird erst im Himmel offenbar. Und so leuchtet auch die *Dimension* des großen Ganzen – *der Ewigkeit* – immer wieder auf. Nicht zuletzt wird durch die Ergänzung mit anderen Schriftstellen aus dem Wort Gottes deutlich, dass *die Brautgemeinde Christi nur mit dem jüdischen Volk zusammen* besteht und darum auch nur mit ihm zusammen vollendet werden kann. Gerade darauf fällt an vielen Stellen Licht.

10. Das Hohelied geistlich lesen

Jesus und seine Braut im Hohelied geistlich zu entdecken, bedeutete für mich dann, aus der Sphäre des Geistes heraus zu lesen, aus der alles Leben in Existenz kam. Es hieß im Blick auf meine nationale Identität, im Bild gesagt, die Deutschland-Fahne umzudrehen und im Gold „von oben her“ den Ursprung zu erkennen, aus dem heraus auch wir mit einer himmlischen Berufung geschaffen wurden.[24] Denn als Ebenbild Gottes, der Geist ist,[25] haben auch wir eine geistliche Identität; es ist unser wahres Ich. Dieses ist dazu bestimmt und befähigt, mit geistlichen Sinnen die Welt und das eigene Leben „von oben her“ – so wie er – zu sehen und zu gestalten. Dadurch wird es möglich, die eigene Seele mit allem Denken, Fühlen und Wollen in diese Höhe zu rufen und mitzunehmen, um sie in Übereinstimmung mit unserem wahren Ich, das sein Ebenbild ist, zu bringen.[26] In Gemeinschaft mit ihm können wir dann *wie er* durch das gesprochene Wort in seiner

---

[24] Dieses Bild empfing ich während des Studiums des Hoheliedes auf einmal am 22.11.2020.

[25] Vgl. Joh. 4,24, wo Jesus sagt: „Gott ist Geist.“

[26] Das heißt dann auch mit dem Glaubensbekenntnis Israels, Gott von ganzem Herzen, von ganzer Seele und mit allen Kräften zu lieben (5. Mose 6,5), oder mit Paulus gesagt: „Er aber, der Gott des Friedens, heilige euch durch und durch, und euer *Geist* soll ganz, mit *Seele* und *Leib*, untadelig bewahrt werden bis zur Wiederkunft unseres Herrn Jesus Christus.“ 1. Thess. 5,23.

Autorität und Kraft Leben hervorrufen und so seine Welt bebauen und bewahren.

Dabei gewann ich auf meiner Reise durch das Hohelied ganz neu ein Verständnis dafür, dass die Sprache des Geistes oder, anders gesagt, des Herzens Gottes, die Sprache der Bilder ist,[27] die die Macht haben, auch unser Herz „von oben her" zu bewegen, sodass wir mit seinen Mitteln bauen können, was er uns zeigt.[28]

Darum ist auch die Ursprache der Bibel, das Hebräisch, eine Bildsprache, in der wiederum jeder Buchstabe nicht nur eine Wortebene, sondern ebenso eine Bildebene enthält.[29]

Beispielhaft besteht allein das Wort für Gott, im Hebräischen *EL*, das von rechts nach links geschrieben wird, aus mehreren Worten, die Bilder hervorrufen. So bedeutet das *E* auf der rechten Seite, im Hebräischen *Alef*,[30] „ewiger Gott, Anfang, Stärke, Anführer und Opferstier." Das *L* auf der linken Seite, im Hebräischen *Lamed*, bedeutet „Ochse, Treiberstock, Kontrolle." Wenn Gott sich im ersten Satz der Bibel dann mit dem Namen *Elohim* vorstellt, was „Gott über alle Götter" bedeutet, dann kommt bereits hier ein Zweifaches zum Ausdruck. Zum einen bedeutet es, dass er über allen steht und niemand ihn entthronen kann. Zum andern

---

[27] Dass die Sprache des Herzens Bilder gebraucht, kommt im Deutschen gerade dann zum Ausdruck, wenn es um vertraute Beziehungen geht und einer zum andern sagt: „Mein Häschen", oder „mein Täubchen", „mein Brummbär" etc. Diese Vergleiche aus dem Tierreich drücken dabei Beziehung aus. Sie bedeuten nicht Abwertung, sondern Liebe. Vgl. der Vergleich in Hld. 1,9 und an vielen anderen Stellen.

[28] Die Bilder auf der höchsten Ebene des Heiligen Geistes haben dann auch die Macht, Bilder in der Seele zu überschreiben und damit zu entmachten. Das wird an späterer Stelle weiter ausgeführt. Dann ist es möglich, wie Jesus das zu tun, was er den Vater tun sieht. Vgl. dazu seine Aussage: „Der Sohn kann nichts aus sich selber tun, sondern was er den Vater tun sieht; denn was dieser tut, das tut in gleicher Weise auch der Sohn" (Joh. 5,19). In der Folge gilt für die, die an ihn glauben: „Wie mich der Vater gesandt hat, so sende ich euch" (Joh. 20,21).

[29] Jehuda, Arie: *Das hebräische Alphabet.* Online abrufbar unter: http://ariejehuda.de/hebraeische-wurzeln/. [Zuletzt: 05.07.2021].

[30] Vgl. das Bild vor dem Kapitel. Persönliche Hervorhebungen und Worte in anderer Sprache werden kursiv gedruckt.

bedeutet es aber auch, dass diese Position des Königs über alle Könige bestritten wird und ein anderer die Kontrolle über alle anstrebt, die mit Druck umgesetzt werden soll.[31] Auf der Wortebene bedeutet es, dass die Buchstaben *Lamed* und *Alef* vertauscht werden, wodurch das Wort *LO* entsteht, was im Deutschen *Nein* bedeutet. Wenn jedoch der Geist, der Gottes Herrschaft und Plan *verneint*, den Platz des Anführers einnimmt, dann wird Leben in Unfruchtbarkeit und Tod führen, wofür auf der Bildebene der Ochse steht, der kein Leben hervorbringen kann. Er ist vielmehr für schwere, körperliche Arbeit abgerichtet und wird schließlich zum Schlachtvieh. Das zu entdecken, nahm mir im Blick auf unsere deutsche Geschichte fast den Atem. Denn ich konnte es nicht mehr als Zufall ansehen, dass das jüdische Volk und alle, die nicht dem Bild des Gewaltherrschers Adolf Hitler im nationalsozialistischen Deutschland entsprachen, in Viehwaggons für schwere Arbeit bis zum Tod abtransportiert wurden.

ל

(Lamed)

Ochse, Treiberstock, Kontrolle

Und ich sah: Auch in der Bannerform der Deutschland-Fahne kommt diese Richtung auf den Tod hin zum Ausdruck. Denn der Bundesadler blickt in dieser Form in das Schwarz auf der linken, und nicht in das Gold auf der rechten Seite, das für ewiges, wertvolles Leben steht.[32] So bleibt er am Boden und wird wie die Hühner Körner picken und ohne Vision auf der Erde scharren bis zu seinem Ende, obwohl er ein Adler ist, der König der Lüfte.[33] Als mir das bei meinem

---

[31] Das Bild des Treiberstocks vermittelt diese gewaltsame Umsetzung.

[32] Vgl. Internetquelle: Bundesministerium der Justiz und für Verbraucherschutz: *FlaggAnO 1996 – Anordnung über die deutschen Flaggen.* Online abrufbar unter: https://www.gesetze-im-internet.de/flaggano_1996/BJNR172900996.html [Zuletzt: 05.07.2021]. Dort heißt es: „Wird die Bundesdienstflagge in Bannerform verwendet, ist der Bundesschild, den Adler zum schwarzen Streifen hin gewendet, parallel zu den Längsstreifen … Bei repräsentativen Veranstaltungen, bei denen die Gruppierung auftritt, wird die Dienstflagge des Bundes im Zug mitgeführt."

[33] Vgl. James Aggrey (1875 in Ghana -1927 in Harlem, New Your City), *Der Adler, der nicht fliegen wollte,* Peter Hammer Verlag, Wuppertal 1998. Seit dem Gebetskreis 2017 war mir die Richtung des Adlers auf das Schwarze in der Bannerform der Deutschlandfahne zum ersten Mal aufgefallen und hat mich im Blick auf unsere nationale Geschichte ins Nachdenken gebracht.

geistlichen Lesen des Hoheliedes im Blick auf Deutschland auffiel, verspürte ich den Impuls, den Adler zu rufen, seinen Kopf zu wenden und in die Sonne zu blicken. Das würde ihn auffliegen lassen in die Höhe, für die er geschaffen ist. Und dann könnte er sich erheben über alle anderen Vögel, selbst die, die ihn angreifen und ihm das Genick brechen wollen wie die Krähen.[34] Denn sie können die Luft nicht atmen, in der er zu Hause ist, wenn er emporsteigt; sie müssen von ihm abfallen. Ich folgte in diesem Bild der Einladung, das Hohelied in der Höhe des Geistes zu lesen und mich selbst darin zu bewegen wie ein Adler, der in die Sonne blickt. Das hieß und heißt für mich dann: ihm zu glauben und von dieser Höhe aus auch andere ins Leben und zum Glauben zu rufen. Denn „die, die auf den HERRN harren, kriegen neue Kraft, dass sie auffahren mit Flügeln wie Adler, dass sie laufen und nicht matt werden, dass sie vorwärtsgehen und nicht müde werden.“[35]

11. Mit den Flügeln des Geistes fliegen

Ich begann, Jesus als Bräutigam im Hohelied geistlich zu entdecken und seine Einladung anzunehmen, mit ihm selbst höchste Berge zu überwinden, die sich wie mächtige Hindernisse auftürmen. Ich verstand, dass es dazu, im Bild gesagt, die Flügel seines Geistes braucht. Diese Flügel tragen den, der Gott vertraut, über alle Ängste und alle Unruhe hinweg in den Raum des Friedens Gottes hinein.[36] Ich konnte ganz neu ergreifen, dass es der Heilige Geist ist, durch den Gottes Liebe in unser Herz und ganzes Wesen fließt und uns die Kraft zu fliegen schenkt.[37] Nur in dieser Höhe der bedingungslosen Liebe des

---

[34] Vgl. Mk. 4,4 und V. 15, wo die Vögel ein Bild für Satan sind, die das Wort wegpicken, wenn es auf einen hart getretenen Weg fällt, der ein Bild für das menschliche Herz ist.

[35] Jes. 40,31.

[36] Phil. 4,7.

[37] In diesem Bild soll zum Ausdruck kommen, dass wir weder in den irdischen Umständen noch in den körperlichen und seelischen Befindlichkeiten und Begrenztheiten gefangen und ihnen ausgeliefert bleiben müssen, sondern in unserem Geist als Anschlussstelle für Gottes Geist eine Kraftquelle finden, dass wir uns darüber erheben können. Vgl. Joh. 3,5-8; Röm. 8,1.2. Diese Kraft kommt in Eph. 4,23f zum Ausdruck, wo es heißt: „So legt nun von euch ab… den alten Menschen, der durch die trügerischen Begierden zugrunde geht… und zieht den *neuen Menschen* an, der nach Gott in wahrhaftiger Gerechtigkeit und Heiligkeit geschaffen ist.“ Dabei ist der neue Mensch *der Geist* in uns, der ganz heil auf die Welt kommt, wenn ein Mensch durch den Heiligen Geist wiedergeboren ist. Dieser

Heiligen Geistes werden wir zu dem freundlichen Angesicht von Jesus geführt und erkennen uns selbst als seine geliebte Braut, die er zum Vater im Himmel nach Hause holt.

Zugleich können wir nur durch den Glauben an ihn und seine Worte Licht über unsere eigentliche Lebensbestimmung empfangen. Denn wir sind nicht dazu auf der Erde, um – mit einem anderen Bild gesprochen, das mich auch schon länger beschäftigte – wie eine Raupe am Boden zu bleiben und uns „durchzubeißen", sondern in der engen Gemeinschaft im Geist mit ihm allein einen Prozess der Verwandlung zu durchlaufen, der aus einer Raupe einen Schmetterling werden lässt. Allein durch das Wunder dieser Verwandlung wird er alle Kurzsichtigkeit und Fixierung auf die Erde überwinden und auch andere „Raupen" durch sein Dasein einladen, diese Veränderung an sich geschehen zu lassen. Denn sie sollen ebenfalls fliegen, um die Welt von oben zu betrachten und von oben her zu beleben.

Gerade das Bild des Schmetterlings, der aus einer Raupe hervorkam, wurde für mich zu einem Schlüssel für das geistliche Lesen und Verstehen des Hoheliedes. Es will uns einladen im Glauben zu ergreifen,

---

geistliche Mensch, unser wahres Ich, muss dann geistliche Nahrung bekommen, um zu wachsen und die Seele die Wahrheit Gottes lehren und sie mitnehmen zu können in die Anbetung ihres Schöpfers wie in Ps. 103,1.2. Denn es ist mein *Geist*, der meine *Seele* auffordert: „Lobe den Herrn, meine Seele, und was in mir ist, seinen heiligen Namen." Vgl. Kol. 3,9-17. Jeder Mensch soll dabei wissen: Mein Geist ist mein wahres Ich, die beste Ausgabe von mir selbst, die Gott glauben und vertrauen kann. Der Heilige Geist bestätigt dieses geistliche Ich, dass es Gottes Kind ist, das in der Liebe des himmlischen Vaters aufwachsen darf, um ein mächtiger Sohn oder eine mächtige Tochter Gottes zu werden, die gemeinsam die Werke des Vaters tun. Darum sagte Jesus in Joh. 20,21: „Wie mich der Vater gesandt hat, so sende ich euch." Doch im Blick auf die Zuordnung zu ihm selbst im Reich des Vaters sind die Söhne und Töchter Gottes in geistlicher Einheit die Braut des himmlischen Bräutigams. Wenn hier von der Braut die Rede ist, ist also zum einen immer diese Zuordnung gemeint, wobei zum andern auch jeder einzelne in seinem *Geist*, seinem wahren Ich, angesprochen ist. Und auch dieser Geist des Einzelnen, ob Mann oder Frau, ist *ruach*, also ebenfalls weiblich. Die Konsequenzen aus der Zuordnung der Braut zu Jesus, dem König, werden in diesem Durchgang durch das Hohelied in verschiedener Hinsicht wie wechselnde Landschaften auf einer Reise nach und nach betrachtet. So kann man die Bilder einfach aufnehmen und sie wie auf einer Zugfahrt ganz entspannt betrachten und vorüberziehen lassen. Wo man persönlich länger verweilen will, kann man, im Bild gesagt, dafür den Zug verlassen und erst später wieder zusteigen und weiterfahren.

dass auch wir in einer höheren Ebene des Geistes zu Hause sind, für die wir geschaffen und zu der wir gerufen sind. Denn der uns in Liebe „*designed*" hat, sieht uns schon mit Flügeln in den schönsten Farben wie Königsfalter weite Strecken und hohe Berge überwinden, während wir uns noch auf der Erde „durchbeißen". Der das Wunder der Verwandlung in uns hineingelegt hat, kann es auch hervorrufen. Doch das Wann und Wie ist ein Geheimnis, das wir mit dem Verstand zwar nicht erfassen, aber doch im Herzen annehmen können.[38]

Zugleich verband sich das Bild des Schmetterlings in mir mit dem eines Gartens, der ja sein Lebensraum ist. Wenn ein Schmetterling von Blume zu Blume fliegt, um sie zu bestäuben, verhilft er letztlich auch ihnen in diesem Garten des Lebens zur Fruchtbarkeit. Sowohl im Bild der Blume als auch dieses leichten Flügelwesens konnte ich jetzt erkennen, dass jeder aufblühen und genau das werden kann, wozu er aus Liebe von Gott geschaffen wurde.[39] So begann ich auch mit neu geöffneten Herzensaugen zu sehen: In diesem Garten der Gemeinschaft mit Gott kann sich jeder frei entfalten – vom Wind des Geistes bewegt und im Gleichklang der Einheit von Gott und Mensch, von Sichtbarem und Unsichtbarem, von Natürlichem und Übernatürlichem.

12. In den Garten der Gemeinschaft mit Gott gerufen

Ich entdeckte, dass im Hohelied das Bild des Gartens den Ort der Gemeinschaft mit dem Friedenskönig Jesus darstellt (für den Salomo steht).[40] Durch seine Gegenwart kann unser eigenes Leben aufblühen und die Schönheit Gottes widerspiegeln, wie schon im ersten Garten

---

[38] Paulus drückte dieses Geheimnis im Blick auf seine eigene Bekehrung mit den Worten aus: „Als es aber Gott gefiel, der mich von Mutterleib an ausgesondert und durch seine Gnade berufen hat, seinen Sohn in mir zu offenbaren, damit ich ihn als Evangelium unter den Nationen verkündete, …" (Gal. 1,15.16).

[39] Dazu gehören z. B. auch die Purpurglöckchen, die zu den Rosengewächsen gehören. Allein ihr Name ist das „Glockengeläut", mit dem sie die Menschheit in die Gemeinschaft mit Gott rufen wie in den ersten Garten in Eden. Was es bedeutet, ein Rosengewächs zu sein, wird in Strophe 2 mit Bildern aus dem Hohelied weiter entfaltet.

[40] Hld. 4,12.16: „Meine Schwester, liebe Braut, du bist ein verschlossener Garten, eine verschlossene Quelle, ein versiegelter Brunnen"… „Komm, Südwind, und wehe durch meinen Garten, dass seine Düfte strömen! Mein Geliebter komme in seinen Garten und esse von seinen köstlichen Früchten."

in Eden, in dem er alles und jeden mit Liebe betrachtet und ins Leben gerufen hatte. Und wie der erste Mensch die Berufung hatte, diesen Garten zu pflegen und zu gestalten,[41] so ist auch die junge Frau im Hohelied dazu erwählt. Sie darf in der Liebe dieses Königs erst selbst aufblühen und dann in Gemeinschaft mit ihm auch andere in diese verwandelnde Vertrautheit mit Gott rufen, bis sie sich unter seinem Blick als schön erkennen und ihr Leben lieben kann, wie auch er es tut. Und wie sich das Mädchen als die „Rose von Scharon" erkennt, die er im Tal dieser Welt erblickt und pflückt, will sie später auch andere einladen, sich so zu sehen. Denn für diese Rose, in der Herzenssprache des Hoheliedes gesagt, verließ er den Himmel, um ihre Dornen auf sich zu nehmen und sie selbst an sein Herz zu legen.[42] In dieser Bildsprache leuchtet die Berufung Gottes an jeden Menschen auf: In der Gemeinschaft mit ihm dürfen wir die Welt aus Disteln und Dornen, die nach der Ablehnung des Schöpfers entstanden ist,[43] zurückverwandeln in einen einzigen großen Garten seiner gnädigen Herrschaft. In diesem Garten soll durch seine Gegenwart buntes und vielfältiges Leben aufblühen können, das Gottes *Design* der Liebe und Wahrheit trägt und darum auch neues Leben hervorbringt.[44]

Doch der Geist Satans, der diesen Liebesplan verneint und bereits die ersten Menschen zur Ablehnung der Autorität ihres gemeinsamen Schöpfers verführte,[45] will bis heute durch Lügen und Verdrehen der Wahrheit aus dem Garten des Lebens und der Liebe einen Friedhof machen, in dem Hass und Tod das Sagen haben. Jede Ablehnung von

---

[41] Vgl. 1. Mo. 2,8-10.15; 1,26.27.

[42] Vgl. Hld. 2,1.2: „Ich bin eine Blume zu Scharon und eine Rose im Tal." „Wie eine Rose unter den Dornen, so ist meine Freundin unter den Töchtern." In Jes. 53,5 kommt der wunderbare Tausch prophetisch zum Ausdruck, den Jesus als Mensch dann erfüllte, indem er die Dornenkrone trug und den stellvertretenden Tod für uns erlitt: Mk. 15,16-20.

[43] Vgl. 1. Mo. 3,17-19.

[44] Im Hohelied wird das Bild des Gartens einmal für das Ganze des Reiches Gottes gebraucht (6,2a). Zum andern wird es auch im Plural verwendet, wo die einzelnen Gärten und Beete die Vielfalt der verschiedenen Charaktereigenschaften des Wesens Gottes ausdrücken (6,2b). Und schließlich wird das Bild des Gartens auch für den Einzelnen gebraucht, der Jesus gehört, in dem er sich bewegt und den er genießt (4,12-16; 5,1).

[45] Vgl. 1. Mo. 3,1-6 und Offb. 12,9, wo Satan die alte Schlange genannt wird, die die Welt zum Abfall von Gott, ihrem Schöpfer, verführt. Im Blick auf seine ursprüngliche Bestimmung folgen später noch weitere Ausführungen.

Leben hat hierin ihren Ursprung; das wurde mir beim Lesen des Hoheliedes aufs Neue bewusst. Zugleich ist der Geist Satans dadurch gekennzeichnet, dass er gerade die Schöpfungen und Bilder Gottes, die für Leben, Liebe und Schönheit stehen, dazu benutzt, sie zu verdrehen und ins Gegenteil zu verkehren. Im Blick auf die Regierungsriege des 3. Reiches in Deutschland ab 1933 fand ich es darum bezeichnend, dass sie in diesem Geist der Ablehnung Gottes mit dem Bild des Gartens fast ein ganzes Volk dafür gewinnen konnte, zu Handlangern der Vernichtung zu werden. Denn wie im ersten Garten, den die Bibel beschreibt, näherte sich das Böse in der Gestalt des Schönen und ging in so kleinen Teilschritten vor, dass die Rechtfertigung der kleinen Einzeltat die Sicht für das Schreckliche der ganz großen Tat verblendete.[46] Ausgerechnet mit dem verdrehten Bild des Gartens, der von Gott her ursprünglich für Entfaltung und das Aufblühen alles Lebendigen gestanden hatte, wertete man nun Menschen als „Unkraut" der Gesellschaft ab, das „ausgerottet" werden müsse, um der – vermeintlichen – Schönheit des „germanischen Gartens" willen.

In Johannes Czwalinas Buch *Das Schweigen redet,* das ich im Sommer 2019 parallel zum Hohelied las, fand ich die Begründung dafür, warum dieser Gedanke in vielen Ohren edel klang. Demnach wertete dieses Bild vom „germanischen Garten" das im Keller befindliche Selbstwertgefühl einer Nation nach dem verlorenen ersten Weltkrieg auf und erhob eine resignierte Volksseele. Dabei dachte man nicht an das Verwerfliche eines Genozids. Der Massenmord diente scheinbar einem guten Zweck. Johannes Czwalina kam zu dem

---

[46] Vgl. 1. Mo. 3,1-19. Ausführlich zum Bild des Gartens im Deutschland des Nationalsozialismus in Johannes Czwalina, *Das Schweigen redet.* Wann vergeht die Vergangenheit, Joh. Brendow & Sohn Verlag, 2. Aufl. Moers 2013. Im Folgenden zitiert als Czwalina, *Das Schweigen redet.* Dort behandelt er dieses Bild im zweiten Kapitel: „Das Schweigen der Täter" in seinem letzten Punkt: ‚Gefangen im abartigen Bild vom „perfekten Garten" ab S. 55.' Dort heißt es auf S. 59: „Die Menschen, die das Böse tun, brauchen für ihr Handeln immer einen sie rechtfertigenden ‚ethischen' Grund, den sie ‚höher' bewerten können als die verwerfliche Tat, die sie gerade ausführen. Diese Tat wird dann in ihren Augen notwendig, muss tapfer durchgestanden werden, um diese gesteckte höhere Ebene zu erreichen. Genau das war beim Genozid des Dritten Reichs der Fall. Es gab einen ‚guten', von vielen nachvollziehbaren Leitgedanken nach dem Motto: ‚Wir brauchen eine starke, reine, von aller Zersetzung befreite Rasse. Wir streben den perfekten, von Unkraut befreiten Garten an. Nur mit diesem großen und edlen Ziel vor Augen können wir uns zu der Führungsnation entwickeln, die wir sind.'"

Schluss: „Viele kleine Schritte der Rechtfertigungen führten somit zur Blindheit für die perverse Fratze des schrecklichsten Massenmords der Geschichte.“[47]

Das Bild des Gartens wurde für mich somit zu einem Schlüssel, um sowohl Gottes Gedanken der Gemeinschaft mit ihm, dem König aller Könige, zu verstehen, als auch die teuflische Perversion in unserer deutschen Geschichte. Denn dieser im Geist des Todes pervertierte „Friedhofsgarten“ trug die Handschrift dessen, der Gott und die Seinen hasst und zerstören will.

Gerade vor dem Hintergrund des Hasses und angesichts der unsagbaren Schuld gegenüber Gott und seinem Volk leuchtete für mich im Hohelied die Liebe des himmlischen Vaters auf, der wie ein Gärtner in diesem deutschen Boden der Gewalt noch Generationen von Menschen sieht, die er nach seinem Bild geschaffen hatte und die er jetzt ins Leben rufen will. Trotz einer vernichtenden Ideologie, die alles Mitgefühl und alle Barmherzigkeit aus den Herzen gerissen hatte, als wäre es Unkraut, sieht er auch in Deutschland nicht nur Kinder und Enkel des Krieges.[48] Vielmehr sieht er in den Generationen der vater- und mutterlosen Gesellschaft schon Kinder des wahren Vaters im Himmel, die durch den Heiligen Geist sein Herz der Liebe kennenlernen und auch sich selbst als geliebt und schön erkennen dürfen.[49] Es überwältigte mich, im Hohelied Jesus zu entdecken, den König der Juden und Heiland der Welt, der auch uns als Deutsche nicht abgeschrieben hat, sondern uns von Herzen liebt wie ein Bräutigam seine Braut. In dieser Erwählung konnte ich darum auch seine Berufung an unsere jetzige Generation erkennen: in Herzenseinheit mit Gott, dem

---

[47] Czwalina, a.a.O., 60.

[48] Vgl. die Bücher von Sabine Bode, *Kriegskinder* und *Kriegsenkel*. In ihrem Buch *Kriegskinder* beschreibt Sabine Bode im achten Kapitel: „Nazi-Erziehung: Hitlers willige Mütter“, wie die Schule von Johanna Haarer systematisch die Mutterbindung verhinderte, damit Kinder des Krieges für den Führer geboren werden. Durch sie sind unzählige Kinder und Enkel des Nazi-Regimes nicht nur ihres Vaters, sondern nachhaltig auch ihrer Mutter beraubt worden. A.a.O., S. 149–168.

[49] So sagt das Mädchen in Hld. 1,5.6: „Ich bin schwarz, aber anmutig … Seht mich nicht so an, weil ich schwarz bin, denn die Sonne hat mich so verbrannt.“ Wo die Luther-Übersetzung „schwarz“ schreibt, übersetzt HFA „braun“. Im Nazideutschland des dritten Reiches war braun die Farbe der Regierung, die die Farben anderer Rassen ablehnte und als minderwertig betrachtete.

Vater, dem Sohn und dem Heiligen Geist zu regieren und den von Hass verbrannten und hart getretenen Friedhofsboden erneut in einen Garten des Lebens und der Liebe zu verwandeln – „wie im Himmel, so auf Erden.“[50]

Ausblick

Nach diesen zwölf Schritten auf den König und Bräutigam des Hoheliedes zu habe ich mich auch selbst als Teil der Braut Christi angenommen, die zur Regentschaft mit ihm in seinem Geist berufen ist.[51] Als Teil dieser Braut möchte ich mich darum in den Ruf des Geistes und der Braut weltweit einreihen, die die Wiederkunft des Bräutigams herbeisehnt und zugleich einlädt, in die Tanzbewegungen des Glaubens einzutreten. Denn es ist die Stimme des Heiligen Geistes, die uns auch in Deutschland zuruft: „Seht, der Bräutigam kommt! Geht hinaus, ihm entgegen!“[52] Die Gemeinde Jesu, die zur Braut erwählt ist, ist gerufen aufzuwachen und aufzustehen wie die fünf Jungfrauen im Gleichnis, die klug genug waren, das Öl der anbetenden Liebe zu Jesus, dem Bräutigam, zu pflegen und sich von der Liebe seines Geistes nähren zu lassen. Auf meinem Weg durch das Hohelied verstand ich ganz neu: Nur die Gemeinschaft mit dem Heiligen Geist wird die Lampe des Dienstes seiner Brautgemeinde am Brennen halten, um ein Licht zu sein, das nicht verlöscht, wenn die Finsternis zunimmt. Nur so wird sie leuchten und in der Schönheit und Einheit mit seinem Wesen über die Finsternismächte herrschen können, bis er wiederkommt. Dann wird er den Erdkreis richten und sein ewiges Reich in einem neuen Himmel und auf einer neuen Erde aufrichten.

Im Blick auf den deutschen Teil der Braut Christi und die Deutschlandfahne sah ich auf einmal: dann wird es kein Schwarz mehr geben,

---

[50] Vgl. Mt. 6,10 und das ganze Vaterunser in 6,9-13.

[51] Im Blick auf die Zahl zwölf hat mich inspiriert, dass sie im Wort Gottes für die Anzahl von Menschen steht, die notwendig ist, um ein Volk zu gründen und eine Regierung zu bilden. So ist es sicher kein Zufall, dass es zwölf Söhne Jakobs waren, die zu den zwölf Stämmen des Volkes Israel wurden. Aus ihm ging schließlich Jesus hervor, der Retter seines jüdischen Volkes und der ganzen Welt, der wiederum zwölf Jünger dazu erwählte, ihn innerhalb von drei Jahren so kennenzulernen, dass er ihnen nach seiner Himmelfahrt und der Ausgießung des Heiligen Geistes an Pfingsten die Gründung des neutestamentlichen Gottesvolkes aus allen Völkern mit der Identität einer Braut anvertraute.

[52] Mt. 25,6.

denn die Braut weiß: „Sein Banner über mir ist Liebe", und das ist wie der Bräutigam „weiß und rot."[53] Bis dahin sind viele einzelne Schritte des Glaubens zu gehen. Da es Schritte im Heiligen Geist sind, können sie immer wieder singend und anbetend in tänzerischer Leichtigkeit gegangen werden. So erlebte ich es; und dazu will dieser Durchgang durch das Hohelied in acht Strophen jede und jeden einladen, der es liest und singt. Dabei enthält jede Strophe mehrere Bilder, die im Herzen aufgenommen und in Bewegung umgesetzt werden wollen. Denn auf einmal konnte ich das Bild von getanzten Kreisbewegungen mit dem König sehen, die sich im Takt seiner Liebe bewegen, aus der sie geboren wurden. Angesichts der Tiefe seiner Liebe, aber auch der Schwere der Thematik empfand ich, dass es nach jeder Strophe ein *Sela* geben muss, an dem man innehalten kann.[54] Wie in einem Zwischenspiel, bei dem die Sänger des Hoheliedes gleichsam Atem holen können, sollen dabei die einzelnen Tanzschritte mit vier Fragen meditierend und betend noch einmal im Herzen bewegt werden können. Dabei ist das Ziel nicht, möglichst alles noch einmal gedanklich nachzuvollziehen, sondern vielmehr dort zu verweilen, wo ein Tanzschritt des Glaubens in eine tiefere Beziehung zum Bräutigam des Himmels geführt hat oder führen will. Die Fragen, die nach jeder Strophe am Ende stehen und zu einem Ruhen am Herzen Gottes einladen wollen, lauten zum Ersten: Was ist meine wahre Berufung als Braut Christi? Zum Zweiten: Wodurch wird diese Berufung bestritten? Zum Dritten: Wie wird die Schönheit der Braut wiederhergestellt? Und zum Vierten: Welche Tanzschritte des Glaubens will ich einüben?

Die Aufforderung zum Tanz ist da. Die acht Strophen des Hoheliedes wollen gerade den deutschsprachigen Teil der Braut einladen, sich aus den Märschen des Todes heraus in den Rhythmus der Liebe Gottes hineinzubewegen, mit Tanzschritten des Glaubens, die auch zum Singen befreien. Im Aufwind des Heiligen Geistes können diese Glaubensschritte eine himmlische Leichtigkeit gewinnen, die sie alles Alte überwinden lässt, und sei es noch so schwer. Denn „in dem allen überwinden wir weit durch den, der uns geliebt hat."[55] Dabei ist keine

---

[53] Hld. 2,4 und 5,10: „Mein Geliebter ist weiß und rot, auserkoren unter vielen Tausenden."

[54] Das Sela ist ein hebräisches Pausenzeichen, das uns in den Psalmen begegnet, wie z. B. in Ps. 46.

[55] Röm. 8,37.

Erfahrung und kein nationaler oder persönlicher Hintergrund ausgeschlossen. Nur so kann ich Zugang zu einer Aussage finden, die der Jude Ben Lesser, ein Holocaustüberlebender des Todesmarsches nach Auschwitz, als 92jähriger Mann in Bad Liebenzell 2018 ohne Bitterkeit gemacht hat. Er sagte: „Es gibt zwei Kräfte in der Welt, die ansteckend sind: den Hass und die Liebe. Ich bitte Sie, wählen Sie die Liebe!“[56]

[56] Das sagte er ohne Bitterkeit und Anklage im Jahr 2018 in einer Veranstaltung am 27. Januar zum Gedenken an die Opfer des Nationalsozialismus in Bad Liebenzell, an der ich teilnahm.

Einführung

Worum es geht

Um das Wesen und die Macht dieser Liebe geht es im Hohelied. Titel und Thema dieses Buches nehmen damit eine zentrale Botschaft der ganzen Bibel auf, denn sie spricht von der größten Kraft, die die ganze Welt zusammenhält und vollenden wird: Es ist die Liebe des dreieinigen Gottes, der seine Menschheit in seine ursprüngliche Bestimmung ruft. Nach dem Zeugnis der Heiligen Schrift ist jeder Einzelne als sein Ebenbild berufen, in Partnerschaft mit Gott, *Jahwe-Elohim,*[1] seine Welt zu regieren. Der Geist, in dem das geschehen kann, war und ist derselbe Heilige Geist, aus dem seine ganze Welt geschaffen und ins Leben gerufen wurde. Doch der Mensch selbst war nicht nur ins Leben *gerufen*, sondern von Gott persönlich *mit seinem Geist berührt* worden, um dieses Leben zu empfangen. Nur so konnte er Gott als seinen Vater erkennen, seine Sprache verstehen und lieben.[2]

---

[1] Diese beiden Namen für Gott werden in den ersten beiden Kapiteln in der hebräischen Ursprache der Bibel gebraucht. Dabei beschreibt der Name *Elohim* in 1. Mo. 1,1 seine Souveränität, d. h. sein Königtum über seine gesamte Schöpfung. Zum andern wird der Name *Jahwe* zum ersten Mal im Bericht über die Erschaffung des ersten Menschen in 1. Mo. 2,4.7 gebraucht, der die Beziehung zu ihm ausdrückt. Die Kombination dieser beiden Namen für Gott, die dort gebraucht wird, zeigt gerade dadurch, dass der Mensch, der mit ihm in eine Beziehung tritt, den Herrn aller Welt an seiner Seite weiß.

[2] Vgl. 1. Mo. 1,2. Das Konzept der Berührung Gottes durch den Heiligen Geist, damit ein Mensch für das Leben in der Liebe Gottes offen werden und in ihr reifen kann, durchzieht die ganze Bibel. Dafür sind die Buße von den toten Werken, der Glaube, die Lehre vom Taufen, vom Händeauflegen, von der Auferstehung der Toten und vom ewigen Gericht nach Hebr. 6,1.2 nur die Grundlage des Glaubens. Das Bild von Bräutigam und Braut betont aber darüber hinaus das Reifwerden in der Liebe zu ihm. Und um mit Jesus ein Geist zu werden, braucht es das

Die Botschaft dieses Buches liegt darum nicht einfach in einer weiteren Auslegung zum Hohelied. Vielmehr will sie sowohl den Ruf Jesu nach seiner Braut als auch die Bedeutung des Hoheliedes für das Volk Gottes im Alten und Neuen Testament entfalten. Denn darin begegnet uns in der Sprache des Herzens das große Bild der Absicht Gottes mit seiner Menschheit und darum auch mit uns selbst.[3] Diese Absicht zu verstehen, mitten in den Wirren dieser Welt, in der wir gerade leben, und der Geschichte, aus der wir kommen, ist das Anliegen dieser Botschaft. Dabei ist sie aus einer persönlichen Betroffenheit heraus entstanden, weil ich gerade als Deutsche von dieser Liebe Gottes auf neue Weise berührt und befreit worden bin, mich dem himmlischen Bräutigam auch für die vor uns liegende Zeit anzuvertrauen und ihm zu folgen. Darum will dieser Durchgang durch das Hohelied dazu einladen, sich persönlich und doch gemeinsam auf den Weg zu machen.

Nach acht Perspektiven und Begründungen für diesen Weg durch das Hohelied in einem ersten Schritt kann dann der gemeinsame Weg der Brautgemeinschaft Christi für alle beginnen, die die „Tanzschritte des Glaubens“ einüben wollen bis zum Ziel der Wiederkunft von Jesus Christus. Am Ende soll darum nur die Frage stehen: Was bleibt – für den deutschen Teil der Braut Christi, der sich rufen lässt, und auch für jeden ganz persönlich? So stellt diese Liebesgeschichte die Gemeinde Jesu und jeden Einzelnen darin vor eine Wahl.[4] Mit welchen Ohren wir sie hören und wozu sie uns bewegt, liegt in unserer Hand; die Einladung, Jesus zu glauben und ihm zu folgen, ist da. Denn die Gründe, das Lied der Liebe des dreieinigen Gottes zu singen, sind:

1. Gott ruft die Menschheit zu ihrem wahren Ursprung zurück

Im Hohelied, dem Lied der Lieder, wie es in der hebräischen Bibel heißt, ruft der dreieinige Gott seine Menschheit zu ihrem wahren Ursprung zurück. Für das Motiv zu diesem Ruf gebraucht er das *Bild*

Berührtwerden im Heiligen Geist (1. Kor. 6,17.19). In diesem geistlichen Durchgang durch das Hohelied geht es besonders um dieses Reifwerden durch und für die Liebe Gottes in einer Zeit, in der sie in vielen erkaltet. Das wird im Folgenden auf der persönlichen, gemeindlichen und nationalen Ebene entfaltet.

[3] Diese Bildsprache wird an späterer Stelle weiter sprachlich begründet und entfaltet.

[4] Dieselbe Absicht verfolgen in den Evangelien auch die Gleichnisse, die Jesus erzählt.

von Bräutigam und Braut, einer freiwillig gewählten Verbindung zweier Personen, die einen *Bund der Liebe* schließen. Allein aus einer solchen Verbindung, der Berührung im Geist, entsteht dann *neues geistliches Leben.* Schon hier zeigt sich ein Prinzip, das die Welt durchzieht und das auch im Hohelied selbst zu finden ist: Liebe will wachsen und reifen.

2. Die Menschheit ist erwählt, die Braut des Sohnes Gottes zu werden

Da *die Menschheit* nach dem Sündenfall des ersten Menschenpaares erneut als Ganzes eingeladen ist, das geliebte Gegenüber Gottes zu werden, wird sie im Hohelied *weiblich* dargestellt.[5] *Die Gemeinde* aus Juden und den Nationen, im Griechischen *ecclesia*,[6] ist ebenfalls in weiblicher Form. Darin kommt die Platzanweisung zum Ausdruck, die die Menschheit im Reich der Liebe Gottes, des Vaters, hat: *die Frau des zweiten Adams zu werden,* des einziggeborenen Sohnes Gottes, Jesus Christus.[7] In dieser Verbindung der Liebe ist sie erwählt, aus uneingeschränkter Lebensbejahung heraus über seine ganz Schöpfung zu herrschen. Darum sind auch alle Brüder eingeladen, sich selbst im Bild und der geistlichen Wirklichkeit der Braut Christi zu sehen. Nur so können sie wie Paulus die Gemeinde mit Jesus verloben und sie Christus als reine Jungfrau zuführen.[8]

---

[5] So z. B. in Hes. 16,1-14; Hos. 2,18-25; Jes. 54,2-5; 62,4.5 u.a.; Eph. 5,32. In allen Stellen kommt zum Ausdruck, dass Gott wie ein Bräutigam um sein Volk, das sich aus der Menschheit herausrufen lässt, wirbt.

[6] D. h. die Herausgerufenen aus allen religiösen und ideologischen Systemen dieser Welt, die seit dem sogenannten Sündenfall entstanden sind. Die Bedeutung dieser Trennung von Gott wird im Folgenden besonders für den deutschen Teil der Brautgemeinde skizziert und entfaltet.

[7] Vgl. 1. Kor. 15,45-47: „Der erste Mensch, Adam, wurde zu einer lebendigen Seele, und der letzte Adam zum Geist, der lebendig macht. Aber das Geistliche ist nicht das erste, sondern das Natürliche; danach das Geistliche. Der erste Mensch ist von der Erde und irdisch; der zweite Mensch ist der Herr vom Himmel."

[8] Vgl. 2. Kor. 11,2. Dazu ist eine Haltung erforderlich, dass sie als Teil der Braut Christi gerade darin vorangehen, ihren Geist als Empfangsstelle für den Heiligen Geist zu öffnen, um wie der erste Adam das Leben gleichsam bräutlich zu empfangen. Diese Empfängnis des menschlichen Geistes durch den Heiligen Geist lässt die Gemeinde aus allen Völkern die Braut Christi werden. Das ist wiederum nur möglich, wenn sie erfährt, dass sie gereinigt ist durch das vergossene Blut Christi, der sein Leben für sie gegeben hat. Das sagte Paulus gerade dieser Gemeinde, was in seinem ersten Brief in 1. Kor. 6,9-11 ausgedrückt ist.

3. Die Erwählung Israels als Gottes Tor zur Welt ist zu ehren und zu achten

Das Hohelied, geistlich gelesen, bedeutet dann im gesamtbiblischen Kontext, *die Erwählung Israels* als letztes von drei Angeboten an die Menschheit zu ehren und zu achten. Denn die *erste* weltweite Erschütterung der rebellischen Menschheit endete mit der Sintflut, in der alle bis auf Noah und seine Familie untergingen.[9] *Danach* richtete Nimrod das erste Königreich der Rebellion gegen Gottes Königsherrschaft auf, das in den Turmbau zu Babel mündete.[10] Auch dieses Vorhaben beendete Gott, indem er die Sprachen verwirrte, um die falsche Einheit aller Menschen zu stoppen.[11] Mit der Berufung Abrahams aus diesem Reich heraus begann Gott noch ein *drittes* Mal, ein Volk zu schaffen, in dem er seine Königsherrschaft aufrichten könnte. So wollte er seiner Menschheit den Rückweg zu ihrem wahren Vaterhaus offenhalten. Indem Abraham Gott glaubte, wurde er gerecht und so der Vater aller, die Gott durch Glauben ehren würden.[12] Zugleich wurde er mit seiner Frau Sara zusammen der Vater des Volkes Israel. Aus seinen Nachkommen sollte *der eine Sohn Abrahams* und zugleich König aller Königreiche, *Jesus Christus,* in die Welt kommen. Denn nur als Mensch konnte er die Rebellion des Unglaubens und damit der Schuld und Zielverfehlung einer ganzen Menschheit auf sich nehmen[13] und so die Tür zum wahren Vater für alle Menschen wieder öffnen.

4. Im Volk Israel liegt der Schlüssel zum himmlischen Vaterhaus für alle Völker

Die Schlüsselstellung des Volkes Israel, das seinen Namen in Verbindung mit Jakob bekam, dem Enkel Abrahams, war darum nicht

---

[9] Vgl. 1. Mo. 6.

[10] Es ist bedeutsam, dass der Name „Nimrod" von *Nered* abgeleitet ist, was Rebell bedeutet.

[11] Darum bedeutet der Name „Babylon" auch Verwirrung. Vgl. 1. Mo. 10,6-10; 11,1-9.

[12] 1. Mo. 12,1-3; 15,6; Röm. 1,16.17; 4,1-25. Zu Abrahams Berufung in Mesopotamien vgl. Apg. 7,1-3.

[13] Mt. 1,1; Joh. 1,29; 3,16; 10,4; vgl. Röm. 5,8-10.

gegen die anderen Völker seiner Welt gerichtet.[14] Vielmehr geschah diese Erwählung Israels gerade um ihretwillen. Denn um sie alle wirbt Gott in Liebe wie ein Bräutigam um seine Braut. Dabei wird gerade das Bild des Werbens Gottes um seine ganze Welt, das in Israel begann, im Hohelied entfaltet. Zusammen mit der Tatsache, dass dieses Lied auch selbst aus Israel stammt, liegt hier der Grund, warum es die Juden bei jedem Passahfest lesen.[15]

Es war dann auch der *Jude Petrus*, einer der zwölf Jünger von Jesus Christus in Israel, dem er *die Schlüssel* anvertraute, *um den Nationen die Tür zu ihrem wahren Vater im Himmel aufzuschließen.*[16] Dabei ist es sicher kein Zufall, dass der römische Hauptmann Kornelius aus dem damaligen Weltreich in Rom als Offizier der sogenannten Italienischen Kompanie in Israel durch Petrus zum Glauben an Jesus Christus kam. In ihm fand dieser Römer die Tür zum wahren Vaterhaus aller Menschen und damit zum wahren König aller Königreiche.

Später brachte Petrus auch in der Welthauptstadt Rom selbst den Menschen die gute Nachricht vom Sieger Jesus Christus über alle Systeme dieser Welt, einschließlich den Tod. Dadurch wurde Petrus aber weder ein Römer noch römisch-katholisch oder gar ein Deutscher und evangelisch. Er war ein Jude aus dem Volk Israel und Nachfolger von Jesus Christus. Dieser hatte schon vor Karfreitag und seiner Auferstehung an Ostern darum gesagt: „Das Heil kommt von

---

[14] Vgl. die Geschichte dieser Namensgebung in 1. Mo. 32,25-29. Der Name Israel bedeutet demnach: „Der, der gegen Gott und für den Gott kämpft." Zu dieser Übersetzung siehe Werner Penkazki, *Israel – der dritte Weltkrieg – und wir*, Ein Beitrag zu aktuellen Fragen, Verlag für Reformatorische Erneuerung, 5. Aufl., Wuppertal 2002, S. 25. Im Folgenden zitiert als Penkazki, *Israel und wir.*

[15] Ewald Keck schreibt in Internetquelle: Keck, Ewald: *Das Buch Hohelied*, in: „Route 66 – Quer durch die Bibel". Online abrufbar unter: http://www.bibelwissen.ch/images/d/d7/Hohelied.pdf. [Zuletzt: 05.07.2021]: „Das Hohelied ist in der deutschen Bibel das letzte der poetischen Bücher (Hiob, Psalmen, Sprüche, Prediger, Hoheslied). Im hebräischen Alten Testament ist es das erste der fünf Bücher der „Megilloth" (Festrollen). Das Hohelied wurde am achten Tag des Passahfestes vorgelesen." Im Hebräischen ist es das Lied der Lieder, also das schönste aller Lieder. Seit Martin Luther wird es als das Hohelied bezeichnet.

[16] Vgl. Mt. 16,16-19. Der römische Hauptmann Kornelius, der im besetzten Israel in Cäsarea stationiert war, wurde der erste Mann der römischen Besatzungsmacht, der aus der Religion der Vielgötterei zu seinem wahren Vater im Himmel zurückkam (vgl. Apg. 10,1-48). Der jüdischen Gemeinde in Jerusalem berichtete Petrus davon in Apg. 11,1-18.

den Juden."[17] Denn dieser Name ist von „Yehudi" abgeleitet und bedeutet: „ER, Jahwe ist Gott, ER, der Gelobte."[18]

5. Das Hohelied ist ein Werben Gottes, sein wahres Wesen kennenzulernen

Das Hohelied, in dieser geistlichen Dimension gelesen, bedeutet ein Werben Gottes, nicht nur seine Macht, sondern auch *sein Wesen* kennenzulernen, das *in Jesus Christus Mensch* geworden ist. Sich dieser Liebe wie eine Braut ihrem Bräutigam mit dem ganzen Sein anzuvertrauen, bedeutet, in den neuen Bund einzutreten, in den Gott sein Volk Israel einlädt und zusammen mit diesem Volk alle Völker dieser Erde.[19] Der Eintritt für alle Menschen in diesen Bund wurde *durch die Ausgießung des Heiligen Geistes* am Pfingstfest möglich, zehn Tage nach der Himmelfahrt von Jesus.[20] Der Heilige Geist wird im Hohelied durch die Bilder und Vergleiche ausgedrückt, die seit der Schöpfung für ihn verwendet werden: Wind, Wasser, Feuer, Taube, Rauchdampf, Salböl, Siegel.[21] Doch das Wesen der *Ruach* Gottes, wie der

---

[17] Joh. 4,22.

[18] So in Penkazki, a.a.O., S. 25. Vgl. „Juda", online abrufbar unter: https://www.geistlicher-felsen.de/der-stamm-juda.

[19] So angekündigt in Jer. 31,31 und dann in Joel 3,1-5, was sich an Pfingsten zum ersten Mal erfüllt hat (vgl. Apg. 2,1-3.14-21). Um dieser Wahl Israels willen, das der Ausgangspunkt für das Heil aller Völker war, hat Gott sein Volk auch nicht verworfen (vgl. Röm. 9-11).

[20] Angekündigt vor Karfreitag in Joh. 14,7-15 und nach seiner Auferstehung wiederholt in Apg. 1,4-8. Durch das Kommen des Heiligen Geistes konnten Menschen in fremden Sprachen Gottes rettende Taten loben. Unter denen, die sich für den Heiligen Geist öffneten und ihn willkommen hießen, war damit die Sprachbarriere aus 1. Mose 11 ohne Mühe überwunden; vielmehr wurden diese Menschen durch ihre Offenheit für ihn in die Anbetung des dreieinigen Gottes geführt. Das kam dann bald auch in Bekenntnissen und Liedern zum Ausdruck wie im Nicänischen Glaubensbekenntnis. In Abgrenzung zu Lehren, die seine Göttlichkeit bestreiten, heißt es darin: „Wir glauben an den *Heiligen Geist*, der Herr ist und lebendig macht, der aus dem Vater und dem Sohn hervorgeht, *der mit dem Vater und dem Sohn angebetet und verherrlicht wird,* der gesprochen hat durch die Propheten, und die eine, heilige, christliche und apostolische Kirche…" Zitiert am Pfingstfest 2021 zu den Bibelworten aus Sach. 4,6 und dem Lehrtext in Tit. 3,6.7 in: Evangelische Brüder-Unität (hrsg.), *Die Losungen der Herrnhuter Brüdergemeinde für das Jahr 2021*, Friedrich Reinhardt Verlag, 291. Ausgabe, Lörrach/Basel 2020.

[21] Joh. 3,8; 7,38f; Apg. 2,2f; Mk. 1,10; 2. Mo. 40,34f; Sach. 4,1-6; 1. Sam. 16,13; Eph. 1,13f.; 4,30-32.

Heilige Geist im Hebräischen heißt, ist weiblich und erschließt damit auch das Wesen der Liebe Gottes, wenn er sein Volk wissen lässt: „Ich will euch trösten, wie einen seine Mutter tröstet."[22] Es bedeutet für die Kinder Gottes, dass Gottes Macht an seine Liebe gebunden ist, und die Erwählung aller Völker dann niemals Abwertung von Menschen und Rassen bedeuten kann, schon gar nicht des jüdischen Volkes, aus dem heraus der Retter aller Menschen in die Welt gesandt wurde. Denn in Jesus von Nazareth, dem König der Juden, sind alle

---

[22] Jes. 66,13. Dazu sehr hilfreich die sprachlichen und inhaltlichen Ausführungen von Helge Keil: *Ruach – die weibliche Seite Gottes (wieder) entdecken.* Online abrufbar unter: https://www.ankernetz.de/inspiratives/dateien/134-ruach-dieweiblicheseitegotteswiederentdecken.pdf [zuletzt: 05.07.2021]. Im Folgenden zitiert als Keil, *Ruach, die weibliche Seite Gottes*. Gerade im Blick auf die Erschaffung des Menschen nach seinem Ebenbild führt er aus: „Wir lesen schon zu Beginn der Schöpfungsgeschichte: *Am Anfang schuf Gott Himmel und Erde. Und die Erde war wüst und leer, und es war finster über der Tiefe; und die Ruach Gottes schwebte auf [oder: brütete über] dem Wasser.*" A.a.O.: „Für die biblischen Sprachen ist klar, dass die Ruach weiblich ist und in Gott beides da ist – das Männliche und das Weibliche …: *Und Gott schuf den Menschen nach seinem Bild, nach dem Bild Gottes schuf er ihn; als Mann und Frau schuf er sie*. Wichtig ist hier der Wechsel von Singular und Plural. Gott schuf den Menschen – Singular – nach seinem Bild, nach dem Bild Gottes schuf er ihn – wieder Singular -: als Mann und Frau schuf er sie – Plural. Mann und Frau sind zusammen der eine Mensch und das eine Bild Gottes. Das heißt dann aber auch, dass das Urbild von Mann und Frau in Gott selbst ist. Das eine Bild Gottes besteht aus Mann und Frau. Ein Mann alleine ist nur ein Teil des Bildes Gottes, eine Frau alleine genauso. Erst die beiden zusammen sind Bild Gottes." A.a.O. Gerade weil in Gott beides da ist, das Männliche und das Weibliche, kann er auch sagen: „Ich will euch trösten, wie einen seine Mutter tröstet." (Jes. 66,13). Im Blick auf das NT führt Helge Keil weiter aus: „Wenn Jesus vom Heiligen Geist gesprochen hat, dann hat er von der Heiligen Ruach gesprochen. Für Jesus und seine Jünger war das selbstverständlich." Auch wenn das in einer Übersetzung verloren ging, hören sich die Schriftstellen nach dem ursprünglichen Sprachlaut so an: „Jesus verheißt uns: *Denn nicht ihr seid die Redenden, sondern die Ruach eures Vaters, die in euch redet.* (Mt. 10,20). Johannes der Täufer sagt von Jesus: *Ich habe euch mit Wasser getauft, er aber wird euch mit Heiliger Ruach taufen.* (Mk. 1,8). … Bei Jesu erstem Auftreten sagt er selbst: *Die Ruach des Herrn ist auf mir.* (Lk. 4,18)." So ist es nicht verwunderlich, dass die Kirchenväter bis ins 4. Jahrhundert vom Heiligen Geist als von der Trösterin und Mutter sprachen. Vgl. Internetquelle Katharina Seifert (1997): Die weibliche Seite Gottes, Wissen der Bibel und der ersten christlichen Theologen wiederentdeckt. Online abrufbar unter: https://archiv.tag-des-herrn.de/archiv_1996_bis_2007/artikel/3816.php. [Zuletzt: 03.08.2021]. Dieser Beitrag wurde veröffentlicht in Ausgabe 19 des 47. Jahrgangs (im Jahr 1997). Im Folgenden zitiert als Seifert, „Die weibliche Seite Gottes".

Völker erwählt, seine Braut zu werden. In ihm das Reich des Vaters im Himmel kennenzulernen und mit ihm seine Schöpfung zu regieren in der Fülle seiner Autorität, ist ein wesentlicher Teil dieser Botschaft aus dem Hohelied.

6. Folgen im Blick auf die Schlüsselfunkton Israels im Leib der Braut Christi aus deutscher Sicht

Angesichts der Schlüsselstellung des Volkes Israel im Leib der Braut Christi gehe ich *als Deutsche*, die in der evangelischen Landeskirche aufgewachsen und von einer pietistischen Gemeinschaft geprägt ist, dabei besonders vier Fragen nach:

1. Welche Beziehung hat die Braut Christi in Deutschland zum Heiligen Geist, der als der mütterliche Geist Gottes überhaupt erst neues Leben hervorbringt und in eine Beziehung zu Jesus und zum wahren Vater führt?[23]
2. Welche Beziehung hat sie darum zum Volk Israel als dem „Gefäß", durch das sie das Heil in Jesus Christus und den Heiligen Geist erst empfangen konnte? Angesichts unserer deutschen Geschichte des letzten Jahrhunderts, in der auch Christen zu Tausenden das Heil schon in jeder Begrüßung Adolf Hitler zugesprochen haben und dann auch in vielen Bündnissen und Bekenntnissen zu ihm, gehe ich in Bezug auf den Umgang der Deutschen mit den Juden der Frage nach: Sind sie und ihre Nachkommen auch auf der persönlichen, familiären und gemeindlichen Ebene wirklich von diesen Bündnissen gelöst, sodass ihr Leben und ihr Glaube an Jesus wachsen und sich entfalten kann? Sind sie zur Liebe und Wertschätzung ihres eigenen Lebens mit Gott befreit und damit auch zur liebenden Annahme ihrer natürlichen und dann auch ihrer geistlichen Familie, die das Volk Israel einschließt?
3. Können die Nachkommen des 2. Weltkrieges *miteinander* über ihre Eltern, Großeltern und sich selbst in Achtung und Wertschätzung sprechen, selbst wenn diese an der Abwertung, der Ausgrenzung und Auslöschung des jüdischen Volkes und auch Menschen anderer Völker beteiligt waren?

---

[23] Vgl. Joh. 14,7. Denn er ist es, der den Glauben weckt und zum Gebetsruf befreit: „Abba, lieber Vater!" Röm. 8,15.16.

4. Können sie in der Kraft des Heiligen Geistes auch innerhalb der natürlichen und geistlichen Familie die Verluste *vor Gott* abtrauern, die sie anderen und damit sich selbst zugefügt haben? Das Ziel wäre dann, persönlich und gemeindlich von den Wegen und Werten ihrer Vorfahren umzukehren und wie der Sohn aus dem Gleichnis Jesu heimzukommen.[24] Denn der Vater im Himmel will auch seinen „deutschen Sohn" in erbarmender Liebe aufnehmen und erneut in den Stand des wahren Sohnes und Erben einsetzen.

Die Frage lautet darum: Sind wir als Braut Christi in Deutschland persönlich, familiär und gemeindlich frei, den „braunen Mantel" unserer nationalen Identität anzusehen, wo es noch nicht geschehen ist, und nicht zu verschweigen? In die Arme des wahren Vaters heimzukehren, könnte dann heißen, die persönlichen Wunden und Werte, die alten Haltungen und Handlungen gegen die eigene Familie wie auch gegen das Volk Israel am Kreuz Jesu wie einen alten Mantel abzulegen. Würde diese befreiende Heimkehr zu Gott alle Gemeinden erfassen, könnte sie in einen nationalen Buß- und Bettag münden. Diese *Buße*, d. h. Umkehr von falschen Wegen und Werten ohne Gott, würde dabei sowohl die Abwertung des Heiligen Geistes in Deutschland einschließen[25] als auch alle Abwertung des jüdischen Volkes als eine der fatalen Folgen. Dann könnte der Heilige Geist die Freude und Kraft zurückbringen, die uns in neu geschenkter Freiheit das eigene Leben lieben lässt. Und dann könnten wir auch anderen in diesem Vaterhaus Gottes von Herzen Raum machen. So könnte Deutschland noch einmal zum Vaterland für viele werden, in denen weder Juden noch Menschen anderer Rassen und Völker abgewertet werden. Vielmehr könnten sie diese vergebende und heilende Liebe ohne

---

[24] Vgl. Luk. 15,11-24.

[25] Diese Abwertung und der Ausschluss des Heiligen Geistes aus der pietistischen Gemeinschaftsbewegung und aus der Landeskirche in Deutschland sind, wie in *Prolog: Wie alles begann, Punkt 2* bereits gesagt, mit der Berliner Erklärung im Jahr 1909 verbunden. In Internetquelle: *Berliner Erklärung.* Vgl. auch Jürgen Bühler, der dort zitiert ist: *Die Berliner Erklärung und der Holocaust.* Er vertritt ebenfalls die Überzeugung, dass die Berliner Erklärung maßgeblich dafür verantwortlich ist, dass der Holocaust in Deutschland möglich war. Der Inhalt dieser Resolution und die Folgen, aber auch die Überwindung dieser Erklärung werden an späterer Stelle im Einzelnen aufgenommen und bedacht.

Furcht kennenlernen, so dachte ich.[26] Im Bild von Bräutigam und Braut gesagt: Da jedes Volk die Antwort auf diese Liebe mit seinem eigenen Farbton der Anbetung ausdrückt, würde auch das „Brautkleid" der Gerechtigkeit Christi aus allen Nationen in bunten Farben leuchten.[27] Denn jedes Volk empfängt die Liebe Gottes entsprechend seiner ganz eigenen Geschichte und Kultur. Dadurch heben die Anbeter Jesu aus jedem Volk, das auch in Deutschland lebt, *gerade die* Seite der Liebe Gottes hervor, die sie am meisten brauchen, und betonen sie auf ihre ganz eigene Weise. Das lässt dann auch das Lied der Braut Christi aus allen Völkern in der Einheit der Anbetung *seines* Namens vielfältig und „bunt" erklingen.[28] Dazu lädt das Hohelied der Liebe ein.

7. Das Hohelied lädt zum Träumen mit Gott und zum Tanz mit ihm ein

Die Geschichte der größten Liebe kommt uns in der Form eines Liebesliedes in acht Strophen entgegen.[29] Wie jedes Lied, das die Liebe zum Thema hat, löst es in Menschenherzen Schwingungen aus; es ruft darin eine Resonanz hervor, die träumen lässt und zugleich in die Leichtigkeit einer Bewegung bringt wie in einem Tanz. Gerade geistlich gelesen lädt das Hohelied darum sowohl zum Träumen ein als auch zu Glaubensschritten in einer neu geschenkten Leichtigkeit.

In dieser Botschaft an den deutschen Teil der „Braut Christi" steht darum auch die Frage im Raum: Welche Träume am Tag und in der Nacht lassen unser Herz schneller schlagen? Sind es Träume

---

[26] Mir ist bewusst, dass vieles auf vielen Ebenen schon geschehen ist und geschieht. Doch angesichts eines wachsenden Antisemitismus und Rassismus aus verschiedenen Quellen gehe ich in dieser Botschaft wesentlich der Frage nach, wo die *Quelle des Lebens im Heiligen Geist* in der Gemeinde Jesu noch nicht entdeckt, „frei gelegt" und willkommen geheißen wurde und wird.

[27] Vgl. Jes. 61,10 und 2. Kor. 5,21, wo diese Bildsprache des Kleides ebenfalls aufgenommen ist.

[28] Im Gegensatz zum Braun, das entsteht, je mehr Farben man mischt, sodass eine Einheitsfarbe entsteht, die die Originalität verneint und Gleichschaltung bedeutet. Doch das widerspricht der bunten Vielfalt der Farben wie auch den vielfältigen Funktionen von Zellen und Organen eines menschlichen Körpers, die sich gerade durch ihre Unterschiedlichkeit ergänzen und darum alle gleich wichtig sind.

[29] Da die Kapitelangaben im ursprünglichen Bibeltext nachträglich eingefügt wurden, überschneiden sich die acht Botschaften bzw. Strophen mit den Kapitelangaben, weichen jedoch an manchen Stellen auch von ihnen ab.

von eigener oder nationaler Größe wie im großdeutschen Reich? Seit seiner Gründung im Jahr 1871 mit allen Wirren wurden solche Träume dann bis ins nationalsozialistische Dritte Reich in Deutschland geträumt, das Europa und die ganze Welt umfassen sollte.[30] Doch sind mit dem Zusammenbruch Deutschlands nach dem Zweiten Weltkrieg nicht auch diese Träume zerbrochen? Und blieben nicht die Alpträume der Zerstörung zurück sowie die Traumata, die wie offene Wunden der Seele bis heute zerstörerisch alle Beziehungen belasten, einschließlich der Beziehung zu Gott?

Dieser Durchgang durch das Hohelied fragt darum nach Perspektiven und Wegen, die aus der himmlischen Berufung heraus für jeden Einzelnen aufleuchten. Jesus will gerade den deutschen Teil der Braut Christi mit ihren Träumen und Alpträumen aus aller (Selbst)-Abwertung, -anklage und -ablehnung herausrufen und sie dazu ermutigen, den Mantel der Scham und des Schweigens abzulegen und das königliche Hochzeitskleid seiner Gerechtigkeit ganz neu zu ergreifen und zu tragen. In der mütterlichen Annahme durch Gottes Geist wird sich dann auch der deutsche Teil der Braut Christi einreihen können, andere in die Freiheit der Gottesbeziehung einzuladen. Denn am Ende sind es der Geist und die Braut, die gemeinsam singen und der Menschheit zurufen: „‚Komm!' Und wer es hört, der sage: ‚Komm!' Und wen dürstet, der komme; und wer da will, der nehme das Wasser des Lebens geschenkt.'"[31] Angesichts dieser endzeitlichen Dimension bis ins letzte Buch der Bibel hinein, kommt dem Hohelied, das die Liebe des Königs aller Könige singend beschreibt, der *Platz des*

[30] Das kommt auch in der ersten Strophe der Nationalhymne zum Ausdruck, die in den Schluss mündet: „Deutschland, Deutschland über alles, über alles in der Welt." Was nach der Zersplitterung seit 1848 als Sehnsucht nach einer neuen deutschen Einheit gemeint war, wurde im Nazideutschland umgedeutet, um seine Dominanz über andere Völker und Mächte zu proklamieren. Darum wurde in dieser Zeit auch nur diese erste Strophe gesungen. Die dritte Strophe, die heute als einzige für die deutsche Nationalhymne steht, wurde ausgelassen: „Einigkeit und Recht und Freiheit für das deutsche Vaterland! Danach lasst uns alle streben brüderlich mit Herz und Hand! Einigkeit und Recht und Freiheit sind des Glückes Unterpfand. Blüh im Glanze dieses Glückes, blühe, deutsches Vaterland." In Internetquelle: *Die deutsche Nationalhymne – alle 3 Strophen.* Online abrufbar unter: http://www.liederundtexte.com/die-deutsche-nationalhymne/ [Zuletzt: 05.07.2021]. Im Folgenden zitiert als *Die deutsche Nationalhymne.*

[31] Vgl. Offb. 22,17.

größten prophetischen Liedes zu, das der Gemeinde unserer Zeit gegeben ist.[32] Wenn sich das Lied der Gemeinde mit dieser Güte und Liebe Gottes verbindet, dann ist es gerade dieser Lobpreis, durch den selbst die größten Gedankengebäude und Festungen des Feindes fallen. Denn das Lied, das durch die Hilfe des Heiligen Geistes unter allen Umständen diesen König preist, lebt von der Gewissheit: „Es ist ein Größerer mit uns als mit ihm."[33]

Auf der persönlichen und damit seelsorgerlichen Ebene gewinnt das Hohelied darüber hinaus auch die Bedeutung einer *Traumaerzählung*, in der für jeden persönlich die Möglichkeit besteht, das eigene Leben im Licht dieser göttlichen Liebesgeschichte neu zu schreiben und sich aus den Traumata samt aller Alpträume heraus und in einen neuen Rhythmus der Hoffnung hinein zu bewegen.[34] Wie in einem

---

[32] Vgl. Bickle, Hohelied, Band 1, S. 36–45. Denn gerade dieses Lied beschreibe die Vorzüglichkeit Jesu als Herrn der Herren, der darin zur Begegnung mit ihm einlade.

[33] 2. Chr. 32,7; vgl. 2. Chr. 20,15.20-22; Apg. 16,23-26. Auch das Lied von Philipp Friedrich Hiller ist dafür ein Beispiel: „Jesus Christus herrscht als König". In EG, Nr. 123.

[34] Seelische Wunden, die durch schwere Erlebnisse (wie in einem Krieg mit allen Folgen oder durch Naturkatastrophen) u.v.m. entstehen, die nicht verarbeitet werden können, werden in der Fachwelt mit dem Fremdwort Traumata ausgedrückt. Diese Erlebnisse werden im Menschen nicht in der linken Gehirnhälfte gespeichert, wo die Zeitorientierung, das logische Denken und das Sprachzentrum ist, sodass man einfach darüber sprechen könnte, sondern in der rechten, wo Bilder und Filme, Geschichten, Gefühle, Gerüche und Geräusche, sowie Bewegung und Musik verortet sind. Hilfen zur Überwindung dieser Bilder und Gefühle, die wiederum Körperreaktionen wie Bluthochdruck, Schreckhaftigkeit, Reizbarkeit, Schlaflosigkeit u.v.m. auslösen, sind darum gerade symbolische Erzählungen oder andere narrative Bearbeitungen traumatischer Prägungen und Erlebnisse. Maike Schult benennt den immensen Nutzen von Erzählungen oder narrativer Bearbeitung von traumatisierenden Ereignissen, wenn sie sagt: „Mit der Traumaerzählung stellt die Literatur ein Erzählmodell bereit, das es den Menschen überhaupt erst ermöglicht, das Unfassliche zu fassen und in Form zu bringen." In: Maike Schult, Ein Hauch von Ordnung. Traumaerzählung und seelsorgliche Arbeit. Habilitationsschrift im Fach Praktische Theologie, vorgelegt bei der Theologischen Fakultät der Christian-Albrechts-Universität zu Kiel, 2017b, 30. Zitiert in Klotz, *Traumata,* S. 217. Dabei erzählt der Betroffene das eigene Leben wie eine Geschichte. Es geht explizit nicht darum, die Realität und Vergangenheit inklusive der schädlichen Entwicklungen oder Erfahrungen möglichst konkret und exakt zu rekonstruieren. Sondern die Erzählung kann durchaus fiktiv werden, indem die erinnerte Vergangenheit durch positive Elemente und Darstellungen ergänzt oder ausgetauscht wird. Denn im Fokus ist nicht die

Film kann dabei der Platz verschiedener Akteure eingenommen und auch wieder verlassen werden, um sich an einem anderen Platz und in einer neuen Rolle zu sehen. Das Ziel Gottes ist erreicht, wenn der Blick auf die Bewegung der Braut fällt, ganz gleich von welchem erkannten Standpunkt der oder die Einzelne herkommt. Denn Gott hat jeden Menschen berufen, diesen Platz der Braut an der Seite des himmlischen Bräutigams einzunehmen.

Mit dem Erlernen der „Tanzschritte des Glaubens" wird eine Bewegung möglich, die nicht – wie ein Marsch im Gleichschritt eines Heeres – jede eigene Herzensbewegung verhindert. Vielmehr werden Bewegungen wie im Tanz möglich, in dem es unterschiedlichste Ausdrucksformen gibt, die dennoch kunstvoll unter der Choreographie des Heiligen Geistes zusammengefügt werden. Durch ihn inspiriert beugen sich die Tänzer und Tänzerinnen in immer neuen Wellen vor dem, der jeden in Liebe erhoben hat, seine Braut zu sein. In der Gewissheit dieser Liebe ist dann auch Raum im Herzen, die *Träume Gottes* von *seinem* Reich und *seiner* Herrschaft der Liebe und des Lebens zu träumen und schon jetzt im eigenen Leben auf die Erde zu bringen. Denn der uns zu beten gelehrt hat: „Vater unser im Himmel, … *Dein* Reich komme! Dein Wille geschehe, wie im Himmel, so auf Erden!",[35] der will es auch in uns, durch uns und mit uns vollbringen. Das entfaltet dieser Durchgang durch das Hohelied der Liebe Gottes zu seiner Menschheit.

Traumakonfrontation oder die möglichst realistische Dokumentation der Ereignisse, sondern es geht um das Erlebnis des heilsamen Erzählens. Monika Klotz zitiert Kristina Augst, die erläutert: „Erzählen wird dadurch heilsam, dass sich der/die ErzählerIn darin neu entwerfen und das eigene Beziehungsgefüge anders beschreiben und deuten kann. Durch das Erzählen bekommt er/sie Macht über die Ohnmachtserfahrung." In: Kristina Augst, *Auf dem Weg zu einer traumagerechten Theologie. Religiöse Aspekte in der Traumatherapie – Elemente heilsamer religiöser Praxis.* Praktische Theologie heute, Band 121, Kohlhammer, Stuttgart 2012, 194. Im Folgenden zitiert als Augst, *Traumagerechte Theologie*, zitiert in Klotz, a.a.O., 217. Andere Möglichkeiten, um über das eigene Leben sprechen zu lernen, sind unter dem Begriff *My Life Storyboard* auf S. 224ff dargestellt, wo es darum geht, das eigene Leben auf Ressourcen hin zu befragen und damit auch das Traumatische darin nicht nur rückwärts, sondern zugleich nach vorn gerichtet zu betrachten, auszuwerten und damit neue Kraft zum Leben zu gewinnen.

[35] Mt. 6,9.10.

8. Die Berufung des Friedenskönigs Jesus für seine Braut in Deutschland und weltweit

Durch diesen „Tanz des Glaubens" hindurch fließt in jeder Strophe die Berufung des Friedenskönigs Jesus für seine Braut in jeweils vier Tanzschritten in den laufenden Text ein. Der nationale und damit auch familiäre und persönliche Hintergrund des deutschen Teils der Braut Christi wird wesentlich in den Fußnoten dargestellt, selbst wenn auch das nur holzschnittartig geschieht. So soll zum einen die himmlische Berufung den irdischen Kontext jedes Einzelnen berühren können; doch zum andern kommt in den Tanzschritten zum Ausdruck, dass wir in diesem irdischen, vielleicht traumatisch erlebten Hintergrund nicht stehen bleiben oder gar versinken müssen; auch dann nicht, wenn es in der deutschen Geschichte immer wieder Rückschritte gegeben hat, wie es auch in einem Tanz geschieht. Doch Jesus will jeden Einzelnen seiner Braut, selbst mit „braunem Hintergrund", *für den Bund seiner Liebe und Regentschaft gewinnen* und für seine wahre Bestimmung befreien. Das hat mich überwältigt und motiviert, den Glaubensweg durch dieses scheinbar kleine Liebeslied zu wagen und mich in den Ruf des Heiligen Geistes und der Braut einzureihen;[36] denn es ist gerade dieser Ruf, der der Wiederkunft des Bräutigams vom Himmel vorausgeht. Das Ziel dieses Rufes ist erreicht, wenn wir selbst aufs Neue hören und zu *dem* kommen, der unser Leben, unser Land und unsere Welt heilen, wiederherstellen und erneuern kann.

Eine Antwort mit Herz und Mund zu geben, sind wir in diesem Lied der größten Liebe unseres Lebens eingeladen. Was durch die positive Antwort jedes Einzelnen dann auch in und durch Deutschland möglich wird, sind heilvolle Auswirkungen weit über Deutschland und sogar über Europa hinaus. Dafür ist allein der Himmel die Grenze. Wer Jesus, dem wahren Friedenskönig, in diesem geistlichen

---

[36] In Hld. 1,5.6 sagt das Mädchen, um das der König wirbt, nach HFA: „Schaut nicht auf mich herab … weil meine Haut so dunkel ist, *braun* wie die Zelte der Nomaden. Ich bin dennoch schön …" In der Dimension der deutschen Geschichte hat mich gerade diese Formulierung überwältigt, dass es möglich ist, zu diesem Hintergrund zu stehen, ihn anzunehmen und nicht zu verschweigen. Denn in der Begegnung mit Jesus wird dieser Hintergrund entmachtet und durch Jesu erneuernde Liebe verwandelt. So kann das Mädchen eine ganz neue Zukunft gewinnen, die nicht länger von ihrer Vergangenheit bestimmt wird, sondern von der Gegenwart ihres himmlischen Bräutigams.

Durchgang durch das Hohelied begegnet, gewinnt dann vielleicht die Sicht, die am Lebensende eines Mannes stand, der schon einmal Europa beherrschen und unter sich selbst vereinen wollte. So sagte Kaiser Napoleon vor genau zweihundert Jahren im Jahr 1821 in einem seiner letzten Gespräche zu General Bertram auf Helena, wo er in der Verbannung war: „Zwischen dem Christenglauben und welcher Religion auch immer liegt die Kluft der Unendlichkeit. Alexander, Caesar und ich haben Reiche gegründet. Aber worauf beruhten die Schöpfungen unseres Genies? Auf Gewalt. Jesus Christus gründete sein Reich auf Liebe. Und zu dieser Stunde würden Millionen für ihn sterben. Ich habe mit all meinen Armeen und Generälen nicht ein Vierteljahrhundert lang auch nur einen Kontinent mir unterwerfen können. Und dieser Jesus siegt ohne Waffengewalt über die Jahrtausende, über die Völker und Kulturen.“ Dass diese Herrschaft der Liebe Gottes jeden Menschen erhebt und nicht erniedrigt, wird im Lied der Lieder besungen wie in keinem anderen Buch der Heiligen Schrift. Es mitzusingen und im Glauben in Bewegung zu kommen, dazu lädt es ein.

Auftakt

Der Weg der Braut bis zur Wiederkunft des Bräutigams Jesus Christus

Der Ruf von Jesus nach seiner Braut erklingt in dieser Zeit lauter und zugleich werbender als je zuvor.[1] Denn auch der Tag seiner Wiederkunft ist näher denn je. In diesem Bild geht es wie in keinem anderen darum, sich in der Identität einer Braut als von ihm geliebt, begehrt und bestätigt zu erkennen. Wer sich danach sehnt, zum ersten Mal oder wieder neu mit Jesus in eine innerste Vertrautheit und Innigkeit des Herzens zu kommen, ist eingeladen, sich mit der Braut im Hohelied auf den Weg zu machen und seiner Liebe zu begegnen. Auf diesem Weg werden wir mit der Braut in die Entscheidung gestellt, die Liebe und Güte des Bräutigams zu glauben. Dann müssen wir trotz aller erlittenen Härten im Leben nicht hart bleiben, sondern können seine Hand ergreifen, wenn Jesus wie ein Bräutigam „um unsere Hand anhält". Geben wir ihm wie eine Braut unser „Ja", werden wir in den Bund einer Liebe gestellt, die sich niemals von uns scheiden lässt. Dieses Leben in Gemeinschaft mit Jesus hat dann die Macht, selbst die tiefsten Wunden zu heilen, die schwersten Traumata aufzulösen und uns zur Liebe zu befreien. Denn am Ende ist es der Ruf einer

---

[1] Im Hohelied wird deutlich, dass dieser Ruf nicht zuerst an eine Armee ergeht, ein Heer von Arbeitern oder an eine Herde, auch wenn es um ganz individuelles Hören und Antworten auf diesen Ruf ankommt. Es ist der Ruf des Bräutigams nach seiner Braut. Und jeder, der antwortet, tut es mit der Identität einer Braut. Wir brauchen mehr denn je die Klarheit, dass nicht in erster Linie Soldaten und Arbeiter gesucht werden, die möglichst wenig fragen und viel im Gehorsam leisten. Vielmehr geht es darum, *wie* wir schon jetzt mit ihm leben und ihm dienen – nämlich mit dem liebenden Herzen einer Braut.

Liebenden, auf die er hört, wenn sie andere einlädt und zuletzt ihn selbst mit Sehnsucht bittet: „Amen, ja, komm, Herr Jesus!“[2]

Im Hohelied wird der Weg der Braut von ihrer (geistlichen) Geburt bis zu einer Reife beschrieben, in der sie das Werben des Bräutigams, mit ihr den Bund der Ehe zu schließen, verstehen und beantworten kann. Mit ihrer positiven Entscheidung in der Mitte des Liedes beginnt ab Kapitel 4,7 darum das Leben im Bund mit dem König und damit das schrittweise Identifiziertwerden mit dem Bräutigam und seinem Leben. Gerade dadurch erschließt sich ihr die alles überwindende Liebe Gottes zu ihr und zu seiner ganzen Welt.[3] Das Bild von Bräutigam und Braut, das die Freiwilligkeit und Intensität *seiner* Liebe beschreibt und zugleich *ihre* Freiheit, darauf zu antworten, ist nicht neu.[4] Doch gerade in der letzten Zeit vor seinem zweiten Kommen wird es mehr denn je offenbar, dass nur die Quelle dieser Liebe, der Heilige Geist selbst, den Hass der Welt überwinden kann. Darum ist der Ruf des Bräutigams gerade in Deutschland mehr denn je ein Ruf, sich dem Heiligen Geist zu öffnen wie nie zuvor.

---

[2] Offb. 22,20.

[3] Diese Antwort der Braut teilt das Lied sozusagen in zwei Teile. Dabei gleicht der erste Teil dem Ruf und Werben des himmlischen Königs, sich wie Adam an den ersten Kuss und damit an die erste Berührung Gottes zu erinnern, die aus Liebe geschah und ihm Leben, Würde und Bedeutung gab. Jeder Mensch ist eingeladen, auch nach vielen Abgründen der Trennung von Gott, jedes Wort von ihm wie einen Kuss Gottes zu empfangen, der ihn an sein Herz ziehen und ihn damit an seine eigentliche Bestimmung erinnern will: bei ihm zu sein. Darum ist jeder Einzelne gerufen, sich wie die Braut im Hohelied der Liebe Gottes neu zu öffnen und in ihr zu wachsen.

[4] Wie bereits gezeigt, durchzieht es die ganze Heilige Schrift im Alten wie im Neuen Bund. Es ist der Ruf Jesu, zur ersten Liebe zurückzukommen und im Geist dieser Liebe mit ihm zu leben, zu lieben, zu leiden und zu lachen. Denn dieser Bräutigam ist zugleich der König aller Könige, der sie letztlich nicht nur in die Gemeinschaft, sondern auch in die Regentschaft mit ihm zusammen ruft, bis er sichtbar und siegreich wiederkommt.

TEIL 1

Jesus ruft seine Braut an sein Herz

Strophe 1

Wenn sie auf ihn hört, spürt sie ihre tiefste Sehnsucht

Wie das Lied „Jerusalema",[1] das mit seiner Sehnsuchts- und Hoffnungsbotschaft gerade die Welt erobert und alle Nationen, Gesellschaftsschichten und Berufsgruppen nicht nur zum Hören, sondern auch zum Tanz einlädt, so will auch das Hohelied der Liebe zu einem solchen Hören einladen, das in die Tanzschritte des Glaubens führt. Denn es besingt wie das Lied „Jerusalema" ein anderes Königreich als das, in dem wir gerade leben. Und darum lädt es jeden persönlich in die Schrittfolge eines Glaubens ein, die ihn dahin bringt, dem König des himmlischen und irdischen Jerusalem in der Leichtigkeit des Geistes entgegenzugehen wie im Tanz. Wenn wir auf die Botschaft dieser Liebe hören, können wir auch die Tanzschritte einüben, die uns frei machen und uns für unsere wahre Heimat im Himmel aufschließen – mitten in einer Welt, die uns im „Lockdown" einschließen will.

---

[1] Die offizielle englische Übersetzung von Master KG (2019): *Jerusalema.* Online abrufbar unter: https://www.youtube.com/watch?v=fCZVL_8D048. [Zuletzt: 05.07.2021], lautet: *Jerusalem is my home. Guard me, Walk with me, Do not leave me here (2x). My place is not here, My kingkom is not here. Guard me, Do not leave me here, My place is not here, My kingdom is not here, Guard me, Do not leave me, Guard me (3x), Do not leave me (2x), Do not leave me here, My place is not here, My kingdom is not here, Guard me.* Übertragen ins Deutsche: Jerusalem ist meine Heimat. Schütze mich, geh mit mir, lass mich hier nicht zurück (2x). Mein Platz ist nicht hier. Mein Königreich ist nicht hier. Schütze mich, lass mich hier nicht zurück.

Die erste *Challenge*[2] in diesem Tanzlied besteht darin, beim Hören auf die Klänge des himmlischen Komponisten die eigene tiefste Sehnsucht wieder zu spüren und ihr Raum zu geben. Im Hohelied kommt diese Sehnsucht in der Bitte zum Ausdruck: „Er küsse mich mit den Küssen seines Mundes; denn deine Liebe ist lieblicher als Wein.“[3]

1. Tanzschritt des Glaubens: Die Sehnsucht nach den „heiligen Küssen" des Himmels

Diese Sehnsucht will nicht nur in der persönlichen, sondern auch in der nationalen Identität aufgenommen und in Bewegung umgesetzt werden. Für den deutschen Teil der himmlischen Braut Christi bedeutet das, die eigene nationale Geschichte und Identität im Licht dieser Liebe zu betrachten. Der folgende Blick zurück kann dabei die Augen des Glaubens aufs Neue für die große Liebe öffnen, die uns auch heute erwählt, mit ihm zu gehen und seine Herrschaft zu teilen. Vielleicht kann die Braut Christi in Deutschland dann seiner Aufforderung zum Tanz des Glaubens mit neuer Leichtigkeit folgen.

Ein Blick zurück – ins deutsche Vaterland

Der „heilige Kuss" Gottes in der Reformation

Als Deutschland im 16. Jahrhundert die „heiligen Küsse Gottes“ in der Reformation empfing, erwachte es für Gottes große Liebe zu jedem Einzelnen. Denn mit der ersten Bibelübersetzung von Martin Luther in die deutsche Sprache konnte sich das Licht des Evangeliums durch die Erfindung des Buchdrucks mit beweglichen Lettern auf einzigartige Weise im ganzen Land verbreiten. So wurde das Evangelium durch die Offenbarung des Heiligen Geistes[4] für jeden zugänglich, der

---

[2] Eine „Challenge“ ist eine Herausforderung, die man persönlich oder als Gruppe annehmen kann.

[3] Hld.1,1 (ELB). Damit drückt die Braut aus, dass die Liebe des himmlischen Königs und Bräutigams allen Angeboten dieser Welt und ihrer Königreiche weit überlegen ist.

[4] Über ihn sagte Luther im Kleinen Katechismus im 3. Artikel des Glaubensbekenntnisses zum Heiligen Geist: „Ich glaube, dass ich nicht aus eigener Vernunft noch Kraft an Jesus Christus, meinen Herrn, glauben oder zu ihm kommen kann; sondern der Heilige Geist hat mich durch das Evangelium berufen, mit seinen Gaben erleuchtet, im rechten, einigen Glauben geheiligt und erhalten; gleichwie

sich nach einem gnädigen Gott sehnte.[5] Darum war auch die Segensspur dieser Bibelübersetzung nicht aufzuhalten und ist selbst bis ins 21. Jahrhundert zu spüren. Denn Menschen aus der ganzen Welt besuchen die Wartburg in Eisenach, um mit Dank an Gott zu sehen, durch welchen Mann die gute Nachricht des Evangeliums auch in ihre Länder kam.[6]

Die „unheiligen Küsse" des Feindes in der Gegenreformation

Die Reformation verlor die Hälfte ihres Einflussbereiches, als Luther 1543 seine Schrift „Von den Jüden [sic]und ihren Lügen" veröffentlichte.[7] Damit stellte er sich nach der Übersetzung des Alten Testaments aus der hebräischen Ursprache der Bibel in seinen letzten Jahren gegen das Volk Gottes und knüpfte mit seinen Vorschlägen zum Umgang mit den Juden an der Tradition der katholischen Kirche und ihrer Ersatz-Theologie an.[8] Das löste zwei Jahre später die

---

er die ganze Christenheit auf Erden beruft, sammelt, erleuchtet, heiligt und bei Jesus Christus erhält im rechten einigen Glauben; in welcher Christenheit er mir und allen Gläubigen täglich alle Sünden reichlich vergibt und am Jüngsten Tag mich und alle Toten auferwecken wird und mir samt allen Gläubigen in Christus ein ewiges Leben geben wird. Das ist gewisslich war." Martin Luther, *Der Große und der Kleine Katechismus*, Vandenhoeck & Ruprecht, Göttingen 1985, S. 45.46.

[5] So wurden viele von den Lügen der katholischen Kirche dieser Zeit erlöst. Denn Luthers Erkenntnis und Botschaft aus der Heiligen Schrift lautete: Gottes Gnade durch Jesus Christus, den Sohn Gottes, ist umsonst und hat allein *ihn alles* gekostet. Zu dieser Zeit herrschte ein Geschäft mit der Angst, das die Menschen zwingen wollte, sogenannte Ablassbriefe zu kaufen, um so für die Sündenvergebung ihrer verstorbenen Verwandten zu bezahlen und sie aus dem Fegefeuer „freizukaufen". Der bekannte Werbespruch lautete: „Wenn das Geld im Kasten klingt, die Seele aus dem Fegefeuer springt." In Wirklichkeit wurden mit diesem Geld der Petersdom und das gute Leben des Papstes finanziert.

[6] So erzählte eine Führerin der Wartburg im Jahr 2000, dass einmal ein evangelischer Häuptling der Massai aus Afrika, ein Häuptling aus Südamerika und einer der Aboriginies aus Australien im Besucherstrom waren. Sie alle wollten Gott danken für das, was Martin Luther mit seiner Bibelübersetzung auch für sie getan hatte. Denn mit der Lutherischen Mission waren Missionare in ihre Länder gekommen, um zu evangelisieren. Sie selbst waren eine Frucht davon. Das beeindruckte mich nachhaltig bei dieser Führung, an der ich teilnahm.

[7] Penkazki, *Israel und wir*, 11.

[8] Zur Geschichte der Ersatztheologie: „Die Zerstörung des Jerusalemer Tempels und die Zerstreuung der Juden 70 n. Chr. schien für die Gemeinden der Beweis, dass die Juden ihre Erwählung und ihr geistliches Erbe endgültig verloren hatten. Offensichtlich, so folgerten sie, hatte Gott seine Hand von den Juden

Gegenreformation aus und nach knapp 400 Jahren den Holocaust.[9] Das traurige Fazit dieser Reformation lautet daher: Auf die „heiligen Küsse Gottes," die Leben und Segen für ein Land und jeden Menschen darin bedeuten, folgten die „unheiligen Küsse Satans" mit seinen Lügen, die zu Vernichtung und Tod führten.[10] Denn der Heilige Geist, der an Pfingsten zunächst ausschließlich in ein „jüdisches

---

weggenommen. Ihre zunehmende Distanz wurde in den Schriften der frühen Kirchenväter intellektuell untermauert und zu einem theologischen Fundament. Sie kamen zu dem Urteil, dass Gott das Volk Israel als die „Christusmörder" für immer verworfen hatte. Die christliche Kirche habe demgegenüber nun den Platz Israels eingenommen und sei nun für immer die einzige legitime Trägerin aller Verheißungen und Segnungen Gottes. Hier begegnen wir der sogenannten „Substitutionslehre", die auch „Ersatztheologie" genannt wird. Sie wurde zur Ursache für eine der tragischsten Theologischen Fehlentscheidungen und spielt bis heute in Kirchen und Freikirchen eine unrühmliche Rolle. Die Kirchenväter Ignatius von Antiochien (1. Jh.), Barnabas (1. Jh.), … entwickelten allmählich eine Theologie des Judenhasses, die jeden, der Juden verfolgte und tötete, zu einem Vollstrecker göttlichen Zorns machte. Sie legten die theologische Grundlage, um sich von den hebräischen Wurzeln des Glaubens endgültig zu trennen. Die fortschreitende Entrechtung der Juden hatte ihren Anfang genommen." In: Jobst Bittner, *Die Decke des Schweigens*, TOS-Verlag, 2. Aufl., Tübingen, 2012, S. 70. Im Folgenden zitiert als Bittner, *Decke des Schweigens*. Vgl. auch Penkazki, *Israel*, der auf S. 11 ergänzt: „Im Jahre 1215 beschloss die Römisch-Katholische Kirche auf ihrem Lateran-Konzil, daß alle Juden im Herrschaftsbereich der Kirche einen ‚gelben Fleck', den gelben Judenstern tragen müssten." Penkazki sieht darin die Ursache, dass die katholisch regierten Länder seit dieser Zeit verarmten. A.a.O.

[9] Holocaust ist das griechische Wort für „Ganzopfer". Es erinnert an das Brandopfer aus 3. Mo. 23,12.13, bei dem das Tier ganz verbrannt werden sollte, wenn es die Hingabe an Gott ausdrückte. Dass Hitler in Perversion nicht Tiere, sondern jüdische Menschen zum Brandopfer machte, hatte auch Folgen für Deutschland selbst: Es versank in Schutt und Asche. Penkazki stellt das Ergebnis dieses 2. Weltkrieges in Zahlen so dar: „55 Millionen Kriegstote, 30 Millionen Kriegsversehrte, 8 Millionen Verhungerte, 40 Millionen Obdachlose, 12 Millionen Flüchtlinge, 6 Millionen vergaste KZ-Häftlinge. Das ‚Dritte Reich' dauerte 12 Jahre, um der ganzen Welt das Gottesvolk ins Gedächtnis zu bringen (12 Stämme Israels). A.a.O., 13. Die internationalen Folgen des Antisemitismus, ein Wort, das im Jahr 1879 von Wilhelm Marr in Deutschland geprägt wurde, zeigt Penkazki auf eindrückliche Weise in Kapitel 2: „Der „rote Faden" in der Geschichte", S. 9–16.

[10] In diesen Zusammenhängen wird deutlich, dass Küsse nicht nur eine unverbindliche Geste sind, sondern Freundschaft und Liebe zu dem bedeuten, den man küsst. Darum fragt Jesus auch seinen Jünger Judas im Garten Gethsemane: „Judas, verrätst du den Menschensohn mit einem Kuss?" Luk. 22,48. Damit macht er ihm ein letztes Angebot, sein Tun zu überdenken und zu bereuen. Die Tragik des Judas liegt im Besonderen darin, einen Kuss, das Zeichen der Freundschaft und Vertrautheit, zum Zeichen des Verrats zu machen.

Gefäß" gegossen war,[11] wurde durch Martin Luther im 16. Jahrhundert somit zurückgewiesen. Da er den Weg des jüdischen Volkes ablehnte, durch das dieser Geist des Lebens in die Welt kam, lehnte er damit, im Bild gesagt, das Gefäß ab, in dem das Heil für die Welt und damit auch für Deutschland enthalten war. Und so wurde, in einem anderen Bild ausgedrückt, gleichsam ein Tor der Ablehnung geöffnet. Durch diese geöffnete Tür konnten im 20. Jahrhundert Adolf Hitler und seine Führungsriege gehen und eine Geschichte schreiben, die nicht aus dem Geist des Lebens und der Liebe, sondern der Ablehnung, des Hasses und des Todes kam.[12] In der Folge öffneten sich Männer und Frauen dem Geist einer Ideologie, die mit Härte gegen sich selbst und andere für eine neue deutsche Größe kämpfte. Aber diese Größe sollte um den Preis wahrer Vaterschaft und Mutterschaft errungen werden, die doch nur im Geist der Liebe gelingen kann. Indem sie sich dieser Ideologie öffneten, verloren sie darum beides und machten ihre Kinder unbewusst zu Waisen.

Ein Land erneut von Gottes Geist „geküsst"

Das wirft die Frage auf: Was würde es bedeuten, wenn in Deutschland der Heilige Geist wieder zur Regentschaft käme und Größe nicht Abwertung für andere bedeuten würde, sondern vielmehr ein Segen und Leben für alle, die darin wohnen? In der Sprache des Hoheliedes gesagt: Wenn in Deutschland die Sehnsucht nach den „heiligen Küssen Gottes" dazu führen würde, sich für Gottes Geist der Liebe mehr zu öffnen als für alles andere, dann könnte wahre Vaterschaft und Mutterschaft wieder erlebt werden und Wunden würden heilen.[13] Dann könnten in diesem Land Kinder der Liebe aufwachsen, die Gottes Wesen widerspiegeln und das Land erneut in einen Raum des Lebens verwandeln. Und auch die Kinder des Krieges würden Trost

---

[11] Vgl. Apg. 1,1-14; 2,1-24.36-41. Zum Bild vom Ausgegossenwerden des Heiligen Geistes: Röm. 5,5.

[12] Dazu ausführlich in Klotz, *Traumata,* S. 85 unter Punkt 4.2.2: Der wahre Deutsche Martin Luther. Die Folgen mit allen Gleichsetzungen zwischen Luther und Hitler und die Einstellung der protestantischen Kirche zu Adolf Hitler werden weiter auf S. 85–111 beschrieben.

[13] Das Mädchen sagt gleich zu Beginn in Hld. 1,1: „Er küsse mich mit dem Kuss seines Mundes; denn deine Liebe ist lieblicher als Wein." Das bedeutet besser als das Beste, das diese Welt zu geben hat.

empfangen, Träume und Visionen haben und so die junge Generation segnen, stärken und bestätigen.[14] Doch wie kann das geschehen?

Wie kann durch Gottes Kinder ein Land erneut Gottes „heiligen Kuss" empfangen?

Für Gottes Kinder kann es bedeuten, in jeder Gemeinde und Gemeinschaft den in der Berliner Erklärung getroffenen „vertraglichen" Ausschluss im Blick auf den Heiligen Geist zu widerrufen; denn schließlich ist es gerade der Heilige Geist, der diese Liebe doch überhaupt erst in unsere Herzen bringt.[15] Anschließend gilt es, ihn dafür um Vergebung zu bitten und aufs Neue einzuladen, unser Leben zu erfüllen, unsere Familien und unsere Gemeinden zu erneuern und schließlich das Land zu übernehmen.[16] Denn allein so könnte Deutschland heute durch alle Generationen hindurch neu zur Blüte kommen und Früchte des Lebens hervorbringen, die viele satt machen, weit über die Grenze des Landes hinaus.

„Geküsst" vom Heiligen Geist könnten Gottes Kinder dann in Kirchen und Konfessionen, Denominationen, Gemeinden und Gemeinschaften aufstehen wie Esther,[17] um wie sie königlich und priesterlich gerade für sein jüdisches Volk einzutreten, ob dieses seinen Messias schon angenommen hat oder nicht. So könnten sie national und international die Geschichte der Zerstörung wenden und sie in eine Geschichte des Lebens und der Freude verwandeln, wie es auch im Buch Esther berichtet ist. Und so, wie Esther ein Waisenkind war, das zur Königswürde kam, könnten auch Kinder und Enkel des Krieges,[18] die sogar in vielen Gemeinden noch immer den Geist einer Waisen haben,

---

[14] Vgl. Joel 3,1-5, zitiert von Petrus in der Pfingstpredigt in Jerusalem.

[15] Röm. 5,5: „Die Liebe Gottes ist in unsere Herzen ausgegossen durch den Heiligen Geist, der uns gegeben worden ist."

[16] Dieses Thema wird in Strophe 3 ausführlicher aufgenommen und bedacht.

[17] Das biblische Buch Esther erzählt die Geschichte des jüdischen Waisenmädchens Hadassa, das im großpersischen Reich gewaltsam „eingesammelt" wurde, als für den persischen König eine neue Königin gesucht wurde. Sie wurde gewählt und konnte mit dem persischen Namen Esther unter Lebensgefahr am Hof bewirken, dass das von dem Judenfeind Haman inszenierte Pogrom gegen alle Juden in den 127 Ländern des Königs vereitelt wurde, indem sie sich wehren durften.

[18] So die Bezeichnung von Sabine Bode in ihrem Buch *Kriegsenkel*. Vgl. „Prolog: Wie alles begann," S. 16, Fußnote 43.

zu Kindern des wahren Königs werden. Durch die Herrschaft des Heiligen Geistes in Deutschland könnten sie ein Volk von Königen und Priestern sein, die vor Gott stehen und die Tugenden dessen verkünden, der sie aus der Finsternis zu seinem wunderbaren Licht berufen hat.[19] Doch dazu ist es notwendig, noch einmal zurückzusehen und einer weiteren Frage nachzugehen.

Ein Blick zurück – ins deutsche Vaterhaus

Wie kann eine Familie noch einmal Gottes „heilsame Küsse" empfangen?

Um diese Zukunft und diesen Trost des Heiligen Geistes[20] zu empfangen, braucht es einen mutigen, aber getrosten Blick zurück ins eigene Vaterhaus und ins eigene Herz. Denn das, was der deutsche Bundespräsident Richard von Weizsäcker am 8. Mai 1985 zum 40jährigen Gedenken des Kriegsendes sagte, gilt für Deutsche auch heute, wiederum fast 40 Jahre später: „Kein fühlender Mensch erwartet von ihnen, ein Büßerhemd zu tragen, nur weil sie Deutsche sind. Aber die Vorfahren haben ihnen eine schwere Erbschaft hinterlassen.[21] Wir alle, ob schuldig oder nicht, ob alt oder jung, müssen die

---

[19] Vgl. 1. Petr. 2,9.10. Dazu braucht es Befreiung, ein Zerbrechen von Flüchen auf persönlicher, gemeindlicher und nationaler Ebene und Menschen, die diese Gnade wie einen Mantel auf Menschen, Gemeinschaften, Gemeinden und das Volk legen können und so priesterlich für Familien und Gemeinden eintreten. Das geschieht, wenn sich die Beter zuerst im Gebet unter die Schuld stellen, die dort geschehen ist, dann um des vergossenen Blutes Jesu willen um Vergebung bitten und diese annehmen. Da er am Kreuz allen Fluch auf sich genommen hat, ist es jetzt möglich, auch auszusprechen: „Im Namen Jesu zerbreche ich jeden Fluch als Folge der Schuld, die hier geschehen ist…" Drittens gilt es, den Heiligen Geist zu bitten: „Komm an diesen Ort zurück, führe die Menschen zum Vater zurück, sodass ihr Leben aufblühen kann zu seiner Ehre! Ich weihe diese Stätte dir, Vater im Himmel, in Jesu Namen, der bis aufs Äußerste retten kann, die durch dich Gott nahen. Amen." (Vgl. Hebr. 7,25).

[20] Vgl. Joh. 14,16-18.26; 16,7-15. Dort spricht Jesus in seinen Abschiedsreden vom Heiligen Geist als seinem Stellvertreter, der als Tröster zu ihnen kommt, um für immer zu bleiben.

[21] So zitiert in der Rede des Bundespräsidenten zum 40jährigen Kriegsende 1985 unter Punkt III. In Internetquelle: Weizsäcker, Richard (1985): *Rede des Bundespräsidenten Richard von Weizsäcker zum 40jährigen Kriegsende 1985.* Online abrufbar unter: https://www.tagesschau.de/inland/rede-vonweizsaecker-wortlaut-101.html [zuletzt: 05.07.2021]. Im Folgenden zitiert als Weizsäcker, „Rede zum

Vergangenheit annehmen. Wir alle sind von ihren Folgen betroffen und für sie in Haftung genommen. Jüngere und Ältere müssen und können sich gegenseitig helfen zu verstehen, warum es lebenswichtig ist, die Erinnerung wachzuhalten." Denn auch wenn niemand nachträglich etwas an seiner Geschichte ändern kann, so gibt Weizäcker zu bedenken: „Wer ... vor der Vergangenheit die Augen verschließt, wird blind für die Gegenwart. Wer sich der Unmenschlichkeit nicht erinnern will, der wird wieder anfällig für neue Ansteckungsgefahren."[22] Darum gilt es hinzusehen:

Die Frucht des Krieges: Waisenkinder mit einem Waisengeist

Durch Flucht, Vertreibung aus der Heimat, Verlust des Vaters und Verarmung sind viele Kinder zu Waisen des Krieges geworden, die nicht nur die Geborgenheit einer Familie, sondern auch die Heimat und Unversehrtheit verloren haben. Selbst diejenigen, die als Familie vollständig blieben und später selbst wieder Kinder hatten, konnten durch ideologische und traumatische Kriegserfahrungen vielfach keine Nestwärme geben, in der ein Kind geborgen aufwachsen kann. So gab es auch in der nächsten Generation viele innere Waisenkinder.[23] Doch gerade diese Kriegs- und Nachkriegsgeneration, die heute alt ist, kann an der Seite des jüdischen Volkes stehen, das aus seiner langen Geschichte des Leidens und der Ablehnung weiß: „Das Vergessenwollen verlängert das Exil, und das Geheimnis der Erlösung heißt Erinnerung."[24] Dabei kann die Erinnerung an die Erfahrung des

---

Kriegsende." Dort sagt er weiter: „Hitler hatte 1945 sein sogenanntes Testament mit den Worten abgeschlossen: „Vor allem verpflichte ich die Führung der Nation und die Gefolgschaft zur peinlichen Einhaltung der Rassegesetze und zum unbarmherzigen Widerstand gegen den Weltvergifter aller Völker, das internationale Judentum." Jedoch kann ein Testament und damit eine Erbschaft angenommen oder abgelehnt werden. Beides hat bleibende Auswirkungen, die noch bedacht werden.

22 Weizsäcker, „Rede zum Kriegsende", III.

23 Um solche inneren Waisenkinder mit allem traumatischen Erleben aufzurichten, siehe auch viele Einblicke und Ansätze der Hilfe in Frick-Baer, *Aufrichten in Würde* ab S. 18, wo das Traumaerleben und seine Folgen beschrieben werden. Sie benennt dort besonders das unscheinbar wirkende Symptom des mangelnden oder fehlenden Selbstwertgefühls, hinter dem sich oft ein Erleben verbirgt, das traumatisch ist. Verschiedene Wege der Hilfe, wenn Worte nicht reichen, werden in den folgenden Kapiteln beschrieben.

24 Weizsäcker, a.a.O, III, wie auch der folgende Gedanke.

Wirkens Gottes in der Vergangenheit zur Quelle des Glaubens werden, dass er auch in der Zukunft rettend eingreifen wird. „Für uns kommt es auf ein Mahnmal des Denkens und Fühlens in unserem eigenen Inneren an", so Richard von Weizäcker.[25]

Doch ganz gleich, welche persönlichen Erfahrungen wir in unserer Kindheit gemacht und worunter wir gelitten haben – wir gehen mit dem Heiligen Geist des Trostes und der Liebe in unserer Erinnerung nicht allein zurück. Und was Menschen allein unmöglich ist, kann mit ihm an unserer Seite geschehen: Denn der, der Autorität über Raum und Zeit hat, kann nicht nur unsere Gegenwart und Zukunft verändern, sondern auch die Vergangenheit. Allein der Heilige Geist kann uns Jesus, den verherrlichten Sohn Gottes und König der Juden, offenbaren, der auch für Menschen aus jedem anderen Volk den Preis bezahlt und die Schlüssel des Todes und der Hölle erworben hat.[26] Es ist der Heilige Geist, durch den wir Jesus als Befreier erfahren und aus jedem Gefängnis der nationalen und persönlichen Vergangenheit befreit werden können. Denn „der HERR ist der Geist. Und wo der Geist des HERRN ist, da ist Freiheit."[27] Dazu lädt er ein. Sind wir bereit? Dann gilt es noch einmal hinzusehen:

Die deutsche Mutter und ihr Kind

Selbst wenn jede Familie ihre eigene Geschichte, ihren Glauben und ihre Kultur des Umgangs miteinander hatte, so waren doch alle auf irgendeine Weise mit der braunen Uniform und dem darin herrschenden Geist der Gewalt, der Härte und den Gedanken eines deutschen Großreiches auf Kosten anderer Völker konfrontiert, besonders auf

---

25 Weizäcker, a.a.O.

26 Offb. 1,10.18. Dort sieht Johannes als Gefangener auf der Insel Patmos im Geist den verherrlichten Jesus, der zu ihm sagt: „Fürchte dich nicht! Ich bin der Erste und der Letzte und der Lebendige; ich war tot, und sieh, ich bin lebendig von Ewigkeit zu Ewigkeit, Amen; und ich habe die Schlüssel des Totenreiches und des Todes." Vgl. Hebr. 2,14-18.

27 2. Kor. 3,17. Hilfreiche Einblicke aus der Dimension des Geistes Gottes und Wege der Befreiung in Ana Mendez Ferrell, *Orte der Gefangenschaft*, cube8, 3. Aufl., Konstanz 2012. Im Folgenden zitiert als Mendez, *Gefangenschaft*. Sie zeigt darin sowohl den Grund auf, warum Adolf Hitler gerade diese Wege der Vernichtung wählte als Nachbildung der Hölle auf Erden, wie auch die Überwindung dieser Gefängnisse und Festlegungen auch in der nächsten Generation. A.a.O., S. 115 und 124.

Kosten des Volkes der Juden in jedem europäischen Land. Aber am Ende brachte dieser Geist der Zerstörung und des Todes auch im eigenen Volk die Frucht, die er im Boden anderer Länder gesät hatte: Vertreibung, Verlust der Heimat, Verlust des Vaters, der Brüder und Freunde, und zuletzt Herrschaft von Fremden waren Folgen, die in fast jeder Familie zu spüren waren.[28] Zurück blieben viel Schmerz im Innern und Schuttberge im Äußeren, wodurch auch die nun vielfach alleinstehenden Mütter zu harten Arbeiterinnen wurden, die ihre Kinder durchbringen mussten. Jetzt waren sie doppelt betrogen: Sie mussten nicht nur den Aufbau als „Trümmerfrauen" tragen und nach dem Krieg als Erste wieder Hand anlegen, sondern verloren durch den nationalsozialistischen Geist auch die natürliche Nähe zu ihren Kindern. Denn gerade dieser Geist hatte aus ihren Kindern Soldaten für den Krieg gemacht und sie von frühestem Kindesalter an „gestählt".[29] Sowohl der liebende Blick der Mutter, ihre Zärtlichkeit, als auch der sich gegenseitig anziehende Duft von Mutter und Kind hatten in diesem nationalsozialistischen Geist untergraben und verhindert werden sollen, damit sich keine Bindungs- und Liebesfähigkeit

---

[28] Der deutsche Bundespräsident Richard von Weizsäcker erinnert in seiner Rede 1985: „Während dieses Krieges hat das nationalsozialistische Regime viele Völker gequält und geschändet. Am Ende blieb nur noch ein Volk übrig, um gequält, geächtet und geschändet zu werden: das eigene, das deutsche Volk. Immer wieder hat Hitler ausgesprochen: Wenn das deutsche Volk schon nicht fähig sei, in diesem Krieg zu siegen, dann möge es eben untergehen." Nach dem Gesetz von Saat und Ernte kam es darum, wie es kommen musste. Weizäcker sagt: „Die anderen Völker wurden zunächst Opfer eines von Deutschland ausgehenden Krieges, bevor wir selbst Opfer unseres eigenen Krieges wurden." Weizsäcker, „Rede zum Kriegsende", a.a.O.

[29] Im Erziehungs-Ratgeber von Johanna Haarer „Die deutsche Mutter und ihr erstes Kind" wurden sie angewiesen, ihren Neugeborenen „das Antlitz zu verweigern", sie durften ihre Babys erst 24 Stunden nach der Geburt zum ersten Mal stillen und sollten sie im Wesentlichen sich selbst überlassen. Zitiert in Sabine Bode, *Kriegskinder*, S. 152. Als Nationalsozialistin plädierte die Lungenfachärztin, die ihr Wissen über Säuglingspflege lediglich auf die Erfahrung ihrer eigenen Mutterschaft stützte, ständig für „Ruhe", was bedeutete, dass Babys im Wesentlichen sich selbst überlassen bleiben sollten. Gleichzeitig warnte sie vor einem Zuviel an Zärtlichkeit. Die Mutter selbst wurde dem nationalsozialistischen Abhärtungsprogramm unterzogen, wenn sie bei der Geburt bewusst keine schmerzlindernden Mittel bekam, wie es zuvor durchaus üblich war. Vgl. Klotz, *Traumata*, S. 47, Fußnote 93.

entfaltete.[30] Im besten Glauben, das Richtige zu tun, hatten die Mütter es zugelassen, dass ein Keil zwischen sie und ihre Kinder getrieben wurde, der auch im Leben der nächsten Generationen zu Verlusterfahrungen, Verlassensängsten und viel Verunsicherung führte, da diese Kinder oft nicht bestätigt wurden oder um ihrer selbst willen im Arm gehalten und freundlich angesehen wurden.[31]

---

[30] Die Soziologin Chamberlain entlarvte in ihrem 1997 erschienenen Buch „Adolf Hitler, die deutsche Mutter und ihr erstes Kind“ den Ratgeber von Johanna Haarer als Teil des Nazierziehungsprogramms. Sie sieht „in den Handlungsanweisungen von Haarer vor allem „die Verhinderung von Liebesfähigkeit“. Auf vielen Abbildungen in ihrem Ratgeber wird das Baby sonderbar steif gehalten, was wenig Blickkontakt und kaum körperliche Berührung erlaubt. Hier wurde, so Chamberlain, „absichtsvoll zu Beginn des menschlichen Lebens Bindungs-, Beziehungs- und Liebesfähigkeit zerstört.“ Zitiert in Sabine Bode, A.a.O., S. 156. Haarers Verleger Lehmann, der einen der größten deutschen Medizinverlage besaß und schon vor dem ersten Weltkrieg die Rassenhygiene auf wissenschaftlicher Ebene diskutabel machte, wollte durch Johanna Haarer darum das Thema Reinlichkeit in jede Familie bringen, dem sie 25 Seiten widmete. Außerdem sollte ein gepflegtes Kind nicht riechen. Chamberlain zeigt jedoch, dass der Geruchssinn eine wichtige Rolle im wechselseitigen Bindungsprozess zwischen Mutter und Kind spielt: „Spätestens vom fünften Lebenstag an erkennt der Säugling den Geruch der Mutter und wendet sich der Quelle dieses Geruches spontan zu.“ A.a.o., S. 156.157.

[31] Der Ratgeber von Johanna Haarer war auch nach dem Krieg wieder auf dem Markt. Ab 1949 hieß er „Die Mutter und ihr Kind“ bis zu seinem letzten Erscheinungsjahr 1987. Ein Jahr später starb Johanna Haarer. „Der kaum veränderte Titel der Neuerscheinung legitimierte gleichzeitig die Ursprungsfassung: Sie stand weiterhin daheim im Bücherregal, bereit, bei Erziehungsbedarf neues Unheil anzurichten, weil Eltern keinen Grund sahen, sich von einer so anerkannten Kapazität auf dem Gebiet der Säuglingspflege und Kleinkindpädagogik zu trennen. In der Nazizeit wurde der Haarer-Ratgeber durch die NS-Frauenschaft in der „Reichsmütterschulung“ verbreitet, die im Lauf der Jahre von Millionen junger Frauen besucht wurden. Auch in den Einrichtungen des BDM galt im Fach Säuglingspflege Dr. Haarer als die maßgebende Autorität, die noch weit in die neue Bundesrepublik hineinreichte. Zitiert in Sabine Bode, a.a.O., S. 154. Udo Baer schreibt im Blick auf die Übertragung dieser Verlassensängste in die nächste Generation: „Häufige Alarme, Bombardierungen belasteten alle Generationen des Krieges. Doch am meisten litten die Kinder, die währenddessen eine angstvolle Mutter oder Oma an der Hand hatten. Es schien, als ob sie deren Ängste noch zusätzlich miterlebten, und es ist zu vermuten, dass sie ihre Mütter und Großmütter schützen wollten. Wir wissen aus Untersuchungen der Gefühle von Kindern, dass diese sich schuldig und verantwortlich fühlen, wenn etwas geschieht, das sie nicht verstehen und worunter andere leiden. Sie wollen dann helfen – und können es doch nicht. Zitiert in Udo Baer, *Königsberg,* S. 51.

Die Frucht des Geistes: geliebte Gotteskinder aus Gottes Geist

Doch selbst für diese äußeren und inneren Waisenkinder, die durch solche Lügen gegen Gott und sein Volk im 20. Jahrhundert hervorgegangen sind, schlägt noch immer Gottes Herz. Denn er sieht in jedem Einzelnen von ihnen sein geliebtes Kind, das dazu geboren wurde, als geliebte Braut seines Sohnes Jesus Christus in seinem Reich zu regieren. Und wie sich jedes Kind unbewusst nach den liebevollen Küssen seiner Eltern und Geschwister sehnt, die es in der Geborgenheit bestätigen, sehnt sich später auch das vom Königssohn umworbene Mädchen nach diesen Zeichen der Annahme, die Bestätigung und Liebe ausdrücken und seiner Seele Flügel geben. Denn so geliebt und zu Großem berufen zu sein, ist die tiefste Sehnsucht der Braut und ihre wahre Bestimmung.

Doch wie können Waisenkinder, die die Liebe und Zuwendung ihrer Eltern durch Lügen und Leid verloren haben, diese Sehnsucht noch spüren und noch einmal werden, wozu sie auf die Welt gekommen sind?[32] Das Geheimnis der Wiederherstellung ihres bräutlichen Seins, das Liebe empfangen und geliebtes Leben weitergeben kann, liegt in der Wiederbelebung Gottes durch den Heiligen Geist. Er ist es, der die Sehnsucht nach den „reinen Küssen Gottes" erst weckt, die Waisenkinder an ihren wahren Ursprung erinnert und sie so zu ihrem wahren Vater und Bräutigam führt.[33] Hier gilt es erst recht hinzusehen:

---

[32] Udo Baer gibt zu bedenken: „Nicht vergessen darf man auch, wie die Menschen, die Krieg und Nachkriegszeit erlebten, erzogen worden waren. In der nationalsozialistischen Erziehung war Mitgefühl ein Fremdwort, um Härte und Tapferkeit ging es ebenso wie um Reinheit und Sauberkeit. Wer vergewaltigt wurde, war „beschmutzt" – das war das Denken vieler. Also galt es „hart" zu sein, „hart wie Kruppstahl", gegen sich und andere. Das betraf alle Verletzungen, jedes Leiden. Der Schmerz wurde weggeschoben – das entsprach den gesellschaftlichen Normen und Werten. Deswegen war es verpönt, Schwäche zu zeigen. Deswegen mussten Leiden und Hilflosigkeit weggesperrt werden. Der Schmerz ist nur betäubt … Rührt er sich, schämen sich die meisten Menschen. In: Baer, *Königsberg*, S. 72.

[33] Vgl. auch die Aussage des Vaters im Gleichnis Jesu vom verlorenen Sohn in Luk. 15,24: „Denn dieser mein Sohn war tot und ist wieder lebendig geworden." Gerade Kriegsenkel, die versuchen, ihre kriegstraumatisierten Väter zu „retten", um ihnen zu gefallen oder dadurch ihrer Hocherregung zu entgehen, brauchen eine Verkündigung von Gott als Vater, der das Kind liebt und rettet, wie z. B. in Lukas 15 dargestellt. Darum plädiert Hans-Martin Gutmann dafür, das Symbol

Ein Blick zurück – ins wahre Vaterhaus

Wenn sich das Mädchen im Hohelied nach den reinen Küssen des Königs sehnt, dann ist auch eine Erinnerung erwacht, die sie in den ersten Garten der Menschheit führt. Denn diese Erbinformation ist bis heute in jeden Menschen gelegt:

Gott, der wahre Vater

Den ersten Kuss ins Leben empfing die ganze Menschheit in Adam und Eva von Gott als ihrem wahren Vater.[34] Nachdem Gott Adam

„Gott als Vater" in Verkündigung und Seelsorge intensiv und absichtsvoll mit einem guten und warmen Zusammenhang zu verknüpfen und dadurch eventuell neu und hilfreich zu füllen, um zu helfen, sich auf den Weg zu einem positiven und in den biblischen Texten vorgegebenen Vaterbild zu machen. Vgl. auch Ps. 103,13 und Eph. 3,14-19. Hans-Martin Gutmann, *Und erlöse uns von dem Bösen: Die Chancen der Seelsorge in Zeiten der Krise*, Gütersloher Verlagshaus, Gütersloh 2005, 238f, im Folgenden zitiert als Gutmann, *Zeiten der Krise*, zitiert in Klotz, *Traumata*, S. 185.

[34] Als Raum und Zeit dieser Welt mit allen Lebewesen darin geschaffen waren, wurde aus dem Beschluss des dreieinigen Gottes Tat: „Lasst uns Menschen machen nach unserem Bild, uns ähnlich; sie sollen herrschen über die Fische im Meer, über die Vögel unter den Himmeln, über das Vieh, über die ganze Erde und über alle Kriechtiere, die auf Erden kriechen." Dann hob Gott am sechsten Schöpfungstag als letztes Lebewesen den Menschen auf einzigartige Weise aus dem Staub der Erde und formte ihn liebevoll in einen Körper, bis er ihm gefiel (1. Mo. 1,1-28). Nun kam er ihm ganz nahe und blies ihm den Atem des Lebens, seinen Geist, in die Nase. So empfing der Mensch den ersten Kuss aus Gottes Mund, wie auch später Eva aus Adams Seite (1. Mo. 2,7.22). Seit der Schöpfung sind viele Symbole für die Macht der Leben schenkenden, rettenden Zugewandtheit Gottes männlich, weil Gott sich als Vater offenbart; vgl. dazu Jes. 64,16. Diese biblische Offenbarung von Gott als Vater ermöglicht ein Gottesbild, das nicht rigide oder totalitär, aber auch nicht undeutlich und schwach verstanden werden muss. So Gutmann, *Zeiten der Krise*, a.a.O. Denn mit diesen Bildern der Barmherzigkeit und bedingungslosen Zuwendung, wie wir sie beispielsweise in Lukas 15 sehen, wird Macht mit voraussetzungsloser Güte verbunden, „die das Versagen und Angewiesensein, die Unzulänglichkeit und Hilfsbedürftigkeit seiner Kinder liebevoll im Blick hat und in seine Planungen einbezieht. So wie ein kleines Kind seinen liebenden Vater mit seiner Schwachheit wohl kaum enttäuschen kann, weil seine Voraussetzungen und Grenzen diesem stets bewusst sind, so können auch Gottes Kinder ihren himmlischen Vater mit ihren Sünden nicht überraschen oder ‚enttäuschen', weil dieser sie kennt und in seiner Barmherzigkeit umfassend trägt und bewahrt". Hans-Joachim Eckstein, *Wenn die Liebe zum Leben wird. Zur Beziehungsgewissheit*. Grundlagen des Glaubens, Band 3. Holzgerlingen, SCM Hänssler 2010, S. 65f, zitiert in Klotz, *Traumata*, S. 186. Die Bedeutung eines solchen Vater- und Gottesbildes ist nach Gutmann für eine

voll Liebe nach seinem Bild geformt hatte, blies er ihm seinen Atem in die Nase, der ihm die Augen dafür öffnete, dass Gott sein Vater ist und er sein geliebter Sohn. Er öffnete ihm die Ohren und den Mund, dass er Gottes Stimme hören und ihm auch Antwort geben konnte. Er war es, der ihn die Luft der Liebe atmen ließ, in der er lebte, und in der er die Gemeinschaft mit Gott genießen konnte. Dann weckte er auch alle seine Sinne, sodass er in diesem Garten Gottes geliebte Welt entdecken konnte, in der er sich bewegen und die er mit ihm zusammen pflegen und gestalten durfte.[35]

Hld 1,2

„Deine Liebe ist köstlicher als Wein."

Der Geist, aus dem er geschaffen wurde, machte also auch aus ihm ein geistliches Wesen,[36] was seine ursprüngliche wahre Persönlichkeit war, zur schöpferischen Gemeinschaft mit seinem liebenden Vater bestimmt. Doch wo war die Mutter?

Der Heilige Geist, die wahre Mutter und ihr Kind

Im Hebräischen erscheint der Heilige Geist, *Ruach*, in weiblichem Geschlecht. Es ist also die *Ruach*, die bis heute das geistliche Leben im Menschen hervorbringt – wie schon in Adam, dem ersten Menschen –, und ihn zu einem Kind Gottes macht. Der Name Gottes, der diese Mutterschaft ausdrückt, ist *El Shaddai*.[37] Die *Ruach* ist es, die

---

Gesundung der Seele notwendig, denn er sagt: „Ohne ein gutes Vaterbild kann Leben weder in individueller noch in sozialer Perspektive gelingen. So schmal und unergiebig dieser Satz zunächst klingt, so umfassend sind seine Bedingungen und Konsequenzen." Gutmann, *Zeiten der Krise*, a.a.O., in Klotz, a.a.O, S. 186.

[35] Als Adam nach einem Spaziergang mit Gott durch seinen Garten in die liebenden Augen seines Schöpfers sah, hörte sich seine Antwort vielleicht so an: „Deine Liebe ist köstlicher als Wein." Hld 1,2 (ELB).

[36] Als geistliches Wesen hatte er eine Seele – mit Gefühl, Wille und Verstand – und wohnte in einem Körper. Dabei sind Geist und Seele als „Räume" zu verstehen, die wie der Körper Sinne haben. Diese Sinne gleichen Toren, die nicht nur für Gottes Geist geöffnet oder geschlossen werden können, sondern auch für fremde Geistesmächte. Das wird später zu bedenken sein. Denn die Befreiung beginnt oft an diesen „Toren".

[37] Das hebräische Wort *Shad* bedeutet Mutterbrust. Darum kann *El Shaddai* auch mit „Gott der Mutterbrüste" übersetzt werden. Denn im Hebräischen wird hier ein Plural gebraucht, der nur für ein Paar verwendet wird, also zwei, die zusammengehören. In diesem Fall stehen sie für die rechte und linke Seite. So ist es

wie eine Mutter das Vaterhaus zum wahren Lebensraum macht und es mit Vertrauen und Liebe erfüllt. Wenn eine geistliche Geburt geschieht und damit ein Kind Gottes zur Welt kommt, ist es in seinem Geist heil, da es aus Gott geboren ist, d. h. aus dem Geist, wie Jesus zu Nikodemus sagt: „Was vom Menschen geboren ist, das ist Fleisch; und was vom Geist geboren ist, das ist Geist."[38] Wenn dieses geistliche Kind, unsere wahre Persönlichkeit, dann wächst, kann es später die (vielleicht traumatisierte) Seele lehren, dass ihr wahrer Ursprung in Gott liegt und wie sie heil werden kann. Ganz gleich, in welcher Familie ein Mensch aufgewachsen ist und welche Werte er dort gelernt hat, kann dieser geistliche, innere Mensch den Trost und die Kraft des Himmels in alle Lügen und Verletzungen auf Erden bringen und so jede Kriegsgeschichte in eine heile Kind-Gottes-Geschichte verwandeln. Im Bild gesagt bedeutet dies, im Geist eines Schmetterlings die raupenartige Seele zu ermutigen, einen Prozess der Verwandlung zu durchlaufen, in dem die alte Lebensweise verlernt und eine neue empfangen werden kann. Dann wird sie sich zusammen mit dem Geist wie dieser Schmetterling mit neu geschenkter Leichtigkeit über alles erheben können.[39]

---

nicht verwunderlich, dass die Kirchenväter bis ins 4. Jahrhundert den Heiligen Geist die Mutter und Trösterin nannten. Vgl. Katharina Seifert, *Die weibliche Seite Gottes.* Dieser Beitrag wurde veröffentlicht in Ausgabe 19 des 47. Jahrgangs (im Jahr 1997). Dazu auch Jürgen Kuhlmann (1980): *Der Heilige Geist als Mutter.* Online abrufbar unter: www.stereo-denken.de/diomadre.htm. [Zuletzt: 03.08.2021]. Und auch Keil, *Ruach, die weibliche Seite Gottes* in: *Einführung: Worum es geht*, Punkt 5. Auch hier ist zu bedenken, dass Bindungstraumatisierungen, die einhergehen mit einer Parentifizierung, d. h. in diesem Fall dem Versuch, die Mutter zu „retten", mit einer geschädigten Wahrnehmung verknüpft sein können. Vgl. Klotz, *Traumata*, S. 184. Umso wichtiger ist ein Eintauchen in das Wesen des Heiligen Geistes in seiner mütterlichen Dimension, die heilsam ist.

[38] Joh. 3,5.6; 1. Joh. 5,4: „Denn alles, was von Gott geboren ist, überwindet die Welt."

[39] Auch wenn der Prozess der Verwandlung Zeit braucht, ist mit dem Moment der Befreiung von einem Augenblick zum andern ein ganz anderes Leben mit völlig neuen Perspektiven und Möglichkeiten da. Wie lange die Zeit „am Boden" oder „im Kokon" also auch gedauert hat, kann das neue Leben doch mit einem Augenblick alle niederhaltenden und demütigenden Erfahrungen entmachten, sodass das Leben als lebenswert und schön erkannt wird. Vgl. Joel, 2,25.

Das wahre geistliche Kind

Doch auch dieser innere Mensch, der geboren ist, braucht Nahrung, um zu wachsen. In der Mutterbrust des Heiligen Geistes ist nicht nur die Milch bereit, die das Neugeborene braucht;[40] hier entsteht auch der Duft, der das Kind anzieht und ihm Vertrauen schenkt, mit Gutem versorgt und nicht allein gelassen zu werden. Es kann die Mutter spüren und gut riechen wie auch die Mutter das Kind. Und so ist sie immer neu eine Quelle der Zuversicht, der Liebe und Wahrheit, dass die Welt, in der es lebt, voller Güte ist und auch sein Vater ein guter Vater ist. Die Mutter ist es, die das Kind sprechen lehrt, sodass es voller Vertrauen zu ihm kommt und ruft: „Abba, lieber Vater!"[41] In der Sprache des Hoheliedes sagt das Mädchen darum: „Es riechen deine Salben köstlich; dein Name ist eine ausgeschüttete Salbe."[42] Vater und Mutter, *Adonai*[43] und *El Shaddai* sind die wahren Eltern, die es lieben, es gut

Hld 1,3

„Es riechen deine Salben köstlich."

[40] Darum sagt der Apostel Petrus in seinem Brief zu den neu bekehrten Kindern Gottes: „Seid begierig nach der Milch des Wortes." 1. Petr. 2,1-3.

[41] Der Geist der Bestätigung, Gottes Kind zu sein und einen liebenden Vater zu haben, ist in Röm. 8,15 beschrieben. Darum sagte Jesus schon in Johannes 3,6 zu Nikodemus: „Was vom Menschen geboren ist, das ist Fleisch; und was vom Geist geboren ist, das ist Geist … Wenn jemand nicht von Neuem geboren wird, kann er das Reich Gottes nicht sehen" (3,3). Und das Reich Gottes ist Liebe. Vgl. Kol. 1,13.

[42] Hld. 1,3.

[43] Im hebräischen Sprachgebrauch wird der Name Adonai als Ersatz für den Eigennamen Gottes Jahwe (JHWH) gebraucht, um seine Heiligkeit zu schützen. Dabei betont die Endung ein Possessiv-Suffix: mein. Also: Mein Herr. Diese Anrede ist in erster Linie als Vertrauensaussage zu verstehen, wobei die Basis dieses Vertrauens darin liegt, dass dieser Gott allen anderen Namen überlegen ist. Als Anrede Gottes betont dieser Name die besondere Beziehung, die zwischen Israel und dem biblischen Gott besteht. Für uns als „eingepfropfte wilde Zweige in den Ölbaum Israel" (Röm. 11,17-24) bedeutet es mit Martin Rösel: „Dass Gott Herr genannt wird, ist folglich Ausdruck der biblisch-theologischen Einsicht, dass Gott nicht anders als in Beziehung zu seinem Volk gesehen werden kann," wie auch ein Vater zu seinem Sohn. Damit ist auch jeder Einzelne in diese Beziehung eingeschlossen. Internetquelle: *Die Offene Bibel: Adonai.* Online abrufbar unter: https://offene-bibel.de/wiki/Adonai. [Zuletzt: 05.07.2021]. Auch die Elberfelder Studienbibel mit Sprachschlüssel bestätigt diese Aussage in den Bedeutungen

riechen können und bei ihm bleiben; und in dieser Atmosphäre und Leitung des Heiligen Geistes kann das Mädchen jetzt selbst wie eine Mutter ihre Seele als ihr „inneres Kind" ansprechen und mit all seinem Mangel ins himmlische Vaterhaus tragen. Denn dort kann auch die kleine Seele die altersgerechte Versorgung finden, die sie braucht. Ob es die Mutterbrust von El Shaddai ist oder später die fröhliche Tischgemeinschaft mit dem liebenden Vater – alle Bedürfnisse werden dort gestillt. Zugleich werden dort auch alle Täuschungen über Gott, sich selbst und das wahre Leben entlarvt und entmachtet. Denn der Heilige Geist ist zugleich ein Geist der Kraft, der Liebe und der Besonnenheit, der jede Lüge mit der Wahrheit überwinden kann.[44] Diese Lebenskraft wird sich bis in alle Zellen unseres Körpers auswirken, ganz gleich, wie alt ein Körper ist, in dem dieses „innere seelische Kind"[45] noch immer auf Trost wartet. Doch unter der Pflege

---

von *Adonai* und *Jahwe* im Lexikalischen Sprachschlüssel unter Nr. 118 und 3151. Vgl. *Elberfelder Studienbibel mit Sprachschlüssel, Das Alte Testament*, revidierte Fassung, R. Brockhaus Verlag, Wuppertal 2001.

[44] Vgl. 2. Tim. 1,7. Gerade diese Liebe beinhaltet die mütterliche Seite; vgl. Jes. 49,15.16. Ausführlich zur Diskussion, was für die mütterliche Seite in Gottes Geist spricht, aber auch, warum sich das Reden von Gottes Geist als Mutter durch die Jahrhunderte nicht durchgesetzt hat, in Kuhlmann, „Der Heilige Geist als Mutter."

[45] Im Blick auf traumatisch Erlebtes wie Verlassenheit, Gewalt, sexuellen und anderen Missbrauch, Familiengeheimnisse und andere Kindheits-Traumata spricht Ursula Roderus in ihrem Handbuch zur Traumabegleitung von „inneren Kindern", wenn sie Persönlichkeitsanteile der Seele meint, die sich durch sehr schmerzhafte Erfahrungen in verschiedene Bereiche aufteilen. Dabei nennt sie den Überlebensbereich, der nach der schlimmen Erfahrung anscheinend normal weiterlebt, den „ANP" (anscheinend normalen Persönlichkeitsanteil). Alles, was zum traumatisierten Bereich gehört, in dem die unerträgliche Situation erlitten wurde, nennt sie den „emotionalen Persönlichkeitsanteil" (EP). Dieser wiederum trägt verschiedene Gesichter, je nachdem, ob man kämpfen (fight) oder fliehen (flight) konnte, oder, wenn beides nicht möglich war, erstarrte (freeze). Weitere Erscheinungsformen sind die der Unterwerfung (submit) oder des Bindungsschreis, der nach Hilfe ruft, und auch die übermäßige Aufmerksamkeit, die voller Vorsicht um sich schaut, oder der Rückzug, der sich in der Bitte äußert: „Lasst mich einfach in Ruhe." Im Blick auf diese unterschiedlichen Anteile, die in unterschiedlichen Situationen die „Oberhand" gewinnen und das Verhalten kontrollieren, spricht U. Roderus von „inneren Kindern" in ein und derselben Person. Vgl. Ursula Roderus, *Handbuch zur Traumabegleitung,* Hilfen für Seelsorger, Berater und Therapeuten, Asaph-Verlag, Lüdenscheid, 2. Aufl. 2015, im Folgenden zitiert als Roderus, Traumabegleitung, S. 77–79 und 205–235: „Etappe 3: Arbeit mit dem Inneren. Erste Schritte und Grundsätzliches". Dabei ist der EP

und immer neuen Bestätigung und Erziehung des Heiligen Geistes kann der erneuerte Geist des Mädchens wachsen und reifen. Auch Ängste und Befürchtungen aus dem normalen Alltag, die sich durch Hocherregung in allen Zellen auswirken, können vom geistlichen Menschen wie „seelische Kinder“ angesprochen werden. D.h. ich gehe mit ihnen im Glauben ins himmlische Vaterhaus, also in den Bereich des Geistes über der Seele. Dorthin bringe ich sie wie Kinder zum Vater und spreche für jede Lüge Gottes Wahrheit über ihnen aus. Zum Beispiel: „Was betrübst du dich, meine Seele (mit all deinen Ängsten), und bist so unruhig in mir? ... Warte vertrauend auf Gott! Denn ich werde ihm noch danken ...“[46] Oder: „Mein Gott aber wird

---

wie eingefroren in der Vergangenheit. Er kann jedoch durch Auslöser im alltäglichen Leben aktiviert werden; dann erlebt der ANP die mit diesem EP verbundenen Gedanken, Gefühle und Bilder, die er nicht mit dem Verstand kontrollieren oder durch Appelle einfach willentlich „abstellen“ kann. Vielmehr wollen diese emotionalen Persönlichkeitsanteile, die massiv verletzt wurden, gesehen und wie „innere Kinder“ herausgerufen werden. Gerade sie dürfen dann zu Jesus kommen oder getragen werden, wo sie nicht nur aus einem Ort der Qual an einem sicheren Ort angekommen sind. Vielmehr können sie darüber hinaus in seiner sanften Umarmung wie die eines guten Vaters Heilung von allen erlittenen Traumata und Wiederherstellung ihrer Würde und ihrer wahren Persönlichkeit erfahren. Es geht hier also nicht um ein Krankheitsbild, wie eine multiple Persönlichkeit, sondern um eine Reaktion der Seele auf Unerträgliches, die das Überleben überhaupt ermöglicht hat. Doch der Heilige Geist offenbart Jesus der leidenden Seele so, dass sie durch seine Gegenwart Rettung, Segen und Heilung erleben kann; denn gerade diesen „inneren Kindern“ gehört das Reich Gottes. U. Roderus erzählt auf S. 232 ein eindrückliches Beispiel von Anna, einer Frau, die sehr Schlimmes erleben musste. Diese schrieb einen Einladungsbrief an ihre eigenen „inneren Kinder“, indem sie ihnen von Jesus erzählte und sie einlud, zu ihm zu kommen. Dieser Brief kann eine Anregung sein, selbst Kontakt mit dem eigenen Inneren aufzunehmen, den Stimmen und Gedanken zuzuhören und sie wie Kinder zu Jesus zu bringen. Dieser Brief ist darum in Anhang 2 abgedruckt. Eine weitere Möglichkeit, Kontakt mit dem eigenen „inneren Kind“ aufzunehmen, besteht darin, ihm einen Brief zu schreiben und es dann mit der ungeübten Schreibhand antworten zu lassen. Das kann zur Quelle der Offenbarung werden, was es fühlt oder braucht. So können Geist und Seele Schritt für Schritt in Einheit kommen und Gott aufs Neue lieben und loben, wozu sie auch geschaffen wurden. Dabei sind diese Anteile der eigenen Seele zu unterscheiden von „inneren Stimmen“ des Feindes und seiner Werte, die durch das Trauma Zutritt ins Innere der Seele bekommen haben. Sie sind im Namen Jesu hinauszuwerfen und die Tür der Seele für sie zu schließen. Dazu mehr in Strophe 2, wo es um die Füchse im Weinberg geht.

[46] Ps. 42,6.12.

allen euren Mangel ausfüllen nach seinem Reichtum in Herrlichkeit in Christus Jesus."[47] Denn als wahre Mutter hat der Heilige Geist den Sohn im Liebesbrief Gottes an seine Menschheit (in der Bibel) auch als Bräutigam offenbart. Und als Bräutigam hatte er den Himmel verlassen, um als Mensch auf Erden seine Braut aus allen Völkern zu umwerben, damit er seine Herrschaft mit ihr teilen und sie ins himmlische Vaterhaus heimholen kann.

Gottes Sohn – der wahre Bräutigam

Jesus kam als *Jude* in diese Welt, denn dieser Name war und ist Programm: „Er, Jahwe ist Gott, er, der Gelobte."[48] Und er kam als Bräutigam, der nach jüdischer Sitte erst eine Weile im Haus der Braut leben musste, wenn er um sie warb. Darum verließ auch Jesus Vater und Mutter im Himmel und wurde Mensch, um „seiner Frau anzuhangen".[49] So konnte sie ihn in seiner Menschlichkeit kennenlernen und zugleich erfahren, dass seine Worte anders sind als alles, was Menschen sonst sagen. Er selbst drückte dieses Besondere so aus: „Meine Worte sind Geist und Leben."[50] Vielleicht begann sie erst allmählich zu ahnen, dass diese Worte mehr bedeuten, als sie auf den ersten Blick wahrgenommen hatte: Seine Worte sind nicht an Zeit und Raum gebunden. Und das heißt, was sie als Kind in der „jüdischen Jungschar" gehört hat, wirkt noch jetzt in ihr Leben hinein und bringt etwas hervor, was durch nichts anderes bewirkt werden kann. Und auf einmal hört sie die Geschichte der Kindersegnung für sich ganz neu und kann sich selbst darin sehen, wenn sie liest: „Lasst die Kinder zu mir kommen und verwehrt es ihnen nicht; denn solchen gehört das Reich Gottes … Und er nahm sie in den Arm, legte die Hände auf sie und segnete sie."[51] Jetzt kann sie ihre eigene Kindheit und ihr „inneres Kind" in seine Arme laufen sehen und spüren, wie er seine Hände auch auf sie legt und sie freundlich ansieht und segnet. Das geschah und geschieht bis heute im jüdischen Land.

---

[47] Phil. 4,19.

[48] Zitiert in Penkazki, *Israel und wir*, S. 25. Dort heißt es weiter: „Jahwe" bedeutet: „Ich bin dir nah". Vgl. die Herkunft des Namens *Jude* von jada „preisen, loben".

[49] 1. Mo. 2,24; vgl. Joh. 3,12.13.17; Phil. 2,1-11. Auf den jüdischen Hintergrund des Werbens um eine Braut wird an späterer Stelle noch eingegangen.

[50] Joh. 6,63.

[51] Mk. 10,14.16.

Doch wenn seine Worte, die wir heute lesen, allen Menschen gelten und auch für die Braut Christi in Deutschland Geist und Leben sind, können wir dann nicht auch in Deutschland unsere Bilder der Kindheit ansehen und diese „inneren Kinder“ aus aller Angst oder Abgestumpftheit, allem Schutt und aller Trostlosigkeit herausrufen und in seine Arme laufen sehen? Denn erst dort, an seinem Herzen, kann auch ihr Glaube wachsen, dass sie in jeder Situation und jedem Alter geliebte Kinder in Gottes Reich sind, das nicht untergeht.[52] Und erst dort können unsere „inneren Kinder“ der Sehnsucht Raum geben, die schon immer in uns liegt. Es ist ein Tanzschritt, der uns ihm näherbringt:

2. Tanzschritt des Glaubens: Die Sehnsucht nach Wahrheit, die frei macht

Erst am sicheren Ort, auf seinem Arm, von seinen freundlichen Augen angesehen, kann das Mädchen, das er zur Braut erwählt hat, auch erzählen, was passiert ist und was es auch noch heute quält – ob es selbst bedrückt wurde (oder andere bedrückt hat) oder seine Eltern. Und erst von dort aus kann auch die Braut Christi in Deutschland vor anderen dazu stehen und wie das Mädchen im Hohelied sagen: „Schaut nicht auf mich herab, ihr Mädchen von Jerusalem, weil meine Haut so dunkel ist, braun wie die Zelte der Nomaden. Ich bin dennoch schön … Meine Brüder waren streng mit mir, sie ließen mich ihre Weinberge hüten. Doch mich selbst zu pflegen, meinen Weinberg, dafür hatte ich keine Zeit!“[53] Denn auch sie musste mit anpacken, um das zerbrochene deutsche Reich aus den Trümmern wieder aufzubauen. So hat sie nicht darauf geachtet, was an Härte und Hass gegen sich und andere, an

Hld 1,5.6

Geistliche Erkenntnis der erwählten Braut:

‚Ich bin braun, aber dennoch schön‘

[52] Im Hohelied drückt es das Mädchen mit den Worten aus: „Zieh mich dir nach, so laufen wir. Der König führte mich in seine Kammern. Wir freuen uns über dich und sind fröhlich; wir denken an deine Liebe mehr als an den Wein. Mit Recht liebt man dich.“ Hld. 1,4.

[53] Hld. 1,5.6 (HFA).

Teilnahmslosigkeit und Trostlosigkeit in ihrem Herzen wie Unkraut aufgewachsen ist und die Liebe überlagerte. Doch jetzt darf sie …

… Schutt abladen und aussprechen

Mit der Braut aus dem Hohelied sind wir auch in Deutschland heute eingeladen, den Schutt der Vergangenheit von Generationen und jeden einzelnen Brocken, der noch immer wie in einem unsichtbaren Rucksack auf der Seele liegt und das Herz beschwert, bei jedem Schritt, vor Jesus hinzulegen.[54] Für die Braut ist es nicht wichtig, wie viel sie dazu sagen muss, wenn sie nur weiß: Ich muss nichts mehr verschweigen und nicht mehr alles voller Scham und Schuld verstecken.[55] Wenn das geschieht, ist der Weg frei, noch einmal Kind zu

---

[54] Vgl. dazu auch das Buch von Baer/Frick-Baer, *Traumata in der nächsten Generation,* S. 111–113 unter Punkt 8.2.3: „Der volle Rucksack." Denn auch wenn sie nur Kind war und für vieles nicht verantwortlich, so trat sie doch das Erbe ihrer Eltern oder Großeltern an, die bewusst oder erst unbewusst der braunen Regierung dienten und ihre Werte lebten oder sie erlitten und an sie weitergaben. Doch im Licht der Liebe Gottes, durch seinen Geist, kann sie es aussprechen: ‚Ich bin schwarz.' Oder: ‚Ich bin braun.' Und sie weiß jetzt auch in diesem neuen Licht: ‚Braun zu sein ist nicht einfach schön und im Trend. Nein, es steht für Farbige, die in den Augen von Weißen immer wieder als minderwertige Rassen angesehen wurden. Darum steht die Farbe Braun auch für Unterdrückung, schwere Arbeit und Sklaverei. Sie steht für meist körperliche Arbeit, die nicht zur Besinnung kommen lässt, auch wenn man zur Seite derer gehört, die andere unterdrücken. Denn braun zu sein im politischen Sinn bedeutete vor achzig Jahren in Deutschland: Rassenkunde, Abwertung anderer Rassen, Arierwahn, der aus östlichen Religionen kam. Und das hieß: Gotteshass, Hass auf Gottes Volk der Juden und Christen. Braun zu sein bedeutete Beschämung und beschämt zu werden, sodass man sich nur noch verstecken wollte. Es bedeutete Finsternis, Verwirrung, Orientierungslosigkeit und die Erkenntnis: ‚Ich habe mich bedrücken lassen und andere bedrückt.' Umso erstaunlicher ist es, dass Gott es Menschen mit schwarzer Hautfarbe aufs Herz legt, um das deutsche Volk im Namen Gottes zu werben wie Margret Kisaakye Adler aus Uganda in: *Gottes Gnade für Deutschland, ein Ruf zur Umkehr,* edition winterwork, Berlin 2019.

[55] Das deutsche „Mädchen", das der König zur Braut erwählt hat, spürt es noch immer, sogar noch 75 Jahre nach dem Ende des verlorenen Krieges und einem Führer, der nicht nur unzähligen Menschen, sondern auch sich selbst das Leben genommen hatte: ‚Die Geschichte der braunen Farbe bedeutet Bitterkeit, Hoffnungslosigkeit, Entmutigung, Härte und Hass. Diese Werte hatten das Leben vieler verdunkelt, sie in Scham und Schweigen geführt und in die Frage: ‚Wer bin ich noch? Als Mensch und als Deutscher?' Und diese Fragen waren an die nächsten Generationen wie schwere Steine, die noch immer verletzen und bedrücken, weitergegeben worden. Wie weit hatte sie sich vom Vater entfernt! Selbst Dr.

werden und mit Jesus wie mit einem guten Vater fröhlich zu sein.[56] Kriegs- und Nachkriegskinder mögen zwar nicht wirklich glauben, dass Arbeit frei macht[57] und aller Sinn des Lebens darin besteht, aber Fakt ist doch, dass sie hart arbeiten *mussten,* um sich wieder ein Dach über dem Kopf zu schaffen oder nach ihrer Flucht ihr Dasein durch Leistung zu rechtfertigen. Und so wurden Gefühle eingefroren und Tränen hinuntergeschluckt, denn „ein deutscher Junge weint nicht."[58] Noch Generationen später ist diese verlorene Heimat und erlittene Armut in die Gene eingebrannt, sodass viele hart oder wie getrieben leben, ohne zu wissen warum.[59]

Hans Frank, der zur Durchsetzung der nationalsozialistischen Ideologie vor nichts zurückgeschreckt und in Polen eine unglaubliche Todesspur hinterlassen hatte, erkannte in seinem Schuldbekenntnis im Nürnberger Prozess: „Wir haben am Anfang unseres Weges nicht geahnt, dass die Abwendung von Gott solche verderblichen tödlichen Folgen haben könnte und dass wir zwangsläufig immer tiefer in Schuld verstrickt werden können [...] So sind wir in der Abwendung von Gott zuschanden geworden und mussten untergehen [...] Gott allein hat das Urteil über Hitler gesprochen und vollzogen über ihn und das System, dem wir in gottferner Geisteshaltung dienten [...]." Hans Frank, Im Angesicht des Galgens, S. 425, zitiert in Czwalina, *Das Schweigen redet*, S. 93. Auch in der Kirche des „braunen deutschen Mädchens" sitzen heute noch immer Menschen, die sich leise fragen: ‚Wem habe ich eigentlich gedient?' Ja, auch die Kirche hatte den braunen Führern die Hand gereicht, als wären sie mit ihnen im Bund, und die Türen ihrer Kirchen für sie geöffnet. So hatten sie vielfach mitgemacht oder einfach nur aus Angst geschwiegen. Darauf wird an späterer Stelle noch Bezug genommen.

[56] Jesus hatte selbst gesagt: „Wer mich gesehen hat, hat den Vater gesehen." Joh. 14,9.

[57] Dieser nationalsozialistische Wert wurde dazu gebraucht, einen Menschen nur nach seiner Produktivität zu beurteilen und ihn nicht zur Besinnung kommen zu lassen. Für Menschen, die ausgelöscht werden sollten, wie das jüdische Volk und Andersdenkende, wurde die Arbeit zum Mittel der Zerstörung. So steht an mehreren Konzentrationslagern bis heute am Eingang: „Arbeit macht frei." Zu diesen nationalsozialistischen Werten ausführlich in Klotz, *Traumata*, S. 46.

[58] Auch das war ein nationalsozialistischer Wert, der „eintrainiert" wurde, denn in diesem Reich hatte man „hart wie Kruppstahl" zu sein. Das galt auch für Gefühle wie Trauer bei Verlusten von Familienangehörigen. So dokumentiert u.a. in Nikolaus Back, 5.4 „Zweiter Weltkrieg", S. 264, wo Frauen bei Todesanzeigen hätten schreiben müssen: ‚In stolzer Trauer'. Doch viele haben sich da einfach verweigert. In: *Bonlanden, eine Ortsgeschichte,* Filderstädter Schriftenreihe, Band 25, Hrsg. Stadt Filderstadt, 2020.

[59] Sie haben Bombardierungen erlebt, Flucht und Vertreibung, Verschickung durch den Staat, Vaterlosigkeit, Heimatlosigkeit, Beschämung und Ausgrenzung (als Flüchtling). Die Landbewohner mussten Räume ihrer Häuser hergeben, was unfreiwillig geschah und Enge bedeutete. Die Folge war: manche haben in den

Verwandlung vom Waisenkind zum Gotteskind

Doch wo die Worte Jesu im Heiligen Geist wie eine Salbe die Wunden der Kriegskinder berühren, kann Heilung geschehen; und auch die Heimat als geliebtes Gotteskind rückt in greifbare Nähe, denn Jesus hat es selbst gesagt: „Lasst die Kinder zu mir kommen!" Und: „Wer das Reich Gottes nicht wie ein Kind annimmt, der wird nicht hineinkommen."[60] Doch wer auf sein Wort hin in seine Arme läuft, kann auch mit neuer Hoffnung erfüllt werden und wieder eine neue Sehnsucht spüren. Denn jetzt muss sich ein Kriegskind wie das Mädchen nicht länger bedrücken lassen und durch sein Schweigen weiterhin heimatlos umherirren.[61] Darum fragt es Jesus jetzt selbst: „Sage mir, du, den meine Seele liebt, wo du weidest, wo du am Mittag ruhst. Warum muss ich wie eine Verschleierte sein bei den Herden deiner Gefährten?"[62] Denn im Haus des Schweigens hatte es keine Antwort bekommen. Es ist nur angefaucht und verletzt worden. Und so hat es auch selbst andere verletzt.[63] Doch gerade dadurch ist eine neue Sehnsucht in diesem Mädchen, das vom König zur Braut erwählt ist, erwacht.

Schulen durch die permanente Ablehnung resigniert, andere wurden „leistungsstark". So in Baer, *Königsberg*, S. 46.

60 Mk. 10,14.15.

61 Udo Baer und seine Frau stellen im Blick auf das Schweigen in unseren Familien darum mit anderen zusammen die Frage: „Was versteckt sich dahinter? Ist es Scham, Schuld, Angst, Macht oder Einsamkeit? Und was bewirkt es?" Ihre gemeinsame Antwort und Erfahrung heißt: „Es bewirkt Unsicherheit, Desorientierung und wieder Angst, Scham und Schuld." In: Baer/Frick-Baer, *Vom Schämen*, S. 117. Und das bewirkt wieder Einsamkeit.

62 Hld. 1,7.

63 Die Frage steht im Raum: Gleicht nicht so manche Gemeinde und Gemeinschaft solchen Orten des Schweigens einerseits und der Arbeit andererseits, bei der man sich durch den Dienst definiert, ohne wirklich ehrlich sein zu können? Sind nicht in so manchen Kirchengemeinden noch immer solche „inneren Waisenkinder", die in verschiedenen Ämtern und Aufträgen Kontrolle suchen über das Unkontrollierbare, das sie erlitten haben? Herrscht nicht so manche Angst vor Bedeutungsverlust, wenn das Amt dann abgegeben werden muss, weil die Kräfte schwinden? Bestimmt diese Angst nicht oft die Atmosphäre anstelle von gegenseitig gewährter Annahme in aller Zerbrechlichkeit, nach der man sich zutiefst sehnt? So scheint es leichter, andere zu bedrücken, anstatt offen und ehrlich zu sein. Gerade durch das Schweigen scheint der Boden zu fehlen, auf dem die Wahrheit des Lebens, wie es war und geworden ist, einfach sein dürfte.

3. Tanzschritt des Glaubens: Die Sehnsucht, angesehen und bedeutend zu sein

Obwohl sie sich einer Kirche hingegeben hatte, die ihre Tür für diese braune Regierung geöffnet hatte wie einem vermeintlichen Messias, hört sie jetzt die liebevolle Frage des wahren Messias: „Weißt du es nicht, du Schönste unter den Frauen, so geh hinaus auf die Fußwege der Schafe."[64] Als wolle er sagen: ‚Auch wenn deine Kirche mit der falschen Regierung zusammengearbeitet hat und darum in die falsche Richtung gelaufen ist:[65] Komm du zu mir zurück und entferne dich nicht von meinen Kindern. Bleib bei meiner Herde. Bleib in der Reichweite meiner frohen Botschaft! Denn es gibt Hirten, die dir in meinem Geist der Freiheit die Wahrheit über mich sagen und deinen Geist nähren können. Zieh dich nicht zurück!' Denn dann wird es möglich:

Tausche den Schleier der Scham gegen den Hirtenmantel seiner Herrlichkeit

Als wollte Jesus sagen: ‚Dort darfst du den Schleier der Scham eintauschen gegen den Mantel meiner Gerechtigkeit. Dort gebe ich dir den Auftrag, der zu dir passt. Höre auf mich und bleib bei den Meinen!'[66] Aus welcher Gemeinde die Kriegskinder und -enkel auch kommen, können sie dort, wo der Gute Hirte in seinem Geist zu Wort kommt, ihren Platz durch ihn selbst empfangen. Dann werden sie staunend hören, wie er sie in seinen Augen voller Liebe noch immer sieht: Nicht braun oder schwarz, nein, er sagt: „Du Schönste unter den Frauen

Hld 1,8

Gottes Worte wie einen Kuss empfangen:

„Du Schönste unter den Frauen!"

---

[64] Hld. 1,8.

[65] Um der Eingrenzung des Themas willen beschränkt sich in dieser Darstellung der Umgang der Kirche mit dem nationalsozialistischen Regime auf die evangelische Kirche, da auch ich dieser Konfession angehöre. Ihre gewachsene Einstellung der Verbindung von Kirche und Staat im Zusammenhang der beiden Weltkriege in Deutschland ist ausführlich und differenziert dargestellt in M. Klotz, *Traumata*, S. 67–111 unter Punkt 4, „Der Protestantismus in den Weltkriegen."

[66] Diese Bildsprache ist auch in Jes. 61,10; 2. Kor. 5,21; Joh. 21,15-18 verwendet.

… meine Freundin."[67] Jetzt weiß sie um ihren wahren Wert und kann es erfahren:

Tausche Verachtung gegen Ehre: die neue Identität annehmen

Wie das Mädchen im Hohelied braucht sich die Braut Christi in Deutschland nicht mehr zu verstecken. Sie darf den Schleier der Scham ablegen und, in einem neuen Bild gesagt, „wie eine Stute an den Wagen des Pharao"[68] angesehen sein. Gerade wenn sie Jesus sucht und im Vertrauen auf seine Gnade nichts mehr verschweigt, ist sie für ihn nicht nur „brauchbar", sondern wunderschön und zugleich geehrt wie das beste Pferd im Stall, das den König trägt und mit dem er sich gern sehen lässt.[69] Der Wille des Mädchens, das nicht vor ihm wegläuft, sondern ihn von ganzem Herzen sucht, bringt Gott in seiner Dreieinheit wie bei der Schöpfung seines Ebenbilds auch bei seiner Wiederherstellung zu dem Entschluss: „Wir wollen dir goldene Ketten mit silbernen Punkten machen."[70] Wie das junge Mädchen im Hohelied dürfen auch wir verstehen und es neu ergreifen: Die Wiederherstellung ist wie die goldene Kette des Vaters; es ist die ewige Liebe, die den schmückt, der zu ihm umkehrt. Das bedeutet zugleich Erlösung aus der Schuldhaft des Feindes, unter dessen Joch es in fremden Weinbergen gedient hat.[71] Doch auch wenn sich die Kinder des Krieges selbst als Gotteskinder noch immer fragen: „Wie kann ich glauben, dass die große Schuld meiner ‚braunen' Vergangenheit

---

[67] Hld. 1,8: „Weißt du es nicht, du Schönste unter den Frauen, so geh hinaus auf die Fußwege der Schafe, und weide deine Zicklein bei den Hirtenhäusern." Denn er vergleicht uns nicht mit denen, die scheinbar alles richtig machen, sondern mit den Millionen Menschen, die ihn trotz ihrer nationalen und persönlichen Schuld nicht einmal suchen, sondern sich noch weiter vor ihm verstecken (vgl. 1. Mo. 3,8-12). Doch diese Suche ist es, die uns in seinen Augen schön macht.

[68] Hld. 1,9. Darum sagt er, im Bild des besten Pferdes in seinem königlichen Stall: „Deine Wangen stehen anmutig in den Kettchen und dein Hals in den Schnüren." Vgl. zu dieser neuen Identität auch Neil T. Anderson, *Neues Leben – neue Identität*, Lichtzeichen Verlag, 7. Aufl., Lage 2008.

[69] Angesichts dieser Schönheit eines zerbrochenen Herzens, das erkannt hat, wie sehr es ihn braucht, damit das Leben noch einmal gelingt, läuft er ihr wie in der Geschichte vom verlorenen Sohn in Liebe entgegen. Vgl. Lk. 15, 18-22.

[70] Hld. 1,11.

[71] Denn sie hatte es einmal gelernt: ‚Silber steht für das Lösegeld.' Dabei hat Jesus nicht mit der harten Währung dieser Welt bezahlt, sondern mit seinem eigenen Blut und Leben. Vgl. Joh. 15,13; 1. Petr. 1,18.19.

wirklich bezahlt ist?“, dürfen sie wie das Mädchen an der Tafel des Königs Platz nehmen und nicht nur seine Worte hören, sondern auch seine Liebe mit allen Sinnen in sich aufnehmen. Dort erfüllt sich eine tiefste Sehnsucht und löst zugleich eine neue Vorfreude aus:

4. Tanzschritt des Glaubens: Die Sehnsucht, an seinem Tisch daheim zu sein

Diese Sehnsucht lebt von der Erinnerung an einen Tisch, den das jüdische Volk an jedem Passahmahl deckt. Denn der Sederteller weist wiederum auf die Geschichte vieler Generationen zuvor, als das Volk Israel in der Sklaverei unter ägyptischer Fremdherrschaft war. Auf diesem Teller finden sich bis heute Symbole, die Kindern zum Verständnis helfen.[72] Doch auch Kindern und Enkeln des Krieges in Deutschland können sie im 21. Jahrhundert einen Weg ebnen, in ihrem Leben und ihrer wahren Familie anzukommen. Gerade zusammen mit dem jüdischen Volk können sie …

… die Baracken der Bedrückung vergangener Generationen verlassen

Wie die Braut im Hohelied können auch sie an diesem Tisch ihr Herz für eine Liebe öffnen, die sie umgibt und zugleich sieht, wo und wer sie sind und was sie brauchen. Denn auf diesem Sederteller liegt bis heute bei jedem Passahfest ein Grün wie Petersilie, das in einen Becher mit Salzwasser getunkt und so gegessen wird. Dieser Becher ist eine Erinnerung an die bitteren Tränen, die das Leben der Vorfahren bestimmten. Zusammen mit dem ungesäuerten Mazzenbrot wurde damals dann ein Lamm in Eile gegessen, denn die Befreiung aus der Hand der Feinde stand bevor.[73] Wer das Blut dieses Lammes an die Türpfosten gestrichen hatte,

Hld 1,12

Als der König an seiner Tafel saß, gab meine Narde ihren Geruch.

[72] Dazu Beit Sar Shalom, Evangeliumsdienst e.V.: *Das Passahmahl kurz gefasst.* Online abrufbar unter: https://www.beitsarshalom.org/das-passahmahl-kurz-gefasst/. [Zuletzt: 05.07.2021].

[73] Vgl. 2. Mo. 12,18-28.

war frei für ein Leben mit dem, der ihn liebte wie ein Bräutigam. Der Wein nach dem Mahl war ein Kelch der Freude, für dieses neue Leben mit ihm befreit zu sein. Das Abendmahl im Neuen Bund, das aus diesem Passahmahl entstand, will uns auch heute einladen, am Tisch der Befreiung mit unserem wahren Bräutigam Platz zu nehmen, der auch für uns sein Leben gab. Auch deutsche Gotteskinder sind dorthin eingeladen, selbst wenn das Herz noch hart wie Eis und ohne Tränen ist und der Becher darum noch leer. Doch sie dürfen wie die jüdischen Geschwister …

… den Kuss des Bräutigams im Abendmahl empfangen

Denn so wie das Trinken vom selben Kelch mit Wein in einer jüdischen Hochzeitszeremonie von Bräutigam und Braut als der erste Kuss eines Verlobungsbundes galt, so darf auch die Braut Christi in Deutschland mit jedem Abendmahl an die Liebe des himmlischen Bräutigams denken, der in Zukunft für Zeit und Ewigkeit sein Leben mit ihr teilen will.[74] Der Brautpreis ist bezahlt, die Schuld am Kreuz vergeben, und sei sie noch so groß. Doch auch Verlust und Leid hat er in seinem Leib getragen, sodass sie wissen darf: ‚Der mich liebt, versteht mich wie kein anderer.‘ So ist mit diesem Kuss aller Trost verbunden, auf den auch ein inneres Waisenkind noch wartet und den jedes Gotteskind bis heute braucht. Darum wirbt er bis heute: „Bleibt in meiner Liebe!“[75] Denn sie allein ist größer als alle Schuld und alles Leid. Im Schutzraum dieser Liebe können Kinder und Enkel eines Krieges mit anderen teilen, was Jesus ihnen bedeutet.[76] Und je mehr

---

[74] Schwarz, Dr. (2015). *Die jüdische Hochzeit – ein Sinnbild für die Kirche Jesu.* Online abrufbar unter: https://www.israelogie.de/theologisches/die-juedische-hochzeit-ein-sinnbild-fuer-die-kirche-jesu/. [Zuletzt: 22.07.2021]. Jesus ist nicht nur das Lamm, das für uns starb, sondern auch der König und Bräutigam. Denn wenn er, entsprechend einer jüdischen Hochzeitszeremonie, im Haus der Braut auch von ihrem Vater für würdig befunden wurde, endete diese Zeit mit einem besonderen Ritual. Er nahm einen Kelch mit Wein, trank selbst daraus und sagte damit: „Ich gebe mein Leben für dich und will es für immer mit dir teilen!“ Dann reichte er auch ihr den Kelch, und wenn sie daraus trank, galt es als der erste Kuss, und ein Bund war geschlossen. Um das gemeinsame Heim vorzubereiten, verließ der Bräutigam die Braut und kam erst wieder, wenn die Hochzeit dann gefeiert wurde. Das Datum dieses höchsten Festes kannte jedoch nur sein Vater.

[75] Joh. 15,9.

[76] Darum kann das Mädchen im Hohelied es anderen sagen: „Als der König an seiner Tafel saß, gab meine Narde ihren Geruch. Mein Geliebter ist mir ein Büschel

Hld 1,15

„Sieh, meine Freundin, du bist schön ... deine Augen sind wie Taubenaugen."

sie sich in diese Liebe vertiefen, desto mehr werden ihre Augen davon strahlen, ohne Scham.[77] Dann werden sie ihn nicht nur mit geistlichen Augen *sehen*, sondern auch seine Stimme *hören* können wie das Mädchen im Hohelied: „Sieh, meine Freundin, du bist schön; schön bist du, deine Augen sind wie Taubenaugen."[78] Und wie sie kann es auch die Braut Christi in Deutschland erfahren: Dieser Tisch steht in seinem Haus, in dem sie schon jetzt mit ihm leben darf. Im Bild gesprochen kann sie im Glauben schon jetzt mit ihm …

… ins Blockhaus seiner Liebe einziehen

Im Haus seiner Liebe und am Tisch der Erlösung zum Leben kann das Herz „auftauen". Wenn es dann zu Tränen der Reue und zugleich der Freude kommt, von ihm noch immer und trotz allem geliebt zu sein, kann sich auch unser Becher noch mit Tränen füllen, die befreiend sind. Dazu sind wir wie das Mädchen im Hohelied eingeladen. Ja, die Braut glaubt ihm und denkt an ihn – mehr als an ihre Vergangenheit und mehr als an die, die sie gezwungen haben, einem falschen System in den Baracken der Bedrückung mit dem Geruch des Todes zu dienen. Jesus hat sie befreit und ihr eine Heimat in Gottes Vaterhaus und an seinem Tisch gegeben. Und darum fließt ihr Herz in Liebe über: „Sieh, mein Geliebter, du bist schön und liebenswert. Unser Bett grünt, die Balken unseres Hauses sind Zedern, unser Getäfel

---

Myrrhen, das zwischen meinen Brüsten hängt. Mein Geliebter ist mir eine Traube von Hennablüten in den Weinbergen von En-Gedi" (Hld. 1,12). Sein Leiden um ihretwillen ist ihr so kostbar geworden, dass sie den Duft dieser Liebe Tag und Nacht atmen möchte. Denn Myrrhe wurde für die Einbalsamierung von Toten gebraucht, und Hennablüten verströmen einen starken Duft.

[77] Vgl. Ps. 34,6. Da seine Lebenshingabe uns gereinigt hat von aller dunklen Vermischung, sieht er nicht das Braun der Bedrückung, sondern das Licht seiner Liebe, das sich in allen Farben in ihr bricht.

[78] Hld. 1,15. Tauben erinnern an den Heiligen Geist. Nur durch ihn können wir Jesus so sehen und hören, dass unser Herz verwandelt wird und es auch so mit ihm von Herz zu Herz kommunizieren kann, wie sie es dann tut: „Sieh, mein Geliebter, du bist schön und liebenswert."

Zypressen."[79] Wie sie dürfen auch Nachkommen des 3. Reiches wissen: Gott ist menschlich. Das ist das Holz, aus dem er geschnitzt ist. Und in diesem Holz ist kein Geruch des Todes, sondern des duftenden, blühenden Lebens, und die Braut im Hohelied ist ein Teil davon. Was für ein Glück! Einen besseren Ort auf Erden gibt es nicht. Sie ist endlich angekommen.

Hld 1,16-17

„Sieh, mein Geliebter, du bist schön und liebenswert ... die Balken unseres Hauses sind Zedern"

Im Herzen des dreieinigen Gottes zu Hause sein

Im Herzen Gottes des Vaters, des Sohnes und des Heiligen Geistes ist Bewegung und Freude, wenn ein Mensch so heimgekommen ist. Denn dann ist dieser Mensch in der Mitte der dreieinigen Liebe angekommen, die ihn mit Rettungsjubel umgibt wie im Tanz.[80] Dieser Jubel über die Rettung seines geliebten Kindes und der geliebten Braut seines Sohnes bringt ihn in eine Bewegung, die wie ein erster Reigen der Freude des dreieinigen Gottes ist, um sein Menschenkind herum. Und wenn Jesus jubelt, weil wir zu ihm zurückgekommen sind, dann schreitet er nicht nur, nein, er hüpft vor Freude.[81] Auch ein Kriegskind kann

---

[79] Hld. 1,16.17. Das Zedernholz des Libanon und Zypressen sind starke, wohlduftende und darum wertvollste Holzarten. König Salomo hat diese Hölzer vom Libanon kommen lassen, um den Tempel für Gott zu bauen (1. Kön. 5,19-24.26.32). Dabei ist Holz ein Bild für Menschlichkeit. Das kommt auch zum Ausdruck, wenn wir davon sprechen, aus welchem Holz jemand geschnitzt ist.

[80] Ps. 32,7 (Elb). Dieses Umgeben ist im Hebräischen ein Wort für umringen, umgehen, umfließen. Für den Menschen betrifft dieses Umgebensein vom dreieinigen Gott alle Dimensionen, in denen er lebt: sein körperliches, seelisches und geistliches Leben. So bedeutet dieses Umgebensein für ihn nicht nur eine dreifache Quelle der Freude über sein Dasein und der Bestätigung der Liebe über sein Leben, sondern auch die Quelle seines Sieges über alle Umstände in und um ihn. In Psalm 139,5 kommt diese Gewissheit zum Ausdruck in den Worten: „Von allen Seiten umgibst du mich und hältst deine Hand über mir."

[81] Denn unsere Freude, dass unser Name im Traubuch des Himmels eingeschrieben ist, lebt von seiner Freude, dass diese Braut nicht durch eigene Klugheit zum Bund mit ihm, dem Bräutigam, gekommen ist, sondern durch seinen Geist. Im Englischen heißt es darum: „He jumped for joy." Vgl. Lk. 10,20.21. Das griechische Wort für „jubeln" lautet dort *agalliao*. In der Elberfelder Studienbibel mit Sprachschlüssel heißt es im Lexikalischen Sprachschlüssel unter 20 zur Bedeutung: „jubeln, springen vor Freude, seiner Freude durch Hüpfen Ausdruck verleihen."

sein Herz dann wieder spüren und es auch annehmen und lieben, einfach weil sein Vater im Himmel es tut. Wenn wir auf ihn hören und ihm glauben, wird uns das ins Leben ziehen und zum Tanz befreien. Denn er lädt uns ein, nach allen geweinten und ungeweinten Tränen der Trauer über Verlorenes die Freude am Leben wieder zu gewinnen und diesen Tanz der Freude mit ihm zu tanzen bis in Ewigkeit.

Elberfelder Studienbibel mit Sprachschlüssel, Das Neue Testament, revidierte Fassung, R. Brockhaus Verlag, 2. Aufl., Wuppertal und Zürich 1995.

Sela

1. Worin besteht meine Berufung als Braut Christi?

Anregung: Geh die einzelnen Tanzschritte durch und frage dich: Was ist mir geschenkt? Was darf ich glauben? Wofür will ich danken?

2. Wodurch wird diese Berufung bestritten?

Welchen Raum habe ich der „Ersatz-Theologie“ gegeben? Welche Lügen habe ich geglaubt – in Bezug auf mein Volk, das Volk der Juden, meine Familie und im Blick auf mich selbst? Was hat mein Bild von Gott als meinem wahren Vater verdunkelt? Vom Heiligen Geist als meiner „wahren Mutter“? Von Jesus als meinem wahren Bruder und Bräutigam? Von mir selbst?

Anregung: Male ein Kreuz, lege die Lügen dort ab und ersetze sie durch die Wahrheit der Berufung! Schreibe letztere in die Ostersonne über dem Kreuz.

3. Welche Schritte ist Jesus gegangen, um seine Braut wiederherzustellen?

Was bedeutet mir das Abendmahl jetzt? Wofür will ich neu danken?

4. Welche Tanzschritte des Glaubens will ich einüben?

Anregung: Lade den Heiligen Geist in dein Land und dein Leben ein. Bitte ihn, dich zu erfüllen! Sage ihm, was er dir bedeutet! Sage dem Vater, wie du ihn brauchst! Sage Jesus, wer er für dich ist! („Du bist mir wie …“ Du kannst dabei durch das ganze Alphabet gehen: mein **A**rzt, mein **B**räutigam, …).

Anregung: Welchen „Raum“ möchte ich verlassen (vgl. die „Baracke der Bedrückung“)? – Welchen „Raum“ möchte ich ganz neu betreten (vgl. das „Blockhaus seiner Liebe“)? Teile ein Blatt oder einen Raum in zwei Bereiche und schreibe jeweils hinein, welchen du „verlassen“ und welchen du „betreten“ und im Glaubenstanz in seinem Geist einnehmen möchtest.

Ein kleines Lied der Liebe:

2. El Shaddai, wie eine Mutter mit Lebensmilch für mich, ihr Kind.
   El Shaddai, wie eine Mutter, die tröstet auch in Sturm und Wind.

3. Jeshua, Ha Mashiach, mein Bruder und mein Freund.
   Jeshua, Ha Mashiach, mein Bruder, der auch mit mir weint.

4. Drei in eins in der Liebe, in der Liebe, die mir gilt.
   Drei in eins in der Liebe, der Liebe, die mich ganz erfüllt.

5. Du umgibst mich mit Liebe und mit Jubel ewiglich.
   Du umgibst mich mit Liebe – gestern, heute, ewiglich.

X 2021

Strophe 2

Wenn sie zu ihm kommt, wird sie an himmlische Orte versetzt

Das Mädchen, das der König zu seiner Braut erwählt hat, ist wirklich zu ihm gekommen. Sie hat die Einladung an seinen Tisch angenommen und ist ins „Haus seiner Liebe" eingezogen.[1] Doch bevor sie mit ihm aufbricht, muss sie noch einmal staunend auf die ersten Schritte ins Leben mit dem König zurückblicken, der sie trotz allem liebt. Für das Mädchen im Hohelied fühlt sich dieser Rückblick wie ein erster Tanzschritt in das neue Leben des Glaubens an. Denn am Tisch des himmlischen Bräutigams versteht sie wie nie zuvor: ‚Ich bin noch einmal neu geboren.'[2]

1. Tanzschritt des Glaubens: Ein befreiender Rückblick auf den Beginn ihres neuen Lebens

Sie ist ein Kind Gottes geworden,[3] sie hat eine geistliche Geburt erlebt. Obwohl dieser innere Mensch wie auch ein Baby im Natürlichen noch kaum Worte bilden kann, hat sie in ihrem Geist die Stimme des Heiligen Geistes als die ihrer „wahren Mutter" gehört und so ihren „wahren Vater" kennengelernt sowie in Jesus ihren „wahren Bruder und Bräutigam" erkannt. Nachdem sie in diese himmlische Familie hineingeboren wurde, konnte sie in einer Gemeinde noch andere Geschwister finden, die ihr halfen, im Kontakt von Herz zu Herz mit

---

[1] Vgl. Mt. 11,28-30; 1. Joh. 3,1.
[2] Vgl. Joh. 3,3.5 mit 1. Joh. 4,4; 5,4.
[3] Vgl. Joh. 1,12.13.

ihm zu bleiben und ihn im Geist und in der Wahrheit anzubeten und seine Liebe zu erwidern.[4] In dieser Herzensbegegnung erkennt sie schon jetzt, wer sie wirklich ist und kann es auch aussprechen und singen: „Ich bin die Lilie zu Scharon und die Rose im Tal."[5] Auch wenn sie noch „klein" ist, lebt in ihr die Gewissheit, eine große Zukunft an der Seite des Königs aller Könige zu haben.

Wie die Braut im Hohelied kann auch jedes Kriegs- und Nachkriegskind mit seinen Nachkommen durch Gottes Geist von neuem geboren werden, ganz gleich, wie alt es jetzt ist. Es darf wie das Mädchen im Hohelied sogar mit einer „braunen" Vergangenheit an der Hand des himmlischen Königs Jesus in eine bunte Zukunft gehen. Es darf Gottes Wort als seinen Liebesbrief an ihn lesen[6] und in der Gemeinde noch andere Kinder des himmlischen Vaters treffen, die ihm helfen, in die himmlische Familie hineinzuwachsen, die Stimme des Heiligen Geistes zu hören und im Abendmahl das Herz der größten Liebe zu entdecken. Dort kann es schmecken und sehen, wie freundlich der HERR ist[7] und immer neu ergreifen: Nicht mehr die Vergangenheit zählt, sondern die Liebe des gegenwärtigen Herrn und Bräutigams, der das Brautkleid erworben und teuer bezahlt hat.[8]

---

[4] So sagte Jesus zu der Frau am Jakobsbrunnen: „Gott ist Geist, und die ihn anbeten, müssen ihn im Geist und in der Wahrheit anbeten. Denn der Vater sucht solche als seine Anbeter." Joh. 4,24. Vgl. 1. Joh. 4,19: „Wir lieben ihn, weil er uns zuerst geliebt hat."

[5] Hld. 2,1. Weil sie tief eingetaucht ist in den wahren Reichtum der Erlösung in Christus (Hld. 1,12-17), kann sie ihre höchste Identität als Braut Christi aussprechen und sehen, wer sie in ihm ist: die *Eine*, für die er den Himmel verlassen hat, die Braut, für die er den Preis bezahlt hat. Sie ist das Erbe, das ihm der Vater versprochen hat (vgl. Ps. 2,8). Dafür betet Paulus in Eph. 1,18, wenn er schreibt: „Öffne die Augen ihrer Herzen und lass sie sehen, dass sie *das* Erbe Gottes sind." So in Bickle, *Hohelied,* Band 1, S. 184. Jeder Einzelne soll es wissen und darin ruhen: ‚Ich habe die Identität der Braut, für die Jesus sein Leben gelassen und mich so rechtmäßig für sich selbst erworben hat, um sein Leben mit mir zu teilen, es zu ehren und zu lieben, ohne dass der Tod diese Verbindung scheidet. Darum kann ich ihm mit Freimut sagen: ‚Ich liebe dich, Jesus!‘

[6] Vgl. 2. Petr. 1,21. Da die Bibel vom Heiligen Geist geleitet geschrieben ist, ist sie nach Röm. 5,5 Ausdruck der Liebe Gottes, die unsere Herzen erreichen und für die Liebe wiedergewinnen will.

[7] Ps. 34,9.

[8] Vgl. 2. Kor. 5,21; Jes. 61,10, wo ebenfalls diese Bildsprache verwendet wird. Und weil er Bräutigam ist, sagt er auch voll Liebe in Lk. 22,15: „Mit Sehnsucht habe ich mir gewünscht, dieses Passah mit euch zu essen, bevor ich leide." Denn

Darin sieht er jeden Menschen, der zu ihm kommt, als seine Braut an, egal aus welchem Hintergrund er ihm entgegenläuft. Und darum steht er vor allen zu ihr und ruft auf ihr Bekenntnis hin voll Freude aus: „Wie eine Rose unter den Dornen, so ist meine Freundin unter den Töchtern."[9] Er kennt die, die ihn kindlich und ohne Berechnung suchen und lieben wollen. Das macht sie zu seiner Freundin, der er sich tiefer anvertrauen und ihr zeigen will, was er in seinem Herzen für sie empfindet.

Hld 2,1-2

„Ich bin die Rose zu Sharon!"

***

„Wie eine Rose unter den Dornen, so ist meine Freundin unter den Töchtern."

Nach den Grundlagen der ersten Tanzschritte sind die Offenbarungen seines Geistes für ihren Geist wie eine Versetzung von der ersten in die zweite Klasse ihrer „Tanzschule des Glaubens." Denn die Liebe will wachsen und reifen. Darum macht sie nun einen Tanzschritt auf eine neue Ebene:

2. Tanzschritt des Glaubens: Ein belebender Einblick in die Höhe ihrer Berufung

Am Tisch seiner Liebe gestärkt, dürfen auch Kinder des Krieges in Deutschland wie die junge Braut im Hohelied seine ausgestreckte Hand ergreifen und sich in die wahre Höhe ihrer Berufung führen lassen, für die sie geboren sind. Denn dort beginnt der wahre Tanz eines Lebens im Glauben. An seiner Hand sollen auch sie wie das Mädchen im Hohelied mit himmlischer Leichtigkeit an himmlische Orte versetzt werden, weil er sie genauso liebt.[10] Und wie dieses Mädchen

---

er lebte schon in der Vorfreude auf die gemeinsame Zukunft mit seiner Braut in der Herrlichkeit. In dieser Identität soll auch jeder einzelne bis dahin das Abendmahl feiern und an seine große Liebe denken, die ihn um dieser Freude willen die Schande der Kreuzigung erdulden ließ (vgl. Hebr. 12,3).

[9] Hld. 2,2.

[10] Vgl. Eph. 1,18-23 und 2,6. Wenn Jesus, das Haupt seines Leibes, als Auferstandener hoch über jede Macht und jeden Namen gesetzt ist, dann steht damit auch sein *Leib* über jeder anderen Macht, die *unter seine* und damit auch unter *unsere Füße* getan ist. Vgl. Luk. 10,19, wo Jesus selbst diese Vollmacht für seine Nachfolger ausspricht. Eph. 2,6 drückt es dann mit den Worten aus: „…und hat uns *mit* auferweckt und *mit* eingesetzt in die himmlischen Welten in Christus Jesus, damit er in den kommenden Zeiten den überschwänglichen Reichtum seiner Gnade durch seine Güte gegen uns erweise in Christus Jesus." Von dort, wo wir

können auch sie jetzt, gelöst vom Schleier der Scham, mit geöffneten Augen des Herzens Orte sehen, die für natürliche Augen verschlossen sind.[11] Ganz gleich, aus welcher Kirche und Kindheit wir kommen – auch uns sollen im Glauben die Augen für den Ausblick in die wahre Höhe unserer Berufung geöffnet werden. Seine Einladung steht: Er reicht uns die Hand, und wir dürfen wie Johannes seine Stimme hören: „Steig hier herauf!"[12] Und auch wenn unsere Herzensaugen das Licht noch nicht gewöhnt sind, aus dem wir vor Grundlegung der Welt gekommen sind,[13] können sie, durch Gottes Geist geschärft, den Garten sehen, aus dem wir einst durch Schuld und Scham gefallen waren. Von der Hand seines Geistes geführt,[14] dürfen wir dort erneut

---

schon jetzt mit ihm eingesetzt sind, um in seinem Namen alles unter unsere Füße zu befehlen, was sich an fremden Mächten seiner Herrschaft entgegenstellt, stammen auch die vorbereiteten Werke, die wir mit ihm zusammen tun sollen (Eph. 2,10). Vgl. auch Röm. 16,20 oder Ps. 91,13. Die Konsequenzen daraus sollen noch bedacht werden.

[11] Wie es ein Geheimnis ist, durch das in einem Kokon die Verwandlung von der Raupe zum Schmetterling geschieht, wobei ganz andere Organe entstehen, die er zum Fliegen braucht, und die Organe einer Raupe sich völlig auflösen, so ist es auch ein ganz persönlicher und individuell erlebter Prozess im Verborgenen, wie sich die Augen des Geistes in einem Menschen öffnen, um die himmlische Dimension zu sehen und sich darin zu bewegen. Doch ein Hinweis kann helfen, Zugang zur Welt des Geistes zu finden: Wie die auf der Erde wachsenden Lebensmittel dem Körper Nahrung geben, so ernähren Musik, Geschichten, Kunst und Tanz die Seele und den Geist. Dabei ist die Dimension des Heiligen Geistes, in der Gott regiert, an Macht und Einfluss jeder geistigen Atmosphäre aus anderer Quelle weit überlegen, wie es in Epheser 6,12 zum Ausdruck kommt. Die Regionen dieser Finsternismächte, von denen dort die Rede ist, sind allerdings höher als alle Materie (wozu auch das Denken und Fühlen des Menschen gehören). Darum ist diesen Mächten mit den Möglichkeiten menschlicher Vernunft nicht zu begegnen, wie man im 3. Reich sehen konnte, sowie auch in jedem Land und Volk, wo Finsternismächte übernommen haben. Darum darf ich beten: „Heiliger Geist, nimm mich mit in die höchste Region, wo Gottes Thron steht und mein Vater im Himmel mit Jesus zusammen über alles regiert. Jesus Christus, danke, dass ich als deine Braut an deiner Seite sitzen darf und in deiner Liebe sicher bin. Danke, dass ich in deinem Namen mit dem Heiligen Geist zusammen auch andere an diesen Ort rufen darf und sagen: ‚Komm!'" (Offb. 22,17).

[12] Offb. 4,1.

[13] Vgl. Eph. 1,4.5. Hier wird uns offenbart, dass wir aus dem Herzen Gottes in die Welt gekommen und zur liebenden Gemeinschaft mit ihm berufen sind. Vgl. auch Jer. 31,3; 1. Joh. 4,4; 5,4.

[14] Vgl. Röm. 8,14: Denn alle, die sich vom Geist Gottes leiten lassen, die sind Söhne Gottes.

die Heimat beim himmlischen Vater betreten, wo wir schon jetzt zu Hause sind. Denn durch ihn sind wir versetzt vom Reich der Finsternis in das Reich des Sohnes seiner Liebe.[15]

Um diese Welt in uns selbst willkommen heißen und darin leben zu können, gibt es eine Himmelsleiter, von Gott selbst an unser Herz gestellt. Himmlische Hilfe steht uns bei jedem Schritt zur Seite, sodass wir uns mit Leichtigkeit darauf bewegen können, um zu bekommen, was uns von dort bereitet ist wie ein gedeckter Tisch.[16] Denn wir sind im Geist, in unserer wahren Identität …

… versetzt in den Garten des Königs mit geöffneten Fenstern in die höchste Dimension

An himmlische Orte versetzt zu sein, heißt, wie ein Schmetterling mit neu geöffneten Augen und Flügeln des Glaubens in einer höheren Ebene daheim zu sein und die natürliche Welt *im Geist* von oben zu sehen und zu berühren. Es ist dann, wie durch geöffnete Himmelsfenster zum Thron des Vaters zu *„fliegen"* und die Welt zu betrachten, für die wir geboren sind: Wir können den Strom des Lebens sehen, der vom Thron durch seinen Garten fließt, und den Baum des Lebens, mit irdischen und himmlischen Früchten beladen, die zur Heilung der Völker dienen.[17]

---

[15] Kol. 1,13.

[16] Die Himmelsleiter der Verbindung von der natürlichen zur übernatürlichen Welt Gottes ist in 1. Mo. 28,12-16 bei Jakob im Alten Bund erwähnt und bei Jesus im Neuen Bund (Joh. 1,51). Beide Stellen zeigen, dass diese Leiter wie eine Brücke für uns gemacht ist, die uns in Gemeinschaft mit dem liebenden Vater im Himmel bringt und somit auch in die Welt seiner Möglichkeiten, damit Gottes Reich in Menschenherzen und in der Welt Raum gewinnt. Nach Joh. 1,51 ist Jesus selbst die Leiter und auch die Tür zum Vaterhaus im Himmel, in dem wir schon jetzt leben dürfen. Das Vaterunser meditierend und mit dankbarem Herzen zu bewegen, kann eine Hilfe sein (vgl. Mt. 6,9-13). Denn Jesus sagt: Der himmlische Vater selbst hat uns lieb und heißt uns willkommen. Vgl. Joh. 16,27; 14,1.2. Auch das Buch von Norvel Hayes, *Zeit in Seiner Gegenwart, Mehr als Lobpreis,* Shalom-Verlag, Bad Griesbach 1993 zu lesen, kann eine hilfreiche Anregung sein, um sich betend im himmlischen Vaterhaus zu bewegen.

[17] Offb. 22,1-4, Vgl. 1. Mo. 2,9. Gerade aufgrund des geschriebenen Wortes können sich die Bilder durch den Heiligen Geist in unserem Geist entfalten. Denn er bestätigt uns, dass wir Gottes Kinder und darum dort zu Hause sind. Vgl. Röm. 8,16.

Hld 2,3

„Wie ein Apfelbaum unter den Bäumen des Waldes, so ist mein Geliebter unter den Söhnen."

In dieser Dimension der Einheit von Himmel und Erde, wo alles möglich ist, und unbegrenzt von Raum und Zeit,[18] sind wir wie die Braut im Hohelied dazu bestimmt, in diesem Baum den König des Himmels und der Erde zu sehen, und die Gemeinschaft mit ihm zu genießen wie das Mädchen im Hohelied, wenn es sagt: „Wie ein Apfelbaum unter den Bäumen des Waldes, so ist mein Geliebter unter den Söhnen.[19]Ich erfreue mich in seinem Schatten, und seine Frucht schmeckt meinem Gaumen süß."[20]

---

[18] Wenn Gottes Offenbarung wie eine frische Salbung (vgl. Hld. 1,3) den Geist eines Menschen erreicht, dann haben diese Bilder und Botschaften nach dem Gesetz der höheren Autorität die Macht, Bilder und Botschaften, die die Seele bereits empfangen hat und die traumatisch nachwirken, zu entmachten und durch die Wahrheit zu ersetzen. Diese Wahrheit im Glauben zu ergreifen und mit dem Mund auszusprechen, ist ein Weg, der trotz schmerzender Gefühle Schritt für Schritt gegangen werden will, denn er führt zum Leben. Vgl. Röm. 10,10: „Denn mit dem Herzen glaubt man zur Gerechtigkeit, und mit dem Mund bekennt man zu Errettung."

[19] Vgl. Mt. 28,18.20. Er offenbart sich ihr im Geist mit dem Bild des Apfelbaums im Paradies, der Früchte trägt, im Vergleich zu den Nadelbäumen des Waldes, die weder ausreichend Schatten spenden noch Früchte haben, von denen sie leben könnte. Bäume als Metaphern für Menschlichkeit bedeuten dann: Jesus ist einzigartig unter allen Menschen und mit seinen Früchten der, bei dem sie sich das Leben holen und nicht den Tod. Wie gesund ein Apfel ist, erkennt man erst bei näherer Betrachtung. Dann ist es umso bedeutungsvoller, dass die Braut den König ihres Lebens mit einem Apfelbaum vergleicht. In verschiedenen Internetportalen ist zu lesen: „... in geradezu perfekter Kombination enthält der Apfel wertvolle Inhaltsstoffe, sodass er darum eine positive, gesunde Wirkung hat." Forscher haben festgestellt, dass er blutreinigend ist, gegen Krebs wirkt, da er Entzündungen hemmt und gefährliche freie Radikale fängt. Er regt die Lebertätigkeit an, ist harntreibend, sanft abführend und hilft somit, Schadstoffe aus dem Körper auszuscheiden und den Körper von Stoffwechselprodukten zu befreien. Doch er ist nicht nur für die Verdauung gut, sondern auch für die Konzentration und das Nervengerüst. Er wirkt dadurch gegen Nervosität, gegen Alzheimer und ist ein natürlicher Cholesterinblocker. Er lindert Gicht und andere rheumatische Beschwerden. Zudem ist er gut für Haut und Augen. Äpfel vermindern das Risiko für Krebs, Asthma, Diabetes, Herz-Kreislauf-Störungen und Lungenerkrankungen. Wenn man all diese Eigenschaften des Apfels bedenkt, ist es nicht nur der angenehme und erfrischende Geschmack, der den Durst löscht, sondern auch die gesundheitsfördernde Wirkung, die die Braut spürt. Denn das alles verkörpert der König, der sie liebt und der jetzt Herr ihres Lebens ist.

Es mag sein, dass sie erst später weiß: Er ist ein Baum der Liebe und ist wie sie, die Rose von Sharon, ein Rosengewächs.[21]

---

[20] Hld. 2,2. Das Bild vom Ruhen in seinem Schatten ist auch in Ps. 91,1.2 aufgenommen, wenn es dort heißt: „Wer unter dem Schirm des Höchsten sitzt und unter dem Schatten des Allmächtigen bleibt, der sagt zu dem Herrn: Meine Zuversicht und meine Burg, mein Gott, auf den ich vertraue." In diesem Schatten seiner Gegenwart werden die Schatten der Vergangenheit überwunden und das Misstrauen gegen Gott kann sich in ein vertrauensvolles Gespräch mit Jesus verwandeln, sodass man zu dem Herrn spricht und nicht mehr stumm bleibt. Maria A. Hirschmann schreibt als Kriegskind in ihrer Autobiographie eindrücklich vom Beginn ihres Weges vom Misstrauen zum vertrauensvollen Gespräch mit Gott: „Als Kind war es die Glaubensvorstellung meiner Mutter gewesen, die ich übernommen und der ich willig gehorcht hatte. Später war es der Führer, dem ich bedingungslos gefolgt war. Als ich dann bereit war, Gott als den allmächtigen Schöpfer und Herrn der Welt anzuerkennen, hatte ich ihm wiederum nur mechanisch gehorcht und gedient. Es war Gehorsam ohne Liebe. Von frühester Kindheit an war mir der blinde Gehorsam jeder Autorität gegenüber anerzogen worden, und sogar in meinem christlichen Glauben hatte ich mich noch davon beeinflussen lassen … Sicher, ich sprach von Jesus, betete in seinem Namen zu Gott, las von ihm in der Bibel und bekannte ihn auch vor anderen. Aber dennoch war er weit weg im Himmel, in einer anderen Welt, und ich war hier auf der Erde; und diese Distanz versuchte ich zu wahren … Zwei Dinge standen mir dabei im Weg, die ich nicht aufgeben konnte, ihn besser kennenzulernen: mein Stolz und mein Hass! … Bisher hatte ich mich nur halbwegs an das Kreuz herangewagt und war dann wieder weggerannt, weil ich nicht bleiben und hören wollte, was Jesus dort gesagt hatte: „Vater, vergib ihnen, denn sie wissen nicht, was sie tun." Dann betete sie: „Ich kann dir in Ehrfurcht dienen und dir die Ehre geben, die dir gebührt, aber ich kann dich nicht lieben. Und auch die anderen kann ich nicht lieben … Mein Stolz und mein Hass hindern mich daran. Ich würde zugrunde gehen, wenn ich sie aufgeben müsste!" In: Hirschmann, *Vom Hakenkreuz zum Kreuz*, S. 185–187. Danach war ihr leichter ums Herz, weil sie sich selbst und Gott gegenüber ehrlich war. Doch die Folge war: „… ich hatte keine Hoffnung mehr. Ich kannte mich selbst, und alles, was mir blieb, war, mich so zu nehmen, wie ich war – ich würde eben damit leben müssen." Doch es war ein Anfang. A.a.O., S. 187.

[21] Es ist sicher kein Zufall, dass der Apfelbaum zu den Rosengewächsen gehört. Sie, die Rose von Sharon, ist nach seinem Bild der Liebe geschaffen und von ihm genommen, einem „Rosengewächs." Vgl. auch die Purpurglöckchen in *Prolog: Wie alles begann*, Punkt 12: In den Garten der Gemeinschaft mit Gott gerufen. Im Leben von Maria Hirschmann wuchs der Glaube, dass Gott sie wirklich liebt, erst später, als ihr jemand eine Anleitung zum Gebet gab. Sie dachte: „Ich wusste doch, wie man betet. Zweimal am Tag kniete ich nieder und sprach mit Gott. Dabei vergaß ich nie, den Dank an den Anfang zu stellen und erst dann um Hilfe, Bewahrung und andere Dinge zu bitten. Immer war ich darauf bedacht, respektvoll und ehrfurchtsvoll vor Gott zu stehen und die richtigen Worte zu gebrauchen. In dem Buch verglich die Frau das Beten mit einer Unterhaltung am Telefon – wir am

Gerade als Kinder eines Krieges, der den Garten des Lebens in seinem Land in einen Friedhof verwandelt hat, dürfen wir wie die Braut mit diesen Früchten ein zweifaches empfangen: Zum einen sind wir auch als Deutsche eingeladen, trotz allem mit „der Hand des Glaubens“ zu ergreifen, dass Jesus uns mit Liebe und Güte, mit Freude und Friede, mit Langmut, Geduld und Freundlichkeit, mit Treue, Sanftmut und Selbstbeherrschung ansieht, welche die Früchte seines Geistes sind.[22] Zum anderen gewinnen wir, wenn wir mit solcher Liebe aus seinem freundlichen Angesicht angesehen und gestärkt werden, Schritt für Schritt die Kraft für das Schlachtfeld unseres Alltags, in dem nach all den Kriegen oft das „harte Brot“ der Angst und

---

einen Ende der Leitung und Jesus am anderen. Sie sagte, dass die meisten Gebete der Christen reine Selbstgespräche seien, in denen wir unsere Anliegen vorbrächten und dann mit dem ‚Amen‘ den Hörer wieder einhängten! Damit hätte Jesus jedoch keine Gelegenheit, uns zu antworten.“ A.a.O., S. 191. Doch dann machte sie eine Entdeckung, die ihr Leben veränderte: „Besonders ein Satz des Buches ließ mich nicht mehr los, und ich sagte ihn immer wieder vor mich hin, bis mir die Tränen liefen: ‚Jesus und ich sind Freunde!‘ Ich war stolz und von Hass erfüllt. Oder ob er vielleicht doch auf mein Beten antworten würde? … ‚Aber ich verstehe auch, wenn du nichts mit mir zu tun haben willst, Herr, denn ich war so sehr gegen dich im Dritten Reich.‘ – ‚Ich liebe dich, mein Kind, und ich habe dich bei deinem Namen gerufen‘, hörte ich eine Stimme in mir sagen. ‚Herr‘, flüsterte ich, ‚hast du eben zu mir gesprochen, oder war ich es selbst? Bitte, Herr Jesus, lass mich nur das hören, was du sagst. Lieber Herr, ich habe solche Angst, dass ich mir das nur einbilde!‘ ‚Du bist mein‘, sagte die Stimme wieder. ‚Fürchte dich nicht! Ich bin für dich gestorben und habe dich gerufen, mir zu dienen. Du wirst noch Großes für mich tun!‘ ‚Du weißt, dass ich mit meinen Magengeschwüren, meinen schwachen Nerven und allem anderen ein menschliches Wrack bin. Aber, Herr, alles, was ich noch habe, gehört dir. Auch mein Hass und mein Stolz und meine fürchterlichen Erinnerungen. Ich gebe dir alles, was ich habe. Ich möchte nur, dass du mein Freund bist und ab und zu mit mir redest, das ist alles, was ich für den Rest meines Lebens brauche.‘ Ich hatte endlich einen Freund, mit dem ich reden konnte, sooft ich wollte, und der mir auch antworten würde, wenn ich nur auf ihn hörte. Endlich konnte ich aufhören, mir über meine Schwächen Sorgen zu machen, denn es war jetzt die Sache meines Herrn, damit fertig zu werden, nicht mehr meine.“ A.a.O., S. 193. Vgl. 1. Petr. 5,7.

[22] Gal. 5,22. Wenn Jesus seine Braut sieht, dann sieht er sie in diesem Geist an. Darum darf sie immer wieder zu ihm sagen: „Danke, dass du mich immer noch freundlich und geduldig ansiehst, auch wenn ich gerade nicht freundlich und geduldig war. Danke, dass ich in deinem Blick zur Ruhe kommen darf.“ Wenn dann im Umgang mit sich selbst und anderen seine Wesensart aus ihr hervorstrahlt, ist dies aus der Gemeinschaft der Liebe im Geist mit ihm entstanden, nicht aus menschlicher Willenskraft oder als Ergebnis von Appellen.

Ablehnung, des gegenseitigen Aufrechnens und der Aggression gegessen wird, das nicht satt macht und darum auch den Hunger nach Leben nicht stillt.[23] Dass diese Frucht gerade ein Apfel ist, weist aber auch auf das Geheimnis hin, dass er wie keine andere Frucht den König repräsentiert.[24]

Aus dem ersten Garten des Genusses und der Fülle war ein Garten der größten Gegensätze geworden, als die Menschen, die zur Gemeinschaft mit Gott erwählt waren, den Lügen Luzifers[25] mehr glaubten als ihm und vom Baum der Erkenntnis aßen. Doch die Braut Christi ist an diesen Ort zurückversetzt, wo Gottes Sohn der König ist und sie mit ihm erneut regiert, auch über alle Macht der Finsternis. Denn dort ist ihr Geist wiederhergestellt, und mit ihm an ihrer Seite kann es keiner Waffe mehr gelingen, die gegen sie geschmiedet ist.[26] Sie ist sicher im Haus und Garten des wahren Vaters und an der Hand ihres geliebten Heilands, der zugleich ihr Bräutigam ist. Mit ihm wird sie durch die Kraft *seiner* Liebe triumphieren, die sie nährt und stärkt. Und darum wird durch sie auch *sein* Wille der Wiederherstellung

---

[23] Vgl. Ps. 23,5: „Du deckst vor mir einen Tisch im Angesicht meiner Feinde."

[24] Denn der Reichsapfel ist seit jeher das Symbol der Herrschaft eines Königs. Es ist die Frucht des *Königs*, die sie nährt. Auf *Focus online* ist im Jahr 2020 erstaunlicherweise über die Bedeutung des Apfels zu lesen: „Der Apfel ist der *König* unter den Obstsorten."

[25] Vgl. 1. Mo. 3,1-8. Luzifer als einer der höchsten Engel wollte den Platz eines geschaffenen Wesens verlassen und sich an Gottes Stelle setzen. Er wollte sich damit eigenmächtig nehmen, was allein in der Autorität seines Schöpfers lag, nämlich zu entscheiden, was gut und böse ist. Anstatt Gott zu lieben und anzubeten, wofür er geschaffen war, entschied er sich für die Ablehnung seines Schöpfers und Rebellion gegen ihn. Damit lehnte er zugleich seine Lebensbestimmung ab; und so verlor er nicht nur seine herrliche Position, sondern auch das Leben selbst. Ein Drittel aller Engelwesen folgte ihm in die Verneinung des Schöpfers. Sie sind die Dämonen, die, wie er zu gefallenen Engeln geworden, aus der herrlichen Gegenwart Gottes durch eigene Wahl herausgefallen waren. Wie Luzifer konnten sie kein Leben geben, sondern nur zerstören, was auch sein Schicksal sein wird samt seinem ganzen Heer (vgl. Mk. 5,1-13; Offb. 20,1-10). Was er jedoch bis zum letzten Gericht tun konnte und kann, ist, die Wahrheit zu verdrehen und Lügen zu säen bis zum Tod. Darum gilt es, in der Versuchung die Gemeinschaft mit Gott im Heiligen Geist zu suchen und so den Teufel zu fliehen (vgl. Jak. 4,7.8). Denn wo Gott ist, kann der Teufel sich nicht halten.

[26] Vgl. Jes. 54,17 und Röm. 8,37 (HFA): „Aber dennoch: Wir werden über das alles triumphieren, weil Christus uns so geliebt hat."

geschehen, die erneute Einheit von Himmel und Erde; es wird sein „wie im Himmel, so auf Erden.“[27]

Auch deutsche Kinder des letzten Krieges, über die ein Strom des Todes anstatt des Lebens ging, können ihm im Glauben folgen – nicht mit den Kampfstiefeln von Soldaten, aber im leichten Schritt seines Geistes, der in ihnen wohnt und sie emporhebt. Schon will Jesus sich mit ihnen durch diesen Geist voll Liebe in den nächsten Raum bewegen, hoch über allem, was Rang und Namen hat. Denn dort ist ihr Geist …

… versetzt in den Festsaal der Freude

Es ist ein Raum der reinen Freude, ein Festsaal ohne Furcht, wo Kinder seiner Liebe auf einmal lachen und auch weinen können und wunderschöne Bilder sehen wie im Paradies. Hier ist lauter Jubel und ein Tanz von Kindern, die unbeschwert und fröhlich in himmlischen Sprachen und Tönen vom König und Vater singen, der sie liebt. Sie sind wie berauscht vom Wein dieser Freude.[28] Gelöst und frei wollen sie auch das junge Mädchen in ihren Reigen ziehen – doch diese Freude ist der *Seele* mit der „braunen“ Prägung fremd. Obwohl ihr *Geist* genießt und sie spürt, dass hier ihr wahres Leben ist, sieht sich ihre *Seele* noch an einem anderen Ort. Und was sie sieht, macht sie nicht frei, sondern furchtsam. Ein innerer Kampf beginnt.[29]

---

[27] Mt. 6,10. Dieses Reich wird mit Waffen des Geistes in seiner Rüstung ausgebreitet und im Geist seiner Liebe wiederhergestellt: Jes. 42,5-8; 35,4-10; vgl. 2. Kor. 10,5; Eph. 6,10-18. Und das führt ins Gebet im Namen Jesu, wie z. B. im Blick auf Heilung: „Im Namen Jesu Christi, des Nazareners, von Nazareth: ‚Steh auf und geh!‘“ Apg. 3,6.7. Dabei geht es nicht um eine Formel, sondern um die innere Beziehung zum Heiligen Geist, der durch eine Salbung Klarheit gibt, was das Problem ist und was zu tun oder zu sagen ist. Doch die Autorität zu handeln ist da. Vgl. Jes. 61,1-3, eine Schriftstelle, die Jesus auf sich bezogen und dann an seine Nachfolger weitergegeben hat. Keine Schriftstelle besagt, dass diese Vollmacht nur an den Knotenpunkten der Heilsgeschichte gegeben ist, die in der Bibel selbst stehen, und danach nicht mehr. Vielmehr heißt es: „Jesus Christus ist derselbe, gestern und heute und auch in Ewigkeit.“ Hebr. 13,8. Und: „Wie mich der Vater gesandt hat, so sende ich euch.“ Joh. 20,21.

[28] Hld. 2,4: „Er führt mich in den Weinkeller, und die Liebe ist sein Banner über mir.“

[29] Vgl. zu diesem inneren Kampf der Seele gegen den Geist auch Röm. 7,25-8,2; Hebr. 2,14-18 und 2. Tim. 1,7.

Gerade die Kinderseele aus einem Volk von Soldaten, die im Gleichschritt marschieren und es gewohnt sind, dem Befehl des Obersten zu gehorchen, kann dieser freie „Tanz der Freude“ in Angst und Abwehr versetzen. Ganz unbewusst kann zu dem Bild von Soldaten in dieser Seele ein gefürchteter Nachhall wie von Stiefeln erklingen, ob von deutschen Soldaten getragen oder von den Siegermächten nach dem Krieg.[30] Von solcher Angst geleitet, mag sich manche *Seele* bei ausgelassener Freude dann fragen: ‚Kann denn das noch richtig sein? Ist das derselbe Jesus, an dessen Tisch sie seine Liebe sah und der sein Leben für sie gab? War nicht alles viel zu ernst, um so ausgelassen und kindlich fröhlich zu sein?‘[31] Und auf einmal, ganz unbewusst, formen sich weitere Bilder mit Geräuschen aus vergangener Zeit. Sind es Bilder aus ihrem eigenen Leben oder davor? Sie verschwimmen, aber sie wirken.[32] Denn es sind Bilder vom Chaos des

---

[30] Eine ältere Schwester erzählte mir im Jahr 2018 einmal, dass sie als Kind nach dem Krieg immer Angst beim Geräusch von Soldatenstiefeln hatte. Denn sie marschierten auch durch ihre Straße; und da man die Tür nicht abschließen durfte, musste man immer fürchten, dass die Soldaten jederzeit in ein Haus kommen und sich nehmen konnten, was sie brauchten bzw. wollten. Ihre Mutter hatte zu ihren Kindern darum immer gesagt: „Seid leise!“ Denn wenn die Soldaten Kinder hörten, wussten sie, dass auch eine Mutter in der Nähe war, die dann oft das Opfer einer Vergewaltigung wurde. Viele ältere Menschen kommen dadurch beim Klang von harten Absätzen leicht in Hocherregung, ohne den Zusammenhang zu ahnen. Auch lautes Reden und laute Freude sind dann bedrohlich, weil es sie mit der vergangenen Gefahr verbindet.

[31] Aufgrund kriegstraumatischer Erfahrungen, die viele fröhlichen Erwartungen zunichtemachten, haben viele Kriegs- und Nachkriegskinder Angst vor zu viel laut geäußerter Freude. Diese Angst wurde dann in manchen sprichwörtlichen Lebensweisheiten an ihre Kinder weitergegeben: „Lass es dir ja nicht zu gut gehen, denn dann steht das Unglück vor der Tür.“ In Baer/Frick-Baer, *Kriegstraumata in der nächsten Generation,* S. 28. Oder auch Sprichworte wie dieses: „Wer morgens lacht, muss abends weinen.“

[32] So erzählt Udo Baer bespielhaft von Herrn M., 52 Jahre alt, der plötzlich schwer krank wird. „Er muss mehrere Wochen im Krankenhaus zubringen … Er lehnt Hilfe ab, scheitert aber an den Herausforderungen. Nachts träumt er vom Krieg, schlimme Szenen, und wacht schweißgebadet auf. ‚Ich konnte noch nie Kriegsfilme sehen. Wenn doch, dann muss ich davonrennen und bekomme starke Angst. Dabei war ich doch nie im Krieg. Ich kann mir das nicht erklären.‘ Doch seine Eltern waren im Krieg und sind durch ihre Kriegserfahrungen schwer gezeichnet. Sie konnten über ihre Erfahrungen nie reden, doch gerade dadurch haben sie ihre Ängste und Empfindungen weitergegeben. Herr M. reagiert dadurch so, als wäre er selbst im Krieg gewesen. Der Auslöser ist die Hilflosigkeit.“ Vgl Baer, *Königsberg*, S. 80. Ein anderer Auslöser bzw. Trigger kann Dunkelheit

Krieges, die ihr Herz in Unruhe versetzen und es rasen lassen.[33] Wenn sie auch weiß: ‚Jesus ist Sieger. Er hat gewonnen.' Und: ‚Sein Banner über mir ist Liebe!'[34], so kann die verängstigte *Seele* hier

---

sein. Dieses Beispiel ist erzählt in Baer/Frick-Baer, *Kriegstraumata in der nächsten Generation*, S. 27: Eine Frau, die nach dem Krieg geboren wurde, wusste nicht, dass ihre Mutter einen Bombenangriff knapp überlebt hatte (sie war verschüttet, wurde aber ausgegraben) und eine Schwester dabei gestorben war. Die Mutter sprach nie darüber. Vom Vater erfuhr sie erst davon, als sie erwachsen war. Ohne zu wissen, warum, durchlebte sie Flashbacks des traumatischen Ereignisses der Mutter. Dunkelheit und mögliches Eingesperrtsein waren die Trigger, die massive Ängste auslösten. In einer Therapie reduzierten sich die Ängste, konnten ihre lebensbestimmende Kraft aber erst verlieren, als der transgenerative Zusammenhang aus dem Dunkeln gehoben werden konnte. Die Autorin erklärt in diesem Zusammenhang, wie diese Symptome durch Spiegelneuronen als Folgen traumatischer Erfahrungen an Menschen weitergegeben werden können, die diese Erfahrungen nicht selbst gemacht haben. „Spiegelneuronen sind Nervenzellen mit einer Doppelfunktion. Einerseits sind sie an sensorischen oder motorischen Funktionen des Gehirns beteiligt (Schmerzzellen). Andererseits spiegeln sie Vorgänge, die wir in unserer Umgebung beobachten, in einer Art neuronaler Simulation nach. Die Spiegelneuronen sind die biologisch-neuronale Basis dafür, dass sich Menschen in andere Menschen hineinversetzen. Wir nennen sie Resonanz, von lat. resonare: miteinander schwingen. Offensichtlich versetzen sich Kinder in ihre Eltern hinein und spüren das, worüber diese gerade nicht erzählen, was sie aber erleben, ihre Ängste, ihre Erregung, ihr Vermeidungsverhalten. Diese Erklärung ist die Grundlage dafür, dass Menschen leiden, ohne zu wissen, warum." A.a.O., S. 35. Dazu auch Klotz, *Traumata*, S. 39-43.

[33] Auch hier fielen Menschen einfach um, doch sie standen nicht mehr auf. Getroffen von Fliegern, wo nicht das Feuer des Geistes, sondern Bomben vom Himmel fielen, die Tod und Zerstörung brachten. Von ihnen in Angst und Schrecken versetzt, liefen Menschen wie Hasen kreuz und quer auf den Feldern und Straßen, um Zuflucht zu finden in Bunkern und Kellern. Vgl. dazu Berichte von Baer, *Königsberg*, S. 40.42.

[34] Hld. 2,4. Ein Banner bzw. eine Standarte war ursprünglich in der Antike ein an einer Stange gehisstes Feldzeichen, meist ein plastisches Bild, das den Sammlungsort eines Truppenteils in der Schlacht markierte und so zum Insigne dieses Truppenteils wurde. Aus der ursprünglichen Signa, meist Tierbilder, ging die Aquila, der Adler, als Standarte auf die Legionen über. Im Heiligen Römischen Reich bezeichnete man dann insbesondere das königliche Reichsbanner als Reichsstandarte, seit 1800 gilt der Name allgemein für die persönliche Flagge eines Regenten. Bei der Deutschland-Bundesflagge ist links das Schwarz, in der Mitte das Rot und rechts das Gold. Der Adler blickt in Form eines Banners auf schwarz. Dabei ist der Reichsadler das Hoheitszeichen für ein Territorium und will an die Tradition des Römischen Reiches anknüpfen und diesen Anspruch verfolgen. Bei repräsentativen Veranstaltungen, bei denen die Gruppierung auftritt, wird es im Zug mitgeführt. Wenn die Braut Christi in Deutschland weiß,

noch nicht bleiben. Den König fast aus dem Blick verloren, würde sie am liebsten wegrennen, denn als Kriegskind versucht auch manches Gotteskind in seiner noch verwundeten *Seele* alles zu vermeiden, was es an Laute und Bewegungen erinnert, die mit Angst verbunden sind. Es sehnt sich darum nach Kontrolle, nach Stille und Frieden, um dem Lärm zu entkommen. Doch zugleich ist da die Sehnsucht nach solcher Freiheit, in der Menschen wie Kinder aus der Reihe tanzen. Zurück in die soldatischen Reihen und in die Kirchenbänke, die jede Bewegung der Freude verhindern, will es auch nicht wirklich. Wo kann es zu Hause sein?[35] Das Mädchen, das zur Braut erwählt ist, will ja nicht dorthin zurück, wo der Heilige Geist keine Rolle spielt und nicht die Kontrolle hat. Im Innern zerrissen, doch vom Bräutigam gehalten, wird ihr Blick durch seinen Geist zum gedeckten Tisch gelenkt, wo sie findet, was sie braucht.

Wer als ein Kriegskind von Zweifeln geplagt und mit gemischten Gefühlen und Chaos im Kopf die laute Freude nicht teilen kann, darf wie die Braut im Hohelied an diesem Tisch die Bitte äußern: „Erquickt mich mit Rosinenkuchen und labt mich mit Äpfeln; denn ich

---

dass das Siegesbanner über ihr Liebe ist, dann kann sie Ängste aus dem alten Leben überwinden, indem sie darauf blickt. Es bedeutet, im Bild des Adlers, nicht mehr auf Schwarz zu sehen, sondern vom Rot aus auf Gold. Vgl. *Prolog: Wie alles begann*, Punkt 10 und 11.

[35] Für viele der Kriegsgeneration und ihrer Kinder ist es in die Gene gebrannt: Sie können sich schwer entscheiden. Vgl. dazu ein Beispiel aus der Begleitung alter Menschen in einem Altenheim: Wenn Frau L. heute gefragt wird, was sie essen möchte, sagt sie: „Ich weiß nicht." … Immer wenn sie eine Aussage tätigt, kommt der Zweifel hinterher. Jede Entscheidung führt zu Zweifeln, ob die Entscheidung richtig war. „Ich weiß doch nie, was ich will. Ich bin schrecklich." Die zurückliegende Erfahrung sind die Tiefflieger, die angeschossen kamen. Anstatt sich flach hinzulegen, lief sie kopflos hin und her. Er verfehlte sie, drehte ab und kam erneut. Sie wurde nicht getroffen, aber sie war lebenslang getroffen. Sie lief weiter. Sicherlich war ihre Reaktion unter „vernünftigen" Gesichtspunkten gesehen „falsch" und wird von ihr im Nachhinein so bewertet. Der Tiefflieger, der gegen jede Form von Humanität verstoßen hat, der „angeflogen" kam und in diesem Sinn „alles falsch" gemacht hat, hat darüber hinaus Frau C. lebenslang erreicht und die Richtung in ihrer Innenwelt geändert. Nun ist sie diejenige, die „alles falsch" macht. „Solche Selbstzweifel können unterschiedliche Ursachen haben. Doch ich habe beobachtet, dass sie bei vielen älteren Menschen mit Erfahrungen der Verzweiflung in Kriegs- und Nachkriegszeiten zusammenhängen." In Baer, *Königsberg,* S. 42.

bin krank vor Liebe."[36] Für die kleine *Seele* war die Fülle der Freude aus seinem Geist noch zu viel. Und auch ihr geistlicher Mensch war noch ein Kind, das lieber Äpfel isst, anstatt Wein zu trinken; und es mag Trauben lieber in Form von Rosinen im Hefezopf, als vergoren im Wein. Doch Jesus weiß, was das Mädchen braucht. Ohne Beschämung darf es nehmen, was es kann. Im Chaos widerstreitender Gefühle und nicht in der Lage, sich selbst zu helfen, findet es sich plötzlich in seinen Armen wieder. Dort wird das Mädchen von Jesus wie ein kleines Kind, das von Reizen überflutet ist, in einen Raum der Stille getragen, wo er wie ein guter Vater wartet, bis sie in seinen Armen Ruhe findet.[37] Denn dort ist sie im Geist …

… versetzt in seine himmlische Umarmung

Das Mädchen nimmt es kaum wahr, aber später wird es den andern sagen: „Seine Linke liegt unter meinem Kopf, und seine Rechte umarmt mich."[38] Dass es von Bedeutung ist, dass er zu ihrer Rechten ist,

---

[36] Hld. 2,5.

[37] „Hochspannung und Dauererregung sind ein Symptom sowohl traumatisierter Menschen als auch zahlreicher Angehöriger der zweiten Generation. Auch hier gilt: sie leiden oft unter diesem Symptom, ohne zu wissen, warum. Wer ständig mit allen Sinnen auf mögliche Gefahren lauscht, kann das Lauschen oft nicht mehr abstellen, wenn die Gefahren nicht mehr drohen. Man will die Situationen vermeiden, die die Gefahr auslösen könnten, bzw. an sie erinnern. Das schränkt den Lebensraum sehr ein, die Wahlmöglichkeiten werden immer kleiner, oft mündet dieser Prozess sogar in die Depression. Diese Offenheit für alle möglichen Reize führt zu einer chronischen Reizüberflutung. … Es geht nicht mehr um bestimmte Trigger, die entsprechende Reaktionen auslösen, sondern die generelle Reizüberflutung führt zu einer generellen Reizbarkeit." In: Baer/Frick-Baer, *Kriegstraumata in der nächsten Generation,* S. 30. Das hat Konsequenzen, auch in der nächsten Generation: „Wenn Kinder traumatisierter Väter oder Mütter mit solchem Vermeidungsverhalten aufwachsen, reagieren manche mit dem Gegenteil, andere übernehmen das Verhalten. „,… ich versteckte mich vor meinem jähzornigen, unberechenbaren Vater, und auch wenn ich mit ihm im Zimmer war, tat ich so, als wäre ich nicht da. Dass ich manchmal bei irgendwelchen Gelegenheiten anwesend bin und mir Leute sagen, sie hätten mich gar nicht bemerkt und … also das ist … Ich glaube, das habe ich da gelernt, so zu tun, als gäbe es mich nicht." Das Vermeidungsverhalten setzt sich fort, die interviewte Frau aus der zweiten Generation vermeidet den Vermeider. Das Vermeiden wird zu einem ihrer Wesenszüge, prägt ihr weiteres Leben." A.a.O., S. 32.

[38] Hld. 2,6. Auch im Blick auf die beiden Hemisphären unseres Gehirns spielen die rechte und linke Hälfte eine entscheidende Rolle. Dabei liegt das intellektuelle Wissen, das systematische Denken und das Sprachzentrum auf der linken Seite,

mag ihr nicht bewusst sein. Doch gerade auf der rechten Seite ihres Gehirns sind auch die Bilder gespeichert, die ihre Seele in Angst und Schrecken versetzen und ihr Herz zum Rasen bringen, da gerade von dieser Seite ein Band zum Herzen geht, das sie in Alarm versetzt.[39] Doch zu ihrer Rechten kann er ihrer Angst durch seinen Geist begegnen und sie aus dem Gefängnis der Bilder befreien.[40] So sieht sie im

---

während auf der rechten Seite der Sitz der Emotion und der Bilder ist, die nie vergessen werden; es ist der Ort der aufnahmefähigen Intuition, der Bewegung, des Rhythmus, der Musik und auch der Kreativität. Gerade zwischen dieser Seite und dem *Herzen* besteht eine direkte Verbindung.

[39] Diese Verbindung wirkt sich besonders in Gefühlen der Angst aus, die das Herz in Spannung versetzt, es rasen macht und zu Flucht oder Kampf bewegt. Wenn Gott, der beide Seiten geschaffen hat, als König auf dieser Seite ist, kann er auch zu ihrem *Herzen* sprechen und ihr *sein* Bild und *sein* Reich des Himmels dort offenbaren. Denn nur so kann sie die Furcht vor andern und sich selbst überwinden, sodass sie nicht mehr fliehen, kämpfen oder erstarren muss, wenn beides nicht geht. Sie kann jetzt aufnehmen, was Gott sieht und bauen will. Denn wenn er zu ihrem Herzen spricht, dann tut er es durch seinen Geist, der Leben schafft (Joh. 6,63). Jetzt versteht sie, dass er an den Ort der Bilder, die durch die Sinne und Erlebnisse geformt sind, aus der höheren Ebene und Autorität seines Geistes die Wahrheit des Himmels und seiner Worte bringen will, sodass auch ihr Herz geheilt und von *seinem* Herzschlag bewegt, befreit schlagen kann. So spürt sie schon jetzt, dass sie dann auch wieder singen und sogar tanzen kann.

[40] Denn wenn er ihr Gott ist, im Hebräischen *EL*, dann ist er jetzt auch der neue Anfang ihres Lebens, ihr Anführer, ihre Stärke, der ewige Gott und zugleich der Opferstier, der sein Leben für sie gab. Vgl. *Prolog: Wie alles begann,* Punkt 10. Im Bild des Tierreichs ist er der Löwe von Juda, der König der Tiere, der zur Rechten ist. (Vgl. Hes. 1,5.6). Und das bedeutet Herrschaft, ein Königreich und Autorität. Der Ochse auf der linken Seite steht für sehr harte Arbeit. Es gibt einen Platz für beide. Aber einer ist ein Herrscher, der andere ein Arbeiter. Wenn Jesus, der Löwe von Juda, auf der rechten Seite ist, ist er auch König über alle anderen Reiche, durch die die Braut geprägt und auch verletzt wurde, bis in ihre Familie und ihre Gene hinein. Es kann sein, dass sie in ihrer Seele verwundet (traumatisiert) und beschädigt ist; die Prägung hat in ihr Verwirrung und viele Fragezeichen zurückgelassen, was den Sinn ihres Lebens betrifft, ihre Kernidentität, wem sie gehört und was sie in dieser Welt überhaupt bewirken kann. In ihrer Welt war der Löwe im Käfig und der Ochse auf der rechten Seite: Nur Arbeit zählt und Sprüche wie „Arbeit macht frei!" verdunkelten ihr bewusst und unbewusst den Sinn für ihre wahre Identität und ließen ihr keine Zeit für ein echtes Fragen, wohin ihre Reise geht. Doch jetzt sollte sie erfahren: Der König ist zu ihrer Rechten. Wenn er durch seinen Geist und seine Worte regiert, kann sich ihr Leben verändern. Jetzt darf sie beten: „Danke, Jesus, dass du zu meiner Rechten bist, der Löwe, der brüllt und die Mächte vertreibt, die mich schrecken und gefangen halten wollen. Danke, dass du mich mitnimmst in das Reich deiner Liebe."

Traum – oder ist sie wach? – jetzt nicht mehr nur die Schreckensbilder des Krieges mit ihrem Kinderbett im Keller, wenn die Sirenen heulten und alle hinunterhasteten. Nein, jetzt kann sie sehen, wie er bei ihr ist, sie beruhigt und schließlich aus den Bildern der Vergangenheit wegträgt in ihre wahre Heimat, wo ihre wirkliche himmlische Familie ist. Mit ihm ist sie jetzt in Sicherheit und kann am himmlischen Ort eine Gemeinschaft ohne Angst genießen und eine Stille, die nicht Einsamkeit und Furcht, sondern Leben und Frieden bringt.

Hld 2,8

„Da ist die Stimme meines Geliebten! Seht, er kommt hüpfend über die Berge und springt über die Hügel."

Und auf einmal kann sie spüren, wie von dort neue Kraft und Freude ihr Innerstes durchströmen und sie mit neuer Hoffnung füllen.[41] Auch wenn sie spürt, dass noch vieles heilen muss, dass Angst sich in Vertrauen wandeln muss, damit sie wachsen und frei werden kann, schaut sie in Augen voller Liebe und weiß: ‚Er hat Geduld mit mir. Er ist mir gut.' Und in seinem Blick beruhigt sich ihr Herz.[42] So beginnt

---

[41] Wenn der König zu ihrer Rechten ist, wird sein Reich des Friedens in ihr herrschen und sie mit ihm, dem Löwen von Juda, dem Fürst des Friedens (vgl. Jes. 9,5.6). Weil er der König ist, kann er die angstmachenden Bilder der Vergangenheit entmachten, ihr Herz von ihnen lösen und die Verbindung von Hirn und Herz mit seiner siegreichen und liebenden Gegenwart erfüllen. Dann kann es zur Ruhe kommen, sodass es nicht mehr angstvoll rasen muss, sondern vor Freude hüpfen kann, wie Paul Gerhardt es Jahrtausende später ausdrückt: „Mein Herze geht in Sprüngen und kann nicht traurig sein. Ist voller Freud und Singen, sieht lauter Sonnenschein. Die Sonne, die mir lachet, ist mein Herr Jesus Christ. Das, was mich singen machet, ist, was im Himmel ist." Paul Gerhardt (1653): *Ist Gott für mich*, in: *EG*, Nr. 351,13.

[42] Es ist ein Weg, den himmlischen König in die irdisch geprägten Bilder hineinzunehmen, damit er sich ihr darin offenbaren kann. Aber auch wenn es bedeutet, neu „laufen" zu lernen, ist es doch der Weg, zu dem der König seine Geliebte einlädt. Denn mit ihm zusammen kann sie alle Berge überwinden, die vergangenen und die vor ihr liegenden. Mit ihm zu ihrer Rechten kann er selbst ihr Herz erreichen und in Bewegung bringen, um mit ihm an dem Reich zu bauen, in dem *Gott* König ist. So kann sie sich selbst in den Evangelien auch persönlich sehen und mit Jesus tun, was er den Vater tun sieht. So wird sein Reich gebaut: „Blinde sehen, Lahme gehen, Aussätzige werden rein, und Armen wird das Evangelium gepredigt." Lk. 7,22. Jetzt kann sie beten: „Zeig mir die Menschen mit deinen Augen und lass mich in deiner Autorität und Kraft das tun und sagen, was ihr Herz aufschließt für dich und dein Reich der Liebe."

ihr Geist aufs Neue zu ahnen, und auch ihre erneuerte Seele kann es jetzt nehmen: Ja, er ist immer derselbe, als Freund der Kinder, als König der Tafel und als Herr des Festsaals.

Obwohl ihr noch nicht nach Tanzen zumute ist, kann sie mit neu geöffneten Herzensaugen jetzt doch sehen, wie er mit Leichtigkeit über alle Berge zu ihr kommt und erneut zu ihr spricht. Voll Staunen ruft sie aus: „Da ist die Stimme meines Geliebten! Seht, er kommt hüpfend über die Berge und springt über die Hügel. Mein Geliebter ist gleich einer Gazelle oder einem jungen Hirsch.“[43] Seine Erscheinung macht sie froh, sie richtet sich voll Hoffnung auf, um den Ruf zu hören, den er für sie hat. Aber mehr als alles, was er sagen würde, wird ihr Herz durch das weich, was sie sieht. Sie möchte allen sagen, wie er ist. Denn sie sieht sich selbst …

… versetzt hinter die „Hauswand" ihres Herzens mit offenen Fenstern, frei zu „fliegen"

Das muss sie allen sagen: „Seht, er steht hinter unserer Wand und sieht durchs Fenster und schaut durchs Gitter.“[44] Er ist nicht wie die Soldaten, die einfach in jedes Haus marschieren, wie es ihnen gefällt. Nein, er schaut durchs Fenster und lädt sie mit Worten voller Wärme ein: „Steh auf, meine Freundin, meine Schöne, und komm her! Denn sieh, der Winter ist vergangen, der Regen ist vorbei und dahin; die Blumen zeigen sich im Land, der Frühling ist gekommen, und die Turteltaube lässt sich hören in unserem Land.“[45] Als sähe er sie schon mit ihm zusammen „fliegen,“ eins mit seinem Herzen für die Welt, die sein Wort wie einen sanften Regen braucht. Er will mit ihr nach den Missionsfeldern sehen, im eigenen Land und in Israel.[46] Doch er sieht das

Hld 1,10-13

„Steh auf, meine Freundin, meine Schöne, und komm her! Denn sieh, der Winter ist vergangen …"

[43] Hld. 2,8.9.
[44] Hld. 2,9b.
[45] Hld. 2,10-12.
[46] Davon spricht der Feigenbaum, der ein Bild für Israel ist, in Hld. 2,13: „… der Feigenbaum hat Früchte angesetzt, die Weinstöcke haben Blüten gewonnen und geben ihren Duft. Steh auf, meine Freundin, und komm, meine Schöne, komm her!“

Zögern in ihren und unseren Augen, und darum zeigt er uns, wo er uns sieht. Das kann uns so tief ermutigen. Denn wir sind seine Taube, erfüllt mit dem Heiligen Geist,[47] und durch ihn sollen wir sehen: Wir sind immer und überall …

… versetzt in die „Felskluft" seiner Vergebung und an die „Felsstufen" der Auferstehung

Er sieht seine Braut dort, wohin er auch Mose einst stellte, als er angesichts der überfordernden Aufgabe, ein Volk von Sklaven in ein neues Leben des Vertrauens zu Gott zu führen, um eine Offenbarung seiner Herrlichkeit bat. Der Herr hatte zu ihm gesagt: „Sieh, es ist ein Raum bei mir, da sollst du auf dem Felsen stehen. Wenn nun meine Herrlichkeit vorübergeht, will ich dich in die *Felskluft* stellen und meine Hand über dir halten, bis ich vorübergegangen bin."[48]

Die Braut Christi soll verstehen: So wie Gott für Mose eine offene Stelle im Fels bereitete und seine Hand über ihn hielt, stehen die Wunden Jesu für den Ort im Felsen, in dem Gott sie sieht. Denn der Fels ist Christus, der das Volk Gottes schon damals begleitete.[49] Das soll sie wissen, wenn sie sich in den neuen Herausforderungen vor Versagen fürchtet. Die Felskluft spricht vom Tod Jesu selbst. Der einzige Ort, an dem sie ihre Angst vor Gott verlieren kann, sind seine Wunden, in denen die ihren geheilt sind und ihr alles zum Besten dienen muss.[50]

Hld 2,14

„Meine Taube in den Felsklüften, im Versteck an den Felsstufen. Lass mich deine Gestalt sehen, deine Stimme hören!"

---

[47] Tauben sprechen vom Heiligen Geist, wie bei der Taufe von Jesus zu sehen ist (Mt. 3,16). Und wie dieser mütterliche Geist nur Augen für den Vater und den Sohn hat, so schaut auch sie nur auf Jesus, den König ihres Herzens. Denn Taubenaugen können nicht peripher sehen. Sie stehen für lebenslange Treue, so wie die Taube nach dem Tod ihres Partners kein zweites Mal „heiratet". Sie bleibt ihrem ersten Partner treu. Solche Augen sieht der König in seiner erwählten Braut. Sie erwidert seine Liebe; das macht sie in seinen Augen so schön.

[48] 2. Mo. 33,21.22.

[49] „Sie tranken von dem geistlichen Felsen, der ihnen folgte, und dieser Fels war Christus" (1. Kor. 10,4).

[50] Vgl. Jes. 53,4.5, was prophetisch auf Jesus am Kreuz weist (Apg. 8,26-34). Zum Bild der Felskluft und den Felsstufen auch Bickle, *Hohelied*, Band 1, S. 224-228. Bedenke dazu Röm. 8,28.

Doch nicht nur sein Tod, nein, auch seine Auferstehung soll sie gewiss machen: Alles in ihr, die Vergangenheit ihres Volkes, ihrer Familie und ihres eigenen Lebens, ist bezahlt. Er hat ihr von Herzen vergeben, die Wunde durch sein Blut gereinigt und sie auch von allen Loyalitäten dem Feind gegenüber losgekauft und entbunden. Denn das Bild vom *„Versteck an den Felsstufen"* steht für das offene leere Grab, aus dem Jesus selbst aus dem Reich des Todes ins Leben heraufgestiegen ist. In *ihm* liegt darum das Geheimnis *ihrer* Auferstehung und dieses Osterlebens, das alles überwinden kann. Durch die Kraft seines Geistes kann in ihr jede Grabstelle vergangenen Schmerzes verschlossen werden. Denn seine Liebe, stärker als Tod und Grab, gibt ihrem Glauben die Flügel, um im Reich dieser Liebe daheim zu sein, hoch über jeder Anklage des Feindes.[51] Dieses geheime Versteck in ihm offenbart er ihr jetzt und macht ihr damit Mut, aus aller Zurückhaltung herauszutreten und in der Kraft des Heiligen Geistes mit ihm „zu fliegen".[52]

Wie das junge Mädchen in Israel, um das der König warb, ist die Braut Christi auch in Deutschland gemeint: Was immer sie getan hatte und noch tun würde, er sieht sie verborgen in sich selbst, dem siegreich Auferstandenen, der, aus Tod und Grab heraufgestiegen, jetzt im Himmel ist, um für sie einzutreten.[53] Als wollte er sagen: ‚Was es

---

51 Vgl. Röm. 8,33.34. Die weiteren Verse beschreiben den Sieg dieser Liebe, über der Paulus Gott anbetet.

52 Vgl. Apg. 1,8 und Gal. 2,19.20, wo – im Bild gesagt – das vergangene Leben der Raupe ganz vom neuen Leben des Schmetterlings übernommen ist. Das ermutigt zu einem liebevollen Umgang mit der eigenen Seele, um sich verwandeln und befreien zu lassen für ein Leben, das sich über die alten Erfahrungen und Prägungen erheben kann. Darauf weist auch Cornelia Faulde hin, zitiert in Klotz, *Traumata*, S. 187. Jetzt kann das Mädchen beten: „Danke, dass mein altes Leben mit allen Traumata und ihren Folgen mit und in dir am Kreuz sterben darf. Danke, dass dort alle Mächte über mein Leben ihre Macht verlieren und ich mit dir zu einem neuen Leben auferstehen darf, das deine Macht und Liebe widerspiegelt und so verwandelt wird von einer Herrlichkeit zur andern! Amen." (Vgl. 2. Kor. 3,18).

53 Vgl. das Apostolische Glaubensbekenntnis und Luthers Erklärung im Kleinen Katechismus, Artikel 2. Gerade angesichts der komplexen seelischen und geistlichen Verstrickungen, die durch die beiden Weltkriege und ihre Ursachen in Deutschland noch immer wirksam sind, und auch bei allem Verständnis von transgenerational weitergegebenen Traumata, sind für den Einzelnen die beiden Gebetsschritte im Glauben wichtig: Zum einen die Wunden (Traumata) vom Blut Christi reinigen zu lassen und zum zweiten die Kraft seiner Auferstehung im

auch an Hindernissen in dir geben mag, sie haben nicht das letzte Wort. Sie werden in mir, in meiner Auferstehungskraft, überwunden, so wie die Raupe vom Schmetterling übernommen wird.' Er, der auch in unseren Augen die Sehnsucht und Liebe zu ihm sieht, weiß auch, was uns zögern lässt. Für die Kinder eines Krieges, die Versagen mit schwerer Strafe oder Tod verbinden[54] und Autorität mit Gewalt, ist auch Gehorsam mit Furcht verbunden, die sie verstummen lässt.[55]

Heiligen Geist in Anspruch zu nehmen. Dadurch werden diese offenen Wunden geschlossen, die wie Grabstellen des Schmerzes bisher den Mächten des Todes Zugang gegeben haben und die durch Todesgedanken und -sehnsüchte wirksam sein konnten. So können auch alte Erinnerungen und Wunden vernarben und diese Todesmächte, die Deutschland in Krieg und Vernichtung geführt haben, keine Bewegungseinschränkung auf körperlicher, seelischer und geistlicher Ebene mehr auslösen. Diese Schritte ersetzen nicht unbedingt eine therapeutische und seelsorgerliche Begleitung; vielmehr machen sie sie erst nachhaltig hilfreich. Doch auch hier führt Gottes Geist den Einzelnen ganz persönlich.

[54] Udo Baer berichtet von einem alten Mann im Altenheim, der alles Mögliche unternahm, um den Zeitpunkt hinauszuzögern, ins Bett zu gehen. „Wie ein kleines Kind, das Angst hat, etwas zu verpassen." Aber auf Nachfrage kam heraus: Als junger Soldat musste er Wache stehen. ‚Man musste die Augen aufhalten, sonst konnte man erschossen werden. Und man musste ja auch auf die Kameraden aufpassen.' Herr R. war immer noch darauf programmiert, die Augen aufzuhalten. Einschlafen war gefährlich. Lebensgefährlich. Ein anderer Erfahrungshintergrund für Schlafstörungen kann sein: Wer einschlief, konnte erfrieren, konnte als Kind vom Wagen fallen, konnte den Anschluss verpassen und dergleichen mehr. Dazu kommt, dass traumatische Erfahrungen bei vielen Menschen dazu führen, dass die Grunderregung und permanente Anspannung höher als bei anderen ist, was ebenfalls das Schlafverhalten massiv beeinträchtigen kann. Vgl. Baer, *Königsberg*, S. 34.

[55] U. und G. Baer/Frick-Baer berichten auf S. 77 in ihrem Buch *Kriegstraumata in der nächsten Generation*: „Wir haben von Vätern und Müttern gehört, denen das Mitgefühl ausgetrieben worden ist, die dadurch so verroht sind, dass sie weitgehend gefühllos wurden. Dann wird die Aggressivität und Gewalttätigkeit, die sie selbst erfahren haben, unreflektiert und brutal weitergegeben. Für diese Menschen scheint es unerträglich zu sein, ihre Kinder sowohl stark als auch schwach zu erleben. Beide Ausdrucksweisen müssen den Kindern ausgetrieben werden, denn sie erinnern an die eigene Stärke oder Schwäche, die ausgeprügelt wurden, sie werden nun ausgeprügelt – ohne dass die Kinder eine Erklärung für das Ausmaß der Aggressivität hätten. Wir haben oft davon gehört und in der Literatur davon gelesen, dass es bei diesen Menschen keine Verhältnismäßigkeit des Bestrafens gibt. Strafen sind maßlos, gehen über alle Grenzen der Verhältnismäßigkeit hinweg und sind völlig unberechenbar. Die konfliktscheuen Angehörigen der Trauma-Generation strafen gar nicht, haben im Extremfall sogar Angst, ihren Kindern ein „Nein, du darfst nicht" entgegenzuhalten und lassen

Doch der König, der uns liebt wie der Bräutigam die Braut im Hohelied, sieht auch in unseren Augen die Liebe zu ihm, selbst wenn sie noch von Furcht gehalten sind. Darum gilt auch uns sein Werben: „... lass mich deine Stimme hören; denn deine Stimme ist süß, und deine Gestalt ist anmutig.“[56] Von solcher Liebe angesehen, kann auch ein Kriegskind sein Schweigen brechen und von den fremden Mächten sprechen, die es noch immer fesseln wollen. Diese Bindung hält das Mädchen, das zur Braut erwählt ist, am Boden der Vergangenheit fest und verhindert seinen Flug mit ihm. Und das hat Folgen: für das Land des Mädchens, für seine Gemeinde, für seine Familie und für es selbst. Doch es geht nicht ohne den König in den

3. Tanzschritt des Glaubens: Ein bindender Rückblick auf den Boden vergangener Bedrückung

Hld 2,15-17

„Fangt uns die Füchse, die die Weinberge verderben.“

Nach den fünf Einladungen und Offenbarungen seines Geistes, was es bedeutet, ins Reich des Sohnes seiner Liebe versetzt zu sein – wie die fünf Finger einer ausgestreckten Hand – schlägt die Braut dennoch nicht ein. Sie ist gespalten: Zum einen sieht sie, was sie hindert (und so bittet sie den dreieinigen Gott um Hilfe, diese Gedanken, Bilder und Befehle aus dem Krieg wie Füchse einzufangen; denn sie quälen sie tagsüber und auch nachts).[57] Zum andern weiß sie, dass sie nicht mehr einem herrenlosen Acker gleicht, auf dem jeder herumtrampeln oder auf

---

damit ihre Kinder ins Leere gehen. Wo es keinerlei Reibung gibt, sind die Eltern auch nicht greifbar, die Kinder erfahren kein Gegenüber – auch das ist letzten Endes nur eine der beiden Kehrseiten des Verlustes des inneren Maßes. Sehr häufig zeigt sich die Aggressivität von Eltern, die Traumata erlebt haben, auch in leicht sadistischen Zügen. Oft ist sie versteckt und äußert sich im Herumnörgeln, im Sarkasmus, in Bitterkeit, im Spotten und in Zynismus. Nie ist etwas richtig, ein abwertender Grundton bestimmt die Atmosphäre. Für die Kinder ist dies kaum nachvollziehbar, sie empfinden sich als abgewertet, sodass bei manchen die Überzeugung entsteht: „Ich bin falsch.“

[56] Hld. 2,14.

[57] Sie drückt es im Bild vom Weinberg als ihrem eigenen Herzensgarten mit einer Bitte an den dreieinigen Gott aus: „Fangt uns die Füchse, die kleinen Füchse, die

dem jeder sie zum Arbeitstier degradieren kann. Denn ihr Leben gehört dem, der sie in Wahrheit kennt, dem sie kostbar ist und der sie liebt. Das spricht sie auch aus: „Mein Geliebter ist mein, und ich bin sein, der unter den Lilien weidet.“[58] Und doch kann sie sich noch nicht über die Schatten der Vergangenheit erheben und mit ihm über die Berge fliegen. Denn ihr Blick ist, statt auf ihren Bräutigam mit dem goldenen Charakter, auf den schwarzen Boden gerichtet, aus dem sie kommt. Und so bleibt auch der Adler, anstatt sich zu erheben und in anderen Regionen zu schweben, noch wie gebunden am Boden liegen. Dieser gebannte Bodenblick auf die Füchse der Vergangenheit hat Folgen.[59]

Folgen für ein Land

Ein Land, das wie Deutschland seit seiner Gründung 1871 einen Altar des Todes als höchstes Staatsgut verehrt, der seit biblischen Zeiten der Thron Satans heißt,[60] stellt Weichen, die auch nachfolgende

---

die Weinberge verderben; denn unsere Weinberge haben Blüten gewonnen.“ Hld. 2,15. Sie spricht davon, dass zwar zu ihm, dem neuen Besitzer ihres Lebens, Vertrauen aufgeblüht ist, aber trotzdem sind noch Mächte am Werk, die wie Füchse die Früchte der Erlösung stehlen und ihre Nachfolge verhindern wollen. Wenn sie auch noch nicht weiß, wie es geschehen soll, so weiß sie dennoch, dass allein ihr König Jesus die Antworten hat, die ihr Befreiung bringen können. Darum wendet sie sich mit ihren Unmöglichkeiten schon jetzt an ihn.

[58] Hld. 2,16; 1. Joh. 1,7-9: Gereinigt durch sein Blut, ist sie weiß wie eine Lilie, die ein Bild dieser Reinheit ist.

[59] Vgl. die deutsche Bundesfahne, auf der der Adler ins Schwarz blickt. Anstatt wie ein Adler zu fliegen, gleicht sie dem Kaninchen, das auf die Schlange fixiert ist und vor ihr erstarrt, bis es von ihr gebissen und verschlungen wird. Wer sich nicht mit den Taubenaugen des Heiligen Geistes davon löst, wird erneut ein Opfer dieses Geistes und muss wiederholen, was er befiehlt. Wie diese Loslösung durch den Heiligen Geist geschehen kann, hat Jesus in Mt. 18,18 für seine Nachfolger vorgezeichnet: binden und lösen. „Ich sage mich im Namen Jesu von den ‚Füchsen‘ los und binde mich an Jesus, meinen Erlöser, der mir vergeben und mich durch sein Blut gereinigt hat.“ Und auch so: Man kann die Füchse binden, sich von ihnen lossprechen und sie mit dem Wort Gottes hinauswerfen. Dann bindet man sich selbst an den Erlöser Jesus. Dazu ausführlicher in Ana Mendez, *Orte der Gefangenschaft*. Im Blick auf die Loslösung vom nationalsozialistischen Geist, siehe das Gebetsblatt im Anhang: *Wie wir im Blick auf den nationalsozialistischen Geist für unsere Familien beten können.*

[60] Der Pergamon-Altar, der in Berlin steht, war in alten Zeiten eine Hochburg des Satanskults und später des Kaiserkultes gewesen, bei dem der Kaiser als Gott verehrt wurde. Man opferte Menschen darauf, die nicht zu dieser Götzenverehrung bereit waren. Im Jahr 1871 bis 1879 wurde der Altar durch den deutschen

Generationen vor eine folgenschwere Entscheidung stellen: Werden sie als Bürger einer christlichen Nation wie die Christen im Römischen Kaiserreich den Kaiser wie einen Gott verehren müssen, oder werden sie bei Verweigerung auf diesem Altar ihr Leben lassen?

Für das jüdische Volk in Deutschland hatte diese Weiche schon in seinem Gründungsjahr ambivalente Folgen. Einerseits mit der deutschen Staatsangehörigkeit beschenkt, wurden Juden andererseits von erwachendem Antisemitismus bedrängt.[61] So kehrte sich das *LEBEN* in Deutschland, rückwärts gelesen, in *NEBEL* um. Der Nebel nahm zu, als der letzte Kaiser Deutschlands diese Errungenschaft – das Museum mit dem Pergamon-Altar in Berlin – am Beginn des 20. Jahrhunderts als die bedeutendste Tat seiner Regierungszeit bezeichnete und sich selbst mit einem Parlament umgab, das Juden ablehnte.[62] Dass zeitgleich der Rassenwahn und die Vorherrschaft der arischen Rasse als allgemeingültiges Gedankengut aufblühten und die Freiheit

Archäologen Carl Humann im heutigen Bergama (dem damaligen Pergamon; vgl. Offb. 2,12.13) ausgegraben und bis 1889 vollständig in Berlin wiedererrichtet. Im Jahr 1901 eröffnete Kaiser Wilhelm mit Stolz das neu erbaute Museum für diesen Pergamon-Altar, wo er noch heute steht und gerade renoviert wird. Für den Reichsparteitag von 1939 in Nürnberg hatte Adolf Hitler nach dem Vorbild des Pergamon-Altars die Haupttribüne in Auftrag gegeben, von der aus er zu 30.000 Soldaten auf dem Zeppelinfeld von der Endlösung sprach, d. h. der Vernichtung des jüdischen Volkes in Europa. Die Lichteffekte waren so angelegt, als sei man bei einem großen Ritual anwesend, was es im Grunde auch war. Die zentrale „Reliquie" war die Blutfahne. Bei der Blutfahnenweihe wurden neue Standarten von SA- und SS-Einheiten durch Berührung mit der Blutfahne geweiht. Internetquelle: *Der Pergamonaltar.* Online abrufbar unter: https://de.wikipedia.org/wiki/Pergamonaltar. [Zuletzt: 05.07.2021, Wiedergabe mit eigenen Korrekturen]. Vgl. auch: *Das Pergamonmuseum in Berlin wird eröffnet.* Online abrufbar unter: https://www1.wdr.de/stichtag/stichtag-eroeffnung-pergamon-museum-100~_mon-062013.html. Zur Blutfahne mehr in Fußnote 73 dieses Kapitels, wo es um die Fahnenweihe geht.

[61] Vielleicht ist es kein Zufall, dass mit der Wiedererrichtung des Pergamon-Altars in Berlin der Deutsche Wilhelm Marr das Wort „Antisemitismus" prägte. Das hatte Folgen für das jüdische Volk in Deutschland, die ambivalent waren.

[62] Im Jahr 1893 zogen 16 antisemitische Abgeordnete ins Berliner Parlament ein. So in Penkazki, *Israel und wir*, S. 12. Er hält fest: „Der letzte deutsche Kaiser, Wilhelm II., sympathisierte mit den Judenfeinden!" Penkazki sieht den Untergang des Deutschen Kaiserreiches damit als vorprogrammiert an." A.a.O., S. 13.

nicht nur andersfarbiger, sondern auch jüdischer und deutscher Bürger damit abnahm, verwundert dann nicht weiter.[63]

Wie Füchse fremdes Eigentum stehlen, um sich davon zu ernähren und sich dabei schlau als Freund verstellen, um dann zu töten, so wurde auch Deutschland Stück für Stück der Freiheit des Evangeliums beraubt, sodass von den guten Früchten der Reformation bald nichts mehr übrigblieb. Das hatte auch Folgen für die Wege der Kirchenkonfessionen.

Folgen für die Braut Christi in jedem Dorf

Mit der judenfeindlichen Saat der Kirchenväter, die Martin Luther übernommen und durch Schriften gestreut hatte, waren auch evangelische Theologen trotz einer gewissen Jesusliebe vom Judenhass verblendet. Ob die Liebe zum irdischen Kaiserreich die Sicht auf den jüdischen König des Himmels verdunkelt hatte? Ob es dadurch wichtiger war, im Dienst des irdischen Kaisers zu stehen und am Tisch dieses Herrschers zu essen, als im Dienst des Königs der Juden und Heilands der Welt zu stehen und als geliebte Braut an seinem Tisch zu essen?[64]

Durch eine frische Ausgießung seines Geistes, die von der amerikanischen Azusa-Erweckung über den Ozean schwappte, wollte Jesus, der König des Himmels, gerade in dieser Zeit auch seinen deutschen Garten erfrischen und beleben. Doch mit der Erklärung etlicher Kirchen- und Organisationsleiter in Berlin,[65] dass es sich dabei nicht um den Geist von Gottes Thron handele, sondern um einen Geist „von unten", wurde dieser Lebensstrom für viele Gläubige gestoppt. Ohne den göttlichen Geist der Unterscheidung ging nun stattdessen ein Todesstrom von Berlin aus, der Stadt, in welcher der Pergamon-Altar

[63] Nikolaus Back, „5.3 Bonlanden während der NS-Zeit," S. 242–262, S. 260f, in: *Bonlanden – eine Ortsgeschichte*, Stadt Filderstadt, Filderstädter Schriftenreihe Band 25, 2020, im Folgenden zitiert als N. Back, „Bonlanden." Darin wird dargestellt, wie der Verlust der Freiheit auch in einem kleinen Dorf wie Bonlanden mit der Machtergreifung 1933 drastisch zu spüren war.

[64] So sagte der evangelische Hofprediger Adolf Stoecker: „Die Juden sind unser Unglück." Dass die 16 antisemitischen Abgeordneten ins Parlament einziehen konnten, ist nach Penkazki seinem politischen Antisemitismus zu verdanken. Penkazki, *Israel und wir*, S. 12.

[65] Vgl. die Berliner Erklärung im *Prolog: Wie alles begann* unter Punkt 2: „Glaubens-, Lebens- und Dienstgemeinschaft ab 1984" und die Einschätzung des Präsidenten der ICEJ (International Christian Embassy Jerusalem) Jürgen Bühler.

stand, der Thron Satans. Deutschland wurde in Tod und Chaos gestürzt. Die Gemeinden, die die Kontrolle des Heiligen Geistes ablehnten (der Leben schafft, für Juden wie für jedes andere Volk), kamen unter die Kontrolle eines Geistes der Verwirrung und des Todes, der vielen das Leben nahm.[66] Wer die Tür seiner Kirche nicht für die Flut des Geistes Gottes zum Leben öffnete, musste sie dreißig Jahre später dem Geist des Nationalsozialismus öffnen, der eine Flut von Hass, Gewalt und Tod mit sich brachte. Das hatte Folgen für jeden.

Folgen für jeden Einzelnen, der wie das Mädchen im Hohelied Jesus liebt

Das Übernommenwerden von diesem Geist zeigte sich in jedem Kreis. Was an Bewegung, Sport und Tanz bis dahin in der Kirche war, musste verschwinden oder in der Hitler-Jugend den Stempel dieses neuen Geistes tragen.[67] Die Verkündigung des Evangeliums war von den Umdeutungen der Deutschen Christen kontrolliert und verdreht[68] und die Bibel als völlig veraltet dargestellt worden.[69] In jeder

---

[66] Theologisch zeigte sich das schon im Siegeszug der liberalen Theologie, die aus der Anrede Gottes in der Heiligen Schrift eine Geschichtensammlung machte, die Gottes Autorität untergrub und ihn auf die Anklagebank setzen wollte. Vgl. Penkazki, a.a.O., S. 32.

[67] So in Back, 5.3 Bonlanden während der NS-Zeit, S. 257–259.

[68] Leni Immer schreibt in *Meine Jugend im Kirchenkampf*, S. 25: „Es sind die Richtlinien der Glaubensbewegung der Deutschen Christen, von Pfarrer Hossenfelder am 26.5.1932 herausgegeben. Da heißt es: „Punkt 4 der Evangelischen Reichskirche: Wir stehen auf dem Boden des positiven Christentums. Wir bekennen uns zu einem artgemäßen Christusglauben, wie er deutschem Luthergeist und heldischer Frömmigkeit entspricht … Punkt 9: In der Judenmission sehen wir eine schwere Gefahr für unser Volkstum. Sie ist das Eingangstor fremden Blutes in unseren Volkskörper. Wir lehnen die Judenmission in Deutschland ab, solange die Juden das Staatsbürgerrecht besitzen und damit die Gefahr der Rassenverschleierung … besteht. Insbesondere ist die Eheschließung zwischen Deutschen und Juden zu verbieten“. S. 55: „Das Neuheidentum gebrauchte gerne christliche Vokabeln. Hier ein Zitat aus einer Rede von Gauleiter Streicher am 23.9.1939: „Glauben heißt für wahr halten, was man nicht sieht. Der Große vor 2000 Jahren sprach: ‚Wer an mich glaubet, der wird selig werden.‘ Ich sage: ‚Wer an Adolf Hitler glaubt, der wird nicht erst selig, sondern der ist schon selig, hier auf dieser Erde.‘ Selig heißt glücklich sein. Wir brauchen keine Kirche mehr, wir hier sind Kirche. Wer an Adolf Hitler glaubt, der hat auf Felsen gebaut und nicht auf Sand. Wir brauchen kein Christentum mehr. Der Nationalsozialismus ist die neue Religion. Wenn der Krieg zu Ende ist, dann räumen wir auf mit dem Christentum.“ Mit dieser neuen Religion war eine fast göttliche Verehrung für Hitler verbunden,

Jungschar und Jungenschaft blieb nur die Seelsorge. Sport, Spiel und Tanz war jetzt der Hitlerjugend und anderen nationalsozialistischen Kreisen vorbehalten. Und Schritt für Schritt führte der Tanz ohne den Heiligen Geist in Täuschung, Trennung, Nacht und Tod. Dem zur Braut erwählten Mädchen in Deutschland fehlte der Blick des Geistes auf die Größe seines Geliebten, und so glaubt es zum Teil bis heute, wie das Mädchen im Hohelied, ohne ihn mit den Schatten der Vergangenheit fertig werden zu können bzw. zu müssen. Der Glaube, erst selbst alles „rein" und richtig machen zu müssen, bevor es ihm als Braut folgen kann, führt es jedoch in eine schmerzliche Erfahrung der Einsamkeit und Angst.[70] Doch was dem Mädchen nicht möglich war

wie auch bei der Speisung von Kindern in der NS-Volkswohlfahrt zum Ausdruck kam. Vgl. *Prolog: Wie alles begann* unter Punkt 4: Gemeindediakonin im Seniorenbereich ab 2016.

[69] Maria A. Hirschmann schreibt in ihrer Autobiographie *Vom Hakenkreuz zum Kreuz*, S. 29 über ihren Weg der Abkehr von der Bibel: „Mit Hilfe des ‚Stürmers', eines judenfeindlichen Blattes, Hitlers Buch ‚Mein Kampf' und sogar der Bibel schürte er Hass gegen die Juden und versuchte uns von der Notwendigkeit der Ausrottung des jüdischen Volkes zu überzeugen." Als sie in einer Nazi-Kaderschmiede in Prag als junges Mädchen war, hörte sie: „Du bist bis jetzt deinen Eltern gefolgt, die in ihrem altmodischen Glauben leben … Die Vorsehung aber hat Adolf Hitler dazu berufen, der deutschen Jugend einen besseren Weg zu zeigen …" A.a.O., S. 31. Beim Thema Gebet bekam sie eine Literatur (Wanderer zwischen zwei Welten), in der der Verfasser seine Leser dazu aufforderte, das Gebet um Schutz wegzulassen und zu erfahren, dass man Gott nicht braucht auf seinem Weg durch den Tag. Da verschwanden bei ihr die letzten Zweifel daran, dass es richtig war, den Glauben ihrer Adoptiveltern an Gott hinter sich zu lassen. Sie schreibt: „Ich war erwachsen und stark genug, um auf mich selbst aufzupassen. Ich brauchte keinen Gott dazu. Das entsprach meinem Verlangen nach Unabhängigkeit nur zu gut! … durch das Buch war mir eine ganz neue Welt aufgegangen. Sieg, Ehre und Ruhm waren meine neuen Ziele. Die letzten Hürden waren gefallen; ich hatte einen neuen Gott gefunden, den ich mit brennendem Herzen verehrte und dem ich mein Leben weihte – Adolf Hitler." … Als Führerin der Hitlerjugend war sie bereit, „für Führer und Volk zu sterben. Führer, befiehl, wir folgen dir! Das war unsere Parole". A.a.O., S. 32.33.

[70] Sie sagt: „Bis der Tag kühl wird und die Schatten weichen, kehre um; werde wie eine Gazelle, mein Geliebter, oder wie ein junger Hirsch auf den Bether-Bergen" (Hld. 2,17 ELB). So gern sie mit ihm gehen wollte, so sehr war sie von den Lügen gefangen, sowohl im Blick auf ihre menschlichen Möglichkeiten gegenüber den Mächten, die sie banden, als auch in Bezug auf deren Übermacht, denn ohne den Heiligen Geist, der allein diesen Mächten überlegen ist, war sie ihnen ausgeliefert. Das führte zur Trennung von ihrem geliebten Heiland, den sie nun alleine gehen ließ. Denn „Bether" heißt Trennung.

und ist, tut der himmlische König und Bräutigam für seine Braut bis heute: Er folgt ihr durch seinen Geist wie ein sanfter Wind „auf leisen Sohlen“ sogar bis in die Nacht der Seele – des Landes, des Volkes und jedes Einzelnen darin. Auch wenn andere sie durch den Panzer der Gefühllosigkeit hindurch nicht mehr erreichen können, ruft sein Geist noch immer leise: „Komm!“[71] Darum ist ein neuer Tanzschritt möglich:

4. Tanzschritt des Glaubens: Der bewegende Aufblick einer Bedürftigen

Dann kann es noch immer geschehen, dass ein versteinertes Herz sich öffnet und ein Blick aus Stahl sich in einen Blick der Sehnsucht wandelt und das Mädchen wie die Braut im Hohelied erkennt: „Mein Geliebter ist mein, und ich bin sein.“[72] Und dieser Blick, aus einer wahrhaftigen Bedürftigkeit heraus geboren, wird den wahren Bräutigam in eine himmlische Bewegung zu ihr bringen, um das Banner seiner Liebe dem Bekenntnis auf die Blutfahne[73] entgegenzuhalten und seine

---

[71] Vgl. Offb. 22,17.

[72] Hld. 2,16. Warum wir trotz allem ein Leben in Würde leben dürfen, liegt in der Tatsache, die T.S. Osborn beschreibt in: *Du bist Gottes Bestes*, Shalom-Verlag, Bad Griesbach 2003. Im Folgenden zitiert als Osborn, *Gottes Bestes*.

[73] Die Blutfahne war die offizielle Bezeichnung für jenes Exemplar der Hakenkreuzflagge, das beim versuchten Hitlerputsch gegen die Reichsregierung, dem von den Nationalsozialisten so genannten Marsch auf die Feldherrnhalle in München am 9. November 1923, von den Anhängern mitgeführt wurde. Sie wurde zum Kultgegenstand der NSDAP gemacht. So in Internetquelle: *Blutfahne (NSDAP).* Online abrufbar unter: https://de.m.wikipedia.org/wiki/Blutfahne_(NSDAP). [Zuletzt: 05.07.2021]. „Mit der Blutfahne wurden in Anlehnung an mittelalterliche Traditionen ab 1926 auf allen Parteitagen durch Berührung alle Parteifahnen und Standarten von SA- und SS-Einheiten ‚geweiht‘.“ „Den bereits im Heiligen Römischen Reich verwendeten Begriff der Blutfahne vereinnahmte die NSDAP für ihre Parteirituale. Zwischen den Parteitagen wurde die Reliquie zur Erinnerung an die ‚Blutzeugen‘ bis 1931 im ‚Ehrensaal der SA‘ in der Geschäftsstelle der NSDAP in München aufbewahrt, danach in der ‚Fahnenhalle‘ des Braunen Hauses.“ A.a.O. Das „Braune“ Haus wurde 1930 als Parteizentrale erworben. So in Internetquelle: Brose, Patrick (2006): *Münchens Denkmäler. Das Braune Haus im Parteiviertel.* Online abrufbar unter: denkmaeler-muenchen.de/ns/brauneshaus.php. [Zuletzt: 05.07.2021]. Dort heißt es: „Seit der Gründung der NSDAP befand sich die Zentrale der Partei in München, der ‚Hauptstadt der Bewegung‘ (dieser Titel wurde München im Jahre 1935 verliehen).“ Umso bedeutungsvoller ist es, dass die

Braut diesem Bündnis mit dem Bedrücker zu entreißen. Denn sie soll es in ihrem Herzen glauben und wissen: Wenn sie zu ihm kommt – als Einzelne eines Landes, eines Volkes und einer Gemeinde – und im Dunkel den Blick zu ihm erhebt, wird sie trotz allem, was war und noch ist, nicht in einem schwarzen Loch versinken,[74] sondern selbst

---

Brautgemeinde des himmlischen Königs Jesus unter dem Banner seiner Liebe ist, die allen Hass und Tod bereits überwunden hat und darum auch in den Seinen überwindet (vgl. Hld. 2,4). Jede „Berührung" einer solchen Blutfahne wird dann ungültig gemacht durch die Berührung im Glauben mit diesem Banner der Liebe, die triumphiert (Röm. 8,37). Denn auch der Blutschwur auf die Blutfahne und der daraus folgende Fluch ist durch das Blut Christi ausgelöscht und zunichte gemacht. Doch kann es für den Einzelnen notwendig sein, sich durch sein Bekenntnis auch selbst davon loszusagen und sich Jesus erstmalig anzuvertrauen oder erneut zu weihen. Vgl. dazu auch das Gebetsblatt, das sich im Anhang befindet: „Wie wir im Blick auf den nationalsozialistischen Geist für unsere Familien beten können".

[74] Baer/Frick-Baer beschreiben in *Kriegstraumata in der nächsten Generation*, S. 48.49, was ein schwarzes Loch für die Seele bedeuten kann: „Schrecken ohne Worte, Verluste ohne Trauer und Schmerz ohne Trost sind jeweils Erfahrungen von Leere. Die erste Generation hat diese Leere weitergegeben. Diese innere Leere wird oft als psychische Leere bezeichnet. Sie ist beides, sie ist die Erfahrung von Leere im Außen (kein Halt, kein Trost) und sie ist das Erleben von Leere, das sich zu einer inneren Leere verfestigen kann. Doch das Erfahren von Leere ist mehr als eine Leerstelle, es entwickelt die Qualität eines schwarzen Lochs ... **Das schwarze Loch** ist ein Körper, der in der Folge der Gravitationskraft alles ansaugt, was in seine Nähe kommt. Das psychische Loch kann ebenfalls als Körper gesehen werden, als Verdichtung der Fantasien über die traumatische Vergangenheit der Eltern, die das gesamte Leben des Patienten beeinflusst ... Das Kind erlebt den fehlenden Teil der Lebensgeschichte der Eltern als eine ständige Verletzung seiner Psyche, als Lücke in seinem emotionalen Empfinden. Das schwarze Loch des Schweigens und Verschweigens hat etwas Anziehendes, es saugt wie in der Physik alles auf. Angehörige der zweiten Generation beschäftigen sich mit dem schwarzen Loch, verausgaben sich in ihrer Energie, ohne wirklich Erfüllung und Selbstgewissheit erreichen zu können. Manche ziehen sich dann zurück und geben auf und verstummen selbst, ebenso wie die Eltern verstummt sind, andere versuchen sich dagegen aufzurichten... Beides hat Konsequenzen in den sozialen Beziehungen. Das Tabu wird zu einem Kraftfeld, ist also noch viel mehr als eine Leerstelle. ‚Die Gefühlswelt verabscheut ein Vakuum', schreibt Gina Wardi, und sie erklärt damit, dass sich die riesigen Leerstellen des Schweigens zwangsläufig mit Fantasien füllen, die eine Verbindung zwischen dem Innenleben und der noch entsetzlicheren Realität suchen." So kann es dazu kommen, mehr im Vater zu „leben", der schweigt, als in sich selbst, wie es im folgenden Zeugnis zum Ausdruck kommt: *„Ich habe mir ständig Gedanken über meinen Vater gemacht, mir war wichtig, wie es ihm geht, was er denkt, fühlt, wie er drauf ist und ich wusste das auch meistens. Ich wusste das*

am tiefsten Punkt das Angesicht der Liebe finden, das sie noch immer rettend umgibt und aus der Finsternis nach Hause ins Licht trägt.[75] Denn noch immer flüstert der Heilige Geist im Namen des Vaters und des Sohnes allen Generationen leise zu: „Komm!“[76] Wenn die Braut so im Glauben kommt, wird sie nicht am Boden der inneren Hölle bleiben – gebunden an Bündnisse und mit feindlichen Füchsen der Vergangenheit kämpfend. Nein, an seiner Hand wird sie sich am himmlischen Ort an seiner Seite sehen, wo ihr wahrer Vater König ist und wo der Bund der Liebe mit Jesus sie zu einem Leben der Würde und Herrschaft befreit hat. Dann kann sie mit dem dänischen Philosophen Sören Kierkegaard glauben und mit geöffneten Augen sehen: „Gottes bedürfen ist des Menschen höchste Vollkommenheit.“[77]

---

manchmal eher als er selber und darin bin ich heute noch gut bei anderen Menschen.“ Doch dieses „Leben im andern“ wirkt hindernd im Blick auf das Hören und Wahrnehmen des himmlischen Vaters und seines Heils für sie selbst. Gerade darum ist das Reinigen und Schließen dieser Wunde durch Jesu Auferstehungskraft im Heiligen Geist so wichtig. Vgl. S. 65, Fußnote 205.

[75] Das Wort ‚Heimat‘ war von Gottes Wirklichkeit durch Ideologie abgetrennt worden und dann im Krieg verloren gegangen, sowohl für die, die vertrieben wurden, als auch für die, die im eigenen Land Verluste erlitten. Zur Beraubung der himmlischen Heimat vgl. Leni Immer, a.a.O., S. 38: „Dr. Reinhold Krause, der Gauleiter der Dt. Christen in Berlin, hatte vor 25.000 Menschen eine Rede gehalten, die bald in ganz Deutschland verbreitet wurde: ‚Der Strom der in die Kirche Zurückkehrenden muss erst gewonnen werden. Dazu ist Heimatgefühl notwendig, und der erste Schritt zu diesem Heimischwerden ist Befreiung von allem Undeutschen im Gottesdienst und im Bekenntnismäßigen. Befreiung vom Alten Testament und seiner jüdischen Lohnmoral, von diesen Viehhändler- und Zuhältergeschichten.‘ Mit Recht habe man dieses Buch als eines der fragwürdigsten Bücher der Weltgeschichte bezeichnet.“ Mein Vater sagte: ‚Sie wollen alles Jüdische aus der Bibel entfernen und die Judenchristen aus unseren Gemeinden ausstoßen.‘“ Vgl. dazu auch M. Klotz, *Traumata*, S. 85 und S. 99 und dort Fußnote 131. Wo das wie in der Bibelübersetzung der Dänischen Bibelgesellschaft „die Bibel 2020“ auch heute geschieht, in der in 59 von 60 Stellen des griechischen Urtextes das Wort „Israel“ gestrichen wurde, werden Kinder Gottes ideologisch erneut ihrer himmlischen Heimat beraubt. Denn ohne dieses Volk ist Jesus, der Heiland, nicht zu haben. Vgl. Joh. 4,22. So Benjamin Schnabel, 22.04.2020, in Internetquelle: Schnabel, Benjamin (2020): *Dänische Bibel ohne Bezug zu Israel*. Online abrufbar unter: https://www.unsere-wurzel.de/blog/news/daenische-bibel-ohne-bezug-zu-israel/. [Zuletzt: 05.07.2021].

[76] Offb. 22,17.

[77] Sören Kierkegaard (1813 – 1855), dänischer Philosoph, Theologe und Schriftsteller.

Sela

1. Worin besteht meine Berufung als Braut Christi?

Habe ich Jesus schon einmal meine „Hand des Glaubens“ gereicht? Bin ich in das Reich des Sohnes seiner Liebe versetzt (vgl. Kol. 1,13)?

Anregung: Sag es ihm und lass dich im Geist von Jesus in die fünf „Orte“ im Himmel führen, in die er dich versetzt hat: der Garten des Königs, im himmlischen Vaterhaus der Festsaal der Freude, der Raum der Stille in seiner Umarmung, die Felskluft (Jesu Tod) und das Versteck an den Felsstufen (seine Auferstehung)! Wo siehst du dich gerade, wo möchtest du sein? Was bedeutet es für dich, dass Jesus als König zu deiner Rechten ist?

Anregung: Male die 5 „Orte“ bzw. Räume als Kreise, gib ihnen eine Überschrift und eine Farbe!

2. Wodurch wird diese Berufung bestritten?

Was hindert mich, diese Orte oder Räume im Reich des Sohnes seiner Liebe zu „betreten“ und mich darin zu bewegen? Welche Bilder oder Bindungen ziehen mich von dort weg?

Anregung: Male auch diese „Bilder“ oder „Bindungen“ als fünf Kreise, beschrifte sie und gib ihnen eine Farbe. Dann wende Matthäus 18,18 an und *sage dich* im Namen Jesu *los* von der bindenden Macht dieser Bilder und Bündnisse (*lösen*). *Binde* die Mächte (*binden*) und wirf sie im Namen Jesu hinaus. Weihe dich anschließend im Gebet Jesus, deinem König, neu und nimm ihn in die „irdischen“ Bilder der Vergangenheit hinein. Sieh mit deinen inneren Augen, wie er dich dort herausholt, die Tür verschließt und dich an himmlische Orte bringt.

Anregung: Lege die „himmlischen Räume“ über die „irdischen“. Sprich als Bekenntnis aus, wo du jetzt bist, vergewissere deine Seele und danke Gott dafür!

3. Welche Schritte ist Jesus gegangen, um seine Braut wiederherzustellen?

Was bedeutet es für dich, dass Jesus die Tür zum Paradies wieder geöffnet hat? Was bedeutet sein Tod für dich?

Anregung: Lies dazu Kol. 2,13-15 und 1. Joh. 1,9. Was bedeutet es für dich, von Jesus mit den Augen seines Geistes angesehen zu werden?

Anregung: Lies dazu Gal. 5,22 und stell dir vor, wie Jesus dich mit diesem Blick ansieht! Ergreife mit der „Hand des Glaubens" jede einzelne Frucht seiner Liebe zu dir und danke ihm dafür, auch wenn du es noch nicht fühlen kannst.

4. Welche Tanzschritte des Glaubens will ich einüben?

Anregung: Bitte ihn, dir die geistlichen Augen des Herzens zu öffnen, damit du sehen kannst, wo er ist, hoch über jeder Macht und Gewalt (Eph. 1,18-23), und du mit ihm (Eph. 2,6)! Geh durch die himmlischen Orte bzw. Räume im himmlischen Vaterhaus und danke dafür, wer du für ihn bist und was er für dich bereitet hat (Identität und Autorität)! Sing ein Lied wie dieses: Jesu, meine Freude! EG, Nr. 396.

X 2021

Strophe 3

Wenn sie ihn von ganzem Herzen sucht, findet sie ihn im Geist

1. Tanzschritt des Glaubens: Jesus suchen in der Nacht

Obwohl das Mädchen als Kind Gottes an himmlische Orte versetzt worden war und dort „im Geist“ seinen Ruf gehört hatte, mit ihm aufs Missionsfeld zu gehen und alle Schwierigkeiten im Glauben zu überwinden, blieb es dennoch am Boden liegen. Gefesselt an Mächte, die sein Volk einst gerufen hatte, schickte es – anstatt dieser Mächte – *ihn* weg. Die Braut Christi in Deutschland widerstand dem Heiligen Geist und damit der Kraft und dem Strom des Lebens, anstatt ihm zu gehorchen. Das hatte Folgen für ihr eigenes Leben und für ihr Land, denn wenn solche Mächte, die Gottes Herrschaft bestreiten und verdrehen, ein Land und Volk übernehmen, wird es Nacht. Dann verhalten sich Menschen, auch Kinder Gottes, anders, als sie es sonst tun würden. Es wird sichtbar, dass die Geistwelt – ob sie im Gewand einer Ideologie oder einer Religion daherkommt – *über* dem Natürlichen steht und der „gesunde Menschenverstand“ dieser Dynamik nichts entgegenzusetzen hat. Dieser Geist der Ablehnung, des Antisemitismus und der Abwertung anderer Rassen, der schließlich in Ausgrenzung und Tod führt, übernahm Deutschland vor über hundert Jahren von

Hld 3,1

„Des Nachts auf meinem Lager suchte ich ihn, den meine Seele liebt … aber ich fand ihn nicht.“

der Hauptstadt Berlin aus, wo auch der „Thron Satans" stand und bis heute Besucherströme aus der ganzen Welt anzieht.[1]

Die Suche der Braut Christi in Deutschland im 20. Jahrhundert

Diese Atmosphäre der geistlichen Finsternis ohne das Licht des Lebens im Heiligen Geist brachte in Deutschland schon damals die Gemeinde Jesu unter Druck, auch wenn sich viele unter Lebensgefahr laut und leise dagegenstellten.[2] Alle Bemühungen, die Dynamik dieser

---

[1] Nicht nur in Nürnberg stand eine Nachbildung dieses Pergamon-Altars, den Adolf Hitler in Auftrag gegeben hatte, sondern auch in Moskau. Bereits 1924 hatte ein Architekt aus Russland Kontakt mit dem Archäologen Carl Humann, der ihn von Bergama, in der heutigen Türkei, nach Berlin hatte bringen lassen. Dieser Architekt aus Russland ließ den Altar in Moskau nachbauen; er diente dann als Mausoleum, wo Lenin bis heute Besucherströme anzieht, die dort mit einem Meer von Blumen den Tod verehren. Nach Kriegsende wurde der Pergamonaltar als Beutekunst nach Russland transportiert und erst 1959 zurückgebracht. In einer Nachbildung werden dort bis heute Staatsfeiern und offizielle Anlässe abgehalten. So in Internetquelle: Koch, Horst (2007): Pergamonaltar. Thron Satans. Online abrufbar unter: https://horst-koch.de/pergamonaltar/. [Zuletzt: 05.07.2021].

[2] Dafür ist Leni Immer ein lebendiges Zeugnis. Als Tochter ihres Vaters Karl Immer, der Pastor war, verfolgte sie mit, wie er mit Karl Barth und anderen zusammen 1934 die Barmer Erklärung verfasste. Durch ihre Autobiografie wird deutlich, dass nicht nur Dietrich Bonhoeffer sich diesem nationalsozialistischen Geist mutig entgegenstellte, sondern auch hunderte von Pfarrern, die gleich nach der Machtergreifung Hitlers den Pfarrernotbund gründeten und Erklärungen verlasen, die sie zu Hunderten ins Gefängnis brachten. Vgl. Immer, *Meine Jugend im Kirchenkampf*, S. 35 und S. 56, wo es heißt: „Rosenberg sagte in seinem Mythos des 20. Jh.: ‚Heute erwacht ein neuer Glaube, der Mythos des Blutes, der Glaube, mit dem Blute auch das göttliche Wesen des Menschen überhaupt zu verteidigen, der mit hellstem Wissen verkörperte Glaube, dass das nordische Blut jenes Mysterium darstellt, welches die alten Sakramente ersetzt und überwunden hat.'" Die Vertreter der Altpreußischen Union erarbeiteten ein Wort an die Gemeinden, das am Sonntag, dem 17. März 1935, in allen Gottesdiensten vorgelesen werden sollte: „Wir sehen unser Volk von einer tödlichen Gefahr bedroht. Die Gefahr besteht in einer neuen Religion. Die Kirche hat auf Befehl ihres Herrn darüber zu wachen, dass in unserem Volk Jesus Christus die Ehre gegeben wird, die dem Richter der Welt gebührt. Die Kirche weiß, dass sie von Gott zur Rechenschaft gezogen wird, wenn das deutsche Volk ungewarnt sich von Christus abwendet." Die Folge war: „Die Gestapo kam dahinter und verbot die Verlesung, indem sie jeden Pfarrer besuchte und unterschreiben ließ: ‚Ich verspreche, das Wort der Dahlemer Synode nicht vorzulesen.' Wer nicht unterschrieb, wurde sofort abgeführt ... Plötzlich waren in Wuppertal alle Gefängniszellen überfüllt. Eine Panik ergriff die Beamten. Nachdem sie die Personalien aufgenommen hatten,

Ausgrenzung und Auslöschung des jüdischen Volkes aufzuhalten, mussten aufgrund der geistlichen Verdunkelung fehlschlagen.[3] Im Nebel der Berliner Erklärung, die den Heiligen Geist aus den Gemeinden und Gemeinschaften ausschloss, wurde Deutschland darum im 2. Weltkrieg den geistlichen Mächten übergeben, die das Land zu vermeintlicher Größe führen sollten, es jedoch in Krieg und Zerstörung untergehen ließen. Menschen allerdings, die Jesus von ganzem Herzen suchten, wurden von der Lichtquelle der Liebe Gottes auch während und nach dem Krieg wie ein Magnet angezogen.[4]

Die Sehnsucht nach Gottes Trost und Hilfe brachte die Menschen nach dem Krieg in Deutschland in Bewegung wie das Mädchen im Hohelied, und die Kirchen und Gemeinden füllten sich.[5] Auch wenn

---

ließen sie noch am selben Abend alle Pfarrer frei. So konnte jeder Pastor am Sonntagmorgen in seiner Gemeinde predigen. An jenem Nachmittag wurden in Deutschland mehr als 500 Pfarrer verhaftet. In Schlesien mussten sie acht Tage im Gefängnis bleiben." A.a.O., S. 57.

[3] Ausführlich zu allen Bemühungen der Bekennenden Kirche und des Widerstands in Eric Metaxas, *Bonhoeffer*, Pastor, Agent, Märtyrer und Prophet, SCM Hänssler im SCM-Verlag GmbH & Co. KG, 3. Neu durchgesehene Aufl., Holzgerlingen, 2011.

[4] So sagte Reinhold Schneider (1903 – 1958) schon 1936 in seinem Gedicht, das auch in unsere Zeit heute prophetisch hineinspricht: „Allein den Betern kann es noch gelingen, das Schwert ob unsern Häuptern aufzuhalten und diese Welt den richtenden Gewalten durch ein geheiligt Leben abzuringen. Denn Täter werden nie den Himmel zwingen: was sie vereinen, wird sich wieder spalten, was sie erneuern, über Nacht veralten, und was sie stiften, Not und Unheil bringen. Jetzt ist die Zeit, da sich das Heil verbirgt, und Menschenhochmut auf dem Markte feiert, indes im Dom die Beter sich verhüllen, bis Gott aus unsern Opfern Segen wirkt und in den Tiefen, die kein Aug' entschleiert, die trockenen Brunnen sich mit Leben füllen." Online abrufbar unter: https://johannesklinkmueller.wordpress.com/2008/09/18/allein-den-betern/. [Zuletzt: 26.07.2021].

[5] Gerade die Kirchen befanden sich in einer Ausnahmesituation anderen Vereinen gegenüber. Neumann erklärt: „Die Kirchen […] verfügten über eine intakte Infrastruktur und hatten in jedem Dorf eine Filiale. Überdies fühlten sie sich nicht nur auf der Seite der Sieger, sie wurden sowohl von den Alliierten als auch von der eigenen Bevölkerung als die eigentlichen Sieger angesehen." In: Johann Neumann, 1945. Die Kirchen vorher und nachher. Die Kirchen in Deutschland, 19f. URL: https://www.ibka.org/artikel/ag98/1945.html#6 – Stand: 16.03.2017, zitiert in M. Klotz, *Traumata*, S. 111. Da viele Dienste wie Gefangenenbetreuung, Familienzusammenführungen und die Unterbringung von Vertriebenen und Flüchtlingen über die Kirchengemeinden organisiert wurden, kam es zu einer bedeutsamen Zunahme kirchlicher Aktivitäten. Monika Klotz fasst es so zusammen: „Die Menschen, die die Kirchen füllten, hatten unglaubliches Leid erlebt

es in dieser geistlichen Finsternis schwer war, ihn zu finden, weil sowohl die Gemeinde als auch ihre Leitung vom Chaos und der Not betroffen waren und darum nur begrenzt Orientierung und Wegweisung geben konnten,[6] ließ sich Jesus von jedem finden, der ihn von ganzem Herzen suchte.

Hld 3,2-3

Suche in der Stadt (Gemeinde). Die Wächter (Leiter) – sie sehen nichts und sagen nichts.

So war auch für die Braut Christi in Deutschland im 20. Jahrhundert die Erfahrung möglich, die das Mädchen im Hohelied machte: Wenn sie an den Verantwortlichen der Gemeinde vorüberging, weil diese ihr in ihrer geistlichen Blindheit keine Antwort geben konnten, fand sie Jesus als Bräutigam ihres Herzens und ließ ihn nicht mehr los.

Die Suche der Braut Christi in Deutschland im 21. Jahrhundert

Auch heute wird die Suche nach Jesus in seiner Herrlichkeit, wie ihn Johannes in Offenbarung 1,12-20 sieht, in vielen Gemeinden

---

und suchten Halt und Sicherheit." A.a.O., S. 112. Darum kam den beiden großen Kirchen nach dem Krieg eine hohe öffentliche Bedeutung zu, die sie vorher und seitdem nie wieder erreichten. Lutz Hoeth erkennt an: „Sie gaben zahllosen einzelnen Menschen Hoffnung und prägten in großem Ausmaß viele Bereiche des öffentlichen Lebens." In: Lutz Hoeth, Die Evangelische Kirche und die Wiederbewaffnung Deutschlands in den Jahren 1945-1958. Dissertation. Technische Universität Berlin 2008, 11. URL: https://www.deutsche-digitale-bibliothek.de/binary/7VQVGZQ2BCMK5BZ4RUPNGWF-BAGV4JZPO/full/1.pdf – Stand: 17.05.2017. [Zuletzt: 20.07.2021]. Zitiert in Klotz, *Traumata*, 112.

[6] Obwohl die evangelische Kirche durch die genannten Dienste einerseits unverzichtbar war und vielen Halt und Hoffnung gab, blieb sie andererseits im Blick auf ihre Rolle während des Krieges weitgehend stumm. Das machte sie für aufrichtig Suchende in ihrer Aussagekraft als Botin der Hoffnung und des Lebens zugleich auf Dauer unglaubwürdig. Denn „alle protestantischen Gruppierungen hatten die Kanzlerschaft Hitlers offiziell begrüßt. Zu seinem erbarmungslosen Regierungsstil, wie er sich zum Beispiel in den Novemberpogromen zeigte, hatten sie geschwiegen und den Eroberungskrieg ab 1939 öffentlich unterstützt." So Clemens Vollnhals, „Im Schatten der Stuttgarter Schulderklärung, Die Erblast des Nationalprotestantismus." In: Gailus, Manfred und Hartmut Lehmann (Hrsg.): *Nationalprotestantische Mentalitäten. Konturen, Entwicklungslinien und Umbrüche eines Weltbildes.* Veröffentlichungen des Max-Planck-Instituts für Geschichte, Band 214. Vandenhoeck & Ruprecht 2005, 379 – 431, 389, zitiert in Klotz, *Traumata*, S. 112.

erschwert. Manche suchen ihn im Geist, ohne das Wort, sodass die Grundlage fehlt, auf der allein die Bilder des Geistes sich entfalten und die Herzen heilen können. Viele Gemeinden suchen ihn aber auch nur im Wort, ohne den Geist, der allein dem Suchenden sowohl die wahren Zusammenhänge der Bibel erschließt als auch die Ebene hoch über allem. Auf diese Weise herrschen auf beiden Seiten viel Nebel und Dunkelheit, sodass sich das Leben aus Gott in vielen Gemeinden nicht frei entfalten kann.[7]

Hld 3,4

Im Haus der *wahren* Mutter – im Haus des Heiligen Geistes

Doch Jesus sieht zu allen Zeiten die Einzelnen, die ihn von ganzem Herzen suchen, und offenbart sich ihnen im Geist.[8] Auch heute kann darum die Suche nach ihm zum Finden werden; denn er liebt uns als seine Braut noch immer. Selbst in der Nacht und Orientierungslosigkeit von lauten und leisen Lügen kann jeder, der ihn von ganzem Herzen sucht, im „Haus des Heiligen Geistes"

[7] Beide Bewegungen waren schon in der Zeit der Reformation anzutreffen: in Thomas Münzer fand der Umgang mit dem Wort Gottes ohne den Geist darin seinen Ausdruck, dass er zu den Waffen griff, um sich der Herrschaft des Adels entgegenzustellen wie einst Israel den Amoritern. Den Umgang mit dem Geist ohne das Wort Gottes findet man bei Andreas Bodenstein alias Karlstadt, der das Bibellesen nur als Anfang des Glaubens für relevant hielt und dann „allein vom Geist geleitet" agieren wollte und so in Unkenntnis des Willens und Wesens Gottes viel Verwirrung stiftete. Martin Luther hielt beide Richtungen für Schwärmerei. Vgl. Franz Kadell in Internetquelle: *Persönlichkeiten der Reformation: Karlstadt.* Online abrufbar unter: https://www.mdr.de/reformation500/person-karlstadt-andreas-bodenstein-refjahr-100.html [Zuletzt: 05.07.2021].

[8] „Als ich ein wenig an ihnen vorüber war, da fand ich, den meine Seele liebt. Ich ergriff ihn und ließ ihn nicht los, bis ich ihn in das Haus meiner Mutter brachte, in die Kammer derer, die mich geboren hat" (Hld 3,4). Vgl. auch Lk. 11,13, wo es im Zusammenhang des suchenden Gebets heißt: „Wenn nun ihr, die ihr böse seid, dennoch euren Kindern gute Gaben geben könnt, wie viel mehr wird der Vater im Himmel den Heiligen Geist denen geben, die ihn bitten." Schon im AT ist diese Verheißung mehrfach ausgesprochen, wie in 2. Chr. 7,14: „Wenn mein Volk, das nach meinem Namen genannt ist, sich demütigt, indem sie beten und *mein Angesicht suchen* und von ihren bösen Wegen umkehren, dann will ich vom Himmel her hören und ihre Sünde vergeben und ihr Land heilen."

als der „wahren Mutter“ ankommen. Das führt in einen zweiten Tanzschritt:[9]

2. Tanzschritt des Glaubens: Bibellesen im Licht des Heiligen Geistes

Hld 3,6-8

Durch die Wüste unter der Wolke der Herrlichkeit

Nur mit ihr, der wahren Mutter – dem Heiligen Geist – will das Mädchen jetzt Jesus besser kennenlernen. Sie soll ihre Lehrerin sein[10] und ihr ganz persönlich sagen, was ihren Bräutigam so einzigartig macht, um mit ihm durch die Wüste dieser Welt zu reisen. Und so beginnt mitten in der Gemeinde, in der sie aufgewachsen war, ihr Bibelkurs mit der persönlichen Belehrung des Heiligen Geistes, der Mutter der Brautgemeinde in der Geschichte des alttestamentlichen Volkes Gottes und dann auch des neuen. Und Jesus, der Bräutigam selbst, sorgt wieder dafür, dass sie ungestört hören und stark werden kann.[11] So sitzt sie wie Maria zu den Füßen Jesu

---

[9] Die suchende Braut im Hohelied erlebte: Er war da, mitten in seiner Gemeinde, der wahre Hirte mitten in seiner Herde. Dort offenbarte er sich ihr aufs Neue ganz persönlich. Doch mit der bisher unbekannten Kraft der Sehnsucht war ihr seine Gegenwart so kostbar wie nie zuvor. Nie mehr wollte sie ihn gehen lassen, wollte nicht mehr ohne ihn leben, denn ohne ihn machte alles keinen Sinn. Das wusste sie jetzt. Mit neuer Entschlossenheit brachte sie ihn ins Haus ihrer „Mutter,“ und damit auch zu denen, die wie sie den Bräutigam und seinen Willen suchten (Mt.12,46-50). Doch es war der Heilige Geist, ihre „wahre Mutter“, die ihre neue Geburt bewirkt und sie in die Gemeinde gebracht hatte.

[10] Vgl. Joh. 16,13: „Wenn aber jener, der Geist der Wahrheit, kommen wird, dann wird er euch in alle Wahrheit leiten.“ Zum Heiligen Geist als der *Ruach* Gottes vgl. Helge Keil, *Die weibliche Seite Gottes*, in *Einführung: Worum es geht.*

[11] In Hld. 3,5 sagt der Bräutigam zu den andern in der Gemeinde: „Ich beschwöre euch, ihr Töchter Jerusalems, bei den Gazellen oder bei den Hirschkühen auf dem Feld, dass ihr meine Freundin nicht aufschreckt noch weckt, bis es ihr selbst gefällt.“ Nach dem israelischen Philologen und Bibelausleger Naftali Herz Tur-Sinai, der 1953 in Jerusalem die Akademie für die hebräische Sprache gründete und als einer der besten Hebräisch-Kenner in Israel gilt, bedeutet diese Stelle: „bis sie erstarkt ist.“ Wörtlich: „Beschworen hab ich euch, Jeruschalaims Töchter / bei den Gazellen oder Hinden auf der Flur / daß ihr nicht weckt, nicht schreckt die Liebe / bis sie erstarkt.“ Vgl. *Die Heilige Schrift*, ins Deutsche übertragen von

und hört, was der Geist den Gemeinden sagen will.[12] Denn jetzt ist es der Heilige Geist, der mit einer Frage ihre Aufmerksamkeit gewinnt: „Wer ist die, die aus der Wüste heraufgeht wie ein gerader Rauch, wie ein Duft von Myrrhe, Weihrauch und allerlei Gewürzstaub des Krämers?"[13]

Im Alten Bund das „Bilderbuch" zur Geschichte der Gegenwart Gottes entdecken

Vor den Augen ihres Herzens bzw. Geistes sieht das Mädchen das Volk Israel, wie es in einem langen Menschenstrom von Ramses in Ägypten aus der Wüste der Sklaverei heraufzog.[14] Denn nach der Gewaltherrschaft des Pharao war jetzt der Gott Abrahams, Isaaks und Jakobs ihr Herr. Es war Jahwe, der alles gesehen hatte, was man ihnen dort angetan hatte. Er wollte sie durch Mose und Aaron in die Freiheit leiten, um mit ihnen einen Bund der Liebe zu schließen wie ein Bräutigam mit seiner Braut.[15] Und so verbrachte das Volk die erste gemeinsame Nacht in der Freiheit am Ort „Sukkot" in Laubhütten. Dies feiert Israel (das alttestamentliche Bundesvolk) bis heute am Laubhüttenfest, dem *Sukkot*, das an diese luftigen Hütten und an Jahwes Versorgung während ihrer anschließenden vierzigjährigen Wanderung durch die große Wüste erinnern soll. Jetzt wollte er selbst für sie sorgen, sie nähren und schützen. Am Tag führte er sie durch seinen Geist in einer Wolkensäule und nachts in einer Feuersäule.

Naftali Herz Tur-Sinai, SCM-Verlag GmbH & Co. KG, 3. Aufl., Witten 2017. Im Folgenden zitiert als *Die Heilige Schrift nach Tur-Sinai*.

12 Maria blieb sitzen und lauschte ihm, während ihre Schwester Martha in der Küche beschäftigt war und genau zu wissen glaubte, was den König Jesus freute. Doch sie durfte mit ihrer „Arbeitswut" Maria „das gute Teil" nicht nehmen – zu hören, was der Geist den Gemeinden sagt (vgl. Lk. 10,38-42; Offb. 2,11.29; 3,6.13.22).

13 Hld. 3,6.

14 Bisher war Pharao der Herr gewesen, der ihr Leben bestimmt und sie gezwungen hatte, ohne Lohn zu arbeiten bis zum Tod. Ramses stand für feste Häuser und genügend Vorrat an Essen, aber um den Preis der Freiheit. Es war ein Leben unter der Peitsche, dem Stock des Treibers, und darum mit vielfach erlebter Ungerechtigkeit, Bitterkeit und Tränen. Es war ein Leben in Gefangenschaft, des Leidens und Sterbens (vgl. 2. Mo. 3,7-10).

15 Vgl. 2. Mo. 19,1-6; 20,1-3. Dort wird auch klar, dass die Rauchsäule die herrliche Wolke der Gegenwart Gottes ist, die dann auf dem Zelt der Begegnung mit Gott ruhte. Vgl. 2. Mo. 40,34.

Ja, wie eine Rauchsäule, die das Mädchen jetzt vor seinen inneren Augen sieht, ging Gott ihnen mächtig und mütterlich zugleich durch die Wüste voran.[16] Gerade hier sollte die befreite Braut des Alten Bundes erfahren: Nicht mehr ein Leben unter der Peitsche ist ihre Bestimmung, sondern ein Leben, gezogen durch Liebe. Denn sie hatte es erlebt: Wie eine Löwin hatte sich diese Wolke der Herrlichkeit Gottes zwischen sein Volk und die heranpreschenden Streitwagen des Pharao gestellt, sodass sie die ganze Nacht nicht nähergekommen waren, bis auch der Letzte des Gottesvolkes das Rote Meer trockenen Fußes durchzogen hatte. Dann blies der Wind aus einer anderen Richtung und die Wassermassen stürzten in ihr Bett zurück und begruben den Feind mit all seiner Macht.[17] Das ganze Gottesvolk sollte sehen: Verteidigung, Versorgung und Schutz sind jetzt an ihren Befreier gebunden. Ihre Antwort auf diese Liebe konnte nur Vertrauen sein; eine Reaktion ihrer Herzen, die ganz neu für sie war. Wenn sie auch lange brauchten, um zu lernen, was das bedeutete, so machte das Volk Gottes die Erfahrung durch vierzig Jahre in der Wüste und auch später im verheißenen Land Israel: Unter dieser Wolke der Herrlichkeit, in der Gegenwart Gottes zu leben, bedeutet ein Leben in Liebe, Vergebung, Versorgung und Schutz. Es gab ein Zelt der Begegnung mit dem heiligen Gott, auf dem diese Wolke ruhte, und später den Tempel.[18]

Im Neuen Bund die Gegenwart des himmlischen Bräutigams entdecken

Aus diesem Volk heraus kam dann der Eine, der Bräutigam seiner Braut (sowohl des Alten als auch des Neuen Bundes), der als Opferlamm alle Sünde auf sich nahm und mit seinem Leben den Brautpreis bezahlte.[19] Er selbst war der Tempel, der abgebrochen und am dritten

---

[16] Dafür öffnet der Heilige Geist, ihre „wahre Mutter", die Augen ihres Geistes, wenn sie fragt: „Wer ist sie, die da heraufkommt aus der Wüste, Rauchsäulen gleich, umduftet von Myrrhe und Weihrauch, von allerlei Gewürzpulver des Händlers? Siehe da, die Sänfte Salomos! Sechzig Helden sind rings um sie her von den Helden Israels. Sie alle sind Schwertträger, geübt im Kampf. Jeder hat sein Schwert an seiner Hüfte gegen den Schrecken zur Nachtzeit." (Hld. 3,6-8; vgl. 2. Mo. 13,21.22).

[17] 2. Mo. 14,19-30.

[18] Vgl. 2. Mo. 40,1-38; 2. Chr. 3-5,1; 1. Kor. 10,1-4.

[19] Vgl. Joh. 3,29 und Strophe 1, 4. Tanzschritt des Glaubens: Die Sehnsucht, an seinem Tisch daheim zu sein.

Tag in seiner Auferstehung wieder aufgebaut wurde.[20] Für sie überraschend, wurde ihr Blick durch den Heiligen Geist dorthin gelenkt: Er selbst, ihr König, war nicht nur der Tempel, sondern auch die Sänfte, die sie (aufgrund seines Wortes) sicher durch die Wüsten dieser Welt führen konnte, allen Gefahren zum Trotz und zu allen Zeiten! Und zugleich war auch das Volk selbst Träger des Einen, des Messias, den Jahwe senden wollte. Als König würde er das Reich aufrichten, das wahren Frieden bringt und in Ewigkeit besteht.[21]

Sowohl die Braut des Alten als auch die des Neuen Bundes soll verstehen: Mit Jesus zu leben, bedeutet ein Leben in seiner Herrlichkeit, mit unbegrenzten Möglichkeiten. Denn der Heilige Geist, der Maria bei der Empfängnis als Jesu wahre Mutter überschattet hatte, blieb auf dem Sohn. Wer ihn aufnimmt, lebt auch heute unter dieser Wolke der Herrlichkeit Gottes als ein mit seinem Geist Gesalbter.[22] In Jesus bekommt jeder die Identität einer Braut, der sich ihm, dem Bräutigam, anvertraut. Und wie Jesus als Mensch auf dieser Erde, so steht auch der Braut der ganze Schutz des Himmels zur Verfügung, um eins im Geist mit ihm sicher durch die Wüste dieser Welt zu reisen.[23] Wie sie war auch er nicht in sicherem Abstand geblieben, sondern als Mensch allen Gefahren ausgesetzt, die nur vorstellbar sind. In einem neuen Bild lenkt die große Trösterin, der mütterliche Geist Gottes, den Blick der Braut auf seine Menschlichkeit:

Mitten in den Königreichen der Welt den einzig menschlichen König entdecken

Wie König Salomo sich eine Sänfte aus den Hölzern des Libanon machen ließ, um mit seiner Erwählten durch die Wüste zu reisen, so war auch der „Tragsessel“, in dem Jesus zu seiner Braut kam, aus „Holz“, das für das Irdische und das Menschsein steht. Obwohl er der König war, konnte er es nicht delegieren, seine Braut zu schützen,

---

[20] Vgl. Joh. 2,19.21.

[21] Vgl. Jes. 8,23-9,6.

[22] Vgl. Joh. 1,14-18; Lk. 4,18-21.

[23] Dafür stehen die 60 Starken aus Israel, die treu als Leibwache die Sänfte bewachen, in der der König mit seiner Braut reist. In der Antike war es für einen König üblich, sich bei wichtigen Anlässen mit 30 Leibwächtern zu umgeben. Die doppelte Zahl soll den doppelten Schutz für die himmlische Braut darstellen, die allen Gefahren gewachsen ist am Tag und in der Nacht. Vgl. Hld. 3,7.8.

wenn er nahe bei ihr sein wollte. Er musste alle Niedrigkeit des Lebens auf der Erde am eigenen Leib kennenlernen, um sie auch ganz verstehen und tragen zu können.[24]

Hld 3,9-10

Der König … ließ sich eine Sänfte aus Holz vom Libanon machen …

Schon zu Beginn seines Lebens war seine Geburt von Ängsten und Sorgen begleitet. Würde rechtzeitig ein Platz für ihn da sein, dass er in dieser Welt landen konnte? Mit seiner Ankunft als König der Juden in Israel zog er den Hass des Königs Herodes auf sich. Doch der Heilige Geist mit den Engeln Gottes war wie eine mächtige Truppe von Bodyguards für ihn, den König, in Aktion. Schon als Kleinkind mussten sie ihn vor dem Kindermord in Bethlehem bewahren.[25] Die sechzig Starken in Israel, ein Bild für die himmlische Eskorte des Königs, die im Auftrag des Geistes handelte, sandten Träume zu Josef, die ihn mit seiner Familie nach Ägypten führten, bis Herodes gestorben war, und wieder zurück.[26] Seine Engel versorgten Jesus später auch, als er nach seiner Taufe vom Heiligen Geist für vierzig Tage in die Wüste geführt wurde.[27] Und in Gethsemane waren sie ebenfalls da, um ihn gegen den Schrecken der Nachtzeit zu rüsten und für die letzte Wegstrecke zu stärken, sodass er den Auftrag, für seine Braut sein Leben zu lassen, auch zum Ziel bringen könnte.[28] Für die Frauen, die ihm gefolgt waren, wurden die Engel zu den ersten Zeugen seiner Auferstehung, und seinen Jünger gaben sie bei seiner Himmelfahrt ein prophetisches Wort mit auf den weiteren Weg.[29] Bis heute sind die Engel ausgesandt zum Dienst um derer willen, die das Heil ererben sollen und die als Braut ihrem Bräutigam entgegengehen werden.[30]

Das alles begann in Israel, dem Volk, in dem der König zuerst ankam, um von dort das Heil in alle Welt zu bringen. Darum begann

[24] Vgl. Hebr. 2,14-18.
[25] Vgl. Mt. 2,16.
[26] Vgl. Mt. 2,13.19.20.
[27] Vgl. Mt. 3,16-4,11.
[28] Vgl. Lk. 22,43.
[29] Vgl. Mt. 28,1-7; Apg. 1,9-11.
[30] Hebr. 1,14; vgl. Mt. 25,1-13.

auch seine Brautgemeinde dort.[31] Und sie, die Gemeinde aus den Juden, erlebte im Lauf der Zeiten, was auch er erlebt hatte: Er war unter einer mächtigen Diktatur aufgewachsen, rechtlos und der Willkür der Herrschenden scheinbar ausgeliefert – und doch geführt, bewahrt und gerechtfertigt im Geist, auferweckt vom Vater und als Auferstandener zu den Seinen gesandt, um ihnen einen Frieden zu bringen, der viel höher ist als alles, was sie an Unruhe in dieser Welt umgibt.[32] Denn das Leben im Geist, für das er Mensch wurde und starb, ist hoch über den irdischen Umständen.[33]

Als Braut Christi mit seiner menschlichen „Lebensversicherung" reisen

Im Bild dieses Tragsessels, der Sänfte für seine Braut, bedeutet das alles: Er trägt sie voller Verständnis für ihre Schwachheiten und behandelt sie menschlich, mit Geduld und Liebe, sodass sie sich freimütig mit allem an ihn wenden kann, was ihr Not macht, „denn wir haben nicht einen Hohepriester, der nicht mitleiden könnte mit unseren Schwachheiten, sondern der in allem genau wie wir versucht worden ist, doch ohne Sünde blieb."[34] Als ihr Bräutigam ist er selbst ihre Sicherheit, denn die Füße dieses Tragsessels für seine Braut sind aus Silber, was für das Lösegeld spricht, das er bezahlt hat. Die Lehne besteht aus Gold, was bedeutet, dass sie sich an seiner ewigen Liebe anlehnen kann; denn er hat immer liebende Gedanken für sie und wird nie „sauer" wie sonst ein Mensch. Es bedeutet aber auch, dass sie dort mit ihm in seiner königlichen Autorität sitzt, worauf der purpurne Sitz hinweist.[35] Mit all dem ausgestattet und versorgt, kann sie sicher das Ziel der Hochzeit erreichen, und so ist ihr König, der sie liebt.

Obwohl ihr und uns die Geschichten des Volkes Israel zum großen Teil bekannt sein mögen, ist es diese Belehrung im Geist, hoch über allen Umständen dieser Welt, die sie befähigt, sich selbst in diesem

[31] Vgl. Joh. 4,22.42; Apg. 2,14-24.41.
[32] Vgl. 1. Tim. 3,16.
[33] Joh.14,27; 16,33; vgl. Phil. 4,7.
[34] Hebr. 4,15.16. Dafür spricht das Holz vom Libanon, der für den himmlischen Ursprung steht.
[35] Vgl. Eph. 2,6, wo seine Braut schon jetzt an seiner Seite an himmlischen Orten gezeigt wird.

Tragsessel zu sehen, den Könige des Orients für ihre Braut anfertigen ließen, um sie zur Hochzeit zu geleiten. Darum ist sie schon hier bereit für einen

3. Tanzschritt des Glaubens: Als Braut eine Botschafterin Christi sein

Trotz ihrer eigenen Verweigerung, mit ihm zu gehen, die noch gar nicht lange her ist, kann sie jetzt ganz freimütig die anderen unreifen, jungen und älteren Gläubigen im Namen dieses Königs aus ihrer Zurückhaltung und Angst herausrufen: „Ihr Töchter Jerusalems, kommt heraus und betrachtet doch, ihr Töchter Zions, den König Salomo in der Krone, mit der ihn seine Mutter gekrönt hat am Tag seiner Hochzeit und am Tag der Freude seines Herzens!"[36] Dieser Ruf der Braut im Hohelied hat im Volk Israel bei denen begonnen, die ihren Messias im Herzen angenommen haben, der als Mensch bereits gekommen ist. Sie sind im Haus des Heiligen Geistes zu Botschaftern für ihr eigenes Volk Israel geworden. Bis heute reisen Gläubige in Lied und Wort durch ihr Land Israel und die Welt, um so ihre jüdischen Geschwister in ihr wahres Zuhause einzuladen. Es ist ihr Anliegen, dass noch viele mit allem Schmerz, aber auch aller Schuld und Scham zu ihm kommen und wie sie rufen: „Abba, lieber Vater!"[37]

Hld 3,11

„Kommt heraus und schaut an … den König mit der Krone … am Tag seiner Hochzeit."

Die Botschaft der Braut Christi in Deutschland nach innen

Doch welche Botschaft nach innen und außen hat die Braut Christi in Deutschland heute, die als Teil *ihres* Volkes in unvergleichlicher Präzision versucht hat, das jüdische Volk auszulöschen und Leben zu zerstören? Wie kann aus diesem deutschen „Friedhofsgarten" voller Gräber heute erneut ein bunter Garten voller Leben werden? Wie kann es in Deutschland zur Wiederherstellung der Liebesabsichten Gottes kommen?

---

[36] Hld. 3,11.
[37] Vgl. Röm. 8,14-16.

Da das Licht dieser Liebe nur durch den Heiligen Geist empfangen werden kann, hat die Antwort auf diese Fragen etwas mit der Geschichte der Ablehnung des Heiligen Geistes in Deutschland zu tun. Schon beim ersten Kommen Jesu in diese Welt nahm Maria durch das Wort des Engels bereitwillig den Heiligen Geist an, sodass er sie überschatten und in ihr Jesus, den Sohn Gottes, hervorbringen konnte.[38] Nur so konnte das jüdische Mädchen damals als Jungfrau Jesus auf die Welt bringen.

Als König der Juden richtete Jesus die Königsherrschaft Gottes auf Erden auf, um die Menschheit für ihre wahre Bestimmung in Gottes ursprünglicher und damit auch neuer Weltordnung zu befreien. Darum lautete mit seinem öffentlichen Auftreten die Einladung an die Menschen: „Die Zeit ist erfüllt, das Reich Gottes ist nahegekommen. Tut Buße und glaubt an das Evangelium."[39] Und so ist es auch heute der Heilige Geist, durch den die Braut Christi weltweit die Kraft gewinnt, Jesus in die Welt zu bringen. In seinem Namen darf sie in das Reich einladen, in dem die Wahrheit dieser Liebe regiert, die Tod und Hölle besiegt hat.[40] Den Heiligen Geist abzulehnen, bedeutet deshalb, in der Folge Leben zu verlieren, ihn einzuladen bewirkt, Leben zu gewinnen. So kann die Botschaft nach innen heute in Deutschland nur lauten:

Die Erbschaft der Berliner Erklärung ablehnen

Bei einer Erbschaft kommt es darauf an, in einem bestimmten Zeitfenster ein Erbe abzulehnen, wenn man es nicht mit allen Verpflichtungen und Schulden übernehmen will. Im Blick auf die Erbschaft der Berliner Erklärung, die die Pfingstbewegung des Heiligen Geistes in Deutschland ablehnte, sind wir gerade jetzt in die Entscheidung gestellt, nun unsererseits diese Erbschaft abzulehnen. Sonst werden wir für die vernichtenden Konsequenzen ein zweites Mal verantwortlich sein müssen, wie auch Bundespräsident Richard von Weizsäcker bereits zu bedenken gab: „Kein fühlender Mensch erwartet von ihnen, ein Büßerhemd zu tragen, nur weil sie Deutsche sind. Aber die Vorfahren haben ihnen eine schwere Erbschaft hinterlassen.[41] Wir alle,

---

38 Lk. 1,35.38.

39 Mk. 1,15.

40 Vgl. 1. Kor.15,55-57.

41 So zitiert in der Rede des Bundespräsidenten zum 40jährigen Kriegsende 1985 unter Punkt III. In Weizsäcker, „Rede zum Kriegsende." Dort sagt er weiter:

ob schuldig oder nicht, ob alt oder jung, müssen die Vergangenheit annehmen. Wir alle sind von ihren Folgen betroffen und für sie in Haftung genommen."[42] Das gilt nicht nur für das Erbe, das Adolf Hitler beim Zusammenbruch des Dritten Reiches der politischen Führung und ihrem Gefolge hinterließ, sondern auch für das Erbe der Berliner Erklärung, die diese Finsternis vielleicht erst ermöglicht hat. Denn sie besagt, in vier Eckpfeilern ausgedrückt: *Erstens* komme die neue Pfingstbewegung nicht von Gott, sondern „von unten". *Zweitens* sei es darum unmöglich, diese Bewegung als von Gott anzusehen und anzunehmen. Zum *Dritten* wurde die Kirche in dieser Erklärung von fast sechzig wichtigen Gemeindeleitern aufgerufen, in Deutschland diese Bewegung abzulehnen und von sich zu weisen. *Viertens* lautete ihre Begründung, dass es nur *ein* Pfingsten gegeben habe, nämlich das von Apostelgeschichte 2, und danach keine weiteren Ausgießungen des Heiligen Geistes stattgefunden hätten. Doch schon hier zeigte sich die Verfinsterung der geistlichen Sicht, denn bereits in Apostelgeschichte 4 wird von einer nächsten Ausgießung des Heiligen Geistes berichtet.

Die Konsequenzen der Ablehnung der Wirkungen des Heiligen Geistes von evangelischer Seite in Deutschland am Beginn des 20. Jahrhunderts reichten weit über die eigene Konfession, die Kirche und die Grenzen Deutschlands hinaus. Diese Erbschaft abzulehnen und die Berliner Erklärung in ihrem absoluten Urteil, das allein Jesus zusteht, in seinem Namen zu widerrufen, könnte gerade in der heutigen Zeit ein Zeitfenster der Gnade bedeuten, um als Gemeinde Jesu Christi für das jüdische Volk einzutreten, das erneut in Deutschland angegriffen wird. Gerade jetzt wäre es an der Zeit, fast 80 Jahre nach dem 2. Weltkrieg, in eine Zeit der erneuerten Liebe zu Jesus und seinem Volk zu gehen, und so noch einmal gemeinsam königlich und priesterlich mit dem Heiligen Geist als der wahren Mutter ins „deutsche Haus" einzuziehen. So könnte es Leben ausstrahlen und zum

---

„Hitler hatte 1945 sein sogenanntes Testament mit den Worten abgeschlossen: „Vor allem verpflichte ich die Führung der Nation und die Gefolgschaft zur peinlichen Einhaltung der Rassegesetze und zum unbarmherzigen Widerstand gegen den Weltvergifter aller Völker, das internationale Judentum." Jedoch kann ein Testament und damit eine Erbschaft angenommen oder abgelehnt werden. Beides hat bleibende Auswirkungen.

[42] Weizsäcker, a.a.O. Vgl. Strophe 1.

wahren Vaterland für viele werden – ebenfalls weit über die Grenzen Deutschlands hinaus.

Die Berliner Erklärung widerrufen

Die Berliner Erklärung zu widerrufen, würde dann bedeuten, *zum ersten* anzuerkennen, dass die Pfingstbewegung Anfang des 20. Jahrhunderts eine weitere Erfüllung der Prophetie Joels aus Kapitel 3,1-5 für das Ende der Zeit vor seiner Wiederkunft war und eine unvergleichliche Einladung Gottes, die bis heute weltweit wunderbare Auswirkungen des Lebens hat.[43] Trotz aller Ungereimtheiten und teilweise sogar fremden geistlichen Quellen ist es geboten, den Platz des Richters zu verlassen, der allein Gott zusteht, und „das Kind der geistlichen Erweckung nicht mit dem Bad auszuschütten", indem man die ganze Pfingstbewegung dem Teufel zuschreibt oder der Seele.[44]

---

[43] Marc Dupont weist darauf hin, dass über die ganze Welt verteilt einer von vier Christen seine geistlichen Wurzeln auf diese Ausgießungen des Heiligen Geistes von 1904, 1906 und 1908 zurückverfolgen kann. Es sei eine der gewaltigsten Freisetzungen des Heiligen Geistes gewesen, um die Nationen zu erreichen, und die Frucht daraus ist unvorstellbar wunderbar.

[44] Es geht hier nicht darum, die einzelnen zeitgeschichtlichen Hintergründe und Erscheinungsformen zu beschreiben, die zur Berliner Erklärung geführt haben. Es geht auch nicht darum zu bestreiten, dass es geboten sein kann, auf Irrlehren und Gefahren für die Gemeinde hinzuweisen und vor manchem zu warnen. Die Bitte, darüber nachzudenken, ob es nicht an der Zeit ist, die Berliner Erklärung zu widerrufen, bezieht sich einzig darauf, das absolute Urteil zu widerrufen, die Pfingstbewegung sei nicht von Gott, sondern „von unten". Da diese Resolution schriftlich erfolgt ist, ist sie bindend und es reicht nicht, sie als zeitgeschichtliches Dokument einzuordnen und für die heutige Zusammenarbeit zwischen Evangelikalen und der charismatischen Gemeinde zu relativieren, wie es 2009 auf leitender Ebene geschehen ist. Denn die Gräben mit den entsprechenden Verletzungen zwischen Glaubensgeschwistern sind auf familiärer Ebene und zwischen Gemeinden noch immer spürbar. Es geht um das Recht zu verurteilen, das aufgegeben werden muss, denn es steht allein Jesus zu. Bei aller Spannung sind wir als Nachfolger Jesu dazu aufgerufen, sie auszuhalten und alles wachsen zu lassen bis zur Ernte (vgl. Mt. 7,1; 13,24-30; Joh. 5,26.27). Denn gerade, wenn eine Bewegung, die vom Heiligen Geist ausgeht, mit Bestimmtheit dem Teufel zugeschrieben wird, zieht das ernste Konsequenzen nach sich, wie in Deutschland zu sehen war. Wäre es nicht angebracht, den Heiligen Geist als den Stellvertreter Jesu und Lehrer in alle Wahrheit ganz neu in unsere Gemeinden einzuladen und ihm das Urteil zu überlassen? Dann würden alle frei von gegenseitiger Verdammnis und frei für die Wahrheit, die uns heiligt und ganz neu bevollmächtigt, als Braut Christi Botschafter an seiner statt zu werden. Denn wir können ohne Sorge sein, weil dieser Lehrer bzw. diese Lehrerin sich nicht in ihren Kindern

Ist es nicht zweitens vielmehr geboten, sie als ursprüngliche Sendung der Liebe Gottes anzusehen und anzunehmen – trotz aller Bemühungen Satans, in dieser Bewegung mitzumischen und sie zu verunreinigen (wie auch in jeder anderen Gemeinde und Gemeinschaft)? Und ist es darum nicht drittens geboten, den Aufruf an die Kirche Deutschlands zurückzunehmen, dass sie diese Bewegung abzulehnen und von sich zu weisen hätte? Sollte die Pfingstbewegung zusammen mit dem Heiligen Geist selbst nicht vielmehr aufs Neue willkommen geheißen werden, sodass ihm die Kontrolle gegeben wird und er uns als der wahre Führer in alle Wahrheit leiten kann?

Die Berliner Erklärung zu widerrufen, würde dann *viertens* auch bedeuten, zu widerrufen, dass mit der Ausgießung des Heiligen Geistes am ersten Pfingstfest in Jerusalem die einzige Ausgießung seines Geistes geschehen sei. Denn das würde bedeuten, dass ein Kind nur *einmal* von der Mutterbrust trinken könnte und keine weiteren Ausschüttungen der Lebensmilch brauchen würde. Die Folgen wären verheerend für jedes einzelne Kind und erst recht für eine ganze Nation.

Gerade dieser letzte Ansatzpunkt des Widerrufs gäbe uns als Einzelnen und als Volk die wahre Heimat im weltweiten Haus des Heiligen Geistes – und damit Gottes, des Vaters und des Sohnes – zurück, sodass neues und gesundes Leben auch in Deutschland aufblühen und gedeihen könnte. Denn das erste Pfingsten in Apostelgeschichte 2 erreichte nicht zuerst die Nationen, sondern ausschließlich die Juden in Jerusalem; und die erste Muttergemeinde des Heiligen Geistes war darum ausschließlich jüdisch, wie auch das ganze Neue Testament von jüdischen Verfassern geschrieben ist.[45] Besonders für das deutsche Volk ist darum zu bedenken: Die Juden auszuschließen, würde aufs Neue bedeuten, den Heiligen Geist auszuschließen, denn er wurde in dieses „jüdische Gefäß" in die Welt hineingegossen. Wer das Gefäß ablehnt und zerschlägt, droht auch den Inhalt des Heils zu verlieren. Dafür gibt es keinen Ersatz und keine Ersatz-Theologie. Und

---

täuscht. Doch wenn sie abgelehnt wird, wer soll dann in die Wahrheit führen, die uns frei macht? Vgl. Joh. 16,7-15.

[45] Erst in weiteren Ausgießungen des Heiligen Geistes, die in der Apostelgeschichte berichtet sind, kamen Menschen aus den Nationen zur jüdischen Pfingstgemeinde hinzu. Dazu auch ausführlicher in Bittner, *Decke des Schweigens,* Kapitel 2: „Woher kommt die Decke des Schweigens", S. 57ff.

damit ist auch diese Irrlehre als Lüge des Teufels zu entlarven und entschieden zu widerrufen.

Die Botschaft der Braut Christi in Deutschland nach außen

Da die Auswirkung der Berliner Erklärung im Blick auf die Ablehnung des Heiligen Geistes weit über Deutschland hinausreichte, ist auch eine Erklärung der Christen nach außen hin notwendig. Dies würde zum einen die kommenden Generationen für eine unbelastete Gottesbegegnung befreien, zum andern würden so auch die Opfer dieser Folgen im internationalen Kontext bestätigt, und ein Weg der Heilung von vielen Verletzungen könnte beginnen. Als Botschafter an Christi statt könnte der deutsche Teil der Brautgemeinde eine neue Erklärung verkünden, die die folgenden Eckpfeiler umfasst:

Eine deutsche „Braut-Christi-Erklärung" aussprechen

Das würde bedeuten, *erstens:* im Namen Jesu das bisher Gültige (d. h. die Pfingstgemeinden als „von unten" kommend zu verurteilen) zu widerrufen und ihm abzusagen. *Zweitens:* Gott aufgrund des vergossenen Blutes Christi um Vergebung zu bitten, dass man sich der Berliner Erklärung unterstellt hat, mit allen persönlichen, gemeindlichen, nationalen und internationalen Auswirkungen. *Und drittens,* sich erneut an Jesus im Heiligen Geist zu binden und die Wahrheit auszusprechen, die die Lüge des Feindes entmachtet. So könnte diese Erklärung lauten:

1. Ich widerrufe das aktiv und passiv gelebte Bekenntnis der Kirche und meiner Gemeinschaft, dass die Gemeinde aus den Nationen das jüdische Volk Gottes ersetzt habe. Damit widerrufe ich, dass Gott sein Volk verworfen habe und die Christen aus den Nationen an seine Stelle – als Ersatz – erwählt habe! Denn Gottes Verheißungen im Alten Testament und in Römer 9-11 sind noch immer in Kraft. Ich widerrufe darum jede aktive und passive Beteiligung an der sogenannten „Ersatz-Theologie", die eine Lüge Satans ist.
2. Ich widerrufe das Bekenntnis der Berliner Erklärung, in dem sie die Ausgießung des Spätregens des Heiligen Geistes und seiner Gaben auf den Leib Christi in Gänze Satan zugeschrieben und sich damit auch von den Kraftwirkungen, die das Evangelium begleiten, abgeschnitten hat (vgl. Lk. 10,19 und Mk. 16,15-18).

3. Ich sage mich im Namen Jesu los von allen Verträgen und Verpflichtungen, die mich an Kirche und Staat binden und die Erkenntnis Jesu Christi verhindern.
4. Ich sage mich im Namen Jesu von allen Versprechen und Verpflichtungen los, die mich lähmen und hindern wollen, mich aktiv an die Seite des Volkes Israel zu stellen und es unter der Leitung des Heiligen Geistes als Gottes Volk zu segnen.
5. Ich bereue, dass ich in Gedanken, Worten und Taten mit meinen Sünden (den Abwertungen meines Lebens und Leibes und auch des Leibes Christi aus Juden und Heiden als der Braut Christi) Jesus, den Bräutigam, betrübt und das Herz des Vaters im Himmel mit Trauer erfüllt habe. Ich bitte ihn dafür um Vergebung!
6. Ich bitte um Vergebung für jede Ablehnung des Heiligen Geistes und jede Form der Öffnung für den nationalsozialistischen Geist und seine Worte: „Am deutschen Wesen wird die Welt genesen“. Und damit bitte ich auch um Vergebung für alle Abwertung des Schwachen, die Verherrlichung des Starken und Schönen und besonders für die Abwertung anderer Rassen und Völker und die Verurteilung der Juden bis zu ihrer versuchten und vollzogenen Vernichtung.
7. Ich bitte um Vergebung für jedes Beugen vor menschlicher Autorität als Leiter meines Gewissens, durch das ich mich in Vergangenheit und Gegenwart zum Handlanger des Bösen gemacht habe.
8. Darum bitte ich auch diejenigen um Vergebung, die unter meinen Haltungen und Handlungen zu Opfern wurden und gelitten haben.
9. Ich bitte Gott um Demut und Gnade, dass ich wie der verlorene Sohn zum Herz des Vaters umkehren kann, der mich auch in meiner deutschen Nationalität noch immer liebt. Ich anerkenne, dass er allein mir meinen wahren Wert zusprechen kann, mich durch das Blut Jesu reinigt und durch den Heiligen Geist befreit und ewig hält.
10. Ich weihe mich Jesus Christus aufgrund seines am Kreuz geschlossenen Bundes in seinem Blut aufs Neue als meinem alleinigen Herrn und Heiland. Ich anerkenne, dass er das Haupt seiner Gemeinde ist, dem ich als Teil der Braut Christi angehöre und dem ich auch persönlich Rechenschaft geben muss. Ich heiße den

Heiligen Geist in meinem Leben und meinem Land willkommen als meine „wahre Mutter und Lehrerin in alle Wahrheit", die mir allein meinen wahren Vater im Himmel und seinen Sohn Jesus Christus als meinen Bruder und Bräutigam offenbaren kann.

11. Ich glaube, dass Gott durch die ganze Heilige Schrift zu mir redet, die vom Heiligen Geist eingegeben ist und das Volk Israel als Bundesvolk und Brautgemeinde Christi bestätigt. Das schließt das Versprechen Gottes ein, Abraham und seinen Nachkommen des jüdischen Volkes das Land Israel zum Erbe zu geben. Ich anerkenne darum Jerusalem als Hauptstadt des jüdischen Volkes, in die Jesus als König vom Ölberg her wiederkehrt (vgl. Sach. 14,1-9).
12. Ich glaube, dass Jesus – als König der Juden und König aller Könige über alle Reiche dieser und der zukünftigen Welt – seine Braut aus allen Nationen sammelt und ruft, um mit ihr in der Nacht dieser Welt schon jetzt zu regieren und am Tag der Ewigkeit Hochzeit zu feiern und ewig zu herrschen.

Das Zeitfenster der Gnade nutzen

Die Braut Christi in Deutschland kann nach diesen zwölf Eckpunkten eines möglichen Bekenntnisses im Gebet durch den Heiligen Geist seiner unverbrüchlichen Liebe zu ihr gewiss werden. Wenn sie das Zeitfenster der Gnade nutzt und die Erbschaft der Ablehnung des Heiligen Geistes widerruft, ist sie frei, an einer neuen Bewegung des Heiligen Geistes teilzuhaben, die die letzte Ernte vor der Wiederkunft Christi einbringt. Dann kann sie ihr Gefäß mit dem Öl der vergebenden und barmherzigen Liebe Gottes füllen und die Anbetung und Hingabe an diese Liebe kultivieren und pflegen. Das wird sie befreien, auch für jeden anderen zu glauben und zu hoffen. Und so kann sie in Deutschland aufs Neue gewiss werden, dass in der Dimension seines Geistes alles möglich ist, auch der

4. Tanzschritt des Glaubens: Als Botschafterin Christi mit Hoffnung leben

Wenn sie die Wahrheit Gottes auch in ihrer nationalen Identität und Geschichte annimmt und ausspricht, wird sie trotz allem Bisherigen frei für das Leben mit Jesus in Autorität.[46] Dann kann sie aufs Neue im Glauben ergreifen: Wir alle sind als Braut erwählt. Im Bild gesagt: Wir alle können von einer Raupe zum Schmetterling verwandelt werden. Denn wir alle können Christus im Herzen tragen, der die Hoffnung der Herrlichkeit in uns ist und uns alles überwinden lässt, was uns am Boden halten will.[47] Er ist es, der jeden Einzelnen seiner Brautgemeinde an die Hand des Glaubens nehmen und ihn in den himmlischen Tanz führen kann, der unabhängig von allen irdischen Machenschaften der Mächte ist.

Der deutsche Teil der Braut Christi, der frei geworden ist, kann dann auch Christen aus anderen Völkern, die in ihrer Mitte leben, ermutigen, Jesus im Geist so zu betrachten, wie sie es jetzt tut. Es ist eine andere Dimension, ein Bewegen an himmlischen Orten, die mit seiner Auferstehung auch für sie zugänglich sind.[48] Darum kann sie wie Johannes „im Geist" den Thronraum sehen und selbst schon jetzt dort sein – wie am Tag der Hochzeit mit dem himmlischen Bräutigam, wenn alle zusammen seine Königin sein werden und mit ihm in Ewigkeit leben und in Liebe regieren werden. Das wird der Tag der Freude seines Herzens sein, für die er als Mensch alles erduldet hat! Denn diese Hochzeitsvorfreude lebt in seinem Herzen, wenn seine Frau mit einem himmlischen Leib und in himmlischen Kleidern seiner Gerechtigkeit für immer bei ihm in der Herrlichkeit sein wird.[49]

Das Mädchen, vom Heiligen Geist als ihrer „wahren Mutter" gelehrt und ausgerüstet, ruft die Töchter Jerusalems jetzt als Töchter Zions an.[50] Die Braut, die selbst im Glauben ihre wahre Würde und Bedeutung an der Seite ihres himmlischen Königs angenommen hat, ruft nun genauso in ihnen hervor, was ihre Bestimmung ist, wozu sie Ja sagen dürfen – egal, was hinter ihnen liegen mag in dem Land, aus dem sie kommen, in ihrer Gemeinde, ihrer Familie und ihrem eigenen Leben. Mit diesem Ruf, den zu betrachten, der um ihretwillen den

---

[46] Vgl. Joh. 8,32.36.

[47] Vgl. Kol. 1,27.

[48] Vgl. Eph. 1,20-23; 2,6 und Strophe 2.

[49] Hld. 3,11; vgl. Offb. 19,7-9; 21,1-5.

[50] Damit ist dieselbe Absicht ausgedrückt, die Gott verfolgte, als aus Jakob, dem Betrüger, Israel wurde; der, der gegen Gott und für den Gott kämpft. Oder wie Jesus Simon, den Sohn Jonas, Petrus nannte, was Fels bedeutet. Vgl. 1. Mo. 32,29 und Mt. 16,17.18.

Raum der Herrlichkeit verlassen hat,[51] lädt sie auch gleichzeitig ein, mit ihr zusammen noch viele andere zu rufen, wie es in Offenbarung 22,17 bezeugt ist: „Und der Geist und die Braut sagen: ‚Komm!‘ Und wer es hört, der sage: ‚Komm!‘ Und wen dürstet, der komme; und wer da will, der nehme das Wasser des Lebens geschenkt.“

Was für ein anderes Leben liegt vor der, die ihn von ganzem Herzen sucht und liebt! Denn mit den Bildern aus dem Alten und Neuen Bund will Jesus, der auferstandene und erhöhte Herr, als ihr Bräutigam am Ort der Macht zu ihrer Rechten sein. Von dort aus will er auch den deutschen Garten in einen Ort des Lebens und der Liebe verwandeln, der aus der Asche vergangener Fehlentscheidungen in neuer lebendiger Leuchtkraft und Schönheit erblüht. Denn dieselbe Macht, die ihn aus den Toten ins Leben zog, will er in der letzten Zeit vor seiner Wiederkunft wie ein Zepter auch in die Hand seiner Braut in Deutschland legen.[52] So darf sie an seiner Seite und in seiner Autorität regieren und im Geist und Ton dieser Liebe Menschen aus allen Völkern zu ihm rufen.

[51] Vgl. Phil. 2,1-11.
[52] Vgl. Eph. 1,19.20.

Sela

1. Worin besteht meine Berufung als Braut Christi?

Anregung: Geh durch die einzelnen Tanzschritte und frage dich: Lebe ich mit dem Heiligen Geist als meine „Mutter und Lehrerin", als „Leiterin" in alle Wahrheit? Lese ich die Bibel von ihr gelehrt? Lebe ich als Braut Christi mit Hoffnung?

2. Wodurch wird diese Berufung bestritten?

Bin ich in meiner Gemeinde und unter ihrer Leitung mit Religiosität oder Manipulation konfrontiert, die das Lesen und Leben im Geist beschneiden oder verhindern will? Behindere ich selbst den Heiligen Geist durch Unglauben bzw. Bindung an eine Lehre wie die Berliner Erklärung, die ihn ausschließt? **Anregung*: Höre und lies von Hirten, die ihre Gemeinde aus dem Heiligen Geist heraus leiten und den fünffältigen Dienst wertschätzen, der nach Epheser 4,11 in Aposteln, Propheten, Evangelisten, Hirten und Lehrern besteht.

3. Welche Schritte ist Jesus gegangen, um seine Braut wiederherzustellen?

Anregung: Geh „im Geist" durch die Geschichte des Volkes Gottes im Alten und Neuen Bund und bete ihn an für das, was Gott für sein Volk getan hat und tut. Bedenke: Er ist derselbe gestern, heute und in Ewigkeit (Hebr. 13,8). Darum gilt: *He can do it again!* Er kann es wieder tun![53].

4. Welche Tanzschritte des Glaubens will ich einüben?

Habe ich den Heiligen Geist in meinem Leben und meiner Gemeinde willkommen geheißen und lebe in ihm wie in meinem wahren „Mutter-Haus"? Was müsste ich widerrufen, um das zu erleben; was will ich neu im Glauben ergreifen? – Ich darf mit Philipp Spitta (1801 – 1859) beten: „O komm, du Geist der Wahrheit, und kehre bei uns ein, verbreite Licht und Klarheit, verbanne Trug und Schein. Gieß aus dein heilig Feuer, rühr Herz und Lippen an, dass jeglicher Getreuer den Herrn bekennen kann." (EG, Nr. 136)

---

[53] Internetquelle: Elevation Worship (2016). *Do It Again.* Online abrufbar unter: https://www.youtube.com/watch?v=0B_lnQIITxU [Zuletzt: 05.07.2021].

Horacio
XI 2021

Strophe 4

Wenn sie ihm glaubt, will sie mit ihm eins werden

1. Tanzschritt des Glaubens: Mit seinen Augen auf das eigene Leben sehen

„Siehe, meine Freundin, du bist schön! Siehe, schön bist du!“[1] So spricht es der König dem Mädchen, das er zur Braut erwählt hat, jetzt zu, nach dem Entzug seiner spürbaren Nähe und seinem Schweigen aus Liebe. Im deutschen Teil der Braut Christi könnte hier die Frage aufkommen: ‚Wie kann er das sagen nach all dem, was sie als „braunes“ Mädchen getan hatte und nach der wiederholten Verweigerung nach den zwei Weltkriegen, den Heiligen Geist anzunehmen und willkommen zu heißen?‘ Wer noch immer traurig ist über die Fehlentscheidungen in seinem Land – und damit auch in seinem Leben und Glauben mit dieser nationalen Geschichte und Identität,[2] – ist mit dem Mädchen aus dem Hohelied eingeladen, noch einmal zurückzuschauen. Doch jetzt kann dieser Rückblick im Licht des Heiligen Geistes geschehen, denn von ihm hat sie sich nach allen Nächten ihrer Seele belehren und erleuchten lassen.

Hld 4,1-5

„Siehe, meine Freundin, du bist schön!“

8-fach schön!

---

[1] Hld. 4,1a.

[2] Vgl. *Prolog: Wie alles begann*, Punkt 5.

Ein lichtvoller Rückblick in die Nacht der Seele

Nachdem sich das Mädchen als junge Gläubige nicht hatte vorstellen können, mit Jesus auf das Missionsfeld zu gehen, und ihn darum weggeschickt hatte, wurde es sehr dunkel in ihr. Sie fühlte eine innere Leere und zugleich auch eine Sehnsucht nach erneuter Gemeinschaft mit Jesus. Diese Sehnsucht nach ihm brachte eine Dynamik in ihr Leben, die sie erst kennengelernt hatte, als Jesus in ihr Leben getreten war. Darum war auch ihr Bett jetzt ohne ihn kein Ort des Ruhens und verdienten Rückzugs mehr, sondern ein Ort der Leere. Und so machte sie sich mitten in der Nacht ihrer Seele auf, um Jesus zu suchen und ihn nie mehr loszulassen, wenn sie ihn finden würde.[3]

Wie das zur Braut erwählte Mädchen im Hohelied darf auch heute jeder Gläubige der Brautgemeinde Christi in Deutschland seiner Sehnsucht nach dem Trost seiner Gegenwart Raum geben und zugleich nach Liebe und Bedeutung der eigenen Person. Wir müssen uns nicht schamvoll zurückziehen, weil alles in unserer Vergangenheit als Deutsche so falsch gelaufen ist, selbst wenn andere immer noch mit Fingern auf uns zeigen und vor uns warnen.[4] Wir müssen andererseits auch nicht länger im Stolz verharren und allen zeigen, was wir inzwischen alles erreicht haben, trotz Trümmern und tragischen Verlusten. Nein, wir dürfen wie dieses Mädchen mit unserer sehnsüchtigsten Frage herauskommen: „Habt ihr nicht den gesehen, den meine Seele liebt?“[5] Denn diese Liebe, die alles verzeihen kann, weil er am Kreuz von Golgatha dafür bezahlt hat, brauchen wir. Der als Wiederhersteller aller Dinge alles heilen kann, ist uns jetzt wichtiger geworden als alles andere.

Wer in Jesus wie das Mädchen im Hohelied den König gefunden hat und auch den Heiligen Geist jetzt nicht mehr aus seinem Land

---

[3] Hld. 3,1-3a.

[4] So beschreibt der Pastor und Missionar Georg Nsimbi aus Uganda, wie „die Nationen der Welt und die Leute in Deutschland nur die schlechte Geschichte Deutschlands sehen, und vergessen haben, welch große Segnungen früher in diesem Land geflossen sind.“ Georg Nsimbi, *Deutschlands geistlicher Segen*, Books & Presents Medienverlag, Bietigheim 2007, S. 21. Im Folgenden zitiert als Nsimbi, *Deutschlands geistlicher Segen*. Er führt aus, dass deshalb noch immer eine Decke von Scham das Land bedeckt, die das Wirken Gottes über dem Land behindert, und viele Menschen Gott nicht vertrauen können, dass er ihr Land verändert, wenn sie sein Angesicht suchen. A.a.O.

[5] Hld. 3,6.

und Leben ausschließen muss, findet sich wie sie im Haus der Liebe wieder; denn jetzt bietet es Sicherheit und macht neugierig zugleich.[6] Wie dieses Mädchen dann bereit war, sich aufs Neue durch sein Wort belehren zu lassen und dabei auf seinen Geist zu hören, um sich selbst und ihn noch besser kennenzulernen, so darf es auch die Braut Christi in Deutschland heute tun. Sie darf sich wie dieses Mädchen im Hohelied in einem besonderen „Bibelkurs" mit einer besonderen „Lehrerin" Zeit nehmen. Denn nur im „Haus" des Heiligen Geistes, ihrem *wahren* „Mutter-Haus," kann sie sich selbst und ihn so kennenlernen, dass ihre Glaubensflügel wachsen und an Kraft gewinnen. Nur so wird sie mit Jesus zusammen in seinem Geist allen Hass der Welt und alle Hindernisse in ihrer eigenen Geschichte überwinden können. Was jenes Mädchen dort erlebte, beflügelte es so, dass es sein Schweigen brach und alle Schüchternheit wie eine alte Haut hinter sich ließ. Denn jetzt wollte es auch seine Glaubensgeschwister in eine solche Begegnung mit dem Bräutigam der Bibel rufen. Dann könnten auch sie sich einer neuen Anbetung des wahren Vaters öffnen und würden zum Wachstum im Glauben befreit.

Ein wachsender Glaube im Licht seines Geistes

Jeder Schritt des Glaubens, des Dankes und der Anbetung dessen, was die Glaubensgeschwister der Braut an himmlischen Orten finden würden, würde dann auch ihren Geist zu einem Gefäß machen; in diesem Gefäß in ihrem Innersten könnten sie die Schätze des Heiligen Geistes, die sie im Wort Gottes finden, sammeln wie kostbares Öl, das nach ihrem Bräutigam duftet und zugleich heilsam ist. Weil diese Art der Anbetung Gottes auch für das Mädchen selbst neu und doch so befreiend ist, will sie es mit ihren Glaubensgeschwistern teilen und

[6] Denn nach Röm. 5,5 ist er die Quelle der unbedingten Liebe Gottes zu uns und damit der Beginn des Lebens im Geist. Mit dem Leben in der Herrlichkeit Gottes stehen jedem Kind Gottes unbegrenzte Möglichkeiten der Wiederherstellung seines wahren Ichs offen und dadurch auch Gottes geliebter Welt. Das Leben in der göttlichen Einheit von Natürlichem und Übernatürlichem ist ein Abenteuer ohnegleichen, wie es auch in der wachsenden Gruppe der Real Life Guys zu sehen ist. Sie stehen für viele andere, die ihre Hoffnung auf Jesus setzen, im Leben wie im Tod. Vgl. das Lied für Philipp Mickenbecker, der in die Herrlichkeit beim Vater im Himmel umgezogen ist. In Internetquelle: O'Bros (2021), *Real Life. Song für Philipp Mickenbecker.* Online abrufbar unter: https://www.youtube.com/watch?v=_OKojI3W5nU. [Zuletzt: 05.07.2021].

sie aus dem Bisherigen herausrufen wie die, die ihr selbst schon zugerufen hatten: ‚Siehe, der Bräutigam kommt! Geh heraus, ihm entgegen!‘[7] Denn dieses Öl der Offenbarung seines Geistes in seinem Wort und ihrer liebenden Anbetung als Antwort darauf, würde auch ihre Lampen hell leuchten lassen, ganz gleich, wie dunkel es in ihnen selbst noch ist und um sie herum noch werden würde.

Der Ruf, aus dem Bisherigen herauszugehen, kann allerdings mehr bedeuten, als auf den ersten Blick zu sehen ist. *Zum einen* kann es heißen, trotz allem bisher gesammelten biblischen Wissen neue Wege der Anbetung zu gehen. Dann könnten wir dem Vater wirklich im Geist und in der Wahrheit begegnen, so wie er es sich wünscht.[8] Es kann *zum zweiten* auch bedeuten, aus einer bisher selbstverständlichen Geschäftigkeit herauszugehen und Zeiten auszusondern, in denen wir allein und in Gemeinschaft das „Öl der Anbetung“ Jesu pflegen und kultivieren. Nur so würden sein Wesen und seine Liebe wirklich in unser Inneres fließen, uns sättigen und stärken.[9] Im Anschauen seines Bildes würden wir in sein Wesen verwandelt; das würde unseren Blick für uns selbst und den anderen so verändern, dass wir gerade in Deutschland Menschen der Hoffnung würden, mitten in einer sterbenden Welt, wie es in Römer 5,5 ausgedrückt ist: „Hoffnung aber lässt nicht zuschanden werden, denn die Liebe Gottes ist in unsere Herzen ausgegossen durch den Heiligen Geist.“[10]

Wenn dieser Aufbruch aus dem Bisherigen von der Gemeinschaft oder Gemeinde jedoch *nicht* gesehen und mitgegangen wird, kann es sogar *drittens* bedeuten, aus ihr herauszugehen, um von denen zu lernen, die auf dieser Ebene des Geistes leben. Es sind die, die sich in kindlicher und zugleich königlicher Weise dort bewegen und darum den Zugang zu dieser Ebene in Gottes Wort und im Glauben auch anderen zeigen können. Denn nur wo die Hoffnungsluft seines Geistes herrscht, kann man Kraft zu einem Leben empfangen, das voll Licht und Leichtigkeit ist. Nur wenn die Sinne des Geistes geöffnet sind, können wir Jesus nicht allein in der geschriebenen Geschichte des Wortes Gottes entdecken, sondern auch in den ganz persönlichen

---

[7] Vgl. Mt. 25,6.

[8] Vgl. Joh. 4,24.

[9] Vgl. die Sättigung eines Kindes an der Mutterbrust. Siehe dazu Ps. 131,2 und Strophe 1.

[10] Vgl. auch Röm. 15,13.

Offenbarungen seines Geistes, wie auch prophetisch für den gemeindlichen, überkonfessionellen, nationalen und weltweiten Rahmen seines Planes. Denn wir alle sind als Braut Christi auch seine Freundin, mit der er seine Geheimnisse teilen will.[11] Zugleich wird er sie in der „Kammer des Königs" immer neu seiner Liebe vergewissern und sie so bestätigen.[12] Mit geöffneten Augen kann sie sehen und hören, wie er sie trotz und nach allem noch immer sieht. Und so kann sie wieder auf *der* Ebene mit ihm tanzen, für die er sie bereits vor Grundlegung der Welt erwählt und erworben hat.[13] Auf dieser Ebene kann sie in Wahrheit …

… Schönheit empfangen durch seinen Blick der Liebe

„Siehe, meine Freundin, du bist schön! Siehe, schön bist du!"[14] Das ist das Erste, was sie hört. Seine erneute Offenbarung ist keine Wiederholung des Auftrags und auch kein Vorwurf wegen ihrer Weigerung, mit ihm zu gehen, oder wegen ihres Ungehorsams. Seine Worte bedeuten vielmehr eine neue Offenbarung seiner Liebe, indem er ihr sagt, wie er sie noch immer sieht. Besonders ihre Bereitschaft, den Heiligen Geist willkommen zu heißen und sich von ihm belehren zu lassen, macht sie für ihn so schön. Und er möchte, dass sie sich auch selbst in *diesem* Spiegel wahrnimmt: in seinen Augen voller Liebe. Dort ist sie wunderschön!

Er sagt es zwei Mal. Gerade nach ihrer Enttäuschung über sich selbst, über ihre Schwachheit, ihre Furcht, ihr Zweifeln und Zögern, mit ihm zu gehen, will er sie gewiss machen: ‚Du bist schön für mich! Ich liebe dich!' Als wollte er sagen: ‚Öffne deine Augen für diese Wahrheit! Schau mit *meinen* Augen auf dein Leben! Ich sehe deinen Anfang vom Ende her. Ich sehe dich schon vollkommen, während du noch im Werden bist.'

Doch auch wenn wir uns nach allem Versagen, fehlendem Vertrauen und einer dunklen familiären und nationalen Vergangenheit fragen: ‚Wie kann er das? Was sieht er? Was riecht er? Was fühlt er?', werden wir wie die erwählte Braut des Königs einen vierfachen

---

[11] Vgl. Joh. 15,9.14-16.
[12] Vgl. Hld. 1,4.
[13] Vgl. Eph. 1,4 und Hebr. 9,13-18.
[14] Hld. 4,1.

Grund in uns aufnehmen können, der unsere Seele zutiefst nährt und stärkt.[15] Denn er sieht sie und uns *zum einen* im Geschenk der Gerechtigkeit, die er ihr selbst durch das Kreuz erworben hat: in den Kleidern des Heils. Diese Kleider duften nach ihm selbst; und jeder, der sie angenommen hat, ist in diesen Duft und diese Schönheit eingehüllt.[16]

Die Fähigkeit, ihn anzunehmen, ist *der zweite Grund* ihrer Schönheit: Er hat uns als Kinder des Vaters im Himmel mit einem willigen Geist beschenkt und dieser Geist ruft: ‚Abba, lieber Vater!'[17] Dieser Geist zieht uns zum Vater hin, nicht von ihm weg. Allein schon diese Umkehr eines zerbrochenen Herzens und der Glaube, dass Güte und Gnade sie erwarten, lässt sie so schön in seinen Augen sein, dass er ihr nur entgegenlaufen kann wie der Vater seinem Sohn im Gleichnis von Jesus![18] Darin liegt *der dritte Grund*, warum seine Braut aus jeder Nation für ihn so schön ist: Weil sein Herz, das voller Liebe zu ihr ist, sich so nach ihr sehnt. Das ist *sein* Wesen, und darum liegt unsere Schönheit und Bedeutung in dem, wie *er* ist. Denn was schön ist, liegt im Auge des Betrachters. Er ist Liebe, darum sieht er uns mit Geduld und Freundlichkeit und nicht mit Ungeduld und Ärger. Und nicht zuletzt sieht der Vater unsere Bestimmung als gekrönte, von seinem Sohn angenommene Braut, die mit ihm auf dem Thron sitzt. Um dieser Berufung willen umfasst er uns mit dem Blick seiner Liebe, die diese Schönheit sieht und hervorbringt. Doch wie kann das geschehen? Für seine Braut ist es wie ein

2. Tanzschritt des Glaubens: Seine Worte mit den Ohren des Herzens hören

Jesus spricht aus seinem Herzen in ihr Leben hinein und legt so – wie ein Saatkorn – in ihr Herz, was er an ihr sieht. Anschließend ruft er es durch sein Wort hervor. Wie Samenkörner, die unter seiner liebevollen Pflege wachsen und gedeihen, und wie Knospen, die sich entfalten, beschreibt er, was er in sie hineingesät hat.[19] Er beginnt

[15] Vgl. dazu Bickle, *Hohelied*, Band 1, S. 137.312f.
[16] 2. Kor. 5,21. Vgl. Sach. 3,1-7.
[17] Röm. 8,15.
[18] Lk. 15,20; vgl. Ps. 51,1-14; Mk. 1,14.15.
[19] Vgl. Mk. 4,1-20.

1. mit den *Augen*, die durch den Heiligen Geist geöffnet wurden, und die zugleich von ihrem Glauben und seiner Offenbarung sprechen. Denn ihre Augen wurden vom Heiligen Geist auf ihn, den Bräutigam, gerichtet.[20] Sie sind die Fenster der Seele, die jetzt mit Licht erfüllt sind. Und so können ihre Gedanken und Gefühle die Liebe des himmlischen Vaters „sehen“ und müssen nicht mehr durch Misstrauen und Angst verschlossen bleiben. In diesem Licht können auch deutsche Kinder und Enkel des Krieges Königskinder werden, die wachsen und sich wie eine Braut dem Bräutigam anvertrauen, der sie nicht unterdrückt, sondern seine Herrschaft mit ihr teilt. Dieses Licht des Heiligen Geistes macht auch ihre Hingabe an ihn möglich, was er
2. mit den *Haaren* ausdrückt, die in Fülle ihr Gesicht wie ein Schleier umrahmen und ihr Würde und Schönheit verleihen.[21] Das sieht Jesus schon jetzt in jedem Einzelnen seiner Gemeinde. Denn
3. die *Zähne* beschreiben die Bereitschaft, das Wort Gottes als Brot des Lebens in Weisheit und Ausgewogenheit aufzunehmen und zu kauen, indem es mit einem liebenden und reinen Herzen meditiert wird.[22]
4. Diese Reinheit ist nicht nur aufbauend nach innen, sie kommt auch über die *Lippen* nach außen zu anderen. Diese Lippen beschreiben ein Reden, das von seiner Erlösung geprägt ist.[23]

---

[20] Hld. 4,1a; vgl. 3,4.6 und Joh. 16,14.15.

[21] Der Vergleich mag uns fremd erscheinen, doch erschließt sich die Bedeutung, wenn man an das Gelübde der Nasiräer denkt, die ihre Haare nicht schneiden ließen, um ihre ganze Hingabe an Gott und ihre Weihe für ihn auszudrücken (4. Mo. 6; vgl. 1. Kor. 11,5.6.15). Dabei sieht er die Hingabe der Braut an ihn in einem Reichtum, die er mit Ziegen vergleicht, die am Gebirge Gilead reiche Nahrung finden. Und so, wie Ziegen einen majestätischen Gang haben, hat auch ihre Hingabe an ihn mit all ihrer Kraft und der ganzen Bereitschaft, für ihn zu leben, etwas Majestätisches und Würdevolles (vgl. Röm. 12,1.2).

[22] Hld. 4,2. Vgl. Joh. 6,35, wo Jesus sagt: „Ich bin das Brot des Lebens.“ Dabei werden ihre Zähne wie geschorene Schafe beschrieben, die aus der Schwemme kommen. Das bedeutet auch, dass die Gemeinde durch das Wort, das sie aufnimmt, gereinigt wird, wie Jesus in Joh. 15,3 sagt: „Ihr seid schon rein um des Wortes willen.“ (Vgl. Eph. 5,26).

[23] Hld. 4,3. Dafür spricht das karmesinrote Band, die Farbe des Blutes Christi. Es ist ein Reden, das Gottes Gnade, Güte und Reinheit offenbart (vgl. Kol. 4,6; Eph. 4,29).

5. Die tiefste Gemeinschaft mit Gott selbst wird durch den *Mund* ausgedrückt, der die „Küsse seines Wortes" empfangen und in Anbetung seiner Liebe zurückgeben kann. Das ist kostbar für ihn und zugleich heilsam für jeden Einzelnen, der ihm vertraut, ganz gleich, in welchem Entwicklungsstadium er sich befindet.[24]
6. Die Wangen oder *Schläfen*, die im Hebräischen auch den Gesichtsausdruck beschreiben, offenbaren dabei die Gefühle, die hinter einem Schleier verborgen sind. Sie werden mit einer Granatapfelscheibe verglichen.[25] Mit diesem Bild will der König jedem Einzelnen seiner Brautgemeinde sagen: ‚Lass deine Gefühle nicht von dem bestimmen, was „ungenießbar" an dir ist. Richte deine Aufmerksamkeit nicht darauf und kritisiere dich nicht dafür! Ich tue es auch nicht. Sieh viel mehr auf das, was schon jetzt köstlich und kostbar an dir ist, was ich genieße und was mich so anzieht! Danach beurteile ich dich. Das spreche ich aus, mitten in dein Herz hinein.'
7. Mit dem siebten Charakterzug, den er wie den Turm Davids beschreibt, spricht er den festen und freien *Willen* der Braut an, ihm jetzt zu folgen und zu vertrauen. Diese feste Entschlossenheit bedeutet zugleich den Schlüssel zum geistlichen Sieg über alle feindlichen Angriffe und Anklagen, denn die Schilde an ihrem Hals erinnern an den Schild des Glaubens, der seine Gemeinde feststehen lässt, auch in Zeiten von Beschuss durch den Feind.[26]
8. Mit dem achten Charakterzug beschreibt Jesus die Fähigkeit seiner Brautgemeinde, andere mit der *„Milch des Wortes"* zu ernähren.[27]

---

[24] Von Anfang an verlangte sie nach den reinen Küssen seines Mundes, denn dafür war sie geschaffen. Vgl. Hld. 1,1.2 und die Ausführungen in Strophe 1.

[25] Hld. 4,3b. Die Kerne sind rot und sehr süß, doch das Weiß dazwischen ist ungenießbar.

[26] Hld. 4,4. Vgl. Eph. 6,16. Das heißt auch: „Mitten in der Versuchung gibt es eine Herzensfestlegung. Wenn die dunkle Stimmung aufzieht und keine Gefühle da sind, dann lautet unser Bekenntnis angesichts der Versuchung, dass unser Herz sich darauf festgelegt hat, Gott zu suchen. Das ist ein mächtiger Schutz – wie seinerzeit die Armee Davids." So in M. Bickle, *Hohelied*, Band 1, S. 329.

[27] Hld. 4,5. Vgl. 1. Petr. 2.2, Er sagt: „Deine *beiden Brüste* sind wie zwei Kitze, Zwillinge der Gazelle, die in den Lilien weiden." Dabei stehen die Lilien für Reinheit und Unschuld und sprechen damit von Gottes Herrlichkeit, denn sein Wesen ist reine Unschuld, da er selbst ohne Sünde ist und ihr darum ein Kleid der Unschuld schenken kann.

Er spricht ihr zu, dass sie dieses reine Evangelium weitergeben kann, und zwar in einer doppelten Portion. Sie ist reich an Liebe, reich an Wort Gottes, das sein Wesen widerspiegelt. Sie kann wie eine Mutter für die rechte und linke Seite von neugeborenen Kindern Gottes Nahrung geben, sodass sie gesund im Glauben aufwachsen können. Diese achtfache Beschreibung des himmlischen Königs offenbart das Mädchen, das er liebt, als eine große Schönheit. Doch erst, wenn sie es mit den Ohren des Herzens hört und ihm glaubt, kann sich ihr Leben wandeln und Gegenliebe zu Jesus erzeugen, die sie in Bewegung bringt und zu ihm zieht.[28] Erst so erkennt sie auch, was dazu nötig ist:

Sie muss alte „Unwerte" überwinden

Solange alte Werte wie Nebelschwaden in der Seele herumwabern, kann der Blick eines Einzelnen oder einer Gemeinde über sich selbst noch verdunkelt sein. Doch so kann die Braut an ihre Schönheit nicht glauben, die Jesus ihr zuspricht. Als Teil eines Volkes, das von seiner Mutter nicht angesehen wurde und so gelernt hat, sich selbst nicht wichtig zu nehmen,[29] und als Kind eines Krieges, das nicht gelernt hat, seine Gefühle wahr- und ernst zu nehmen, kann es schwierig sein, so liebevoll beschrieben und wichtig genommen zu werden.[30]

---

[28] Denn nach Gerhard Kringe, der sich mit der biblischen Zahlensymbolik befasst hat, drückt die Zahl acht noch eine gewisse Distanz aus. Sie leuchtet in sich selbst. Doch dadurch ist sie in eine Entscheidung gestellt.

[29] Vgl. den Erziehungs-Ratgeber von Johanna Haarer; in Strophe 1.

[30] Diese gelernte Einstellung ist eindrucksvoll beschrieben bei Hirschmann, *Vom Hakenkreuz zum Kreuz*, als sie während des Krieges im Dienst als Krankenschwester im Lazarett einen kriegsversehrten Soldaten trösten wollte, den sie kannte und der erblindet war. In einem Gespräch sagte sie zu ihm: „Was ich mir überhaupt nicht erklären kann, ist, warum so viele Völker die Deutschen so sehr hassen, dass sie uns den Krieg erklären. Warum wollen sie alle unser neues Reich zerstören? Wir wollen doch nur genug Lebensraum. Hitler sagt, der Grund dafür ist, dass wir zur Herrenrasse gehören und sie auf uns neidisch sind. Aber warum nur, Erwin?" Erwin: „Ich gehöre sowieso nicht mehr zur Herrenrasse. Ich bin nur noch ein Wrack …" Maria daraufhin: „Vergiss nicht, dass der Einzelne nichts ist und dass das Reich immer an erster Stelle stehen muss …" A.a.O., S. 36. Beim Tod eines Freundes beschrieb sie die gelernte Gefühllosigkeit so: „Ich weinte nicht; eine Führerin der Hitlerjugend weinte nicht. Es war die höchste Ehre, im Dienst für Führer und Vaterland zu sterben. … Die Selbstaufopferung war das höchste Ziel des nationalsozialistischen Menschen! Würden Tränen seinen

Der „Unwert", dass das Reich alles und der Einzelne nichts ist, sollte damals verhindern, sich selbst als wertvoll anzusehen. Darum kann es als Nachkomme dieses Volkes schwer sein, ganz persönlich und liebevoll um seiner selbst willen betrachtet und so wahrgenommen, ernst- und angenommen zu werden. Diese verdrehten Werte verhindern, sich auf das Wort eines anderen hin schön oder bedeutend zu empfinden, selbst wenn es ganz frei von egoistischen Motiven gesprochen wurde.[31]

Wenn Hingabe an den Tod gebunden ist und nicht an das Leben, das in Jesus über alles triumphiert, und wenn die Bibel selbst als veraltet dargestellt wird, die keine Relevanz für das wahre Leben hat,[32]

Heldentod nicht entehren? Also hielt ich sie tapfer zurück; aber die Traurigkeit in meinem Herzen konnte ich nicht verhindern. A.a.O., S. 38.

[31] Die Erfahrung, dass ein begehrender Blick oft nicht frei von egoistischen Motiven ist, machte Maria Hirschmann im 3. Reich öfter. In einem Gespräch mit einem Freund, der von einem Russland-Feldzug zurückkam, fand Maria in seinem Blick nicht nur Liebe um ihretwillen, sondern eine Lebensgier, die sie in den Augen aller sah, die von diesem Feldzug zurückgekommen waren. In den Worten ihres Freundes kam es zum Ausdruck: „Es ist mir gleich, ob die höchste Erfüllung der Tod für das Vaterland ist. Ich will jedenfalls noch nicht sterben. Ich möchte leben und das Leben genießen, jeden Augenblick davon. Das Leben ist so kurz; und ich möchte herausholen, was herauszuholen ist. Betrogen werden wir sowieso!" Sie schreibt: „Plötzlich wurde mir klar, was in der Tiefe seiner Augen zu lesen war, was er zu verbergen versucht hatte: Lebensgier.", A.a.O., 72. Doch gerade diese Lebensgier machte wiederum viele zum Objekt anderer, deren Lebenshunger sie erfüllen sollten, sodass sie Zuwendung nicht um ihrer selbst willen erleben konnten.

[32] Maria sagte über die Bibel zu ihrem Freund: „Es ist ein sehr schönes Buch, aber heute völlig überholt und veraltet. Es ist ein Buch für Feiglinge und Schwächlinge." Da sie bei Pflegeeltern aufgewachsen war, die oft darin gelesen hatten, wusste sie, dass sie vor allem ihrer Mutter Unrecht damit tat, denn sie hatte sie weder als schwach noch als feige erlebt. Doch durch die Ideologie des Führers kam sie zu dem Schluss: „Ich hatte sie mit ihrem Glauben hinter mir gelassen und meine Kraft ungeteilt dem Führer zur Verfügung gestellt." A.a.O., S. 72. Als sie dann von einem ihrer Freunde hörte, der vom Russland-Feldzug zurückgekommen war, dass die Soldaten nach Bibeln verlangt hatten, um sterben zu können, nachdem die Russen den Ring um die eigenen Truppen geschlossen hatten, hatte sie nur Verachtung für sie übrig. Sie beschreibt ihre damaligen Gefühle und Gedanken im Rückblick so: „Ein Kamerad, der aus der Gefangenschaft fliehen konnte, erzählte mir, dass die Jungs nur um eine einzige Seite gefleht hätten, und sie weinten beim Lesen und küssten das Papier. Die armen Kerle müssen völlig verrückt geworden sein, dass sie sich wie Weiber benahmen ... Mein Freund war immer stolz und stark, ein Idealist. Es beleidigt meine Erinnerung an

dann wird deutlich: Es braucht ein gnädiges Eingreifen aus einer anderen Dimension. Nur so kann der Blick auf sich selbst und dann auch auf andere mit Gottes Sicht in Übereinstimmung kommen. Und zugleich ist es eine Entscheidung, sich für die Wahrheit seiner Worte zu öffnen und sie im Glauben auszusprechen, auch wenn das Herz es noch nicht fühlen kann.

Die wahren Werte im Glauben aussprechen

Alles kommt darauf an, wer der Führer ist, der das Fühlen und Denken beherrscht[33], und wem man folgt. Ist es der wahre König, der das Herz zur Wahrheit einer höheren Ebene befreit und Gottes Reich der Liebe baut, dann werden die Lügen der verdrehten Werte genau auf *die* Weise überwunden, wie sie eingeprägt wurden: durch Aussprechen und bekenntnismäßiges Wiederholen, im Takt und der Melodie seiner Liebe, die dann auch zum Tanz befreit.[34] Von den Augen angefangen, können die neuen Bekenntnisse den Lügen entgegengehalten werden, bis sie verschwinden. Denn jedes Wort der Wahrheit ist ein Samenkorn des Echten, welches das Unkraut des Unwahren und Unechten verdrängt.

Da die Beschreibungen von dem ausgehen, was Jesus, der wahre König sieht, kann der Dank auch bei ihm beginnen. Dann könnte es

---

ihn, auch nur daran zu denken." A.a.O., S. 71. Denn sie glaubte: „Selbstaufopferung ist die höchste Erfüllung eines Menschenlebens … Das ist es, was der Führer uns gelehrt hat." A.a.O. Da er Deutschland den Mächten des Todes geweiht hatte, war es auch der Tod, der zu verherrlichen war. Doch jede Trauer um einen verlorenen Menschen entlarvt diesen Unwert als Lüge Satans.

[33] Vgl. die Bilder auf der rechten Seite der Gehirnhälfte, die dann die linke Seite beherrschen. Wenn nicht Gottes Geist dort regiert und den wahren König offenbaren kann, wird ein anderer mit Zwang diktieren, was gesprochen werden darf und was nicht.

[34] Mark Wolynn beschreibt, dass neues Denken im Gehirn neue Nervenbahnen entstehen lässt. Und genauso, wie destruktive Gedankenmuster, die häufig wiederholt werden, sich ins Gehirn einbahnen, können positive Gedanken trainiert und so ins Gehirn eingeschrieben werden. Bei ausreichender Wiederholung laufen sie automatisch ab. Mark Wolynn, *Dieser Schmerz ist nicht meiner.* Kösel Verlag, München 2017. Zitiert in M. Klotz, *Traumata*, S. 203, Fußnote 156. Auch E. W. Kenyon und Don Gossett betonen, wie viel Macht im Bekenntnis unserer Worte liegt, bzw. darin, mit wem wir uns eins machen und was wir dann aussprechen. Denn jede Tat beginnt mit einem inneren Bekenntnis. Vgl. E.W. Kenyon & Don Gossett, *Die Kraft deiner Worte*, Shalom-Verlag, Bad Griesbach 1981.

zum Beispiel heißen: „Danke, dass du in meinen Augen den Heiligen Geist siehst, der meine Augen mit Wahrheit erfüllt. Danke, dass du meine Hingabe an dich wertschätzt, selbst wenn ich noch zögernd und unsicher bin. Danke, dass meine Hingabe an Kraft und Majestät gewinnt, je mehr ich in deine Augen voller Liebe sehe. Danke, dass ich dein Wort wie Brot ‚kauen' darf und dass dabei nicht Tempo, sondern Liebe zählt …"[35] Dieser kindliche Weg, auf dem die Wahrheit wie ein Geschenk empfangen werden kann, ist zugleich der Königsweg, wo das ganze Wesen Verwandlung und Erneuerung erfahren kann, sodass Nachfolge möglich wird:

Mit erneuerten Sinnen den Königsweg Gottes gehen

Die Zahl Acht ist nicht nur ein Symbol für in sich geschlossene Schönheit; sie steht auch für Erneuerung, denn es ist die Zahl des Neuanfangs und der Auferstehung: Es ist der achte Gottestag, von dem Johannes in der Offenbarung schreibt: „Siehe, die Hütte Gottes bei den Menschen."[36] Dreht man die Zahl um 90 Grad, ergibt sich das Zeichen für unendlich.[37] Das Ziel, das Reich Gottes, des Vaters, in

---

[35] Die Fortsetzung könnte lauten: ‚Danke, dass ich von deiner Erlösung reden darf und nicht mehr ‚mit den Wölfen heulen' muss. Danke, dass du dabei auch mein schwaches Zeugnis mit deiner Kraft erfüllst. Danke, dass du mich noch immer liebst und ich auch dich liebhaben darf. Danke, dass du mich nicht nach dem beurteilst, was noch ungenießbar an mir ist, sondern nach dem, was du schon an mir getan hast und mich liebenswert in deinen Augen macht. Danke, dass ich dich suchen darf, wenn ich von alten Bildern und Anklagen angefochten werde. Danke, dass dein Nahesein mich rettet. Danke, dass du mich ausrüstest, anderen von dir zu erzählen, sodass sie satt werden und dich besser kennenlernen können und wollen …' Eigene Worte und Beispiele könnten hinzugefügt werden, bis die Seele es glaubt. Lieder, die beschreiben, wie Jesus uns sieht, können eine weitere Hilfe sein. Oder einfach eine Melodie zu wählen und den Beschreibungen Töne zu geben, kann der Seele helfen zu heilen und zu glauben. Denn das ist Lobpreis, der in die Anbetung des wahren Vaters und in ein liebendes Vertrauen zu unserem wahren Bruder und Bräutigam führt. Vgl. Joh. 4,24.

[36] Offb. 21,3. Seit dem ersten König nach Gottes Herzen, David um 1000 v. Chr., und Jesus, dem König der Juden und Sohn Davids, ist es jetzt das dritte Jahrtausend, in dem der Gottessohn auf der Ebene des Geistes seine Braut aus allen Nationen ruft und mit ihr sein Reich der Liebe und des Friedens baut, das aus einer höheren Ebene kommt als alle Reiche des Hasses und der Gewalt.

[37] Darauf weist Gerhard Kringe hin in Internetquelle: Gerhard Kringe: *Wort Gottes, Die biblische Zahlensymbolik und die Rückführung zum Vater.* Online abrufbar unter: http://www.gerhard-kringe.de/Zahlens.html. [zuletzt: 05.07.2021].

Vollendung zu erfahren, kann beginnen. Er will es mit der Braut Jesu zusammen erreichen.

Wird sie seine Einladung annehmen und mit ihm gehen? Das ist die Entscheidung, vor der das Mädchen stand und auch die Braut Christi in Deutschland heute steht. Doch durch jeden Blick in seine Augen und durch jedes Wort aus seinem Mund, das sie im Herzen bewegt, reift ihr Entschluss. An ihrer Antwort offenbart sich jetzt ein Glaube, der sie wie ein neuer Tanzschritt in Bewegung bringt:[38]

3. Tanzschritt des Glaubens: Aus dem Hinhören wird Hingabe

Jetzt spricht das Mädchen, das sich bei der letzten Einladung geweigert hatte, mit ihm zu gehen, als noch die Füchse in ihrem Weinberg das Sagen hatten. Doch jetzt, nach der Erkenntnis durch den Heiligen Geist über seine Zuverlässigkeit in der Geschichte seines Volkes zu allen Zeiten und seine persönliche Offenbarung, wie er selbst sie noch immer sieht, ist sie bereit: „Wenn der Tag verhaucht und die Schatten fliehen, will ich zum Myrrhenberg hingehen und zum Weihrauchhügel."[39] Die Füchse mit ihren Einreden sind entmachtet und hinausgeworfen.[40] Die Schatten in ihrem Leben verhindern nicht mehr ihre Hingabe an ihn, auch wenn es manche Herausforderung für sie bedeutet.

Der „alten Schule" absagen

Der *Myrrheberg* steht dabei für die Identifizierung mit ihm. In dem wachsenden Bewusstsein, mit Jesus gekreuzigt zu sein, gibt sie ihre alte Art und die alten Werte in jeder neuen Situation in den Tod;[41] denn nur so gewinnt sie wie ein Schmetterling die Leichtigkeit des

---

38 Vgl. Röm. 5,1.2: Durch Glauben haben wir Zugang zum Leben im Geist, um seine Herrlichkeit zu sehen.

39 Hld. 4,6.

40 Vgl. Mk. 16,9, wo berichtet wird, dass Jesus sieben Dämonen wie Füchse von Maria Magdalena ausgetrieben hat. Die Vollmacht, so zu handeln, hat Jesus auch seinen Nachfolgern anvertraut, denn er sagte: „Wie mich der Vater gesandt hat, so sende ich euch." Joh. 20,21.22; 1. Joh. 4,17.

41 Vgl. Gal. 2,19.20. Jetzt gilt es, die neue geistliche Identität, unser wahres Ich, kennenzulernen und anzunehmen. So kann ich beten: „Zeig mir, wie du mich siehst, und verwandle mich in meine wahre Persönlichkeit … Du weißt alle Dinge, du weißt auch, dass ich dich liebe."

Auferstehungslebens, was für sie bedeutet, nicht mehr im Schatten und am Boden des Alten bleiben zu müssen, sondern im Licht und in der Neuheit seines Lebens und seiner Art mit ihm „fliegen" zu dürfen. Es mag sich manchmal wie ein Verlust anfühlen, auf den alten Stolz und das Recht auf das letzte Wort zu verzichten; aber der Blick auf die größere Liebe und das größere Reich, wo Gott der König und zugleich ihr Vater ist, macht es möglich.[42]

Hld 4,6

„Ich will!"

„... zum Myrrhenberg hingehen und zum Weihrauchhügel."

Das ist nicht ohne den *Weihrauchhügel* zu gewinnen und zu bewahren. Das ist ihr bewusst, denn Weihrauch steht für ein neues Gebetsleben, das die Herzensverbindung mit ihm, dem Liebenden, pflegt. Es bedeutet nicht nur ein „geschäftsmäßiges" Präsentieren einer inneren oder äußeren Fürbitte-Liste, was er ihrer Meinung nach zu tun hat. Vielmehr gleicht es einem Eintauchen in sein Herz und einem Übernommenwerden von seinen Herzenswünschen, sodass sie von dem bewegt wird, was den Bräutigam bewegt, und sie fühlen kann, wie er fühlt. Es bedeutet ...

... die Anbetung seiner Liebe im Herzen zu kultivieren

Diese Einheit im Geist kann nicht im Rennen und Beschäftigtsein mit vielen Dingen gewonnen werden, sondern nur in Zeiten der Zweisamkeit, die freiwillig für ihn reserviert werden.[43] Auf diesem Weihrauchhügel zu wohnen, ist nicht nur der einzige Weg, um in den Härten des Lebens nicht bitter zu werden, wobei man leicht andere verletzt, gerade im Dienst für diesen Herrn;[44] dieser Weihrauchhügel als Bild für anbetendes und vertrauendes Gebet ist auch der Ort, um das

---

[42] So sagt Paulus in Phil. 3,7-14: „Aber was mir Gewinn war, das habe ich um Christi willen für Schaden gehalten. Ja, ich halte in der Tat alles für Schaden wegen der überragenden Erkenntnis Christi Jesu, meines Herrn, für den ich alles verloren habe, und halte es für Dreck, damit ich Christus gewinne." Vgl. Eph. 4,24-32.

[43] Vgl. Luk. 10,38-42. Es gleicht dem Öl der Anbetung und der liebenden Verbindung mit dem Heiligen Geist, der die fünf klugen Jungfrauen bereit sein lässt, wenn der Bräutigam kommt.

[44] Vgl. Mt. 24,45-51, das dem Gleichnis von den zehn Jungfrauen vorausgeht.

Öl der Hingabe an den Bräutigam zu kultivieren, damit andere wirklich mit der Erkenntnis dessen genährt werden können, der kommt. Ohne dieses Salböl des Heiligen Geistes hätte die Brautgemeinde nichts, um diejenigen satt zu machen, die in der zunehmenden Dunkelheit vor seiner Wiederkunft nach dem Licht des Lebens suchen. Es wird lebensnotwendig sein, im Licht der Liebe dieses Bräutigams zu leben, um nicht von der Finsternis, dem Hass, der Ungerechtigkeit und Unreinheit dieser Mächte verschlungen zu werden. Doch die Freundin, die seine Herzensbewegung schon aufgenommen hat, hat bereits erfahren, dass er auch *ihr* Herz in sich trägt, liebt und versteht. Darum steht ihr Entschluss fest: „Ich will hingehen." Sie spürt: Etwas ganz Neues hat begonnen. Denn jetzt kann sie es wie in einem Tanzschritt auf einer neuen Ebene glauben: Sie ist wirklich berufen, Braut Christi zu sein. Auch als Deutsche. Gerade heute.[45]

4. Tanzschritt des Glaubens: Als Braut Christi im Geist mit Jesus eins werden

Auf diese Entschlossenheit hin hört sie ihren Geliebten direkt in ihrem Herzen aufs Neue sagen, wie er sie sieht und wer sie für ihn ist: „Du bist so wunderschön, meine Freundin, und kein Makel ist an

---

[45] Dabei ist es gerade angesichts einer Kultur des persönlichen und gegenseitigen Abwertens wesentlich, ganz neu auch im Bekenntnis vor sich selbst die Wahrheit des eigenen Wertes auszusprechen und sich in Selbstachtung zu begegnen. Es kann eine Hilfe sein, solche Wahrheiten wie Bekenntnisse aufzuschreiben und an sichtbarer Stelle anzubringen, um es dem eigenen Herzen immer wieder vorlesen zu können, bis es zum inneren Glauben geworden ist. Vgl. dazu auch das Buch von Osborn, *Gottes Bestes*, das solches Aussprechen der Wahrheit über dem eigenen Leben aufnimmt. So ermutigt er an einer Stelle, ein Siebenfaches auszusprechen: „1. Ich bin im Bild Gottes geschaffen. 2. Ich bin einzigartig – einmalig. 3. Ich bin von unschätzbarem Wert – Gott und anderen Menschen gegenüber. 4. Ich bin geliebt – trotz meiner Fehler. 5. Ich bin erlöst und vom Herrn völlig angenommen. 6. Ich bin bevollmächtigt für Seinen göttlichen Dienst an anderen. 7. Ich bin beauftragt als Botschafter Gottes in Seinem Königreich." S. 31. Was auch immer hinter uns liegen mag, es ist nach Osborn möglich und nötig auszusprechen: „Ich nehme den Wert an, den Gott in mich gelegt hat." S. 48. Denn: „Die Voraussetzung für eine überzeugende und dauerhafte Selbstachtung besteht darin, das aus ganzem Herzen sagen zu können." A.a.O. Dort heißt es weiter: „Wenn du dies tust, dann arbeitest du mit Gott zusammen, mit Ihm, das bestmögliche ‚Du' dieser Welt in dir zu entfalten." Auch gedanklichen Attacken mit einer anderen Botschaft kann so begegnet werden.

dir."[46] Eine neue Ebene ihrer Beziehung ist da. Und so kann sie jetzt seinen Auftrag an sie auch als Deutsche in einem weich geliebten Herzen hören und annehmen; denn es ist ein neuer Name, den er ihr gibt: „Mit mir vom Libanon, *meine Braut*, mit mir vom Libanon sollst du kommen, sollst herabsteigen vom Gipfel des Amana, vom Gipfel des Senir und Hermon, weg von den Lagerstätten der Löwen, von den Bergen der Leoparden."[47] Ihr Ja, mit ihm zu gehen, macht sie nicht nur zu einer, die er liebt; auch nicht nur zu einer Freundin, selbst wenn das schon etwas Besonderes ist. Dieser Entschluss macht sie zu etwas ganz Neuem: Sie wird seine Partnerin, die Braut des Königs. Es macht sie makellos in seinen Augen, dass sie ihre tiefste Bestimmung angenommen hat.

Hld 4,7-8

„Komm mit mir, meine Braut, vom Libanon."

Alles, was jetzt kommen mag, wird sie mit ihm zusammen erleben; sie steht im Bund mit ihm, dem Bräutigam des Himmels, der sie ganz unter seine Fürsorge und Verantwortung nimmt. Sie wird mit ihm in die Erntefelder gehen, und zwar von oben her, vom Libanon, dem hohen Berg, der für die himmlischen Welten steht. An seiner Seite gewinnt sie so die Perspektive, die *er* hat. Und er ist „hoch über alle Fürstentümer, Gewalten und Mächte, über jede Herrschaft und jeden Namen, der genannt wird, nicht nur in dieser Welt, sondern auch in der zukünftigen."[48] So hat seine Gemeinde und jeder Einzelne darin den Platz eingenommen, den er für sie erstritten und teuer erworben hat. Denn er hat sie „mit auferweckt und mit eingesetzt in die himmlischen Welten in Christus Jesus."[49] Und dort erfährt sie ein Zweifaches über ihr Leben in diesem Bund. Es bedeutet zum einen …

---

[46] Hld. 4,7.
[47] Hld. 4,8.
[48] Eph. 1,20-22.
[49] Eph. 2,6.

… von oben her über feindliche Mächte zu herrschen

Ja, es gibt Mächte, die sich gegen seine Herrschaft erheben wollen. Noch gibt es „brüllende Löwen“ in der Welt, zum Beispiel im Dickicht der Medien und der digitalen Welt, die ihr die Zuversicht, die Reinheit und die Hoffnung rauben wollen. Noch gibt es Leoparden in den Regierungen auf jeder Ebene, die sie verletzen und in Schrecken versetzen können: kommunal, national und international.[50] Aber an der Seite des Königs, der hoch über allen anderen Reichen steht, soll die Gemeinde Jesu sehen: Sie haben den Krieg bereits verloren, denn „er hat die Fürstentümer und die Gewalten entwaffnet und sie öffentlich bloßgestellt, als er selbst einen Triumph über sie vollbrachte.“[51] Sie erheben sich unrechtmäßig und stehen schon unter Verurteilung. Das gilt nicht nur für die vergangenen Reiche, die untergingen, sondern auch für die zukünftigen. Doch nur an seiner Seite kann die Braut Christi darüber herrschen und diese Mächte ohne Furcht, in der Kraft des Heiligen Geistes und im Namen des Königs in die Schranken weisen, die Gott ihnen gesetzt hat. Denn Gott hat ihr nicht „den Geist der Furcht gegeben, sondern der Kraft, der Liebe und der Besonnenheit“ und ein „Schwert des Geistes“, sein Wort, das „schärfer ist als ein zweischneidiges Schwert.“[52] Alles kann sie in Zwiesprache mit ihm, dem wahren König, ausführen und so die Werke tun, die er vor Grundlegung der Welt für sie vorbereitet hat, zusammen und in der Einheit des Geistes mit ihm.[53] Es sind Werke, die sein Reich bauen, um seinen Namen der Liebe bekannt zu machen und damit ein Haus zu errichten, einen Tempel, in dem er mit den Seinen wohnen kann – das Haus des Vaters, „wie im Himmel, so auf Erden!“[54] Dort ist sie schon jetzt im Glauben, und nichts kann sie von seiner Liebe trennen.[55] Doch noch bedeutet es darum auch …

---

[50] Vgl. 1. Petr. 5,8.9.
[51] Kol. 2,15. Vgl. 2. Kor. 10,4.5.
[52] Vgl. 2. Tim. 1,7; Eph. 6,17; Hebr. 4,12.
[53] Eph. 2,10; vgl. 1. Joh. 3,8; Joh. 20,21.
[54] Mt. 6,10; vgl. Eph. 2,19-22.
[55] Vgl. Röm. 8,31-39.

… kämpfend zu siegen und siegend zu kämpfen

Jesus fordert seine Gemeinde heute wie seine Jünger damals auf, vom Berg der Verklärung, wo seine Herrlichkeit offenbart worden war, wieder in das Tal hinabzusteigen, das von Dämonen besetzt war. Kaum waren sie dort, wurden sie mit ihnen konfrontiert.[56] So erfährt die Braut Christi auch heute ein Zweites: Mit Jesus, dem Bräutigam, zu leben, bedeutet geistlichen Kampf, und das heißt: volle Konzentration auf Jesus, den Sieger, um in Abhängigkeit von ihm dem Feind zu widerstehen und ihm zu gebieten, das Feld zu verlassen.[57] Aber es ist dennoch ein Gehen in seinem Frieden, denn der Tisch ist für seine Braut gedeckt, auch im Angesicht ihrer Feinde.[58] Das bedeutet Frieden trotz Bedrohung und Gehorsam trotz Angst, denn er ist da und spricht ihr zu: „Das habe ich zu euch gesagt, damit ihr in mir Frieden habt. In der Welt habt ihr Angst; aber seid getrost, ich habe die Welt überwunden."[59] Schon jetzt sieht Jesus das Ja in den Augen jedes Einzelnen seiner Brautgemeinde, das durch den Heiligen Geist an Zuversicht gewinnt, während der Blick voll Vertrauen auf ihn gerichtet ist. Und das bringt seiner Braut eine neue Offenbarung über die Gefühle seines Herzens, die sie bisher noch nicht an ihm wahrgenommen hatte. Mitten im Bewusstsein eines Krieges, der mit menschlichen Mitteln nicht zu gewinnen ist, sieht sie sich durch seine Worte in eine Dimension seiner Liebe versetzt, die sie sich nach allem, was war, nicht mehr hatte vorstellen können. Braut Christi zu sein, bedeutet …

… ein Haus der Liebe für sein Herz zu sein

In der Sprache der Liebe dürfen auch wir Worte hören, für die wir in unserem Herzen erst einen Platz bereiten müssen. Doch schon jetzt dürfen wir uns wie die Braut im Hohelied jedes Wort „auf der Zunge zergehen" lassen. Denn er sagt: „Du hast mir das Herz geraubt, meine Schwester, meine Braut! Wie viel köstlicher ist deine Liebe als Wein

---

[56] Vgl. Mk. 9,14-29.
[57] Vgl. Mk. 9,1-9.14-27; und auch 5,1-20.
[58] Vgl. Ps. 23,5 und Lk.10,19.
[59] Joh. 16,33. Vielleicht war ihre erste Antwort wie die des Vaters aus Markus 9,24: „Ich glaube, Herr; hilf meinem Unglauben!" Doch der Horizont des Wortes aus dem Mund Jesu war über ihr gespannt: „Alle Dinge sind dem möglich, der glaubt." Mk. 9,23.

und der Duft deiner Salben als alle Balsamöle!“[60] Vielleicht brauchen wir wie sie Zeit, um darüber nachzudenken, welches Bild sich dabei in unserem Herzen formt. Vielleicht dieses: Wie eine Mutter sich freut, wenn ihr Kind trotz einer schweren Erfahrung auf ein Wort der Liebe und Treue mit Vertrauen reagiert. So bekommt man eine Ahnung, was im Herzen des Bräutigams vorgegangen ist: Dessen Herz wird wie zerbrochen, und er muss sich über dieses Kind erbarmen und alles für es hingeben. Er hat seine ganze Macht an dieses geliebte Gegenüber gebunden. Er kann nie wieder ungerührt vorübergehen, wenn er auch nur das leiseste Seufzen dieses Menschen hört oder einen hilflosen und verzweifelten Blick wahrnimmt.[61] Was auch immer das Kind bewegt, wird auch ihn bewegen. Das hat das Mädchen durch ihr Ja in ihm hervorgerufen, und er spricht es aus: „Du hast mir das Herz geraubt!“[62] Es wird ihn verletzen, wenn es ihm nicht vertraut.[63] Doch es wird ihn mit unbändiger Freude erfüllen, wenn es ihm mit Vertrauen und Gehorsam begegnet, die aus der Liebe kommen. Dann fließt er über in dieser Freude, und die Bilder reichen fast nicht aus, seine Freude mit allen Sinnen zu beschreiben: Diese Liebe seiner Braut ist köstlicher als Wein und duftender als alle Balsamöle. Ihr Reden ist süß für sein Ohr und ernährt zugleich sein Herz wie Honig in seinem Mund. Auch unter der Zunge, das heißt in ihren Gedanken und Gefühlen, ist kein doppelter Boden; sie ist mit ganzem Herzen bei ihm, und so nimmt auch seine Nase den Duft des Himmels

---

[60] „Wabenhonig träufeln deine Lippen, meine Braut. Honig und Milch ist unter deiner Zunge, und der Duft deiner Gewänder gleicht dem Duft des Libanon.“ Hld. 4,9.10.

[61] Vgl. Röm. 8,26. Er gehört mit ganzer Liebe diesem Menschen und hat seine Macht freiwillig an ihn gebunden, um alles für dieses geliebte Kind zu tun und alles mit ihm zu teilen. Er hat ihm erlaubt, ihm das Herz zu rauben. Vgl. Hos. 11,1.4. So hat Gott sich an seinen Erstgeborenen Ephraim gebunden, der für das Volk Israel steht.

[62] Hld. 4,9. Gerade im Blick auf diese Gefühle des himmlischen Bräutigams sind in den letzten drei Jahrzehnten neue Lieder entstanden wie auch dieses zu Hld. 4,7-15: Carolyn Billing (2018): *Jesus Singing to the Bride* (You Have Ravished My Heart) Songs of Songs 4:7-15. Online abrufbar unter: https://youtu.be/UJJP-g8f6ZI. [Zuletzt: 26.07.2021].

[63] Vgl. Hos. 11,3.8.9.

wahr. Sie duftet nach ihm, denn von dort ist er gekommen.[64] Und darin verbirgt sich noch eine weitere Berufung, die sie gerade als seine Braut annehmen will. Denn es bedeutet zugleich …

… seine Schwester zu sein

Durch seine Menschwerdung konnte er ihr Bruder werden, aber durch ihr Ja zu ihm, Jesus von Nazareth, dem König der Juden, ist sie seine Schwester geworden. Ein Kind desselben Vaters im Himmel konnte sie nur durch Glauben werden, durch ihr Ja des Vertrauens auf ihn, der sie ins himmlische Vaterhaus mitnimmt.[65] Doch den König der Juden und sein Volk wie eine Schwester zu lieben, hat mehr Folgen, als sie am Anfang überblicken kann, gerade nach ihrer Geschichte und Erbschaft des Hasses.[66] Trotzdem darf sie im Geist schon jetzt mit ihm in diesem Vaterhaus leben, um die Liebe des Vaters zu empfangen, für die sie geschaffen ist. Und schon jetzt soll sie gewiss sein, dass die größte Romanze ihres Lebens noch vor ihr liegt: Braut des himmlischen Bräutigams zu sein, zusammen mit allen Gläubigen aus seinem eigenen Volk Israel. So wie Ruth, die Moabiterin, es zu ihrer israelischen

Hld 4,10-12

„Wie schön ist deine Liebe, meine Schwester, liebe Braut!“

---

[64] Hld. 4,11: „Deine Lippen, meine Braut, sind wie triefender Honigseim; Honig und Milch sind unter deiner Zunge, und der Duft deiner Kleider ist wie der Duft des Libanon.“ Vgl. Zef. 3,17.

[65] Um ein Kind Gottes zu werden und damit seine Schwester, gilt es, Jesus mit eigenen Worten ins Leben einzuladen, denn im Heiligen Geist ist es möglich. Vgl. dazu Joh. 1,12; Hebr. 2,14-18. Darum kann ich zu ihm sagen: „Herr Jesus, du bist Mensch geworden. Darum glaube ich dir und lade dich als meinen Herrn und Heiland in mein Leben ein. Danke, dass du mich verstehst und liebst. Bitte bring mich in Übereinstimmung mit dir und hab Dank, dass du mich nach Hause zum Vater führst, was auch immer geschieht. Dir gehöre ich jetzt und dir will ich folgen. Gib zum Wollen das Vollbringen. Danke, Vater, dass du mich liebst! Danke, Heiliger Geist, dass du mir diese Liebe bestätigst, mich stärkst und mit Freude erfüllst für den Weg bis zum Ziel. Amen.“

[66] Diese Liebe, die den Juden in Deutschland vor knapp 90 Jahren in Deutschland vielfach verweigert wurde, darf besonders vom deutschen Teil der Braut wieder neu gegeben werden, in der Kraft seines Geistes, der die Mächte des Hasses am Kreuz überwunden hat. Dazu ist sie eingeladen und herausgefordert.

Schwiegermutter Naomi sagte, wird auch sie zu ihm sagen: „Dein Volk ist mein Volk, und dein Gott ist mein Gott.“[67]

Obwohl wir als deutsches Volk diesen Ehrentitel, eine Schwester des jüdischen Volkes zu sein, schon einmal abgelehnt haben, sind wir erneut eingeladen, sein Volk anzunehmen und zu lieben und mit ihm in eine neue Zukunft zu gehen. Denn nach der Nacht dieser Welt würden wir dann zusammen als Königin mit ihm, dem König aller Könige, in Ewigkeit herrschen. Dafür ist er zu ihr gekommen, dafür hat er sein Herz rauben lassen. Und dafür betete er zu seinem Vater, bevor er für sie sein Leben hingab: „Die Herrlichkeit, die du mir gegeben hast, habe ich ihnen gegeben, dass sie eins seien, wie wir eins sind – ich in ihnen und du in mir …“[68] Mit allen Sinnen nimmt er im Geist diese Einheit wahr, in die sie durch ihr Ja eingestimmt hat. Und mit dem Ausruf seiner Hingabe an sie führt er sie in ein neues Bild, wer sie für ihn jetzt ist. Denn sie wird als seine Braut …

… ein Ort seiner Freude sein

Voller Staunen dürfen wir gerade als deutscher Teil seiner Brautgemeinde hören, was unser Ja des Vertrauens zu ihm auslöst und wie er uns sieht. In der Sprache des Herzens dürfen wir es hören und das Bild im Geist und in der rechten Hemisphäre unseres Gehirns aufnehmen, sodass es unser Herz bewegen kann: „Ein verschlossener Garten ist meine Schwester, meine Braut, ein verschlossener Born, eine versiegelte Quelle. Was dir entsprosst, ist ein Lustgarten von Granatapfelbäumen samt köstlichen Früchten, Myrrhe und Aloe samt allerbesten Balsamsträuchern. Eine Gartenquelle bist du, ein Brunnen mit fließendem Wasser und Wasser, das vom Libanon strömt.“[69]

Hld 4,12-15

„Meine Schwester, liebe Braut, du bist ein verschlossener Garten, eine verschlossene Quelle, ein versiegelter Brunnen.“

[67] Ruth 1,16; vgl. Eph. 2,11-22.
[68] In der Fortsetzung heißt es: „Vater, ich will, dass die, welche du mir gegeben hast, auch bei mir seien, wo ich bin, damit sie meine Herrlichkeit schauen, die du mir gegeben hast, denn du hast mich geliebt vor Grundlegung der Welt. Und ich habe ihnen deinen Namen kundgetan und werde ihn kundtun, damit die Liebe, womit du mich geliebt hast, in ihnen sei und ich in ihnen.“ Vgl. Joh. 17,22-24.26
[69] Hld. 4,12-15.

In seiner Schwester und Braut soll mit diesem Bild eine Erinnerung und zugleich eine Hoffnung erwachen: Gleicht diese Beschreibung nicht dem ersten Garten, in dem der König sie einst wie eine Freundin selbst empfangen hatte? Damals hatte sie diesen Garten mit dem Strom des Lebens und der köstlichen Gegenwart ihres Schöpfers und Königs verloren, weil sie auf all diese Fülle mit Misstrauen und Unglauben geantwortet hatte. In diesem Zustand war es nicht mehr möglich gewesen, sein Reich zu bauen wie Gärten, die sie mit ihm anlegt und pflegt.

Doch jetzt – durch ihren Glauben und ihr Vertrauen auf ihn, das Mensch gewordene Wort Gottes – gleicht sie selbst diesem gut bewässerten Garten. Als Sohn Gottes kann er im Geist jetzt in ihr leben und all die köstlichen Früchte des Geistes und der Liebe in ihr Herz pflanzen und genießen, die sie heilen werden und ihn erfreuen. Für sie hatte er Vater und Mutter verlassen, um ihr, seiner Frau anzuhängen.[70] Mit ihr hat er einen neuen Bund geschlossen, darum gehört ihr auch jetzt sein Herz. Sie hat das Pfand seines Geistes empfangen, das sie seiner Liebe vergewissern kann wie nichts anderes.[71]

Wie die Braut im Hohelied sind wir auch gerade in Deutschland jetzt eingeladen, die Bestätigung des Heiligen Geistes aufs Neue zu empfangen, die Braut des wahren Siegers und Königs aller Könige zu sein.[72] Egal welche Hitze der Verfolgung durch die Reiche der Rebellion sie zum Aufgeben zwingen und „verdorren" will – die Braut wird von oben her erfrischt, mitten in der Wüste der Welt, in der sie noch lebt. Denn jetzt fließt die Quelle seiner Liebe unaufhörlich in ihrem Leben, das wie dieser Garten für ihn, den wahren König, da ist. Das weiß sie jetzt.

Er selbst hat auch sie nun mit seinem Geist versiegelt, denn sie hat ihn erneut in ihrem Leben und Land willkommen geheißen. Und dieser Geist wiederum ist eine Quelle der Freude darüber, dass er sie für sich gewinnen, erwerben und kultivieren konnte. Ja, seine Freude an ihr soll sie wie ein Strom erfüllen, der überfließt; denn diese Quelle kommt von oben – im Bild des Libanon ausgedrückt –, aus dem Geist

---

[70] Vgl. 1. Mo. 2,24.

[71] Vgl. Eph. 1,13 und den Kuss des Bräutigams in Strophe 1, S. 43.

[72] Darum darf und kann sie alle Mäntel der Scham von sich abwerfen, egal welches Volk der „Siegermächte" ihr diese noch überstülpen will. So in Nsimbi, *Deutschlands geistlicher Segen*, S. 21.

und vom Thron Gottes, und hängt nicht vom Tagesgeschehen oder ihren wechselnden Gefühlen ab.

Für den Geist der Rebellion ist diese Quelle unerreichbar, bei ihm gibt es keine Freude. Und gerade darum kann er sie nicht aufhalten und nicht auf Dauer rauben.[73] Diese neue Freude am Leben mit Jesus wird sich vielmehr Bahn brechen wie ein unterirdischer Strom der Wahrheit, der einen Weg durch alles Geröll und alle Felsen von Lügen findet; er wird hervorbrechen und jeden Durst nach Leben stillen.[74] Denn seine Braut wird …

… ein Quellort des Heiligen Geistes sein

Der Bräutigam will seine Braut in jedem Volk auch angesichts großer Prüfungen und Herausforderungen der Zukunft vergewissern: Seine Freude an ihr ist die Quelle ihrer Stärke.[75] Sie ist angeschlossen an den Heiligen Geist, diese Quelle der Liebe im Himmel, die keine Hitze und kein Feuer der Prüfung in der sichtbaren und unsichtbaren Welt auslöschen kann. Und dieses Wasser aus der Höhe wird auch unter großem Druck die köstlichen Früchte zur Blüte und zur Frucht bringen, die der Bräutigam gepflanzt hat.[76]

Dieses Wasser kann zum einen in vergangenen Erfahrungen der Hilfe Gottes in Brunnen durch Dank und Anbetung gespeichert und geschöpft werden.[77] Zum andern gleicht es einem Strom auf dem Weg, der uns begleitet, und der im Wort Gottes zu finden ist.[78] Wer wie die Braut im Hohelied dieses lebenspendende Wort aus Gottes Mund anbetend in sich aufnimmt, bei dem wird es sich, Fontänen gleich, immer wieder Bahn brechen, wie in jedem, der ihm sein Leben anvertraut und dem Heiligen Geist Raum gemacht hat.[79] Denn

---

[73] Vgl. dazu Jerry Savelle, *Wenn Satan deine Freude nicht rauben kann, kann er nicht zurückhalten, was dir gehört!*, Shalom-Verlag, Bad Griesbach 2002.

[74] Diese Bilder liegen in einem geistlichen Lesen des Alten Testaments: vgl 2. Mo. 17,1-7; 1. Kor. 10,4; Joh. 4,14; 7,38.39.

[75] Vgl. Neh. 8,10 und Strophe 1, S. 17.

[76] Vgl. Gal. 5,22. Vgl. Ps. 1,1-3; Jer. 17,7.8.

[77] Vgl. Ps. 103,2. Gerade angesichts neuer Herausforderungen kann die ausgesprochene Erinnerung an frühere Hilfe die Seele aktivieren, sodass sie sagen kann: „Allmächtiger Vater im Himmel, ich vertraue dir auch jetzt!“

[78] Vgl. Ps. 110,7, geistlich gelesen.

[79] Vgl. Joh. 7,37-39. Durch diesen Geist werden dann auch duftende Balsamkräuter gedeihen, die verletzte Seelen heilen können. Ebenso wird der Duft der Myrrhe, des

wie sie dürfen wir spüren, dass er uns gerne sieht, wenn wir uns im Glauben von seinem Wesen nähren und ihm immer neu unser Vertrauen schenken. Dann kann auch die Braut Christi in Deutschland in ihrem Herzen hören und sehen, dass er Lust an ihr hat, denn er hat es selbst gesagt: „Was dir entsprosst, ist ein Lustgarten!“[80] Dazu ist sie berufen: Sie darf …

… seine Liebe glauben und davon leben

Im Glauben sieht sie jetzt: Ihm geht es nicht, wie manche Söhne ihrer Muttergemeinde ihr weismachen wollten, nur um ihre Nützlichkeit auf dem Acker der Welt.[81] Es geht nicht nur um harte Arbeit im Weinberg. Nein, sie selbst ist ein Lustgarten für ihn, wenn sie im Glauben mit ihm geht. Und die „süßen“ Früchte verborgener Anbetung und Hingabe an ihn sind immer neu eine Quelle der Freude für ihn.

Darum sind auch wir eingeladen, uns wie die Braut im Hohelied mit unserem Leben nur ihm zu geben und ein für ihn abgesonderter Garten zu sein, verschlossen selbst für den Beifall der Welt. Denn für ihn sind wir niemals wertlos wie „altes Eisen“ und werden darum in keinem Alter „aussortiert“, ganz gleich, wie viele Lebensjahre wir zählen. Was bei ihm zählt, ist die erneuerte Jugend unseres Glaubens, der durch seinen Geist und unsere Gemeinschaft mit ihm immer neu aufgefüllt wird, sodass, im Bild gesagt, unser Becher überläuft.[82]

Und alles, was wir aus diesem von ihm selbst geschenkten Glauben dann in Liebe tun, wird auch von ihm gesehen und wertvoll sein. Dann kann es uns wie dem Pianisten gehen, der sich nach einer Vorstellung angesichts von tosendem Applaus von Tausenden nur vor seinem Meister verbeugte, der ihm mit Wohlgefallen zunickte.[83] Ihm zu gefallen, dem er alles verdankte, war genug. Es war wertvoller als aller Reichtum, den sein Können ihm auf den Bühnen dieser Welt

---

stellvertretenden Leidens und Sterbens Jesu, von seiner Braut ausgehen, weil sie an die große Liebe denkt, die ihn dazu gebracht hat, sein Leben für sie zu lassen. Vgl. 1. Kor. 11,26.

[80] Hld. 4,13. Vgl. Ps. 18,20.

[81] Vgl. Hld. 1,6 und die Werte aus dem Nationalsozialismus: Nur Arbeit zählt. Darum war wertlos, wer zum „alten Eisen“ zählte, das nur noch weggeworfen werden konnte.

[82] Vgl. Ps. 23,5 und Ps. 103,5.

[83] Vgl. Bickle, *Hohelied*, Band 1, S. 73f.

eingebracht hatte. So wie dieser Meister gekommen war und seinem einstigen Schüler zugehört hatte, so kam auch der Bräutigam zu seiner Braut, um sie mit einem Herzen voller Liebe anzusehen und ihr zuzulächeln.[84] Diesen Blick der Liebe aufzufangen, ist in alle Ewigkeit genug für die, die er als sein geliebtes Ebenbild wiederhergestellt hat – nach allen Verdrehungen des Feindes in ihrem Leben, ihrem Land und Volk, das aus einem Garten des Lebens ohne das Licht und die Quelle des Heiligen Geistes eine Wüste und einen Friedhof gemacht hatte.[85]

Deshalb dürfen wir wie die Braut im Hohelied angesichts von allem, was noch kommen mag, furchtlos und voll Vertrauen ausrufen: „Wach auf, Nordwind, und komm, Südwind! Lass duften meinen Garten, lass strömen seine Balsamöle! Mein Geliebter komme in seinen Garten und esse seine köstlichen Früchte!“[86] Wie sie dürfen wir in der Gewissheit frei werden: ‚Alles gehört ihm. Er ist der König über alle Reiche und darf sich durch seinen Geist auch in mir bewegen und mich führen. Denn er ist es, der mir alles gibt, was ich für dieses Leben brauche, am Tag und in der Nacht.‘[87] So verbunden wird es dann schon jetzt möglich: Sie kann …

Hld 4,16

„Mein Geliebter komme in seinen Garten!“

… im Glauben alle Berge überwinden

Ihr Geliebter hatte sie fünf Mal seine Braut genannt. Gerade in Deutschland kann uns neu bewusstwerden: Es ist eine Zahl, die Gnade bedeutet; denn ganz unverdient hat er uns trotz allem wieder neu

---

84 Vgl. 4. Mo. 6,24-26.

85 Vgl. Czwalina, *Das Schweigen redet*, S. 55-57 und *Einführung: Wie alles begann.* Vgl. die Beschreibung der Gottlosen ohne die Quelle des Heiligen Geistes in Ps. 36,3 im Gegensatz zur Beschreibung der Gottesfürchtigen in V. 8-10.

86 Hld. 4,16.

87 Mit einem anderen Liederdichter können wir dann sagen und singen: „Herr, mein Hirt, Brunn aller Freuden, du bist mein, ich bin dein, niemand kann uns scheiden. Ich bin dein, weil du dein Leben und dein Blut mir zugut in den Tod gegeben; du bist mein, weil ich dich fasse, und dich nicht, o mein Licht, aus dem Herzen lasse. Laß mich, laß mich hingelangen, da du mich und ich dich leiblich werd umfangen.“ Paul Gerhardt (1653): *Warum sollt' ich mich denn grämen,* Strophen 11 und 12. In: *EG*, Nr. 370.

erwählt. Aber es ist auch eine Zahl der Entscheidung, denn es sind noch einmal die fünf Finger seiner Hand, die auf unseren Handschlag warten.

Wird die Braut Christi in Deutschland einschlagen und mit ihm gehen, wenn die Berge Schwierigkeiten bedeuten?

Zusammen mit der Braut im Hohelied dürfen auch wir uns der Entscheidung öffnen: Egal, woher der Wind weht – ob er Schwierigkeiten und Kälte bringt, oder ob er uns als sanfte Brise erfrischt –, alles soll unseren Garten durchströmen und den Duft seiner heilsamen Gegenwart hinaustragen, wohin die Reise uns auch führt. Denn die Braut im Hohelied hat es im Glauben ergriffen: Sie ist *sein* Garten! Sie gehört nicht sich selbst. Sie ist um seinetwillen auf der Welt. Er hat sie mit seinem Blut erworben, und darum gehört alles in ihr nur ihm. Und wie sie dürfen wir es im Glauben ergreifen: Mit ihm an unserer Seite kommen wir nicht zu kurz. Im Gegenteil, wir werden erst schön, wenn er die Pflege unseres Lebens übernimmt. Und seine Pflegemittel werden alle Falten unseres alten Lebens – das wir ohne ihn und ohne seine bedingungslose Liebe gelebt haben – verschwinden lassen. Wie sie dürfen wir glauben, dass wir nur gewinnen können, wenn wir erkennen und anerkennen: Mein Leben ist *sein* Garten. Was mich schön und wertvoll macht, hat er in mich hineingelegt. Jetzt soll er auch ernten.

Das zu erkennen, wird die Wende in unserem Leben sein, denn dann können wir wie sie von Herzen beten: *"Dein* Reich komme, *dein* Wille geschehe, wie im Himmel, so auch in meinem Leben!" Wie die Braut im Hohelied sind wir für diese Festlegung befreit, die uns alle Zweifel überwinden und uns gewiss werden lässt: „Ja, ich kann nur gewinnen. Denn ich gehöre dem wahren Sieger, der mich liebt!"

Dieses Banner der Liebe hält die Braut jetzt hoch. Sie ist bereit, mit ihm über alle Berge zu reiten, über die er sie mitnehmen würde. Mit ihr können auch wir uns auf das Pferd seines Wortes schwingen, denn er reicht uns seine Hand.[88] In der Leichtigkeit seines Geistes hebt er uns jetzt hinter sich auf den Sattel seiner Liebe. Dort ist Gewissheit. Und unser „Schlachtruf" ist jetzt Programm: „Die Liebe hat am Kreuz gesiegt! Wir selbst sind der Beweis: Jesus ist Sieger!" Darum

---

[88] Vgl. Offb. 19,11-16.

kann unsere Botschaft nur sein: „Die Liebe siegt! Das Reich der Finsternis ist im Licht dieser Liebe überwunden. Auch in Deutschland, auch für dich und mich." Und jeder, der glaubt, gewinnt.[89]

[89] Vgl. 1. Joh. 4,4; 5,4. Vgl. das Lied von Christoph Blumhardt (1852): „Daß Jesus siegt, bleibt ewig ausgemacht, sein wird die ganze Welt. Denn alles ist nach seines Todes Nacht in seine Hand gestellt. Nachdem am Kreuz er ausgerungen, hat er zum Thron sich aufgeschwungen. Ja, Jesus siegt, ja, Jesus siegt!" In: *Lieder für die Gemeinde, Ich will dir danken,* Hänssler-Verlag, 10. Aufl., Holzgerlingen 1991, Nr. 313, Strophe 1. Im Folgenden zitiert als *Lieder für die Gemeinde*.

Sela

1. Worin besteht meine Berufung als Braut Christi?

Anregung: Geh die einzelnen Tanzschritte durch und frage dich: Lebe ich als Braut? Was darf ich glauben? Wofür will ich mich neu öffnen? Was will ich in Glauben und Gebet neu ergreifen?

2. Wodurch wird diese Berufung bestritten?

Was hält mich ab, mich in seinen Augen als schön zu erkennen? Durch welche Sätze sitzt meine Seele noch „im Keller“?

Anregung: Schreibe sie auf und male ein Kreuz darüber.

3. Welche Schritte ist Jesus gegangen, um seine Braut wiederherzustellen?

Anregung: Geh durch die Tanzschritte und halte dankend fest, was er für dich getan hat und tut. Was sieht er in dir, was spricht er dir zu, um deine Nachfolge zu ermöglichen?

4. Welche Tanzschritte des Glaubens will ich einüben?

Anregung: Schreibe seine Beschreibung an den Spiegel, in den du jeden Morgen siehst, und glaube dich hindurch! (Vgl. Hld. 4,1-5.) Denn Gottes Zusage gilt, wie im folgenden Lied ausgedrückt:

1. Ich bin bei dir, wenn die Sorge dich niederdrückt, wenn dein Leben dir sinnlos scheint, dann bin ich da. Ich bin bei dir, auch wenn du es nicht glauben kannst, auch wenn du es nicht fühlen kannst, ich bin dir nah.

2. Hab keine Angst, wenn du nachts nicht mehr schlafen kannst, wenn du grübelst, was morgen wird, du hast doch mich. Hab keine Angst, auch wenn andre nicht zu dir stehn, wenn du meinst, dass du wertlos bist, ich liebe dich.

Refrain:

Und ich hab alles in der Hand, kenn dein Leben sehr genau, ich weiß um alles, was du brauchst, Tag für Tag. Hab keine Angst, ich liebe dich. Du kannst meinem Wort vertraun und du wirst sehn, wie ich dich führe Schritt für Schritt.

3. O welch ein Tag, wenn wir uns gegenüber stehn, und du siehst, dass dein Lebensweg ein Weg war zu mir. //: Dann wirst du staunen und verstehn, alles hatte seinen Sinn, und du wirst sehn, ich hatte alles in der Hand. ://[90]

[90] Dt. Titel: „Ich bin bei dir"; Originaltitel: „Thank You Lord"; Text & Melodie: Daniel L. Burgess; dt. Text: Birgit Dörnen; © 1978 Bud John Songs; für D, A, CH: Universal Music Publishing, Berlin; in: *Feiert Jesus! 3*, Hänssler-Verlag, 1. Aufl., Holzgerlingen 2005, Nr. 87.

TEIL 2

Im Bund mit Jesus, dem Bräutigam

Strophe 5

Darum erkennt sie seine Schönheit auch im Schmerz

Nach den acht Bestätigungen ihrer Schönheit in den Augen des Königs[1] sagt das Mädchen, das er schon lange zur Braut erwählt hatte, Ja zum Bund der Liebe und des Lebens mit ihm. Damit beginnt für sie ein ganz neuer Lebensabschnitt als Braut des himmlischen Bräutigams, mit dem sie im Glauben den „Bund der Ehe“ geschlossen hat. Auch der deutsche Teil der Braut Christi kann sich nach den schweren und folgenreichen Entscheidungen in seinem Volk und Land, das den Heiligen Geist ausgeschlossen hatte, aufs Neue für diese Quelle des Lebens und der Liebe öffnen. Gerade so darf die Braut Christi in Deutschland im Glauben in den Bund der größten Liebe eintreten. Dann würden sowohl die Härte und Abgestumpftheit[2] aus ihrem

---

[1] Hld. 4,1-5.

[2] Da auch deutsche Familien auf vielfältige und umfassende Weise durch die Kriegsschrecken in Mitleidenschaft gezogen waren, ihnen jedoch wegen der deutschen Schuld an den Weltkriegen kein Recht auf Leiden zugestanden wurde, konnte dieser Schmerz nur verdrängt werden, was in der nächsten Generation diffuse Ängste oder Abgestumpftheit zur Folge hatte, denn „wenn das Trauma der Eltern unerkannt, unbenannt und unbesprochen bleibt, dann kann es von den Kindern nicht ‚geortet‘, verbalisiert und symbolisiert werden. Somit bleiben die Generationengrenzen durchlässig. In der Folge können die Kinder dieser traumatisierten Eltern keine klare Abgrenzung zur Elterngeneration finden und bleiben unaufgelöst über das ‚Verschwiegene‘ mit ihnen verbunden.“ So Dagmar Soerensen-Cassier, Transgenerationelle Prozesse von NS-Traumatisierungen, 138. In: Radebold, Hartmut (Hrsg.): Kindheiten im Zweiten Weltkrieg und ihre Folgen. Psychosozial-Verlag, Gießen 2004, 137-146; zitiert in M. Klotz, *Traumata*, a.a.O., S. 42 und 43. Zu dieser Abgestumpftheit als Trauma-Bewältigungsstrategie mehr auf

Herzen weggeschwemmt werden, als auch die Ängste, die sie zurückgehalten haben, sich ihm anzuvertrauen und ihm zu folgen.[3] Mit

---

S. 30 und S. 193. Gerade für Kriegskinder und die nächste Generation der Kriegsenkel könne es oft ein längerer Weg sein, „Trauma-Symptome wie Ängste, Störung der Beziehungsfähigkeit, Dissoziationen, Depressionen und oft auch autoaggressive Verhaltensmuster" zu überwinden. Vielmehr ereignet sich „das Leben der traumatisierten Personen auf einem mühsamen, oft eintönigen Niveau" und die Trauma-Symptome verhindern, dass die Betroffenen so leben, wie sie es sich eigentlich wünschen. Doch je mehr das Beheimatetwerden in den himmlischen Regionen durch den Heiligen Geist Realität im Herzen wird, desto plötzlicher kann der alte Mantel der Schwere und der Depression aus dem Familienerbe abgelegt werden. Dann kann die Erfahrung von Martin Luther in seinem sogenannten Turmerlebnis auch die eigene werden: „Bis Gott sich erbarmte und ich, der ich Tag und Nacht nachgedacht hatte, den Zusammenhang der Worte begriff, nämlich: **der Gerechte wird aus Glauben leben**. Da fing ich an, die Gerechtigkeit Gottes zu verstehen, durch die der Gerechte als durch ein Geschenk Gottes lebt, nämlich aus Glauben heraus. Und dass dies der Sinn sei: dass durch das Evangelium Gerechtigkeit Gottes offenbart werde, nämlich eine passive, durch die Gott uns in seiner Barmherzigkeit durch Glauben rechtfertigt, wie geschrieben steht: **der Gerechte soll aus Glauben leben**. Hier spürte ich, dass ich völlig **neu geboren** sei und dass ich durch die geöffneten Pforten in das Paradies selbst eingetreten sei, und da erschien mir von nun ab die Schrift in einem ganz anderen Licht. Ich eilte durch die Schrift hindurch, wie es mein Gedächtnis hergab, und verglich in anderen Wörtern die Analogie, dass nämlich das Werk Gottes das ist, das Gott in uns tut, die Kraft Gottes, durch die er uns mächtig macht, die Weisheit Gottes, durch die er uns weise macht, die Stärke Gottes, das Heil Gottes, die Ehre Gottes. Und so sehr ich die Vokabel Gerechtigkeit Gottes gehasst hatte, so viel mehr nun hob ich dieses süße Wort in meiner Liebe empor, sodass jene Stelle bei Paulus mir zur Pforte des Paradieses wurde." (Die „Stelle" = **Römerbrief 1,17**: „Der Gerechte aber wird aus Glauben leben"). Martin Luther und seine „Turmstunde". Eine Biographie für Christliche-Autoren.de. Online abrufbar unter: https://www.christliche-autoren.de/luther.html. [Zuletzt: 26.07.2021].

[3] Vgl. Joachim Süss, der klar benennt: „Kriegsenkel tragen ein Erbe in sich, das aus der unerledigten und unerträglichen Beschädigung der Eltern entstanden ist." In: *Die entschlossene Generation. Die Kriegsenkel verändern Deutschland,* 1. Auflage. Europa-Verlag, München 2017, S. 146, zitiert in Klotz, *Traumata*, S. 43. „Es ist davon auszugehen, dass 50 bis 60% der Nachkommen der Kriegskinder heute mit den Folgen des geerbten Traumas zu kämpfen haben, die sie intuitiv fest an die traumatische Vergangenheit der Eltern binden. Man muss also von einem kollektiven deutschen Trauma ausgehen, das sich nun mit genügend zeitlichem Abstand seinen Weg in die kognitive und zunehmend auch öffentliche Wahrnehmung bahnt." Dort finden sich auch weitere Literaturhinweise. Gerade vor diesem Hintergrund ist es so erstaunlich und ermutigend, was möglich ist, wenn der Heilige Geist in einem Menschen diese Ebene der transgenerationalen Verletzungen berührt und die Seele so verwandelt, dass sie vom Geist für ihr

dem achtfachen Ja zu dem, was es heißt, seine Braut zu sein, kann sie wie die Braut im Hohelied jetzt mit Jesus eins werden, was auch immer kommen mag.[4] Und wie auch immer die Reaktionen der Weltsysteme im Kleinen und Großen sein würden, seine Braut muss nicht mehr zu ihnen gehören; denn als Geliebte des wahren Königs will sie persönlich und gemeindlich nicht mehr mit ihnen zusammenarbeiten.[5] Dann können sich ihre Ziele wie bei der Braut im Hohelied auch in Deutschland wandeln. Denn es geht ihr nicht mehr darum, eine in sich geschlossene, aber nur scheinbare „Schönheit“ zu sein, die vielleicht von den staatlichen Leitern anerkannt sein mag, sich jedoch ihrem himmlischen Bräutigam und seinem Geist verweigert. Jetzt will sie nicht mehr in Einheit mit Kirche und Staat stehen,[6] sondern eins

---

wahres Leben befreit wird, sodass trotz aller Traumata die Träume Gottes in ihrem Inneren zum Vorschein und zur Verwirklichung kommen.

[4] Hld. 4,6-16.

[5] Vgl. Hld. 1,6 und Strophe 1, S. 41.42.

[6] Die Verknüpfung von Kirche und Staat in Deutschland war nach dem ersten Weltkrieg auf evangelischer Seite noch geprägt von der Monarchie, so dass der Kaiser seit der Reformation Schutzherr der Kirche war. Da sich die Protestanten zum einen durch die Folgen des Versailler Vertrages nachhaltig gedemütigt fühlten, war die Abdankung des Kaisers für weite Teile des Protestantismus ein zusätzlicher Schock. Darum verweigerte die Mehrheit des deutschen Protestantismus der Weimarer Demokratie die Zusammenarbeit. Während sich nach Frank-Michael Kuhlemann darum viele eine Rückkehr zur Monarchie wünschten, sahen andere auch die Vorteile, die sich aus der Trennung von Kirche und Staat ergaben. Er schreibt in Kuhlemann, Protestantische „Traumatisierungen“. Zur Situationsanalyse nationaler Mentalitäten in Deutschland 1918/19 und 1945/46. In: Gailus, Manfred und Hartmut Lehmann (Hrsg.): National-protestantische Mentalitäten. Konturen, Entwicklungslinien und Umbrüche eines Weltbildes. Veröffentlichungen des Max-Plack-Instituts für Geschichte, Band 214. Vandenhoeck & Ruprecht, Göttingen 2005, 45-78, S. 58: „Am 25.2.1922 wurde in Wittenberg der Deutsche Evangelische Kirchenbund gegründet, in dem sich die deutschen evangelischen Landeskirchen zusammenschlossen, um ihre Interessen gegenüber Staat und Öffentlichkeit zu vertreten.“ Zitiert in: Klotz, *Traumata*, S. 82. Da jedoch in diesen kirchenpolitischen Überlegungen die Situation an der Basis vor allem der kriegsversehrten Soldaten weithin übersehen wurde, die mit ihren Traumata alleingelassen wurden, kam es schon 1919 zu über 200.000 Kirchenaustritten und im Jahr 1920 zu weiteren 300.000, darunter viele Soldaten des 1. Weltkriegs. So in Thorsten Jacobi (2016): *Die deutsche Kriegstheologie 1914 in ihren Ursachen und Folgen.* Online abrufbar unter: http://www.degpa.be/wp-content/uploads/Dt.-Kriegstheologie-1914.pdf, 10. Zitiert in Monika Klotz, *Traumata*, LIT Verlag, 2020, S. 84. Andererseits war die Sehnsucht nach einem starken Führer weiterhin ungestillt, sodass der Rückgriff auf Martin Luther zum

werden mit dem, was auf dem Herzen ihres wahren Königs und Herrn ist. Denn er hat zugleich auch die Macht über alle religiösen und staatlichen Machtorgane dieser Welt. So öffnet sie sich ihm ganz, verschlossen für alle anderen spirituellen und staatlich geförderten Einflüsse. Das hat Folgen für alle Beziehungen, in denen sie lebt: für die Beziehung zu ihrem geliebten Bräutigam und Herrn, zu ihren Gemeindeleitern, ihren Geschwistern und zu sich selbst. Sie spürt schon jetzt, dass die einzelnen Schritte, die sie zu gehen hat, Teil eines Tanzes auf der höchsten Ebene sein werden. Doch mit den Augen auf ihn gerichtet, folgt sie ihm in den

1. Tanzschritt des Glaubens: Hörendes Vertrauen im Licht seiner Liebe

Wie einen sanften Südwind hört sie seine Stimme, als er sagt: „Ich komme in meinen Garten, meine Schwester, meine Braut. Ich pflücke meine Myrrhe samt meinem Balsam, esse meine Wabe samt meinem Honig, trinke meinen Wein samt meiner Milch.“[7] Was für eine Bestätigung ist diese Antwort ihres Bräutigams! Er kommt selbst zu ihr. Das heißt doch: Er glaubt ihr jedes Wort ihres Herzens und ihres Vertrauens auf ihn. Auch wenn sie den Test noch nicht bestanden hat und die Berge der Schwierigkeiten noch vor ihr liegen, so sieht er, dass sie ihn im Glauben umarmt, samt den rauen Winden der Umstände, die kommen mögen; denn sie vertraut der Kraft seiner Liebe. Das sieht er und bestätigt durch sein

Hld 5,1b

„Esst, Freunde, trinkt und berauscht euch an der LIEBE!"

einen dazu führte, dass der Antisemitismus ab 1919 aufs Neue in Deutschland aufblühte und darum andererseits der Weg für Adolf Hitler bereitet war, mit dem die „verloren gegangenen Ideale, das religiös gedeutete deutsche Volk und Vaterland, [] wiederhergestellt“ werden sollten. Vgl. Klotz, a.a.O., S. 85.88. Ausführlich zum Zustand und Verhalten der evangelischen Kirche nach Kriegsende, den Indizien für eine Traumatisierung des Protestantismus und ihren Weg heraus, a.a.O., S. 111–135. Über Abhängigkeiten von Kirche und Staat heute und die Konsequenzen für die Pfarrerschaft und alle kirchlichen Mitarbeiter ist vor diesem Hintergrund neu zu nachzudenken.

[7] Hld. 5,1a.

Wort, was er selbst wie Samen seines Geistes in ihr Herz hineingelegt hat.[8] Ja, sie ist eine Quelle der Freude für ihn! Aber das will er nicht für sich allein behalten. Er lädt seine Freunde ein, diesen Lustgarten mit ihm anzusehen und zu genießen: „Esst, Freunde, trinkt und berauscht euch an der Liebe!“[9] Das bedeutet auch: Die Braut Christi in Deutschland sollte …

… den Einbruch des Heiligen Geistes wie einen Lebensstrom willkommen heißen

Die Festversammlung, die der himmlische Bräutigam hier einberuft, gleicht dem ersten Pfingstfest, das in Jerusalem stattfand, 50 Tage nach Karfreitag und Ostern, nach seinem stellvertretenden Tod und seiner Auferstehung. Nachdem er seinen Leib hatte zerbrechen lassen und sein Blut zur Vergebung der Sünden aller Menschen vergossen hatte, kam er jetzt mit dem Feuer seines Geistes zu ihnen,[10] das die Propheten angekündigt hatten : „Und es soll geschehen in den letzten Tagen, sagt Gott, da will ich von meinem Geist ausgießen auf alle Menschen; und eure Söhne und eure Töchter werden weissagen, und eure jungen Männer werden Visionen haben, und eure Ältesten werden Träume haben; und auf meine Knechte und Mägde will ich in jenen Tagen von meinem Geist ausgießen, und sie werden weissagen. Und ich will Wunder tun oben im Himmel und Zeichen unten auf Erden: *Blut* und *Feuer* und *Rauchdampf* … und es soll geschehen: Jeder,

---

[8] Vgl. das Gleichnis vom vierfachen Ackerfeld in Mk. 4,2-20, in dem der Sämann das Wort sät. Jetzt kann Jesus diese „Myrrhe“ pflücken, dieses Vertrauen auf seinen stellvertretenden Tod, der die Braut von den Todesmächten befreit hat und zugleich bereit macht, sein Schicksal der Ablehnung durch die Welt mit ihm zu teilen (vgl. Joh. 15,18-21). Aber auch der heilsame Balsam, den er gepflanzt hatte, ist aufgewachsen: die Gewissheit, dass sie in seinen Wunden geheilt ist und darum auch Heilung für Leib und Seele in seinem Namen austeilen kann (vgl. Jes. 53,4.5; Apg. 3,6-8). Er kann sein Wort in ihrem Mund wie „Honig“ genießen, weil sie es in einem liebenden Herzen aufgenommen hat. Er kann die Liebe seines Geistes in ihr „trinken“, weil sie dieser Liebe durch Glauben Raum gemacht hat, wie Wein in Fässern gelagert wird (vgl. Röm. 5,5). Und die „Milch“ seines Wortes für neugeborene Kinder ist reichlich vorhanden. – Ja, er genießt seine Braut in vollen Zügen!

[9] Hld. 5,1b.

[10] Apg. 2,2-4.

der den Namen des Herrn anruft, wird gerettet werden."[11] Ja, der Rauchdampf seiner Herrlichkeit würde in den letzten Tagen vor seiner Wiederkunft zugleich wie ein Wohlgeruch von den Seinen ausgehen. Zeichen und Wunder würden aufs Neue geschehen, sodass viele wie berauscht würden von dieser heilenden Liebe. Manche würden wie betrunken auf der Erde liegen, aber nicht mit Wein gefüllt, sondern mit Bildern des Himmels, mit Visionen und Träumen, die sie über allen Hass dieser Welt hinwegheben würden, wie es auch Paulus erlebte.[12] Doch zugleich bedeutet es auch: Wir können …

… der Kraft seines Geistes bis zum Äußersten vertrauen

Die Offenbarungen und Geschenke seines Geistes sind schließlich sogar in der Lage, die Empfindungen des Körpers mit diesen Bildern der Wirksamkeit seines Heils zu verknüpfen. So kann selbst der Schmerz aus dem Reich der Finsternis ausgeschaltet werden, wie es die drei Freunde des alttestamentlichen Gottesvolkes im glühenden Feuerofen des Königs von Babylon erlebten[13] und seitdem bis heute viele andere. Dazu lädt der König der Juden und König über alle Königreiche ein! Und auch wenn es kein Weg am Leiden vorbei sein wird, ist dieser Bräutigam noch immer derselbe.[14] Die spannende Frage lautet: Wie wird sie antworten, seine Schwester und Braut, die die Freude seines Herzens ist? – Doch sie hat ihre Wahl getroffen, denn sie hat in die Augen der größeren Liebe gesehen; im Bund mit ihm ist die Braut im Hohelied bereit. Darum erzählt sie im Rückblick selbst, was auch für uns einem zweiten Tanzschritt des Glaubens gleichen kann:

---

[11] Apg. 2,17-19; vgl. Joel 3,1-5. Das Blut steht also für sein für uns vergossenes Blut am Kreuz von Golgatha, das Feuer für den Heiligen Geist, der wie Feuerflammen auf jedem Einzelnen der Festversammlung in Jerusalem war, und der Rauchdampf für das Leben in der Herrlichkeit seines Geistes, wie schon damals die Wolkensäule der *Schechina* im alten Bund das Volk Gottes leitete. Das Leben unter dieser Wolke wird mit allen Zeichen und Wundern der rettenden und heilsamen Macht Gottes am Ende der Zeit in den Seinen sichtbar und erfahrbar. Gerade wenn der Nebel der Finsternismächte zunimmt, wird dieser Rauchdampf der Herrlichkeit Gottes einen himmlischen Duft verströmen und Menschen in seinen rettenden Einfluss ziehen. Vgl. auch 2. Kor. 2,14-17.

[12] Vgl. 2. Kor.12,1-10.

[13] Vgl. Dan. 3,17.18.23-27. Dort konnte das Feuer den Freunden nichts anhaben. Sie kamen unversehrt und ohne Brandgeruch aus dem Ofen heraus, und der himmlische Beistand war sichtbar bei ihnen.

[14] Hebr. 13,8; Offb. 2,10.11.

2. Tanzschritt des Glaubens: Hörendes Vertrauen auch in der Nacht der Seele

„Ich schlief, aber mein Herz war wach.“[15] Es war Nacht, als ihr Geliebter sie rief. Sie kannte seine Stimme, sie hörte auf das leise Klopfen seines Geistes, denn sie war wach für ihn:
„Öffne mir, meine Schwester, meine Freundin, meine Taube, meine Vollkommene!“[16] Mit vier Namen rief er sie, ihm zu öffnen.[17] Im hebräischen Alphabet wird die Zahl vier auch das Tetragramm genannt, das für die vier Buchstaben von JHWH, der HERR, steht.[18] Wenn Jesus, der Bräutigam, seine Braut jetzt mit vier Namen bat, ihm zu öffnen, dann sollte sie wissen: Sie öffnet ihre Tür für den, um dessentwillen sie auf der Welt ist und für die er Mensch geworden war.

Hld 5,2-6

„Ich schlief, aber mein Herz war wach. Horch, mein Geliebter klopft. Ich rief ihn, doch er antwortete mir nicht.“

Der *erste Name*, mit dem er sie rief: seine *Schwester*, das heißt ein Mensch, der denselben Vater und dieselbe Mutter hat; denn sie ist aus Gott geboren.[19] Doch seine Schwester zu sein, bedeutete noch mehr, denn Jesus war als Jude gekommen. Er rief sie als Schwester, weil er in ihr sein jüdisches Volk rief, ihm zu öffnen. Gleichzeitig konnte sie aus jedem anderen Volk seine Schwester sein, weil alle, die den Willen Gottes hören und tun wollten, seine Familie sein würden.[20]

---

15 Hld. 5,2a.

16 Hld. 5,2b. Vgl. Joh. 10,27.

17 Vier ist die Zahl des vierten Buchstabens im hebräischen Alphabet, das *Dalet*. Es geht auf die Darstellung einer geöffneten Zelttür zurück. Vgl. Kringe, „Die biblische Zahlensymbolik“, a.a.O., S. 22.26.

18 Es ist der Name, der zum ersten Mal bei der Erschaffung des Menschen, dem Ebenbild Gottes, verwendet wird (1. Mo. 2,4). Und später, nachdem er lange verloren gegangen war, wurde er wieder neu offenbart, als Mose das Volk Gottes aus der Gefangenschaft im Reich des Pharao in die Freiheit führen sollte, um wie eine Braut mit ihm, ihrem Bräutigam, zu leben (vgl. 2. Mo. 3,13-15). Es ist also auch der Name für den Bundesgott Israels. Vgl. Gerhard Kringe, a.a.O.

19 Vgl. 1. Joh. 4,4; 5,4; Joh. 3,5.

20 Vgl. Mt. 12,50. Gerade diese Sicht des geistlichen und auch völkischen Zusammenhangs in Bezug auf das jüdische Volk Israel als Nachkommen von Abraham, der auch ein Vater vieler Völker und zugleich Vater aller Gläubigen war, ist durch den nationalsozialistischen Geist mit seiner Umwertung der Bibel und der

So konnte sie auch seine *Freundin* sein, der er seinen Plan und sein Herz mitteilen konnte, wie er sie mit dem *zweiten Namen* rief.[21] Durch Pfingsten konnte sie dann *drittens* seine *Taube* sein, weil sie sich dem Heiligen Geist in Demut geöffnet hatte und sich von der Quelle der Liebe erleuchten ließ, die alles Dunkel der Nacht überwinden würde. Und gerade darum war sie *viertens* seine *Vollkommene*. Denn sie hatte sich mit ganzem Herzen nach ihm ausgerichtet. Er war der Eine, der König der Juden, mit dem sie ihr Leben teilen wollte, was auch immer geschehen würde. Dazu war der Heilige Geist das Pfand geworden, dass er der HERR ist, JHWH selbst, und darum könnte auch der Tod sie nicht von ihm scheiden.

Mit diesen vier Namen rief er all das in ihr hervor. Sie sollte wissen, wem sie öffnet und wem sie folgen würde, selbst wenn er ihr schmerzliche Erfahrungen nicht ersparen würde, wie auch sich selbst nicht. Denn er ließ sie wissen: „Mein Kopf ist voller Tau, meine Locken voll von Tropfen der Nacht."[22] Mit diesem Bild offenbarte er ihr, von wo er kam: es war der Garten Gethsemane, wo er die ganze Nacht aus Hingabe zu ihr verbracht hatte. Seine Locken, vom Tau der Nacht durchnässt, zeugten von dieser lebendigen, starken Hingabe an den Willen des Vaters und an sie, seine geliebte Braut. Mehr als alle Worte sprachen gerade diese Tropfen der Nacht für die Entschlossenheit, sein Leben für sie zu geben, die er über alles liebte. Diese Tropfen kamen nicht von außen, sondern von innen; dabei waren es nicht

---

Abwertung und Ablehnung des Alten Testaments in Deutschland nachhaltig gestört worden. Begrüßenswert sind darum alle Bemühungen innerhalb und außerhalb der evangelischen Kirche, die Versöhnungsarbeit leisten zwischen Juden und Christen, die geistliche und darum menschliche Brücken herstellen zwischen Israel und Deutschland. Vgl. dazu auch Bittner, *Decke des Schweigens*, S. 177, wo er von der israelischen Organisation „Yad B'Yad" (Hand in Hand) berichtet, die Jugendliche aus Israel und Deutschland zusammenbringt. „Einer der Höhepunkte ihrer Reisen ist der gemeinsame Besuch einer KZ-Gedenkstätte, die von den Urenkeln der Täter- und der Opfergeneration ‚Hand in Hand' durchlaufen wird. Dies ist ein wunderbares Bild für die vierte Generation, ob sie nun in Amerika, Israel oder in Deutschland lebt … Wenn die vierte Generation in ihrer Liebe und Hingabe zu Israel zusammensteht, wird sie das Mandat und die geistliche Autorität haben, Amerika, ganz Europa und den Rest der Welt positiv zu beeinflussen und zu verändern … Außerdem sind die Herzen der Deutschen für Juden der vierten Generation … offen wie nie zuvor." A.a.O.

[21] Vgl. Joh. 15,15.

[22] Hld. 5,2b.

Schweißperlen, sondern Blutstropfen.[23] Auch wenn es ihn alles kosten würde, war er entschlossen, den Preis zu bezahlen, um ihr Leben tragen zu können, ihr alles zu vergeben, damit er auch alles mit ihr teilen könnte: sein Leben, seine Liebe, seine Ewigkeit.[24]

Genauso wie die Braut aus Israel dürfen wir als deutscher Teil der Braut Christi Jesus die Antwort geben, die uns selbst in schmerzlichen Erfahrungen zum Tanz mit dem König befreit. Denn es bedeutet für sie und uns: Wir dürfen …

… unsere eigene Gerechtigkeit ablegen und seine Gerechtigkeit tragen

Während sie sich bereit macht, ihm zu öffnen, sagt sie: „Ich habe meinen Leibrock ausgezogen, wie sollte ich ihn wieder anziehen? Ich habe meine Füße gewaschen, wie sollte ich sie wieder beschmutzen?“[25] Auch für die Brautgemeinde Christi in Deutschland darf es gelten: Das alte „braune“ Kleid ihrer Vergangenheit ist abgelegt, sie will und braucht es nicht wieder anzuziehen.[26] Die Verführung, durch

---

23 Vgl. Lk. 22,44.

24 Vgl. Röm. 8,32.

25 Hld. 5,3.

26 Dieses Ablegen bedeutet gerade nicht, das „braune Kleid“ mit einer „Schlussstrich-Mentalität“ zu verschweigen und zu verdrängen. Vielmehr kann es im Licht der stärkeren Liebe, Vergebung und Heilung, die durch den Heiligen Geist reichlich vorhanden ist, „auf den Tisch kommen“. Denn dort kann es von Jesus selbst übernommen und entmachtet werden, sodass es nicht mehr wie ein unerkanntes Tuch nach der Operation im Leib Christi „eingenäht“ bleibt, sodass es sich entzünden oder innere Blutungen auslösen kann, die den Leib schwächen und sein Leben gefährden. Ein anderes Bild für die schädlichen Folgen von Tabuisierungen der „NS-Zeit“, gerade im kirchlichen und gemeindlichen Umfeld, bzw. die konstruktive Integration dieser deutschen Vergangenheit beschreibt Annedore Schiffer mit den Vorgängen auf einem Komposthaufen: „Erinnerungen werden auf diesem Komposthaufen abgelegt, sie zerfallen, werden umgeschichtet, müssen dann liegen gelassen werden und können nach ihrer ‚Kompostierung‘ ausgebreitet werden, damit etwas Neues auf ihnen wachsen kann. Durch Tabuisierung werden bestimmte Dinge aus dem Gedächtnis ausgeschlossen – so als ob sie eingewickelt in Plastiktüten auf den Komposthaufen gelegt würden, wodurch ihre Kompostierung und damit ihre Integration in Gegenwart und Zukunft verhindert wird.“ In Annedore Schiffer, *Subjektive und gesellschaftliche Aspekte von Traumatisierungsprozessen in Bezug auf die NS-Zeit. Eine Studie zum transgenerationalen Psychotrauma in Bezug auf die NS-Zeit und den Zweiten Weltkrieg.* Dissertation zur Erlangung des Doktorgrades der Philosophie. Technische Universität, Dortmund 2014 S. 66. Zitiert in Klotz, *Traumata*, S. 127.128.

Hass und Abwertung anderer größer sein zu wollen als diese, hat sie längst durchschaut. Dieser „Berg“ des Nationalsozialismus ist im Blick seiner Liebe vor ihr zerschmolzen wie Wachs vor dem Herrn.[27] Und den Leibrock mit all der Beschämung, die er mit sich gebracht hatte, hat sie ein für alle Mal ausgezogen. Die Soldatenstiefel der Gewaltherrscher mit ihren Mänteln des Antisemitismus und Rassismus sind im Feuer des Geistes Jesu verbrannt worden. Sie kann nicht mehr von ihnen niedergedrückt und zertreten werden.[28] Längst hat sie in Jesus, dem König der Juden, das Kind erkannt, durch das alles wieder heil werden kann, weltweit und selbst für die größte Blutschuld.[29] Er ist der Sohn Gottes, der als wahrer Friedenskönig herrscht und dessen Reich nicht nur tausend Jahre, sondern in Ewigkeit Bestand hat. Ja, ihre Füße sind gewaschen von Jesus selbst, von seinem Wort und Geist, durch seinen Dienst der Liebe an ihr, wie er es an Gründonnerstag schon für seine jüdischen Jünger getan hatte.[30]

Selbst für den deutschen Teil der Braut Christi steht eine neue Zukunft offen, sodass es von ihr heißen kann: Sie will nicht mehr in die falsche Richtung laufen und ihre Füße nicht mehr beschmutzen, indem sie der falschen Stimme folgt. Vielmehr können ihre Gefühle voller Dankbarkeit auf ihn gerichtet sein, der sie aus all dem heraus gerettet hat. Wenn sie im Glauben seine Hand in der Türöffnung sieht, sind auch *ihre* Hände voller Myrrhe, denn sein Leiden ist ihr so kostbar geworden, dass sie entschlossen ist, ihrer Herzensbewegung Taten folgen zu lassen. Dafür stehen ihre Hände, die ihm jetzt öffnen wollen, was es auch kosten mag. Doch die Erfahrung, die die Braut im Hohelied jetzt macht, kann uns auch in Deutschland erreichen. Sie mag ganz anders sein als alles, was wir uns hätten vorstellen können. Denn es kann bedeuten, dass wir …

---

[27] Vgl. Ps. 97,5. Berge stehen in der Bibel für Orte der Anbetung, der Macht und Regierung. Vgl. Mk. 11,23.24.

[28] Vgl. Jes. 9,4-6. Vgl. die Rede von Bundespräsident Richard von Weizsäcker in Strophe 1, S. 33.

[29] Gerade als Deutsche sind wir eingeladen zu glauben, dass der ganze Todesstrom, der von Deutschland ausging, bis zu Jesu Herzenswunde geht, der dafür mit seinem Blut ein für alle Mal bezahlt hat. Vgl. Jesus ruft seine Braut, *Prolog: Wie alles begann*, Punkt 5: Gebetskreis 2017.

[30] Vgl. Joh. 13,1-15.

... das Schweigen des Bräutigams wie einen kalten Nachtwind erfahren

Es kann sein, dass die Braut Christi statt der tröstlichen Nähe ihres Geliebten nur die Kälte der Nacht fühlt und der Gedanke aufkommt: Er ist weg. Es kann sein, dass sie sich mit keinem Gefühl an ihren Geliebten binden kann und keine Erinnerung an seine wärmende Gegenwart sie tröstet. Es mag nichts als die kalte Nacht sein, die sie umfängt. Der ganze Reichtum der Gefühle und der Bilder mag verschwunden sein, sodass ihr nur der nackte Glaube bleibt, dass Jesus die Tür zu einem *Pfad* ist, den sie auch *jetzt und hier* gehen kann.[31] Es bedeutet, dass sein Versprechen, sein Wort allein, ohne alle Gefühle, ihren Weg erhellen wird, Schritt für Schritt.[32] Denn es kann sein, dass sie mit all ihrer Suche scheinbar im Dunkeln bleibt, sodass sie ihn in keinem Bild sehen und in keiner Erfahrung spüren kann, die ihr vertraut wäre.

Die dunkle Frage kann sie dann leicht ergreifen: Hat sie sich getäuscht? Sie hatte doch die Stimme ihres Geliebten gehört. Hatte er nicht die Gemeinschaft mit ihr genossen? Hat er sie nicht sogar mit dem Stolz des Besitzers anderen vorgeführt? War nicht alles in Ordnung gekommen zwischen ihr und ihm? Und doch ist es jetzt ganz finster in ihr und sie sieht nur noch schwarz. Als wäre das noch nicht genug, gilt es auch heute und hier, sich wie die Braut Christi in Israel für den dritten Tanzschritt des Glaubens bereit zu machen:

3. Tanzschritt des Glaubens: Im Gegenwind von Leitern stehen bleiben

Was immer die Braut damals an Reaktionen von ihrer Gemeindeleitung erhofft und erwartet hatte – das, was jetzt geschah, lag außerhalb von allem, was sie jemals für möglich gehalten hätte. Denn mitten in der dunklen Ahnung von Leiden während ihrer Suche nach dem vertrauten Umgang mit Jesus fanden sie die Leiter der Gemeinde. Ihre Erfahrung fasst sie in die Worte: „Es fanden mich die Hüter, die in

---

[31] Denn das war die andere Bedeutung des hebräischen *Dalet*, die für Jesus steht, die Tür zum Licht; vgl. Kringe, „Die biblische Zahlensymbolik". Vgl. Joh. 10,7.
[32] Vgl. Ps. 119,105.

der Stadt umhergehen; die schlugen mich wund; die Hüter auf der Mauer nahmen mir meinen Schleier.“[33]

Sie hatte schon erlebt, dass man sie angefaucht und in Dienste gezwungen hatte, die eigentlich zu viel für sie waren und nicht zu ihr passten; ja, sie sogar von der Herzensverbindung mit Jesus trennen wollten.[34] Trotzdem war sie in der Gemeinde geblieben und hatte die Autorität der Hirten und Wächter um Jesu willen anerkannt. Darum hatte sie sich auch nicht zurückgezogen, als sie selbstverschuldet die Nähe ihres Geliebten vermisste, sondern hatte sich ganz selbstverständlich an ihre Leiter gewandt.[35] Doch obwohl die Hüter die Aufgabe haben, die Herde zum Hirten zu leiten, hatten sie ihn selbst nicht gesehen und konnten ihr darum auch nicht helfen, als sie ihn suchte. Mit Zwang, Unverständnis und Schweigen war sie also schon konfrontiert gewesen; damit konnte sie umgehen. Aber was jetzt geschah, sprengte jeden Rahmen, den sie sich je hätte vorstellen können: „Sie schlugen mich, verwundeten mich. Die Wächter der Mauern nahmen mir meinen Überwurf weg.“

Hld 5,7

„Die Wächter schlugen mich … nahmen mir meinen Überwurf weg!“

Überall auf der Welt kann die Braut Christi mit dieser Erfahrung konfrontiert werden, selbst in Deutschland und anderen demokratischen Systemen, in denen noch eine gewisse Meinungs- und Gewissensfreiheit zu herrschen scheint. Doch wo der Heilige Geist in einer Gemeinde noch nicht die Herrschaft hat, die in die Freiheit der Kinder Gottes führt, sondern manipulative und religiöse Mächte sie kontrollieren, in welcher Denomination oder Konfession auch immer, ist die Gefahr der Bedrückung bis zum Ausschluss gegeben.[36] Dann sollten wir …

---

[33] Hld. 5,7. Die Hüter stehen für die Verantwortlichen der Gemeinde, für die Hirten und Leiter.

[34] Vgl. Hld. 1,7.

[35] Hld. 3,3.

[36] So erlebte es schon der Prophet Elia, der Gott unter König Ahab diente. Letzterer war mit der heidnischen Tochter eines Baalspriesters verheiratet, durch die das Volk Gottes unter fremde manipulative und religiöse Mächte gekommen war, die es von der Anbetung des wahren Gottes Abrahams, Isaaks und Jakobs abzo-

... als Prophet(en) für die Leiter eine Mauer der Wahrheit sein

Jeremia war berufen, ein Prophet für die Völker und für sein eigenes Volk zu sein. Und was Jeremia damals als „Platzanweisung" aus Gottes Mund hörte, gilt jetzt ebenso für die Braut Christi: „Ich will dich heute im ganzen Land zur festen Stadt, zur eisernen Säule, zur ehernen Mauer gegen die Könige Judas, gegen ihre Fürsten, gegen ihre Priester und gegen das Volk im Land machen, sodass sie, wenn sie auch gegen dich streiten, dennoch nicht gegen dich siegen sollen; denn ich bin bei dir, sagt der HERR, um dich zu erretten."[37] Wenn Einzelne aus der Brautgemeinde Christi diese Platzanweisung haben, können selbst ihre Fragen für eine Leiterschaft, die alles kontrollieren will, als gefährlich empfunden werden.[38] Ob die Bedrückung aus Eifersucht geschieht, dass sie etwas gesehen haben wollte, was sie in ihrer Funktion als Leiter selbst noch nicht wahrgenommen haben oder auch nur vermisst hätten? Ob sie ihnen zu gefährlich geworden ist, weil sie zu reden begonnen hat, über die dunkle Vergangenheit von Volk und Kirche unter einer Fremdherrschaft, die nicht die Herrschaft des Heiligen Geistes bedeutete, sondern das

---

gen. Vgl. 1.Kön. 16,28-33. Als Elia König Ahab deshalb das Gerichtswort Gottes übermitteln sollte, das dann auch eintraf, wurde er staatlich verfolgt, um unschädlich gemacht zu werden. Doch Gott konfrontierte den König durch Elia ein weiteres Mal, um seine Herrlichkeit zu offenbaren und das Volk erneut an sein Herz zu ziehen. Vgl. 1.Kön. 18,1-39.

[37] Vgl. Jer. 1,5.17-19, worin deutlich wird, dass es Teil der prophetischen Berufung sein kann, diesen Widerstand einer geistlichen Leitung zu ertragen. Emotional muss sie dort eingeordnet und verarbeitet werden, auch wenn die Erfahrung zunächst unfassbar scheint. Denn wie Jeremia war die Braut von Herzen und im Gehorsam Gott gegenüber in diese Gemeinschaft der Heiligen gekommen und ist trotz mancher schmerzlichen Erfahrungen auch geblieben (3,3). Die Leiter hatten erlebt, wie sie andere lehrte (3,11). Doch gerade jetzt, wo sie die tiefste Erfüllung in ihrer Bestimmung als Braut des himmlischen Bräutigams zu erfahren und zu lehren begann, schlugen sie sie und schlossen sie aus ihrer Gemeinschaft aus. Allerdings sieht Jesus es und kümmert sich darum, denn die Ablehnung gilt letztlich ihm selbst.

[38] Dazu auch Dirk & Christa Lüling, *Trost finden, Scham und Minderwertigkeit überwinden*, Asaph Verlag, 1. Aufl., Lüdenscheid 2019, S. 62ff. Dort werden religiöse Schamkulturen beschrieben, gerade im Kontext von Kirchen, Gemeinden, Gemeinschaften und christlichen Werken „mit einem steilen geistlichen Profil". A.a.O., S. 66.

Ergebnis einer „Ersatz-Theologie“ war?[39] Mit Eile schließen sie die Tür vor ihr, als sie suchend und fragend anklopft, und lassen im Dunkel, was ans Licht zu kommen droht.

Noch immer mag sie fassungslos und von Fragen bedrängt sein: ‚Wer bin ich jetzt noch? Wer wird mich versorgen? In wessen Autorität und unter welcher geistlichen Abdeckung soll ich nun meinen Weg weitergehen?‘[40] Doch gerade dann können wir …

… für die Gläubigen ein Zeugnis seiner Stärke sein

Es ist möglich, dass die Braut Christi, die diese Erfahrung innerhalb der Gemeinde macht, wie die Braut im Hohelied einsam, verwundet und voller Fragen weitersuchen muss, wo sie bleiben kann. Obwohl sich alles vor den Augen der „Töchter von Jerusalem“[41] abgespielt hat, konnten diese der unfassbaren und dunklen Dynamik nichts entgegensetzen. Sie waren zwar vor Schreck erstarrt, aber dennoch sind sie in Reichweite geblieben. Diese Glaubensgeschwister sollen jetzt sehen, dass ein starker Heiland an der Seite seiner Braut ist, der sie hält und versorgt.[42] So sollen auch sie trotz aller Bedrückung Mut gewinnen und erleben, dass ihre Glaubensschwester sie anspricht, ungeachtet ihres Schmerzes über die unfassbare Beschämung durch die Leiterschaft, und selbst wenn sie kaum damit rechnen kann, von ihren Geschwistern Hilfe zu erfahren.

Wie für die Braut kann sich auch heute in einer solchen Begegnung mit Glaubensgeschwistern, denen diese Erfahrung fehlt und die den Reifetest der Liebe noch nicht erfahren haben, eine ungeahnte Offenbarung der Schönheit Jesu bergen. Sie kann alle Beteiligten in eine Höhe des Glaubenstanzes führen, die sie wie einen neuen Tanzschritt lernen und erfahren:

---

[39] Dazu ausführlich in Klotz, *Traumata*, unter Punkt 4.2.5 „Hitler und die Protestanten“ und Punkt 4.3 „Protestantismus und Staat im Zweiten Weltkrieg,“ S. 93-111.

[40] Dafür steht der Schleier bzw. der Überwurf, unter dessen Schutz sie bisher in dieser Gemeinschaft oder Gemeinde ihren Dienst für Jesus getan hatte.

[41] Sie stehen für andere Kinder Gottes, die im Glauben und der Liebe zu Jesus noch unreif sind wie Kinder; so wie sie selbst auch eines war. Vgl. 1. Kor. 3,2.3.

[42] Vgl. Zef. 3,17; Jes. 54,17.

4. Tanzschritt des Glaubens: Mitten in der Ablehnung die Schönheit von Jesus sehen

Mitten in der Erfahrung der Ablehnung fragt und bittet sie andere Glaubensgeschwister: „Ich beschwöre euch, ihr Töchter Jerusalems, wenn ihr meinen Geliebten findet, so sagt ihm, dass ich vor Liebe krank bin."[43] Im Rückblick scheint es klar: Der Test war ein zweifacher, aber er diente demselben Ziel. Zum Ersten sollte sie …

Hld 5,8

„Ich beschwöre euch … wenn ihr meinen Geliebten findet, so sagt ihm, dass ich vor Liebe krank bin."

… mitten in der Dunkelheit des Schweigens Gottes eine Suchende bleiben

Das Mädchen im Hohelied hatte sich Jesus so hingegeben, wie er es erhofft und ermöglicht hatte: Braut des himmlischen Bräutigams zu werden. Aber jetzt entzog er ihr seine spürbare Gegenwart, damit sie ganz ohne Gefühle, allein aus Glauben, bei ihm bliebe. Das war der erste Test, der ihr sogar selbst ihre Treue zu ihm offenbarte. Wie sonst hätte sie diesen „Glaubensmuskel" trainieren können: zu glauben, ohne zu schauen oder zu fühlen? Jesus wusste, was er ihr zumuten konnte; darauf vertraute sie unwillkürlich, weil sie sein Wesen kannte. So hielt sie ihn im Glauben fest und suchte ihn von ganzem Herzen.[44] Doch unmittelbar nach dieser Erfahrung kam der zweite Test: Es war die Prüfung der Misshandlung durch den Leib Christi. Jetzt bedeutete diese Prüfung: Seine geliebte Braut sollte …

… mitten in der Ablehnung durch andere eine Liebende bleiben

Die Frage ist auch heute: Werden wir bitter gegen die Gemeinde, die uns verletzt, die jedoch noch immer von Jesus begehrt und geliebt ist? Wird diese Erfahrung der Ablehnung dazu führen, dass die

---

43 Hld. 5,8.

44 Ich darf ihm einfach sagen: „Herr, ich suche dich von ganzem Herzen. Ich lasse dich nicht, du segnest mich denn. Bitte offenbare dich mir persönlich aufs Neue. Tu ein Zeichen an mir zum Guten!" Vgl. Ps. 86,17; Jer. 29,13.14 und Mt. 7,7.8.

ausgeschlossene Braut auch diejenigen ablehnt, die nicht für sie eingetreten sind? Oder würde sie sich den Gläubigen weiter hingeben – in liebendem Dienen mit Jesus zusammen und für ihn?

Obwohl sie sich auf dem Prüfstand befand, war ihre Sehnsucht des Anfangs lebendig geblieben: „Zieh mich dir nach!“[45] Das hieß für sie noch immer: ‚Schenke mir die Vertrautheit mit dir, dass ich deine persönliche Zuwendung durch dein Wort und die Offenbarungen deines Geistes wie Küsse empfangen und dir in Dank und Anbetung zurückgeben kann!‘ Und auch die zweite Sehnsucht trieb sie vorwärts: „Lass uns eilen!“[46] Oder wie es im Englischen heißt: „Let us run *together*!“ Auch diesem Laufen und Eilen mit Jesus zusammen über alle Berge und Schwierigkeiten, in seine Missionsfelder wie in Gärten hinein, schien der Weg jetzt versperrt. Wer würde auf sie hören, wenn sie sein Nahesein nicht bezeugen könnte? Was hatte sie zu sagen? In wessen Auftrag würde sie sprechen und handeln?

Dieser zweifache Test will auch in der Braut Christi heute Klarheit schaffen: Wenn alles wegbricht – die gefühlte Nähe des himmlischen Freundes und die Möglichkeiten des Dienstes, wie sie es gewohnt ist – wird sie Jesus treu sein, einfach um seiner selbst willen? Wird sie ihm weiter folgen oder sich enttäuscht zurückziehen? Denn das ist die Frage: Ist Jesus für uns nur ein Mittel zum Zweck unseres Daseins und Dienstes; oder ist er das Ziel, auch in Gethsemane? Auch im Leiden? Das wird oft erst im Druck offenbar.

Die Braut im Hohelied war nicht zu stolz, sich anderen aus der Gemeinde mitzuteilen. Anstatt sich verletzt und in Selbstmitleid zurückzuziehen, bat sie andere Glaubensgeschwister: „Ich beschwöre euch, ihr Töchter Jerusalems, wenn ihr meinen Geliebten findet, so sagt ihm, dass ich vor Liebe krank bin.“ Sie zeigt sich ihnen als eine, die krank vor Liebe ist, und damit als eine, die Sehnsucht nach ihm hat. Sie offenbart sich ihnen damit nicht als eine, die wegen der erfahrenen Behandlung zornig auf ihn und die Gemeinde ist. Ob das ein Kampf war und ein Weg durch den Zorn, durch Angst und Tränen hindurch, wissen wir nicht.[47] Doch wie lange dieser Prozess auch gegangen sein

---

[45] Hld. 1,4a.

[46] Hld. 1,4b.

[47] Kristina Augst gibt zu bedenken, dass gerade die Klage eine Hilfe sein kann, das traumatische Schweigen zu durchbrechen und den Verlust, das Leid, das Gebrochen-Sein zur Sprache zu bringen. Dabei können die Klage- und auch

mag, so sehen die „Töchter Jerusalems" in diesem Kranksein vor Liebe jetzt eine Schönheit, die sie fragen lassen: „Was hat dein Geliebter anderen Geliebten voraus, o du Schönste unter den Frauen?"[48]

Auch für uns heute kann es ein Ansporn sein, wie diese „Töchter Jerusalems" zu sehen: Das getragene Leid ihrer Mitschwester hatte diese nicht besiegt; es hat sie vielmehr in ihren Augen noch schöner gemacht. Auch wenn es offensichtlich sein mochte, dass sie noch litt, ist sie dennoch nicht durch Hass und Bitterkeit hässlich geworden, sondern vielmehr schön durch eine Liebe, die sie trug und die offensichtlich größer war als das erfahrene Leid. Vielleicht haben sie selbst noch andere Geliebte, andere Trostquellen und andere Dinge, an denen sie hängen, sodass sie sich nicht vorstellen können, wie man ohne all das noch lieben kann, ohne zu zerbrechen und aufzugeben.[49] Darum haben sie nur eine Frage: „Was hat dein Geliebter anderen Geliebten voraus, dass du uns so beschworen hast?"[50]

Hld 5,9

„Was hat dein Geliebter anderen Geliebten voraus?"

Wo immer sich die Braut selbst sieht, mit dieser Frage dienen die „Töchter Jerusalems", die Jesus nicht so kennen wie sie, ihr mehr als viele Predigten es hätten tun können. Denn an dem, was jetzt aus ihr hervorbricht, offenbart sich ihr selbst nicht nur eine Liebe, die leiden kann, ohne bitter zu werden. Vielmehr sieht sie Jesus in einer bis dahin

---

Rachepsalmen ein Weg sein, Gott ins Gewaltgeschehen mit hineinzunehmen und auf diese Weise einen Weg zu gehen, der aus der Wut wieder heraus in den umfriedeten Raum des Shalom Gottes führt. „Der Psalmist fasst darin seine grenzenlose Verzweiflung und Wut auf Geschehnisse und Gegner in Worte. Auch wenn er dadurch die Beziehung zu Gott belastet, hofft er, dass sie es aushält." Zitiert in Klotz, *Traumata*, S. 179. Nach Hubertus Schönemann [ist] darum „die Klage [...] in der Situation des Leids die einzige Möglichkeit, an Gott festzuhalten, in der Gottesbeziehung zu verbleiben, sie gar zu intensivieren. Die Texte der Klage trauen Gott zu, die Situation zu wenden." In Internetquelle: Hubertus Schönemann (2012): *Klage (AT)*, in: „Das wissenschaftliche Bibellexikon im Internet". Online abrufbar unter: https://www.bibelwissenschaft.de/fileadmin/buh_bibelmodul/media/wibi/pdf/Klage_AT___2018-09-20_06_20.pdf. Zitiert in: Klotz, *Traumata*, S 179.

[48] Hld. 5,9a.

[49] Vgl. Hebr. 10,32-39.

[50] Hld. 5,9b.

noch nie ausgedrückten Schönheit, die sich erst durch diese schmerzlichen Erfahrungen hindurch einen Weg gebahnt hatte und ihr ganz neu offenbarte: Ja, sie liebte ihn um seiner selbst willen. So konnte sie …

… mitten im Schmerz eine Zeugin seiner Schönheit werden

Während sie ihn noch immer sehnsüchtig vermisst und ihr Herz von den schweren Erfahrungen verwundet ist, werden die Augen ihres Geistes geöffnet, sodass sie sieht und bekennt: „Mein Geliebter ist weiß und rot, hervorragend unter Zehntausenden."[51] Bei diesem Ausruf umgibt sie das Bild, das sie jetzt von Jesus hat, wie ein Rahmen, der alles umfasst. Anstatt von Geistern der Ablehnung, der Unversöhnlichkeit, des Ärgers über Gott und Menschen, der Unsicherheit, des Stolzes oder eigenmächtiger Unabhängigkeit gequält zu sein und wie früher in Aggression oder Depression gefangen gehalten zu werden, ist die Braut jetzt mitten im Schmerz ganz eingenommen von ihm, den ihre Seele liebt. Er ist noch immer und gerade jetzt ihr Befreier, auch wenn sie noch nicht weiß, wie es weitergeht.[52] Das Bild ihres Bräutigams,

Hld 5,4,10-16

‚Mein Geliebter ist vollkommen – von Kopf bis Fuß!'

10-fach schön!

[51] Hld. 5,10.

[52] Gerade vor dem Hintergrund, dass es für Kriegskinder und die nächste Generation der Kriegsenkel oft ein längerer Weg sein kann, „Trauma-Symptome wie Ängste, Störung der Beziehungsfähigkeit, Dissoziationen, Depressionen und oft auch autoaggressive Verhaltensmuster" zu überwinden, wie in Klotz, *Traumata*, S. 193 dargestellt, ist hier der fundamentale Perspektivwechsel von Bedeutung. Zum einen sieht die ausgeschlossene Braut, dass die Verantwortung bei der ausschließenden Gemeinde liegt, auch wenn diese ebenfalls Opfer von Traumatisierungen sein mag. Diese muss jedoch gesondert betrachtet werden. Dafür ist sie jetzt nicht zuständig. Zum andern wird die Braut hier in eine Dimension versetzt, die nach Deidenbach jeder Psychotherapie verschlossen bleibt und in den Bereich der Seelsorge führt, bei dem der Traumatisierte vor Gott steht, was dem Einbruch aus einer höheren Dimension gleicht. Vgl. Hans Deidenbach, „Versöhnung und Vergebung: Psychologische, theologische und seelsorgliche Aspekte", S. 128. Zitiert in Klotz, a.a.O., S. 198. Dort ist ein Perspektivwechsel möglich, der ihr die Situation des Ausschlusses in einem völlig anderen Licht offenbart, in dem sie eine bis dahin ungekannte Schönheit von Jesus sieht. Dadurch wird nicht nur sie selbst geheilt, sondern auch die bis dahin schweigenden Mitläufer der Gemeinschaft werden aus der Starre gelöst. Das wird Folgen haben, die in der nächsten Strophe detaillierter ausgeführt werden.

das sie jetzt sieht, ist so groß, dass es allen Raum einnimmt und in seinem Namen die Lügengeister hinausdrängt, die ihr den Blick auf ihn verbauen wollen. Mit ihnen beschäftigt sie sich nicht länger. Jetzt steht ihr nur eins vor Augen:

Der Rahmen seines Bildes

Vor den anderen Gläubigen beginnt die von Menschen verletzte und ausgeschlossene Braut Christi den Rahmen eines Bildes zu beschreiben, der die Schönheit von Jesus in einer umfassenden Aussage hervorhebt. Zunächst sieht sie ihn strahlend weiß und wird so an seine Erscheinung auf dem Berg der Verklärung erinnert, die ihn ihr in einer Dimension über Raum und Zeit offenbart.[53] Doch gleichzeitig steht das Rot für die einzigartige Liebe, die ihn willig machte, auf seine Herrlichkeit zu verzichten und als Mensch sein Blut zu vergießen für eine ganze Menschheit, die zur Braut erwählt ist, welche aus all jenen besteht, die seine Einladung annehmen. Diese Liebe macht ihn für sie hervorragend unter Zehntausenden. Nicht die Zahl ist hier entscheidend, sondern seine Unvergleichlichkeit mit allen Menschen und Möglichkeiten in dieser gefallenen Welt. In diesem Licht leuchtet ihr auf: So kann kein anderer Bräutigam sein! Darum beschreibt sie die zweite Hälfte dieses Rahmens mit den Worten: „Alles an ihm ist liebenswert!“[54] Mitten im Staunen über diesen unvergleichlichen Rahmen erstrahlt das Bild von ihm selbst in zehn Eigenschaften und Beschreibungen.

Das Bild ihres Bräutigams

Ihr Bild von dem Geliebten ist durch die Prüfungen nicht verdunkelt worden. Im Gegenteil, sein Wesen und sein Charakter stehen ihr in zehn Beschreibungen vor Augen wie nie zuvor. Der Heilige Geist gebraucht in ihr Metaphern des menschlichen Leibes, um zehn Attribute von Gottes Persönlichkeit zu vermitteln,[55] die „eine der stärksten

---

[53] Mt. 17,1-9.
[54] Hld. 5,16a.
[55] Hld. 5,11-16: „Sein Haupt ist feines, gediegenes Gold, seine Locken sind Dattelrispen, schwarz wie der Rabe; seine Augen wie Tauben an Wasserbächen, in Milch gebadet seine Zähne, festsitzend in der Fassung; seine Wangen wie ein Balsambeet, das Würzkräuter sprossen lässt; seine Lippen Lilien, triefend von flüssiger Myrrhe. Seine Arme sind goldene Rollen, mit Türkis besetzt; sein Leib

Beschreibungen Jesu [sind] und eine der herausragendsten Anbetungstexte im Wort Gottes. Dies ist das eine Mal im Hohelied, wo sie den König anbetet. Es ist eine der prächtigsten poetischen Darstellungen der Herrlichkeit von Jesus Christus. Die Erkenntnis dieser zehn Attribute bewirkt Stabilität in uns mitten in den Stürmen des Lebens oder ‚der dunklen Nacht der Seele'. Jetzt gibt sie uns den Schlüssel von dem, was sie verstanden hat, und warum sie so liebeskrank sein konnte, als alles schieflief."[56]

Die Gestalt des Bräutigams

Jedes dieser zehn Attribute hat zwei Beschreibungen. Dabei beginnt sie

1. mit seinem *Haupt*, in dem Gedanken und Pläne des Friedens und der Liebe für sie und die ganze Welt verborgen sind.[57] Sie anerkennt damit seine Leitungsposition über die ganze Schöpfung und seinen goldenen Charakter darin, im höchsten Grad der Qualität und Exzellenz.[58] Das hieß jetzt auch, ihm nichts Böses zuzuschreiben, auch wenn Böses geschah und geschieht und trotz allem, was ihr widerfahren ist. Sie beschädigt nicht sein Ansehen in ihr, indem sie ihm Schwäche oder gar böse Absichten unterstellt.[59] Denn sie

---

ein Kunstwerk aus Elfenbein, bedeckt mit Saphiren. Seine Schenkel sind Säulen aus Alabaster, gegründet auf Sockel von gediegenem Gold. Seine Gestalt ist wie der Libanon, auserlesen wie Zedern. Sein Gaumen ist Süßigkeit, und alles an ihm ist begehrenswert. Das ist mein Geliebter und mein Freund, ihr Töchter Jerusalems!" (ELB).

[56] Bickle, *Hohelied,* Band 2, 42.43.

[57] Vgl. Jer. 29,11 und Joh. 16,33.

[58] Vgl. Eph. 1,20-23; 2,10-21.

[59] Vor dem Hintergrund, dass bei Kriegskindern und Kriegsenkeln häufig kein Urvertrauen mehr vorhanden ist, wie der evangelische Pfarrer der Lutherkirche in Köln, Hans Mörtter, in einem Interview beschreibt, scheint es, als ob Beziehungen nicht gelingen dürfen, was gerade auch die Beziehung zu Gott einschließt. Nach seiner Erfahrung herrsche in der Beziehung von vielen Gläubigen zu Gott darum ein starkes Misstrauen. „Man versucht, ihn in Schubladen unter Kontrolle zu halten. Dies stellt eine Behinderung des Zugangs zu Gott dar." Interview Mörtter, 12.01.2018, zitiert in Klotz, *Traumata*, S. 163. So ist es umso erstaunlicher, dass die Braut Christi hier die Zuverlässigkeit und Güte Gottes mit den Augen des Herzens wahrnehmen kann. Das kann auch heute und nach aller Komplexität des Leidens nach zwei Weltkriegen für jeden Einzelnen geschehen, denn „Gottes Möglichkeiten überschreiten die des Menschen und seiner Wirklichkeit transzendent, was im Lobpreis besonders bewusst werden kann", in Klotz, a.a.O., S. 202. Gerade für diesen Lobpreis öffnet sich die von Menschen abgelehnte

sieht seine Hingabe an den Vater und die Gemeinde, die seine Braut ist und für die er den Himmel verlassen hatte. Das drückt sie

2. in den *Haaren wie Dattelrispen* aus, buschig und wellig sind sie und zugleich schwarz wie bei einem Raben.[60]
3. Die *Augen wie Tauben*, in Verbindung mit den *Zähnen*, in der Milch des Wortes gebadet, sprechen von seiner aufrichtigen Vision über seine Braut, seiner vollkommenen Urteilskraft und seinem Verständnis für sie, das keiner Täuschung unterliegt.[61] Sie sieht seine Gefühle zu ihr im Bild von seinen
4. *Wangen wie ein Balsambeet*, das Würzkräuter sprossen lässt. Schon bisher hatte sie seine Gefühle als heilsam erlebt, wofür der Balsam steht; das hatte sie in seine Nähe gezogen. Denn sein freundliches Angesicht war schon oft eine Quelle des Friedens für sie gewesen.[62] Und jedes Wort, das er zu ihr gesprochen hatte, war immer rein. Dafür standen die Lilien in Verbindung mit seinen
5. *Lippen*. Sie konnte sich darauf verlassen: sein Ja war ein Ja und sein Nein ein Nein. Und in allem, was er sagte und tat, war er *für* sie, nicht gegen sie, auch wenn sie jetzt litt.[63] Aber ihren Erwartungen

---

Braut Christi und erfährt darin persönlich Befreiung aus Erstarrung und Verzweiflung hin zu Lobpreis und Anbetung ihres wahren Königs und Herrn.

[60] Im Gegensatz zu dem dünnen, grauen Haar eines alten Mannes, dem manches egal geworden ist. Damit will sie ausdrücken: Seine Treue und Hingabe an sie ist kräftig und stark, wie bei einem jungen Mann voller Energie, die mit ganzem Eifer für das Ziel lebt, das er sich gesetzt hat: die Welt mit Gott zu versöhnen und damit auch ihr kleines Leben, das für ihn so kostbar ist (vgl. Eph. 2,16).

[61] Diese Sicht enthebt sie den Urteilen derer, die sie abgelehnt und ausgeschlossen haben, und lässt sie sich selbst als Gottes Geliebte erkennen, sodass sie sich im Anschauen seines Bildes seiner Gefühle zu ihr gewiss ist. Vgl. auch die Erfahrung von Paulus in 1. Kor. 4,10-13 und 2. Kor. 4,16-18.

[62] Vgl. den aaronitischen Segen in 4. Mo. 6,24-27.

[63] Vgl. Röm. 8,31-39. Vielleicht ist dadurch schon leise eine Ahnung erwacht, dass sie nicht sterben würde, sondern leben und des Herrn Werke verkündigen (vgl. Ps. 118,17). Gerade für Menschen, die traumatische Erfahrungen gemacht haben, kann es schwierig sein, genau hinzusehen und hinzuspüren, was einem Gutes begegnet, und sich diese Dinge bewusst zu machen. So in Augst, *Traumagerechte Theologie*, 191, zitiert in Klotz, a.a.O., S. 202. Doch trotz schlimmer Erfahrungen und den „von Angstattacken durchsetzten Erinnerungen, die Realität bleiben, kann Neues entstehen und um sich greifen." Sie beschreibt, dass diese befreiende Selbstwahrnehmung eingeübt und immer weiter trainiert werden könne. „Schädliche Gedankenmuster können abgelegt und durch eine Gott und dem

und Hoffnungen, wie andere sich verhalten sollten, würde sie immer neu sterben müssen, und auch ihrer alten Art, darauf zu reagieren. Dafür sprach die triefende und flüssige Myrrhe, die bei Begräbnissen verwendet wurde.[64] Davon sprachen auch seine

6. *Arme wie goldene Rollen*, mit Türkis besetzt. Diese Arme hatten sie in Liebe umfangen.[65] Sie waren für sie ausgebreitet am Kreuz als eine einzige Einladung, mit allen Lasten und Sünden zu ihm zu kommen und zu hören, wie er dort betete: „Vater, vergib ihnen, denn sie wissen nicht, was sie tun."[66] Und das ganze Werk der

---

Leben gegenüber vertrauensvolle und zuversichtliche Haltung ausgetauscht werden." Klotz, a.a.O., S. 203. Vgl. Mark Wolynn in Strophe 4, Fußnote 301.

[64] Diese flüssige Myrrhe, für die sie ihn anbetet, bedeutet damit ganze Bereitschaft, mit ihm identifiziert zu werden und dem zu sterben, wofür er starb, und zu leben, wofür er in ihr lebt. Sie will es bejahen, ihr altes Ich immer neu in den Tod zu geben, denn sie weiß: „Ich verliere mich nicht, wenn ich ihm lebe und nicht mir selbst. Denn niemand hilft mir so, mich selbst anzunehmen, wie er." Von Herzen will sie mit Paulus sprechen: „Ich bin mit Christus gekreuzigt. Ich lebe; doch nicht mehr ich, sondern Christus lebt in mir. Denn was ich jetzt im irdischen Leib lebe, das lebe ich im Glauben des Sohnes Gottes, der mich geliebt und sich selbst für mich dahingegeben hat" (Gal. 2,19.20). Das bedeutete aber keineswegs eine Ablehnung ihrer Person oder ihrer verletzten und traumatisierten Seele, sondern eine liebevolle Einladung an sie, sich vom Heiligen Geist als der wahren Mutter bestätigen, trösten und auf diese Weise verwandeln zu lassen. Das kann heißen, dass ich ihm sage: „Du siehst, was mir angetan wurde. Ich bringe diese Taten und meine verletzten Gefühle dir. Du hast gesagt: ‚Die Rache ist mein.' Darum übergebe ich alles dir. Ich räche mich nicht selbst. Aber ich relativiere mich auch nicht selbst. Ich brauche deinen Trost, Vater, und deine Kraft. Nur dann kann ich in deiner Kraft und auf dein Wort hin meinem Feind Gutes tun. Denn du streitest für mich. Amen." Vgl. Röm. 12,17-21. Es kann sein, dass erst dann eine innere Beheimatung der Seele und ein Zur-Ruhe-Kommen von den alten Werten und Wegen möglich und erfahrbar wird. So werden dann auch neue Kräfte in Geist, Seele und Leib freigesetzt, wodurch das geliebte Kind Gottes den himmlischen Vater widerspiegeln und an seinem Reich mit bauen kann, wie im Himmel, so auf Erden.

[65] Hld. 2,4.

[66] Lk. 23,43; vgl. Mt. 11,28-30. Mit ihm identifiziert zu sein, kann dann bedeuten, dass die Täter, in diesem Fall die Gemeindeleiter, die Situation ganz anders beurteilen und der Wunsch nach echter Versöhnung an Gott selbst abgegeben werden muss. Kristina Augst empfiehlt den Traumatisierten, die Täterpersonen Gott und seinem Vorgehen anzuvertrauen. Zitiert in Klotz, *Traumata*, S. 198. Sie verweist auf Jesus als Vorbild, der am Kreuz seinen Mördern nicht selber Vergebung anbietet, sondern Gott bittet, ihnen zu vergeben, und sie ihm dadurch anbefiehlt. Dabei bewertet sie Vergebung grundsätzlich als einen machtvollen Vorgang, der tiefgreifende Veränderungen auslöst und in welchem der Vergebende

Erlösung für sie wurde dort vollendet, als er rief: „Es ist vollbracht.“[67] Durch sein Opfer wurde er ihr Befreier. Das war einzigartig und anbetungswürdig! Immer würde sie ihm dafür danken, dass die Arme, die Kinder hielten und segneten, für sie offen sind, trotz allem, was auch sie selbst getan hatte, das ihn ans Kreuz gebracht hatte. Dabei glich sein

7. *Leib* einem *Kunstwerk aus Elfenbein.* Er sprach von einem tiefen und zugleich zarten Mitgefühl für sie. Es war der Ort, an dem sein ganzes Erbarmen mit allem, was sie betraf, entbrannte.[68] Und gleichzeitig war seine Geduld mit ihr so groß, dass sie diesen Leib als so selten wie geschnitztes Elfenbein beschrieb. Er war ihr teuer und kostbar. Und auch, wenn sein Weg mit ihr sie in eine Dimension des Schmerzes geführt hatte, die für sie den Rahmen des Bisherigen gesprengt hatte, so blieb sein Weg mit ihr dennoch stark und souverän.[69] Davon sprachen die

---

aus einer souveränen Position heraus den Täter aus seiner Schuld entlassen kann. Vergebung setze deshalb einen mindestens gleichwertigen Machtstatus der Beteiligten voraus. Bei der vergebenden Person geht sie darum von einer eindeutigen Unabhängigkeit und Entscheidungsfreiheit aus. Insofern sei Vergebung bewusste praktizierte Feindesliebe, die folglich nicht erzwungen oder eingefordert werden könne. In Klotz, a.a.O., S. 199. Doch in Souveränität gegeben, kann sie auch souverän den Vergebenden befreien.

[67] Joh. 9,30.

[68] Das hebräische Wort für Erbarmen ist *Rachamim* und der Plural von *rechem*, was wörtlich die Gebärmutter meint. Die Wortwurzel *cham* bedeutet Wärme. Damit ist also nicht nur das Organ gemeint, sondern auch die Fürsorge und die Liebe einer Mutter, die bei diesen Worten anklingen. Sie enden nicht mit der Geburt, sondern währen für immer fort. Der dreieinige Gott stellt sich noch über diese starken Muttergefühle und sagt: „Selbst wenn eine Mutter ihr Kind vergäße, ich vergesse dich nicht!“ (Jes. 49,15; vgl. Hos. 11,8).
Vgl. dazu A. Klinkewitz („Nefesch“): *Zärtliches Erbarmen.* Online abrufbar unter: https://www.nefesch.net/2011/08/zartliches-erbarmen. [Zuletzt: 05.07.2021].

[69] Vgl. 5. Mo. 32,4. Als deutscher Teil der Braut kann ihr diese Souveränität nicht nur in ihrer eigenen Situation konkret geworden sein, sondern auch in einer Erinnerung, die sie zwar persönlich, aber gleichzeitig nur indirekt betraf. Hatte er sie nicht vor kurzem erst „meine Schwester“ genannt? Durch den Ausschluss kann sie zum ersten Mal am eigenen Leib empfinden, was es für sein Volk, das jüdische Volk als deutsche Staatsbürger im 3. Reich, bedeutet haben musste, plötzlich das eigene Haus verlassen und die Schlüssel an andere übergeben zu müssen, den Beruf und die Achtung von anderen zu verlieren, einfach weil sie Juden waren. Mit dieser Situation vor Augen kann sie plötzlich aus ihrer eigenen Opferrolle heraustreten und stellvertretend Buße tun für dieses Verhalten; sie

8. *Schenkel aus Alabaster* oder Marmor, so fest gegründet und kostbar zugleich. Nichts entglitt ihm. Denn auch die
9. *Füße aus Gold* zeigten ihr, dass er sich von all ihrem Leiden hatte durchbohren lassen. Und doch blieben diese Füße nicht im Grab, sondern würden sie mitnehmen in ein Osterleben, das vor ihr lag und voller Wunder auf sie wartete. Darum sprachen seine Beine von der Ordnung eines unbesiegbaren Auferstehungslebens, selbst wenn sich ihr eigenes Leben gerade noch chaotisch anfühlte.[70] Während die Braut ihn so betrachtete und mit ihrem Blick des Glaubens umfasste, war ihr
10. seine ganze *Gestalt* „wie der Libanon, auserlesen wie die Zedern" dort. Diese Zedern erinnerten die Braut an das feste Haus, in dem sie mit ihm Gemeinschaft hatte.[71] Denn es kam vom Libanon, das heißt vom Himmel. Es duftete nach Gott und war zugleich ganz menschlich. Er war ohne Sünde, im Bild des edelsten Zedernholzes ausgedrückt, und gerade darum so, dass er ihre Schmerzen und Sünden auf sich nehmen konnte. Die Nähe und Vertrautheit, die er ermöglichte, drückte sie mit dem Bild aus: „Sein *Gaumen* ist Süßigkeit..." Es bedeutete, dass nichts ihre Seele *mehr* erneuern konnte als die Intimität mit ihm, die er auf so überraschende und vielfältige Weise schenkte, wie auch jetzt. Denn in ihrem Zeugnis an die Töchter Jerusalems zeigte sich wieder diese Erinnerung an ihn in ihrem Garten, wie er sie genoss. Sie hatte ihn gesehen.

Und darum weiß sie jetzt wie nie zuvor: Sein Schweigen hatte nicht Ablehnung bedeutet. Er war immer da. Deshalb will sie ihnen jetzt

---

kann es als Teil ihres eigenen Volkes tun, nämlich Gott um Vergebung bitten und gleichzeitig um Trost für die, die auch durch ihre eigene natürliche oder geistliche Familie Verlust und Schaden erlitten haben. Diese Sicht kann sie mitten im eigenen Schmerz befreien und befähigen, auch ihrer Gemeinde bzw. Gemeinschaft zu vergeben. Dazu mehr in Strophe 6, wo Jesus als König der Juden erneut „Freundin" zu ihr sagt.

[70] Nach Monika Klotz kann es darum auch hilfreich sein, Bibeltexte zur Kenntnis zu nehmen, in denen durch die Schöpferkraft Gottes aus Verderben, Tod oder Zerstörung Neues entsteht, Dinge gut werden und Menschen Heilung finden. So könne der Ankerpunkt der Verantwortlichkeit und Zuständigkeit für das Leben und seine Belange von sich selbst fort auf Gott verlagert werden, was sich erleichternd auswirken könne. Vgl. Klotz, *Traumata*, 201.

[71] Vgl. Hld. 1,17.

sagen: „Ich werde mich niemals von ihm zurückziehen. Alles an ihm ist begehrenswert.“[72] Ohne es zu merken, ist vor den Augen und Ohren ihrer Mitschwestern ein Durchbruch geschehen: Weil sie nicht mehr auf ihre Situation fixiert ist, sondern *ihn* ansieht, den ihre Seele liebt, kommt sie über alle Umstände und Reaktionen anderer, die sich ihr zuerst wie Berge in den Weg gestellt hatten, hinweg. Jetzt weiß sie: Sie kann …

… im Ansehen des Bräutigams eine Überwinderin werden

Im Anschauen seines Bildes leuchtet auch ihre persönliche Beziehung zu ihm selbst in einem neuen Licht auf. Denn sie sieht sich jetzt in seinem Arm und so kann sie geborgen und zugleich voll Liebe den Töchtern Jerusalems sagen: „Das ist mein Geliebter und das mein Freund.“ Jetzt weiß sie tiefer als je zuvor: Sie liebt ihn und ruht zugleich in der Liebe dessen, der sie ganz kennt wie ein Freund – in all ihrer Aufrichtigkeit, aber auch in ihrer Schwachheit.[73] Die Braut spricht zu ihnen über ihren König und Freund mit einer Hingabe und Liebe, die durch den Heiligen Geist ganz frisch ausgeschüttet wurde. Das war ein Geschenk, und wir dürfen es auch heute empfangen, weil wir wie sie eine Berufung und darum eine Zukunft an der Seite des himmlischen Bräutigams und Königs haben![74] Und auch wenn sie ihre Glaubensschwestern „Töchter Jerusalems“ nennt, enthält diese Anrede keine Verurteilung oder Anklage. Deren Mangel an Hingabe hat die Braut nicht abgestoßen; sie ist ihnen einfach nur dankbar für ihre Frage. So konnte sie von Jesus sprechen und das ist unendlich kostbar für sie, denn diese zehn Attribute ihres Bräutigams sind mitten in der Prüfung über ihre Lippen gekommen und haben sie selbst zum Lieben befreit.

Ganz leise steigt eine Ahnung in ihr auf, was die Zahl zehn für sie jetzt auch bedeutet: es ist die Zahl der Prüfung.[75] So beginnt sie zu verstehen: Mit vier Namen hatte er sie in den Test hineingerufen; mit

---

[72] Hld. 5,16.

[73] So wie er auch seine Jünger Freunde nannte und wusste, dass sie ihn verlassen würden, bis er selbst wieder zu ihnen kommen und sich ihnen neu als der Auferstandene offenbaren würde (vgl. Joh. 15,15; 20,19-21).

[74] Vgl. Joh. 7,38.39; Jer. 29,11.

[75] Vgl. zehn Plagen in 2. Mo. 3-12; zehn Gebote in 20,1-17 und zehn Jungfrauen in Mt. 25,1-13.

zehn Beschreibungen über ihn und sein Wesen ist sie daraus hervorgekommen. Multipliziert man diese beiden Zahlen, ergeben sie die Zahl 40. Und wie diese Zahl zu allen Zeiten in der Geschichte des Gottesvolkes eine Zeit der Zubereitung zum Dienst bedeutete (wie auch für Jesus selbst), heißt das jetzt für sie: Die Zeit der Prüfung ist abgeschlossen und vorbei.[76] Nach all dem Dunkel ist sie in eine reifere Partnerschaft mit ihrem König und Bräutigam eingetreten. Sie hat durch Gottes Gnade den Test bestanden. Und wie bei der Frau am Jakobsbrunnen würde sich Jesus nun durch das Zeugnis der Braut den „Töchtern Jerusalems“ offenbaren und sie locken, ihm ganz persönlich zu begegnen.[77] Sie kann es kaum erwarten.

[76] Vgl. 4. Mo. 14,33.34; Lk. 4,2; Apg. 1,3.
[77] Joh. 4,29.30.39-42.

Sela

1. Worin besteht meine Berufung als Braut Christi?

Geh durch die einzelnen Tanzschritte und frage dich: Kenne ich Jesus im Licht seiner Liebe, in der Nacht der Seele und im Gegenwind von Menschen und Umständen? Wie habe ich darin seine größere Kraft und Liebe zu mir erlebt?

Anregung: Lege ein Gedenkbuch seiner Wunder in deinem Leben an.

2. Wodurch wird diese Berufung bestritten?

Bin ich noch in einem traumatischen Schweigen gefangen – oder habe ich als Kriegskind oder -enkel schon Hilfe erfahren und einen Weg aus dem Schweigen beschritten? Lebe ich unter einer Gemeindeleitung, die bedrückt und das befreiende Evangelium verdunkelt? Bin ich selbst Teil einer solchen Leitung?

Anregung: Bleibe ein/e Suchende/r und umgib dich mit Geschwistern – digital und persönlich – die den Wohlgeruch Christi zum Leben haben!

3. Welche Schritte ist Jesus gegangen, um seine Braut wiederherzustellen?

Was bedeutet für dich Jesus in Gethsemane und auf dem Weg nach Golgatha? Was bedeutet für dich seine Auferstehung?

Anregung: Geh persönlich und in Gemeinschaft von Glaubensgeschwistern „im Geist" mit ihm an diese Orte und höre, was er dir sagen möchte.

4. Welche Tanzschritte des Glaubens will ich einüben?

In welchen Situationen habe ich die Schönheit des himmlischen Bräutigams gesehen?

Anregung: „Male" dir ein Bild von Jesus, wie es hier beschrieben ist und bewege dich darin in Anbetung. Ein Anbetungslied wie dieses kann dabei eine Unterstützung sein: „Schönster Herr Jesus, Herrscher aller Enden, Gottes und Marien Sohn. Dich will ich lieben, dich will ich ehren, du meiner Seele Freud und Kron." Text: Münster (1677): *Schönster Herr Jesu*, in: EG, Nr. 403.

Strophe 6

Darum werden auch andere durch sie in die Entscheidung gerufen

Atemlos hatten die Töchter Jerusalems der Braut gelauscht, als sie von Jesus, ihrem Geliebten, sprach. Sie konnten zusehen, wie sich die Gesichtszüge der leidenden Braut entspannten und schön wurden, als sie von Jesus schwärmte.[1] So wie sie hatten die „Töchter Jerusalems“ ihn noch nie gesehen. Sie hatten ihre eigenen „Königreiche“ aufgebaut, aber ihre Macht und ihr Einfluss waren an die Angst gebunden, das alles wieder zu verlieren. Was sie an dieser Glaubensschwester sahen, atmete eine Freiheit, die sie nicht kannten. Es wehte ein anderer Geist in ihr, der sie schön und gelöst zugleich machte.[2] Das Mädchen, das seine Berufung zur Braut angenommen hatte, hatte scheinbar alles verloren. Und doch war sie Teil eines Königreiches, das nicht erschüttert oder gar zerstört werden konnte.[3] Sie selbst war darin dem König offensichtlich so persönlich begegnet, dass sie von ihm sprechen konnte, als wäre er ihr bester Freund. Allein durch ihr Zeugnis und das Licht, das aus ihr leuchtete, rief sie die anderen in eine Entscheidung, die auch für uns einem neuen Tanzschritt gleichen kann:

---

[1] Vgl. Hld. 5,10-16.
[2] Vgl. 2. Kor. 3,17.
[3] Vgl. Hebr. 12,28.

1. Tanzschritt des Glaubens: Mit Jesus „aufs Wasser gehen" – Sicherheiten loslassen

So wie sich die „Töchter Jerusalems" durch ihre Glaubensschwester in die Entscheidung stellen ließen, welchem Königreich sie angehören und dienen wollten, so ist auch der deutsche Teil der Braut Christi heute herausgefordert eine Entscheidung zu treffen. Die Frage lautet: Sind wir bereit, um der Wahrheit des Evangeliums willen auch im Kontext unserer Zeit und unter der Herrschaft des Humanismus und anderer Mächte einen Preis zu bezahlen, der über das bisherige Maß hinausgeht? Werden wir wie die Braut, die von ihren Gemeindeleitern ausgeschlossen worden war, mit Jesus „aufs Wasser gehen" und auf sein Wort hin alle Sicherheiten loslassen, wenn wir vor der Wahl stehen?[4]

Hld 6,1

„Wo ist dein Geliebter hingegangen? – So wollen wir ihn mit dir suchen."

Die Gläubigen im Hohelied, die bisher von der dunklen Dynamik ihrer Gemeindeleitung überrollt und völlig erstarrt waren, wurden durch die Schönheit ihrer Glaubensschwester in eine neue, befreiende Dynamik gezogen, sodass nun die Frage aus ihnen herausbricht: „Wo ist denn dein Geliebter hingegangen, o du Schönste unter den Frauen? Wo hat dein Geliebter sich hingewandt? So wollen wir ihn mit dir suchen."[5] Denn sie hat etwas, was ganz offensichtlich nur

---

[4] Vgl. Mt. 14,22-33, als Petrus Jesus auf sein Wort hin auf dem See entgegenging. Diesen Preis müssen auch Menschen aus anderen Völkern und religiösen Hintergründen bezahlen. Selbst mitten in Deutschland kann es geschehen, dass sie Ausschluss aus der Familie erleben und um ihr Leben fürchten müssen, wenn sie Jesus folgen. Dennoch sagen sie im Glauben: „Ich kann nicht zurück, nachdem ich in Jesus die Wahrheit gefunden habe." So ein dreizehnjähriges Mädchen aus Äthiopien, das um Jesu willen auf dieses Bekenntnis hin aus der Familie ausgeschlossen wurde. Heute lebt sie als Mutter von drei Kindern mit ihrer Familie in Deutschland.

[5] Hld. 6,1. Nur durch die Lösung aus der Erstarrung ist es möglich, dass eine Grundlage gelegt werden kann für eine stabile Versöhnung in einzelnen Beziehungen zwischen der Braut und Einzelnen der Gemeinde, aber auch in Familien und weitergehend gesamtgesellschaftlich: hier im Blick auf die Situation in Deutschland im Umgang mit den Juden im 3. Reich damals; aber auch im Blick auf alle, die das Thema heute unter Christen ansprechen. Darum ist es notwendig, den eigenen persönlichen Platz in einem solchen Prozess zu sehen. Es gilt dabei

Jesus selbst ihr hatte geben können. Diesen König wollen sie jetzt auch in dieser Vertrautheit und zugleich Erhabenheit erfahren. Nichts kann sie zurückhalten, nachdem sie ihre Glaubensschwester so erlebt haben. – Kann es sein, dass auch wir spüren: Die Begegnung mit ihm von Angesicht zu Angesicht bedeutet mehr, als sich neues theologisches Wissen anzueignen, das ins bisherige Konzept passt? Denn die Entscheidung, sich mit der Braut aufzumachen, um ihn zu suchen, würde auch bedeuten: Sie sollten …

… im Aufblicken zu ihm verwandelt werden

Wie die „Töchter Jerusalems" aus dem Hohelied können Gläubige auch heute den kennenlernen, der die „Schönste unter den Frauen" so schön gemacht hat. Dann wären diese Gläubigen in der Lage, ihn so zu sehen, wie die Braut ihn sieht, und sogar so zu werden wie die Braut in ihrer Liebe zu Jesus, ihrem Herrn und König. Im Blickkontakt mit ihr konnte man sehen, dass sie ihn mit den Augen des Herzens erkannt hatte, was Paulus später in die Worte fasste: „Wir alle aber sehen mit unverhülltem Gesicht die Herrlichkeit des Herrn wie in einem Spiegel und werden in dasselbe Bild verwandelt von Herrlichkeit zu Herrlichkeit, ganz so wie der Geist des Herrn wirkt."[6]

In den Erschütterungen von außen und innen, persönlich und national, in Kirche und Staat, sind wir auch heute mehr denn je vor die Entscheidung gestellt: Geht es uns weiterhin nur um Machterhalt und Abgrenzung von anderen um den Preis von Angst vor Machtverlust und Kontrolle?[7] Oder wollen wir zu diesem „Wir" gehören, das Jesus mit den Augen des Herzens in seiner Schönheit sieht?[8] Werden wir

zu bedenken: „Zur Versöhnung gehören drei Akteure: die durch das Trauma Geschädigten, die TäterInnen und das soziale Umfeld – und hier besonders die Kirche. Für die Institution Kirche lässt sich als zentrale Aufgabe die wahrhaftige und konkrete Erinnerung und das Aussprechen des Geschehens benennen." So Kristina Augst in: Augst, *Traumagerechte Theologie*, S. 205, zitiert in: Klotz, *Traumata*, S. 199. Denn gerade die Generation der Kriegsenkel, die „besonders empfänglich für Konsonanzen oder Dissonanzen ist", ist bedürftig nach ehrlicher, authentischer Zugewandtheit. A.a.O., S. 172.

[6] 2. Kor. 3,18.

[7] Über Macht, Ohnmacht und Vollmacht im Leben von König Saul und König David schreibt eindrücklich Gene Edwards, *Der Stoff, aus dem die Könige sind, Über Macht, Ohnmacht und Vollmacht*, Asaph Verlag, 5. Auflage 2015.

[8] Vgl. Jes. 33,17.

dann, wenn alles zerbricht, nur zu halten versuchen, was noch menschenmöglich scheint; oder werden wir wie die Braut mitten im Verlust nur Jesus sehen und zu Liebenden werden?[9] Doch das würde bedeuten: Wir müssen …

… die Prioritäten überdenken und verändern lassen

Die Gläubigen im Hohelied hatten sich entschieden: Sie wollten diese herrliche Verwandlung auch erleben, die sie an ihrer Glaubensschwester sahen, trotz aller Verluste. Darum waren sie bereit geworden, ihre Prioritäten zu ändern. Sie wollten nicht mehr alle Zeit darauf verwenden, als selbsternannte „Könige" ihre eigenen kleinen Reiche zu pflegen und abzusichern. Sie wollten jetzt die Herrschaft dieses Königs auf eine ganz neue und persönliche Weise kennenlernen und ein Teil davon werden. Mit der Braut zusammen wollten sie ihn suchen, egal was die Wächter dazu sagen mochten. Damit gingen sie das Wagnis ein, zusammen mit derjenigen, welche die Leiter der Gemeinde ausgeschlossen hatten, den Bräutigam dort zu suchen, wo *sie* ihn sah. Was es auch bedeuten würde – das war es ihnen wert. Diese Entscheidung käme auch für Jesusnachfolger heute einem neuen Tanzschritt gleich, denn es bedeutet einen

2. Tanzschritt des Glaubens: Geistlich verbunden mit der Verstoßenen leben

Erneut auf diejenige zu hören, die von den religiösen Leitern verstoßen wurde, bedeutet für die Gläubigen, damals wie heute, aus dem Bisherigen hinauszugehen. Es bedeutet, sich in die Gemeinschaft mit ihr und denen zu begeben, die mit Jesus im Geist das himmlische Vaterhaus bereits kennengelernt haben.[10] Um wie sie vom Himmel her hören und sehen zu können, müssten sie selbst noch einmal zu

---

[9] Vgl. Hebr. 11,8.9, wo es von Abraham heißt: „Er zog aus und wusste nicht, wo er hinkäme. Durch Glauben ist er ein Fremder gewesen im verheißenen Land und wohnte in Zelten …, denn er wartete auf die Stadt, die einen festen Grund hat, deren Baumeister und Schöpfer Gott ist." Und Hebr. 12,26-28, worin deutlich wird, dass alles erschüttert wird, „damit das Unerschütterliche bleibt. Darum, weil wir ein unerschütterliches Reich empfangen, haben wir Gnade, durch die wir Gott dienen wollen, um ihm zu gefallen, mit Scheu und Ehrfurcht."

[10] Vgl. Strophe 2.

Lernenden werden, trotz allem bisherigen theologischen Wissen und aller bisherigen gemeindlichen Prägung.[11] Doch in dieser neuen Gemeinschaft würden sie Geschwister aus allen Denominationen finden, die mehr vom Himmel mit ihnen teilen könnten, als sie es bisher gewohnt sind. Auch wenn diese Gemeinschaft ebenso wenig schon himmlisch vollkommen ist, könnten sie dort doch Jesus selbst durch die Gemeinschaft mit seinem Geist in einer Weise begegnen, die sie von falschen Erwartungen frei und zugleich liebevoller machen könnte. Auf die verstoßene Braut Christi mit dem Herzen zu hören, würde diese Gläubigen dann näher zum Bräutigam führen.[12] Dann könnten sie ganz neu …

… an ihrer und seiner Freude teilhaben

Die Freude der Braut über die Bitte ihrer Glaubensgeschwister kann auch heute das erste Geschenk an die Gläubigen sein, die sich mit ihr aufmachen, und damit eine erste Bestätigung, auf dem richtigen Weg zu sein – denn so werden sie Gefährten derselben Sehnsucht, Jesus noch besser kennenzulernen.[13] Zugleich bedeutet die Hinwendung der „Töchter Jerusalems“ zu ihrer Glaubensschwester auch Teilhabe an der Freude von Jesus selbst, dass es in seiner Gemeinde solche gibt, die ihre Türen öffnen, um mit derjenigen Gemeinschaft zu haben, die von Menschen verworfen, doch von Gott auserwählt ist.[14] In

[11] Im Blick auf die Berliner Erklärung, die 56 Brüder des pietistischen Gemeinschaftsverbandes verfasst und unterschrieben und mit der sie die Kirchen Deutschlands dazu aufgerufen hatten, die Pfingstbewegung in Deutschland abzulehnen, bedeutet es für den Pietismus, den Platz des Richters zu verlassen, der bestimmt, was biblisch richtig ist und was nicht. Dann könnten auch sie zu Lernenden werden. Denn der Heilige Geist könnte dann als Stellvertreter Jesu und Geist der Unterscheidung den Platz des Richters einnehmen und in alle Wahrheit über den Zugang zu den Räumen im himmlischen Vaterhaus führen. So könnten alle voneinander lernen, ohne sich gegenseitig zu verurteilen, was allein Jesus zukommt. Vgl. Joh. 5,22.23.

[12] Das bezieht sich sowohl auf die Pfingstgemeinden, die sich von Pietisten und der Landeskirche durch die Berliner Erklärung ausgeschlossen fühlen, als auch auf die jüdischen Gemeinden, ob sie ihren Messias schon in Jesus erkannt haben oder nicht.

[13] Vgl. Phil. 3,8-14.

[14] Zur Zeit des Nationalsozialismus gab es im deutschen Teil der Braut Christi eine Mehrheit in der Kirchenleitung und vieler Mitglieder, die die Glaubensgeschwister mit jüdischem Hintergrund ablehnten und ihre Türen vor ihnen verschlossen, wie

Herzenseinheit mit ihm teilt sie jetzt gern mit, was sie mit den Augen des Glaubens gesehen hat: „Mein Geliebter ist in seinen Garten hinabgegangen zu den Balsambeeten.“[15] Und auf einmal spürt sie selbst tief im Herzen: Er ist nicht wirklich weggegangen.[16] Er war und ist da, denn die ganze Welt gehört ihm.[17]

Siegfried Hermle beschreibt. Er fasst die Einstellung von Christen während der NS-Herrschaft ab 1933 mit den Worten zusammen: „Den Anfängen der Diffamierung, Diskriminierung und Ächtung der Juden und der dem Judentum entstammenden Kirchengliedern hatten die drei lutherischen Bischöfe öffentlich nicht gewehrt.“ In: Siegfried Hermle, „Die Bischöfe und die Schicksale „nichtarischer“ Christen.“ In: Gailus, Manfred und Hartmut Lehmann (Hrsg.): Nationalprotestantische Mentalitäten, Konturen, Entwicklungslinien und Umbrüche eines Weltbildes. Veröffentlichungen des Max-Planck-Instituts für Geschichte, Band 214, Vandenhoeck & Ruprecht, Göttingen 2005, 263-306, 272. Zitiert in M. Klotz, *Traumata*, S. 99. Sie führt weiter aus: „Auch zu den schrecklichen Ereignissen der Kristallnacht am 9. und 10. November 1938 gab es öffentlich Zustimmung aus protestantischen Kreisen.“ A.a.O. Doch es gab auch solche, die trotz aller Bedrohung ihre Türen für den jüdischen Teil der Braut Christi öffneten, sowohl in Deutschland als auch in den Ländern, die vom nationalsozialistischen Regime kontrolliert waren. Dafür ist z. B. Corrie ten Boom (1892 – 1983), die Tochter eines Uhrmachers in Holland, ein leuchtendes Beispiel. Sie baute während des Zweiten Weltkriegs in den Niederlanden eine Untergrundorganisation zur Rettung von Juden auf. So konnten über 800 Juden gerettet werden. 1944 kam sie mit ihrem Vater und ihrer Schwester Betsie zunächst ins Gefängnis, wo der Vater starb. Corrie wurde dann mit ihrer Schwester ins KZ nach Ravensbrück gebracht, das sie als einzige von ihnen überlebte. Nach dem Krieg warb sie in der ganzen Welt für Vergebung und einen vertrauensvollen Glauben an Jesus Christus. Vgl. die Umschlagseite von Corrie ten Boom, *Jesus ist Sieger*, Brockhaus RBTaschenbuch, 10., erweiterte Taschenbuchauflage, Wuppertal 1997, *Jesus ist Sieger*. Im Folgenden zitiert als Boom, *Jesus ist Sieger*. Ihnen gilt seine und ihre Freude. Was es heute bedeuten würde, sich an die Seite des jüdischen Volkes zu stellen, ist persönlich, gemeindlich und national zu bedenken und im Gebet von Gott zu erfragen. Denn von ihm kommt sowohl die Weisung als auch die Kraft.

[15] Hld. 6,2a. Die Reichweite seiner Herrschaft umspannt Himmel und Erde, auch da, wo sie ihm noch nicht unterworfen ist. Insofern ist sein Garten die ganze Welt, warum Jesus auch sagt: „Mir ist gegeben alle Gewalt im Himmel und auf Erden … Und ich bin bei euch alle Tage bis an der Welt Ende.“ Mt. 28,18.20.

[16] Vgl. Jos.1,5; Hebr.13,5.6. Auch wenn sie ihn nicht immer fühlen konnte, war er gemäß seinem Wort da und im Glauben an sein Versprechen greifbar.

[17] Die Welt gehört ihm, weil er sie geschaffen hat. Und auch wenn der erste Adam sein Recht, mit Gott darüber zu herrschen, an Satan abgab, so hat Jesus, der zweite Adam, die Welt durch seinen Kreuzestod für Gott zurückgekauft. Alle Menschen, die Jesus glauben und sich ihm anvertrauen, haben darum auch die Autorität, in der Welt aufs Neue die Königsherrschaft Gottes auszurufen und sie in seinem Namen wieder in einen Garten des Lebens zu verwandeln (vgl. Mt. 28,19).

Jetzt kann sie es im Glauben neu ergreifen: Jesus, ihrem König, ist alle Macht gegeben im Himmel und auf Erden. Er kann ihr überall begegnen, selbst am dunkelsten Ort. Doch gerade diejenigen, die die Macht seiner Gnade erlebt haben und jetzt im Bund der Liebe mit ihm stehen, verwandeln die Welt in blühende Gärten des Lebens, die seine gnädige Herrschaft widerspiegeln. Das hat das Mädchen erlebt, die jetzt als Braut selbst im Bund dieser Liebe steht. Darum kann sie es auch mit neu geöffneten Herzensaugen sehen: Sein Reich ist viel größer und seine Fähigkeit, sie zu versorgen, viel weitreichender, als die Wächter ihrer bisherigen Mauern zu sehen bereit waren. Ja, ihr guter Hirte kann sie dort weiden, wo er auch andere „Lilien" pflückt.[18] Zusammen würden sie dann auch …

Hld 6,2

„Mein Geliebter ist in seinen Garten hinabgegangen zu den Balsambeeten … um Lilien zu pflücken."

… an seiner und ihrer Sehnsucht teilhaben

Denn der Herzschlag dieser Sammlung birgt in sich auch die Sehnsucht des Bräutigams, sie in seinem Namen zu senden, sodass noch viele zu ihm und damit in die ewige Heimat beim Vater kämen. Zugleich würden sie dort erneut zu Ehre und Herrschaft über alle niederziehenden Mächte kommen.[19] In Einheit mit dem König ist das

---

Überall, wo Menschen Jesus als König in ihrem Leben annehmen, entstehen solche Gärten auf der Erde, die wie der erste Garten in Eden Gottes Wesen widerspiegeln. Es sind Orte seiner Herrschaft, in denen Menschen Befreiung erleben und aufblühen. Die Welt wartet auf das Offenbarwerden der Söhne Gottes (Röm. 8,19), die diese Autorität aus Gottes Geist anwenden, sodass eine Wiederherstellung zur göttlichen Ordnung gerade auf Erden sichtbar und erfahrbar wird: „Die Blinden sehen, die Lahmen gehen, die Aussätzigen werden rein, die Tauben hören, die Toten stehen auf, den Armen wird das Evangelium gepredigt" (Lk. 7,22). Denn er sagt: „Wie mich der Vater gesandt hat, so sende ich euch" (Joh. 20,21).

[18] Hld. 6,2b. Die Lilien stehen für andere Gläubige, die nur auf die Reinheit seines Blutes setzen und nicht auf ihre eigene. Vgl. 1. Joh. 1,7. Sie will er „pflücken", d. h. sammeln, um sie mit seinem Geist und Wort zu nähren und so zu stärken. Doch im Gegensatz zu Weltherrschern wie der persische König, von dem das Buch Esther berichtet, werden diese Gläubigen nicht gegen ihren Willen von Jesus „gepflückt", d. h. eingesammelt.

[19] Vgl. Mk. 3,13-15, wo Jesus seine Jünger beruft, damit sie an seinem Herzschlag teilhaben.

auch die Sehnsucht der Braut geworden.[20] Und die Gewissheit und Schau der Braut, wohin ihr Geliebter gegangen ist, soll ebenso die Schau der „Töchter Jerusalems“ werden: „Er ist in seinen Garten hinabgegangen zu den Balsambeeten.“[21]

Es ist nicht nur die Weite seines großen Erntefeldes, an dem die Gläubigen mit der Braut zusammen teilhaben würden wie nie zuvor. Es ist auch die Erkenntnis, dass dort, wo der Bräutigam ist, für jeden die Heilung im Blick auf Geist, Seele und Leib bereitliegt, der ihn als König des Herzens annimmt. Denn das Erste, was sie mit den Augen des Glaubens sieht, sind die Kräuter, die für Heilung stehen, die Balsambeete.[22] Und plötzlich leuchtet die Bedeutung dieser Kräuter wie ein Stern in der Nacht vor ihr auf: Obwohl die Wächter ihrer Gemeinde sie ausgeschlossen haben – ihr Herr, Jahwe, nimmt sie auf und sammelt sie ein, zusammen mit anderen, die sich auch nach ihm sehnen! ‚War es nicht schon immer so in der Geschichte des Volkes Gottes?‘, fragt sie sich. ‚Du kannst David sein, der Geliebte Gottes, und gerade darum gehasst und verfolgt werden.‘ Doch wie David kann sie jetzt bekennen: „Mein Vater und meine Mutter verlassen mich; aber der HERR nimmt mich auf.“[23] Ja, wenn sie auch nicht mehr zu dieser Gemeinde gehörte, so gehört sie noch immer ihrem himmlischen Bräutigam, der sie liebt und den sie mehr liebt als je

---

[20] Vgl. Joh. 17,21-23, wo Jesus im hohepriesterlichen Gebet für diese Einheit zum Vater betet.

[21] Hld 6,2b (ELB).

[22] Bezüglich der heilenden Wirkung von Balsam sagen wir auch im Hinblick auf eine gute oder tröstliche Nachricht im Deutschen: ‚Das ist Balsam für meine Seele.‘

[23] Ps. 27,10. Nicht nur seine irdische Verwandtschaft hatte ihm den Rücken gekehrt, sondern auch seine geistliche Familie am Königshof. Aber in der Verfolgung hob ihn Gott im Geist hoch über alles, sodass er nur staunend anbeten konnte: „Er verbirgt mich heimlich in seinem Zelt und hebt mich auf einen Felsen; er erhöht mein Haupt über meine Feinde, die um mich sind; so will ich ihm in seinem Zelt Jubelopfer bringen, ich will dem HERRN singen und spielen“ (V.5.6). Nach dieser Anbetung über die rettende Zuflucht in Gottes Gegenwart war nun auch Platz dafür, seinem Herzen mit Bitten Luft zu machen und es vor Gott auszuschütten (V. 7-9.11.12). Zuletzt konnte er seine gejagte Seele aus der Erfahrung und Gewissheit des Geistes heraus lehren und zu ihr sagen: „Hoffe auf den HERRN! Sei getrost und unverzagt und warte voll Hoffnung auf den HERRN!“ (V.14).

zuvor. Vor den Töchtern Jerusalems spricht sie es darum aus: „Ich gehöre meinem Geliebten, und mein Geliebter gehört mir.“[24]

Das kann besonders für den deutschen Teil der Gemeinde Jesu zu einer Quelle der Heilung von alten Wunden werden.[25] Die komplexen Erfahrungen und Empfindungen Einzelner, warum sie sich in seiner Gemeinde nicht wirklich zugehörig, sondern ausgeschlossen fühlen, sind vielfältig. Nur Gottes Wahrheit kann hier wie die Sonne einen dichten Nebel durchdringen und Heilung schaffen. Doch wir dürfen uns wie das Mädchen im Hohelied an Jesus selbst klammern und es aussprechen: „Mein Geliebter ist mein und ich bin sein.“ Oder wie Dietrich

Hld 6,3

„Mein Geliebter ist mein und ich bin sein.“

[24] Hld. 6,3. Als wollte sie sagen: „Den kann mir niemand nehmen.“ Oder mit den Worten des Liederdichters Paul Gerhardt ausgedrückt: „Warum sollt‘ ich mich denn grämen? Hab ich doch Christus noch, wer will mir den nehmen? Wer will mir den Himmel rauben, den mir schon Gottes Sohn beigelegt im Glauben? … Herr, mein Hirt, Brunn aller Freuden. Du bist mein. Ich bin dein. Niemand kann uns scheiden … Du bist mein, weil ich dich fasse und dich nicht, o mein Licht, aus dem Herzen lasse. Lass mich, lass mich hingelangen, da du mich und ich dich ewig werd umfangen!“, Paul Gerhardt (1653): *Warum sollt‘ ich mich denn grämen.* In: *EG*, Nr. 370, Strophe 1, 11, 12. Dorthin ist sie unterwegs, und für diese Erfahrung macht sie sich bereit.

[25] Vgl. Joachim Süss, der in diesem Zusammenhang der transgenerationalen Weitergabe von Traumata an die heutigen Kriegskinder und -enkel festhält, dass die Bibel das komplette Instrumentarium enthalte, „um das Thema zu heilen und dieses existentielle Unheil-Sein, diese Unheil-Erfahrungen, die man macht und […] die man immanent nicht beruhigen kann, zu befrieden […] Der Zuspruch der Liebe Gottes zu mir und meinem Leben so, wie es ist und nicht wie es hätte sein können oder sollen, ist heilsam.“ Interview Süss, 21.10.2017, zitiert in Klotz, *Traumata*, S. 162. Dabei sei die Information und Erkenntnis, mit den hier dargelegten Schwierigkeiten Teil eines kollektiven Problems zu sein, für viele Kriegsenkel erstaunlich und sie finden es ausgesprochen erleichternd. „Das Licht, das dadurch in die düsteren Abgründe unserer Vergangenheit geworfen wird, erhellt nach und nach die schwarzen Gewölbe, die Gewaltherrschaft und Krieg gegraben haben. Es vertreibt die Schatten der uralten Traumata und lässt die Wunden allmählich verheilen.“ Joachim Süss, *Die entschlossene Generation*, S. 220, zitiert in Klotz, a.a.O., 167. Darum sei es notwendig, dass sich so viele einzelne Familien wie möglich mit ihrer Familiengeschichte und dem daraus erwachsenen schweren und belastenden Familienerbe auseinandersetzen. In: Süss, a.a.O., S. 193 und 237, zitiert in Klotz, a.a.O.

Bonhoeffer es während des 3. Reiches im Gefängnis 1944 schrieb: „Wer bin ich? Einsames Fragen treibt mit mir Spott. Wer ich auch bin, Du kennst mich, Dein bin ich, o Gott!“[26]

Während die Braut im Hohelied noch darüber nachsinnt, hat diese erneute Vertrauensäußerung ihrem König gegenüber einen Duft verströmt, der ihn wieder mit Macht zu ihr zieht.[27] Nach dem Schweigen während der schweren Prüfung kommt er jetzt selbst auf sie zu.[28] Doch diese Offenbarung seiner Gegenwart überstrahlt schon jetzt an Herrlichkeit alles, was sie an traurigen Erfahrungen bisher gemacht hat.[29] Diese Offenbarung gleicht einem himmlischen Tanz in einem Reichtum, wie sie ihn noch nie erlebt hat. Es fühlt sich für sie an wie viele neue Schrittfolgen auf einmal. Doch auch sie beginnen mit einem nächsten Schritt:

3. Tanzschritt des Glaubens: Im Geist in der Herrlichkeit des Himmels tanzen

Was das bedeutet, ist nur in mehreren Blickpunkten und Bildern zu fassen. Es ist zum einen wie eine neue Etage im Haus des himmlischen Vaters, in der ihr Geist noch nicht war.[30]

---

[26] Dietrich Bonhoeffer 1944. Online abrufbar unter: https://www.dietrich-bonhoeffer.net/predigttext/wer-bin-ich/. [Zuletzt: 26.07.2021].

[27] Oder anders gesagt: Wenn ein Mensch Gott glaubt, dann geht ein Duft von ihm aus, den Gott gut riechen kann, wie eine Mutter ihr Kind gut riechen kann und umgekehrt. Vgl. die Pervertierung des Geruchssinns von Mutter und Kind im Säuglingsratgeber von Johanna Haarer im Dritten Reich, wie in Strophe 1 dargelegt. Diese Lüge kann jetzt durch Gottes Wahrheit ersetzt und so überwunden werden.

[28] Wie ein Lehrer, der während der Prüfung nicht mit seinen Schülern reden kann, sondern schweigt, bis sie vorüber ist, so schweigt Gott während einer Glaubensprüfung, doch voller Anteilnahme und mit liebendem Herzen.

[29] Paulus beschreibt diese Erfahrung in 2. Kor. 4,17: „Die vorübergehende Leichtigkeit unserer Bedrängnis bewirkt in überreichem Maß eine ewige Fülle von Herrlichkeit für uns, die wir nicht auf das Sichtbare schauen, sondern auf das Unsichtbare.“ Dieses Unsichtbare sieht die Braut jetzt auch mit geöffneten Augen ihres Geistes.

[30] Vgl. Mk. 9,2-4, wo Jesus in der Dimension der Herrlichkeit Elia und Mose sah und hörte. Oder Offb. 1,10, wo Johannes bezeugt: „Ich war *im Geist* am Tag des Herrn und hörte hinter mir eine laute Stimme wie von einer Posaune …“ Und auch in Offb. 4,1, wo Jesus ihm die Tür im Himmel öffnet und ihn einlädt: „Steig hier herauf, dann werde ich dir zeigen, was nach diesem geschehen soll.“ Ebenso hat Stephanus diesen offenen Himmel erlebt, als er vor seinen jüdischen

Gerade am Ende der Zeit vor Jesu Wiederkunft sind wir erneut eingeladen, uns wie die Braut im Hohelied für die Wirklichkeit dieser himmlischen Bilder in der obersten Etage zu öffnen, die unserem Geist Flügel geben. Wie sie können wir ihren und unseren Bräutigam dann zum Zweiten als einen reichen König sehen, der sie vor den Augen der sichtbaren und unsichtbaren Welt auf ihrem gemeinsamen Hochzeitsfest im Ballsaal des Himmels zum Tanz auffordert.[31] Zu den himmlischen Klängen aus den Kehlen von Tausenden und Abertausenden hat er nur Augen für sie. Und im Takt einer Liebe, die alles übertrifft, drehen sich ihre Tanzschritte und Herzen harmonisch im Kreis. Darum sind auch seine ersten Worte nur für sie bestimmt: „Du bist schön, meine Freundin, wie *Tirza*, lieblich wie *Jerusalem*, schrecklich wie *Heerscharen* mit erhobenen Bannern."[32] Schon bei den ersten Worten ihres himmlischen Bräutigams durchströmt ein tiefer Friede die Braut. Von den Wächtern ist sie ausgeschlossen worden, doch hier wird sie von ihm mit den Worten umarmt: „Du bist schön, meine Freundin." Wie ein Fenster aus der Ewigkeit voller Licht leuchtet das Wort „Freundin" in das noch immer schmerzvolle Dunkel der letzten Erfahrungen hinein. Denn nun erkennt sie: Sie darf …

… unter seinem Mantel der Herrlichkeit leben

Im Licht dieser himmlischen Dimension erlebt sie sich in einer Einheit mit Jesus zusammen, sodass sie jetzt ganz klar erkennen kann: Sie war die ganze Zeit unter seinem Mantel der Herrlichkeit. Doch auf Erden zeigt er sich oft als ein Mantel der Verachtung und des Verworfenseins – nicht nur von der Welt, sondern auch von den Seinen. Doch gerade so ging ja auch Jesus aus Tod und Grab in seiner Auferstehung als Sieger hervor und nimmt alle, die unter seinem Mantel Zuflucht suchen, in sein unbesiegbares Überwinder- und Osterleben hinein.

Auf einmal sieht sie nicht nur, was man *ihr* angetan hat; sie sieht jetzt auch *ihn*, Jesus, der in sein Eigentum gekommen war, und „die

---

Glaubensbrüdern ausrief: „Sieh, ich sehe den Himmel geöffnet und den Menschensohn an Gottes rechter Seite stehen" (vgl. Apg. 7,55.56). Zwar führte diese Schau zu seiner Steinigung, aber es war dieser Blick in den Himmel, der ihn dann sagen ließ: „Herr, rechne ihnen diese Sünde nicht an!" (Apg. 7,60).

[31] Vgl. Mt. 22,1f; Lk. 14,15-24; Offb. 4,1-11; 5,11-14; 19,7-9.

[32] Hld. 6,4. Vgl. das Bild vor dem Kapitel.

Seinen nahmen ihn nicht auf."[33] So, wie man sie verachtet hat, hatte man doch auch ihn verachtet. „Ja, er war so verachtet, dass man das Angesicht vor ihm verbarg."[34] Und genauso, wie man ihr ihren Überwurf, den Mantel ihrer Berufung, weggenommen hat, hatten die Wächter seines Volkes doch auch ihm seinen Mantel abgenommen und sogar darum losen lassen, wer ihn bekommen sollte. Wie sie von den Leitern ihrer Gemeinde mit Worten geschlagen, mundtot gemacht und hinausgeworfen wurde, hatte man ja auch ihn auf die Backe geschlagen, als er die Wahrheit sagte,[35] hatte ihn verurteilt und aus der Stadt geführt, um ihn zu kreuzigen.[36]

Jetzt kann sie mit den Augen ihres Herzens sehen, wie sie unter seinem Mantel, zusammen mit ihm, dem Verachteten, aus der Stadt hinausging. Sie war seine Freundin geworden. Zwar war sein stellvertretender Kreuzestod einzigartig, aber in gewisser Hinsicht durfte sie seine Erfahrungen teilen; sie durfte fühlen, was er fühlte, und wofür er ans Kreuz gegangen war, um das zu erwirken, was eine ganze Welt erfahren sollte: „Vater, vergib ihnen, denn sie wissen nicht, was sie tun!"[37] Ihr Herz ist ganz weich geworden, als sie mit ihrem Bräutigam, dem König der Juden, diese Worte spricht und dabei an ihre Glaubensgemeinschaft und ihr eigenes Volk denkt, das einfach weggesehen und weitestgehend geschwiegen hatte.[38]

---

[33] Joh. 1,11.

[34] Jes. 53,3.

[35] Mk. 14,61-65.

[36] Mk. 15,20.24.

[37] Lk. 23,43. Damit ist zum einen die Einzigartigkeit seines Leidens und Sterbens eingeschlossen, und zum anderen die Bedeutung des Mitgekreuzigtseins, das uns geistlich zu Gefährten des gekreuzigten und auferstandenen Jesus von Nazareth macht. Vgl. Röm. 6,4-11. Doch diese Identifizierung nimmt sie aus ihrer eigenen Opferrolle heraus und macht sie dann auch zu einer Gefährtin des Auferstandenen, der sie in eine innere Unabhängigkeit von den Tätern bringt, sodass sie mit ihm zusammen sprechen kann: „Vater, vergib ihnen, denn sie wissen nicht, was sie tun."

[38] Vgl. Czwalina, *Das Schweigen redet*, ab S. 63, wo er über das Schweigen der schweigenden Mehrheit der deutschen Bevölkerung spricht, und darin auch über das Schweigen der Welt (S. 112ff) und der Kirchen (S. 117ff). Er sagt: „Ein Land oder ein Volk, das dem Totalitarismus anheimgefallen ist und nicht dagegen Widerstand leistet, macht sich durch seine bewusst oder unbewusst gewählte Ohnmacht (mit)schuldig." A.a.O., S. 63. In der Frage, wie es dazu kommen kann, geht er davon aus, dass die häufigste Haltung, die sich aus einer Ohnmachtserfahrung ableitet, die Haltung der Regression ist. „Regression meint hier, sich mit den

Und auf einmal weitet sich ihr Blick noch einmal: „Freundin" hatte er sie genannt! Ist das nicht auch die Bedeutung des Namens „Ruth", der Moabiterin? So wie sie ist auch die Braut Christi berufen, eine Freundin seines Volkes Israel zu sein, indem sie dessen Schicksal teilt.[39] Jetzt kann sie mit dem Volk der Juden fühlen, wie es war, den Beruf zu verlieren, das Einkommen, das Haus, die Heimat und das Ansehen. Und wieder kommt eine Freude in ihr Herz, wie sie es bis dahin nicht im Entferntesten für möglich gehalten hätte. Es ist die Freude, in Verbindung mit den Erfahrungen seines Volkes zu kommen; zu fühlen, was die Menschen dieses Volkes gefühlt haben, als die unfassbare Entwicklung in Deutschland ihren Anfang nahm, die sie letztlich durch eine teuflische Verdrehung zum Brandopfer machte.

Erst jetzt und erst durch dieses Mitfühlen kann sie Jesus die Schuld ihres Volkes und ihrer Familie, der natürlichen und der geistlichen, persönlich und stellvertretend bekennen und ihn um Vergebung bitten. Sie kann ihm ihre Tränen des Schmerzes, der Buße, des Mitgefühls mit seinem Volk weihen und gleichzeitig um Wiederherstellung ihrer Ehre und Würde bitten. „Meine Freundin" hat er gesagt. So kann sie jetzt auch in seinem Osterleben mit ihm gehen, die Menschen seines

---

Umständen abzufinden, weil man sie als nicht veränderbar einschätzt und folglich durchaus aktiv unterstützt: Es ist eine besondere Form der Aktivität, die aus einer paradoxerweise passiven Haltung entsteht. Der Regressive selbst ist sich seines Rückzuges oft *nicht bewusst*. Der Rückzug geschieht jedoch bereits durch die bewusste Anerkennung der Verhältnisse. Die Verantwortung wird weiterdelegiert. An ihre Stelle treten Pflichterfüllung und Gehorsam (Opportunismus, Anpassung)." A.a.O., S. 64. Das traurige Ergebnis, das weit in der Geschichte der deutschen Mentalität und Geschichte zu suchen ist, lautet nach Czwalina: „Die Mehrheit der Bürger des Dritten Reichs wählte die Anpassung zu ihrer Überlebensstrategie." A.a.O. So kam es, dass viele Mitläufer sich mit den Verhältnissen nicht auseinandersetzten, keinen Widerstand leisteten und sich mit ihren Werten in ihr Privatleben zurückzogen. „Zu den politischen Umständen schwiegen sie und nahmen diese somit als gegeben an." A.a.O. Auch heute sind diese „Überlebensstrategien" in Deutschland zu beobachten im Blick auf die Pandemie und das, was eine Bevölkerung zu tun hat. Darum ist es eine erneute Chance, gerade für die erwählte Braut Christi, jetzt Jesus Christus als Bräutigam des Himmels im Gebet und der Offenbarung des Heiligen Geistes zu suchen und sich ausrüsten zu lassen mit einer Kühnheit, die nur er geben kann. Vgl. Apg. 4,19-31.

[39] Ruth 1,16. Vgl. Das Leben von Corrie ten Boom und Hans Poley, der im Haus der Familie ten Boom Zuflucht fand und, beeindruckt von ihrer selbstlosen Nächstenliebe, sich dem Widerstand anschließt und sein Leben für die Juden riskiert. Verfilmt in der DVD: *Dein Reich komme*, SCM.

Volkes segnen und sie im Glauben rufen, so dass auch sie die Schönheit ihres Messias mit den Augen des Glaubens erkennen und ihn anbeten. Aus Liebe war er zu ihnen gekommen; aus Liebe kann sie jetzt mit ihm zu ihnen gehen, obwohl sie Teil eines Volkes ist, das unsagbares Leid über diese Menschen gebracht und ihnen den Mantel der Verachtung übergeworfen hat. Aber sie selbst gehört nicht mehr zu denen, die es verachten. Sie ist die Freundin des Auferstandenen geworden, sie ist aus Gott geboren; darum kommt sie jetzt als Segnende von oben her.[40]

Was für ein Vorrecht, mit ihm zu leiden! Was für ein Vorrecht, mit ihm, dem Auferstandenen, in seinem Segen zu regieren![41] Denn ihr ist bewusst, dass das Leben unter seinem Mantel zugleich bedeutet: Sie soll …

… unter den Augen der Welt und der Gemeinde leuchten

Ja, nur als Freundin des Königs der Juden, des wahren Königs seines Volkes Israel, kann sie auch verstehen, was seine Anerkennung wirklich bedeutet. Es ist kein Zufall, dass er sie „schön wie *Tirza*" nennt, die schönste Stadt im Nordreich Israels. Alle Welt konnte sie besichtigen und ihre Schönheit bewundern.[42] Heißt das nicht auch: Was sie

---

[40] Darum kann heute im deutschen Teil der Braut Christi die neue Sicht auf das Volk Israel und ein Ausdruck von gereinigter Liebe zu ihm dadurch beginnen, dass Kriegskinder und -enkel sich persönlich und stellvertretend für ihre Vorfahren unter deren Schuld stellen, wie es Nehemia und Daniel für ihr jüdisches Volk getan hatten (vgl. Neh. 1,4-11 und Dan. 9,3-19). Im Neuen Bund bedeutet es, wie ein Priester das reinigende Blut Jesu nach 1. Johannes 1,7 in Anspruch zu nehmen und so Buße zu tun (vgl. 1. Petr. 2,9.10). Es bedeutet, Gott aufgrund des vollbrachten Opfers Jesu in seinem stellvertretenden Tod um Vergebung zu bitten, sich im Namen Jesu loszusagen von allen Mächten, die Deutschland übernommen hatten, und sich selbst, seine Familie, seine Gemeinde und sein Volk dann erneut Jesus, dem König der Juden und Heiland der Welt zu weihen. Vgl. das Gebetsblatt im Anhang mit der Überschrift: „Wie wir im Blick auf den nationalsozialistischen Geist für unsere Familien beten können." So kann der Heilige Geist offenbaren, welche Gebete und Gaben ein Segen für sein Volk bedeuten. Er wird auch zeigen, wann es der Wiederherstellung von Beziehungen und der Heilung zwischen Opfern und Tätern dient, wenn man Holocaustüberlebende und ihre Kinder in Israel oder anderswo besucht und sie auf verschiedene Weise unterstützt.

[41] Phil.3,7-11; 1. Petr.3,9; Offb. 5,9.10.

[42] Dort leben viele Menschen aus anderen Völkern, die den Gott Israels nicht persönlich kennen.

in seiner Liebe tat und sagte, wird von allen als wunderschön erkannt, selbst wenn diese Leute noch keine Beziehung zum Gott Israels haben?[43] Doch auch für die, die um die wahre Bedeutung der Hauptstadt Israels, *Jerusalem*, wissen, ist sie schön. Besonders für die wahren Anbeter Jahwes, denen die tiefste Bedeutung des Tempels – als Haus der Begegnung mit Gott und seiner Wiederkunft – gerade in dieser Stadt am Herzen liegt, ist sie lieblich. Denn sie hat im Aufblick zu ihm mit Liebe auf alle Verachtung reagiert.

Eine solche Liebe ist ein Ansporn für die hingegebenen Nachfolger Jesu und eine Herausforderung zugleich. Denn auf diese Weise ist sie ein Schrecken für alle Mächte der Zerstörung geworden, weil sie ihnen nicht gedient und ihnen keinen Raum in ihrem Herzen gegeben hat. Wenn die Braut Christi heute mit einer Erfahrung der Ablehnung nicht durch Hass- und Rachegedanken umgeht, selbst wenn ihre Gegner und solche Gedanken „wie Heere“ gegen sie aufziehen, sondern wenn sie wie die Braut im Hohelied siegreich widersteht, gleicht sie einer *Armee mit erhobenen Bannern,* unter deren Zeichen sie den Sieg in ihrem Herzen davonträgt. Und sein Zeichen über ihr – gerade auch über dem deutschen Teil der Braut Christi – war und ist Liebe, ganz gleich, welche traumatischen Erfahrungen sie gemacht oder welche Schuld sie auf sich geladen hat![44] Wenn sie zu ihm umkehrt, erfährt sie und ergreift es im Glauben: Die Liebe Gottes hat triumphiert und sie gerettet.

Doch so wie die Braut im Hohelied wird es auch uns mit Staunen erfüllen, welche Wirkung es auf den Bräutigam hat, wenn wir auf jede Ablehnung mit Liebe reagieren – sowohl auf die Ablehnung von staatlichen oder kirchlichen Leitern mit ihrem Gefolge als auch auf

[43] Gerade wenn der deutsche Teil der Braut Christi sich aus Liebe z. B. der holocaustüberlebenden Juden annimmt, um ihnen jetzt im Alter zu dienen, ruft dieses Tun in jüdischen Menschen und auch in Menschen anderer Nationen eine Resonanz hervor, die das Herz berührt. Das geschieht, wie bereits gezeigt, sowohl in verschiedenen Diensten in Israel selbst als auch in anderen Ländern, wo Christen als „Schwester“ und „Freundin“ des jüdischen Volkes um Jesu willen dienende Liebe erweisen. Denn tief im Innern kann der Mensch noch spüren, dass er für diese Schönheit erschaffen wurde.

[44] Vgl. Hld. 2,4 und Strophe 4, Schluss. Oder erneut mit Joachim Süss gesprochen: „Der Zuspruch der Liebe Gottes zu mir und meinem Leben so, wie es ist und nicht wie es hätte sein können oder sollen, ist heilsam.“ Interview Süss, 21.10.2017, zitiert in Klotz, *Traumata*, S. 162.

die Ablehnung der Gemeinschaft, welche in ihrer gelähmten Starre schweigt. Erst durch das Reden des Königs versteht die Braut nun: In dieser Liebe für alle zu leben, bedeutet: Sie darf …

… vor dem Angesicht eines ergriffenen Bräutigams lieben

Es war und ist möglich, dieser Liebe zu widerstehen. Das hat sie erlebt. Doch er selbst, ihr Bräutigam, kann es nicht, als er ihre Liebe und Hingabe in ihren Augen sieht und in seinem Geist hört, wie sie über ihn spricht. Es überwältigt ihn so, dass er sie jetzt bittet: „Wende deine Augen von mir; denn sie verwirren mich!“[45] Mitten im Tanz sind diese Worte aus dem Mund ihres Geliebten wie ein Wunder. Unwillkürlich und voller Staunen fragt sich seine Braut nach ihrer gerade überstandenen Prüfung: Kann es sein, dass man *sein* Herz so sehr bewegt, dass er ergriffen wegsehen muss, wenn man sich ihm hingibt und ihm vertraut, obwohl man Gottes Wege nicht versteht?[46]

Der HERR drückt aus, wie attraktiv und unwiderstehlich sie für ihn während ihrer Prüfung war. Dabei ist ihr bewusst, dass es nicht ihr eigener „Verdienst“ ist, sondern der Heilige Geist wie eine Mutter diese Liebe und Loyalität für Jesus mitten in der Prüfung in ihr Herz gegossen hat.[47] Sie hätte nie aus eigener Kraft und eigenen Mitteln so auf all die Ungerechtigkeit und allen Schmerz reagieren können. Wie sie werden auch wir wohl nie ganz die gewaltige Auswirkung verstehen, die es auf das Herz Jesu hat, wenn wir dem Heiligen Geist diesen Raum geben und uns täglich und stündlich mit vergebender Liebe füllen lassen.[48] Denn er gibt tatsächlich zu verstehen, dass er total überwältigt ist angesichts schwacher, zerbrochener

---

[45] Hld. 6,5. Wenn Jesus als Bräutigam die Schönheit dieser selbstlosen Liebe zu seinem Volk und um seinetwillen lobt, bedeutet es, dass es auch sein Herz tief berührt, wenn ein Mensch diese Berufung annimmt.

[46] Sie versteht, dass er damit nicht sagen will, dass er sie nicht ansehen möchte; im Gegenteil: Er ist ergriffen von ihrer Liebe. Das ist der Schlüssel zum Verständnis dieser Aussage.

[47] Vgl. Röm. 5,5.

[48] Zu dieser Agape-Liebe, die allein Gottes Geist wirkt, vgl. Mt. 5,44-48; Eph. 4,26.27; Röm. 12,17-21. Oder wie Corrie ten Boom, die nach dem Krieg und ihrer Freilassung aus dem KZ in Ravensbrück in der ganzen Welt für Vergebung und einen vertrauensvollen Glauben an Jesus Christus warb.

Menschen, die ihn inmitten ihrer Probleme lieben! Was für ein König! Was für ein Gott![49]

Ja, nur sein Geist konnte diese Liebe in ihr bewirken! Und gerade darum will sie ihren Blick weiter auf ihn richten und ihn im Geist anbeten, denn nur er würde die Mächte des Hasses und der Verachtung auch in Zukunft zu dem bewegen, was er ihr in seinem Wort verspricht: „Sieh, ich will sie dazu bringen, dass sie kommen sollen und zu deinen Füßen niederfallen und erkennen, dass ich dich geliebt habe.“[50] Das können wir mit ihr erleben, ganz gleich, wie viel Widerspruch und Schande auf Erden noch auf uns warten. Die Braut Christi ist unter seinem Mantel, sie wird auch mit ihm zur Rechten des Vaters sein.[51]

Während sie noch darüber nachdenkt, weitet sich ihr Blick aufs Neue, als Jesus ihr die Augen des Glaubens öffnet. Es ist, als würde er den Vorhang zur himmlischen Welt ein großes Stück zurückziehen, sodass ihr Blick frei ist für die Wirklichkeit, die er immer vor sich hat. Diese Dimension des Himmels zu sehen, kann uns auch heute den Atem nehmen, denn es bedeutet: Wir dürfen …

… vor den Augen der Engel und aller himmlischen Wesen tanzen

Erst jetzt sieht die Braut im Hohelied all die Engel, die ihren Tanz mit dem König ihres Herzens schon die ganze Zeit begleitet haben. Was ihre Augen wie in einem Panoramabild aufzunehmen versuchen, ist atemberaubend schön. Sie kommt sich ganz klein und unbedeutend vor angesichts dieses unfassbar herrlichen himmlischen Hofstaates voller Pracht und Majestät.

---

[49] Mike Bickle drückt dieses Überwältigtsein des himmlischen Bräutigams mit folgenden Vergleichen aus: „Die Sterne beeindrucken ihn nicht. Die Weite des Ozeans nicht, auch nicht die größten Armeen der Geschichte. Die dämonischen Mächte und Kräfte beeindrucken ihn nicht. Niemand besiegt ihn. Niemand überwältigt ihn. Es gibt nur eins, was ihn bezwingt: dieser Liebesblick seiner Braut, wenn sie ihm gehorcht und ihm über die Berge folgt, wie sie auch heißen mögen. Er ist der Krieger aller Krieger, doch ist er leicht überwunden durch die Hingabe seiner Braut. Jesus kann genauso wenig ihrem liebevollen Blick widerstehen, wie ein Mann einer ganzen siegreichen Armee widerstehen kann.“ Bickle, *Hohelied*, Band 2, S. 67.

[50] Offb. 3,9.

[51] Vgl. Hebr. 12,1-3.

Doch noch unfassbarer als alles, was ihre Augen sehen, sind die Worte, die sie jetzt aus dem Mund des Sohnes Gottes, ihres Bräutigams an ihrer Seite, hört: „Sechzig Königinnen gibt es und achtzig Nebenfrauen, und Mädchen ohne Zahl.“[52] Sie kann kaum glauben, was hier geschieht. Ihr Bräutigam stellt ihr, seiner Braut, seinen Hofstaat vor! Er beginnt mit einer Gruppe, die ihr schon einmal als die „sechzig Starken von Israel“ begegnet ist. Hatten sie nicht die Braut des Königs durch die ganze Geschichte eskortiert? Eine Geschichte, in der selbst er zum bestimmten Zeitpunkt hervorgekommen war.[53] Diese Gruppe der Sechzig hat nun bei der himmlischen Vorstellung den höchsten Rang.

Danach lenkt ihr König und Herr ihren Blick zu zwei weiteren Gruppen. Er nennt sie achtzig Nebenfrauen und Mädchen ohne Zahl. Sie sind im Rang und der Verantwortung offensichtlich niedriger, doch niemand scheint sich klein und unbedeutend zu fühlen, denn sie alle sind in Harmonie mit Lob und Ehre für ihren König erfüllt und bewegen sich mit seinem Herzschlag der Liebe, aus der heraus sie geschaffen wurden – wie die Braut des Lammes selbst.

Doch was dann geschieht, verschlägt ihr weiterhin fast den Atem. Mit ihr darf auch die Brautgemeinde des Neuen Bundes verstehen wie nie zuvor: Der Tanz des Glaubens bedeutet : Wir dürfen …

… vor dem Angesicht eines glücklichen Königs tanzen

Hld 6,9

„Eine ist meine Taube, meine Vollkommene.“

Denn nun lenkt er den Blick des gesamten Himmelsheeres und aller Wesen um den Thron auf sie, seine Braut in seinen Armen, als er voller Glück zu allen sagt: „Aber eine ist meine Taube, meine Vollkommene, eine ist ihrer Mutter die Liebste und die Auserwählte ihrer Mutter.“[54] Alle Augen sind jetzt auf sie gerichtet. Es scheint, als wäre ihnen das, was er sagt, voll

---

[52] Hld. 6.8.

[53] Vgl. Hld. 3,7. So war dieser alttestamentliche Teil der Brautgemeinde ja gleichzeitig auch die „Muttergemeinde“ ihres Herrn und Königs geworden, denn aus diesem Volk Israel war er in die Welt gekommen.

[54] Hld. 6,9.

bewusst, denn für sie hatte er den Himmel verlassen und sich in Armut gekleidet, um sie reich zu machen.[55]

Dieses Himmelsheer hatte damals bei seiner Geburt auf dem Hirtenfeld von Bethlehem das große „Ehre sei Gott in der Höhe" gesungen. Er wollte den Menschen auf Erden, die ihn erwarteten und sich ihm öffneten, den Frieden des Himmels ins Herz legen und mit ihnen sein Reich auf die Erde bringen.[56] Die Wesen des Himmels haben diese Seite Gottes nie so erfassen können wie jetzt, als er ihnen die Braut vorstellt. Nun sehen sie mit eigenen Augen, welche Schönheit aus Asche entstehen kann, welche Verwandlung seine Braut als sein Ebenbild erfahren hat, nachdem sie mit Gnade und Barmherzigkeit erlöst und schön-geliebt worden ist.

Jetzt ist sie da! Sie, die auf Erden sein Schicksal der Ablehnung und des Hasses – der Welt und der Seinen – geteilt hat, ist hier, mit den weißen Brautkleidern seiner Gerechtigkeit gekleidet. Sie, deren Augen des Glaubens vollkommen auf ihn, den Bräutigam, gerichtet blieben, als das Feuer der Prüfung über sie hinwegfegte, war durch die Kraft des Heiligen Geistes hindurchgelangt. Kein Feuer des Feindes hatte den Strom der Liebe auslöschen können. Nun verstehen die himmlischen Heere, warum sie ihrer wahren Mutter, dem Heiligen Geist, die Liebste ist. Durch die mütterliche Versorgung mit der himmlischen Liebe zu Jesus ist die Braut in größter Finsternis hervorgekommen und hat so das Licht des Bräutigams widergespiegelt. Er ist ihr entgegengekommen, um sie zu sich zu holen, damit sie hier sein kann, wo er ist – zusammen mit allen, die von ganzem Herzen dem ergeben sind und dienen, der sie aus Liebe ins Leben gerufen hat.[57]

Der ganze himmlische Hofstaat lobt die Braut, alle Königinnen und Nebenfrauen freuen sich über sie, die die Herrlichkeit seiner Gnade offenbar gemacht hat.[58] Ihm allein gilt alle Anbetung! Denn

---

55 Vgl. 2. Kor. 8,9.

56 Vgl. Lk. 2,13.14.

57 Joh. 14,1-3; Offb. 19,6-9. In der Dimension über bzw. außerhalb von Raum und Zeit können sowohl die Engel als auch die Braut, die im Geist dort ist, diesen „Zeitpunkt" ihrer Hochzeit sehen, auch wenn sie auf Erden noch vor ihr liegt.

58 Vgl. Eph. 3,10. Erst jetzt fällt es ihr auf, dass er ihr alle weiblich vorgestellt hat, wie auch sie es ist. Es dämmert ihr, dass er damit vielleicht auch sagen will: Sie alle haben Leben empfangen wie eine Frau, die Leben empfängt und dann hervorbringt. Auch wenn Engel in der Bibel immer männlich dargestellt sind,

für niemand anderen als sie, seine Braut, hat er das Opfer seines Lebens gebracht. Als sie ihn angesichts solcher Liebe durch einen Tränenschleier hindurch voller Anbetung ansieht, fällt es ihr wie Schuppen von den Augen: Sie war nie unbedeutend und klein, wie sie sich oft vorkam und wie man es ihr oft gesagt hatte. Sie ist ihm tatsächlich wichtiger als alles andere.

Auch der deutsche Teil der Braut Christi darf ganz neu beginnen, sich um Jesu willen selbst wertzuachten, sich selbst als so wertvoll und kostbar zu sehen, wie er ihn sieht.[59] Denn auch für diesen Teil hat er sein kostbares Leben hingegeben, um ihn für eine Ewigkeit an seiner Seite zu gewinnen. Vielleicht müssen noch weitere Krusten alter

---

wird hier betont, dass sie Schöpfungen Gottes sind und als solche Leben empfangen haben. Darum werden sie hier weiblich dargestellt.

[59] Auch wenn Kirchen und Gemeinden vergangene Versäumnisse gegenüber dem jüdischen Volk in ihrer Mitte zu beklagen haben und auf vielerlei Weise schuldig geworden sind, bedeutet es für die nachkommenden Generationen nicht, weniger wert zu sein. Denn gerade dafür hat Jesus am Kreuz bezahlt. Kerstin Lammer drückt die Chance zum Neuanfang darum mit folgenden Worten aus: „Die Pointe des protestantischen Rechtfertigungsglaubens ist nicht etwa, dass am Menschen und seinem Leben plötzlich alles gut sei. Vielmehr, dass Gott den Menschen wegen des Schlechten nicht mehr verurteilt, sondern sich und ihn damit versöhnt." Jetzt wird „der Mensch … gesegnet statt verflucht." Kerstin Lammer, *Beratung mit religiöser Kompetenz: Beiträge zu pastoralpsychologischer Seelsorge und Supervision.* Neukirchen-Vluyn: Neukirchener Verlagsgesellschaft mbH 2012, 147, in: Klotz, *Traumata*, S. 177. *Eine* Folge eines Fluches (d. h. der Konsequenz aus der Schuld ihrer Vorfahren) in Bezug auf die seelische Selbstwahrnehmung könnte sein, dass Kriegsenkel oft mit einer eingeschränkten Selbstwahrnehmung leben, besonders, wenn bei ihnen eine Parentifizierung vorliegt. Das bedeutet, dass sie so sehr daran gewöhnt und darauf konzentriert sind, anderen Personen in ihrem direkten Umfeld kontinuierlich das Leben zu erleichtern, dass sie dazu tendieren, ihre eigenen Bedürfnisse und damit ihren Eigenwert auszublenden, auch weil sie nie gelernt haben, diese angemessen wahrzunehmen. Auf diese Weise haben sie Schwierigkeiten damit, ihre eigenen Grenzen und Möglichkeiten zu spüren und zu definieren. Dies bedeutet, dass nicht nur die Beziehung zu anderen Menschen, sondern auch ihre Beziehung zu sich selbst durch die Traumatisierung gestört ist. Eine Grundhaltung der Achtung gegenüber sich selbst ist bei ihnen nicht angemessen ausgeprägt vorhanden. Nach Cornelia Faulde ist es deshalb ein wichtiges Ziel bei der Bearbeitung der Traumatisierung, ein liebevolles und fürsorgliches Verhältnis zu sich selbst zu entwickeln. „Dies müssen viele Kriegsenkel von der Pike auf lernen." Cornelia Faulde, *Wenn frühe Wunden schmerzen: Glaube auf dem Weg zur Traumaheilung.* Grünewald, Mainz 2002, S. 64. Im Folgenden zitiert als Faulde, *Wunden.* Zitiert in M. Klotz, *Traumata*, S. 187.

Unwertgefühle von der Seele seiner Braut abfallen.[60] Doch schon hört sie die Stimme des Heiligen Geistes in sich. Und diese Worte sind nicht nur für sie selbst eine mächtige Bestätigung dafür, wer sie als Braut Christi in Wirklichkeit ist, sondern auch für alle, die hier versammelt sind. Wie eine Mutter, die ihr Kind am besten kennt, besser als es selbst sich jemals gesehen hat, beginnt der Heilige Geist mit einer Frage. Doch diesmal ist es die Braut selbst, die im vollen Scheinwerfer der Aufmerksamkeit steht.[61] Auch der deutsche Teil der Braut Christi soll dann verstehen: Er darf …

---

[60] Eine angemessene Selbstliebe ist darum nach Cornelia Faulde eigentlich eine selbstverständliche Pflicht sich selbst gegenüber. Sie bekomme ihre Rechtfertigung und Begründung aus der Tatsache, dass es in Gottes Sinne ist, alles Wertvolle zu schützen, zu bewahren und zu fördern – also auch das eigene Leben. Dieses eigene Leben wurde jedem Menschen zur Selbstfürsorge anvertraut, wie Faulde beschreibt: „Niemand kann uns zwingen, unsere Talente und Fähigkeiten zu entfalten, niemand außer uns selbst kann unserem Drang nach Selbstzerstörung Einhalt gebieten und unsere überhöhten Ansprüche an uns selbst reduzieren." Faulde, a.a.O., 67 in Klotz, a.a.O. Sie schlussfolgert: „Die Entscheidung, sich auf den Weg der Wiederherstellung der Selbstwahrnehmung zu begeben, kann, muss, darf nur jeder für sich treffen – man kann sie weder delegieren noch für einen anderen Menschen treffen." Gleichzeitig beschreibt sie den inneren Zustand aus dieser eingeschränkten Selbstwahrnehmung so: „Der Zugang zum Innersten ist mit dicken Gesteinsbrocken aus Unsicherheit, Angst und Zweifel versperrt." Faulde, *Wunden*, a.a.O., S. 60 in Klotz, a.a.O., S. 189. Doch die Wiedergewinnung einer heilvollen Beziehung zu sich selbst, zu anderen und zu Gott ist eine Folge des Segens, der im Vertrauen auf Jesus Christus für jeden seiner Brautgemeinde offensteht (vgl. Eph. 1,3ff). Darum darf jeder Einzelne beten: „Heiliger Geist, vergib, wo ich dich aus meinem Leben verbannt habe. Bitte öffne meine Augen neu für das himmlische Vaterhaus, dass ich zu Jesus und dem Vater im Himmel kommen kann und sie so sehe und erlebe, wie sie sind und ich sie lieben kann. Jesus, ich danke dir, dass du mein ganzes Leben mit allen Schmerzen, aber auch aller Schuld und allen Bruchstücken auf dich genommen hast und dafür ans Kreuz gegangen bist. Danke, dass ich durch dich, den Auferstandenen, jetzt in die Arme meines wahren Vaters laufen darf. Vater im Himmel, danke, dass du so lange Geduld mit mir hattest und mich nicht aufgegeben hast. Danke, dass ich jetzt glauben kann, dass ich Zukunft und Hoffnung habe und mein Leben lieben kann, weil ihr dabei seid. Amen."

[61] Gerade die Gegenwart Gottes im Heiligen Geist zeigt, wie nichts sonst, dass die individuelle und nationale Identität der Braut Christi eine fragmentarische sein darf, weil unser Leben „nach christlichem Verständnis vollendet [wird] durch Bezogenheit auf und Teilhabe an der Ganzheit des Lebens, d. h. am ewigen Leben Gottes selbst. Dort endet das Leiden an allem, was unvollkommen und unheil ist, und man kehrt heim in das, zu dem man gehört." Darum sei das Heilwerden nicht allein aufgrund eigener Tätigkeiten möglich. „Es bedarf der

… in der Bestätigung des Heiligen Geistes mit Jesus tanzen

Denn der Heilige Geist bestätigt die Braut Christi mit einer Frage an alle Anwesenden: „Wer ist sie, die da hervorglänzt wie die *Morgenröte*, schön wie der *Mond*, klar wie die *Sonne*, *furchterregend wie Kriegsscharen*?"[62] Es ist eine vierfache Herrlichkeit, mit der die Braut Christi durch ihren himmlischen Bräutigam zur Miterbin der Ewigen Stadt gekrönt wird. In der zunehmenden Finsternis der letzten Tage der Endzeit ist sie wie die *Morgenröte* hervorgekommen, um in der Nacht der Welt mit ihrem Schein auf das größte Licht des Lebens zu weisen, auf Jesus selbst, so wie der *Mond* am Nachthimmel das Licht der Sonne reflektiert. Doch in der ewigen Stadt wird ohne jede Finsternis die Klarheit dieser *Sonne* von ihr ausgehen, die alles mit Licht und Freude

Hld 6,10

'Wer ist es? Sie kommt hervor wie die Morgenröte, wie der Mond, wie die Sonne, wie Heerscharen?'

Zuwendung und Gnade Gottes." Augst, *Traumagerechte Theologie*, S. 174., zitiert in M. Klotz, *Traumata*, S. 177. Diese verwandelnde Gnade wird uns jedoch durch den Heiligen Geist geschenkt. Ohne Gemeinschaft mit ihm kann sie nicht empfangen werden. Darauf weist auch Corrie ten Boom hin, von der gesagt ist: „Für Corrie ten Boom ist der Heilige Geist der große Trainer der Gemeinde für die Wiederkunft Christi. Nichts war ihr so wichtig wie die Vorbereitung auf diesen großen Tag. Die Dimensionen im Blick auf die Gemeinschaft mit dem Heiligen Geist und seinen Gaben sind aufs Neue auszuloten. So berichtet sie von einem Missionar, der in China einer Gehirnwäsche unterzogen wurde, und nach kämpfendem Gebet schließlich begann, nach 1. Kor. 14,1.2 in Sprachen zu reden. Sie schreibt: „Diese entspannte Verbindung mit dem Herrn war seine Rettung. Jetzt konnte der Feind seinen Geist nicht mehr beeinflussen." So fragt sie: „Hat der Herr diese Gabe jetzt in vielen Kindern Gottes in verschiedenen Kirchen gegeben, weil sie im Endkampf eine starke Waffe und ein starker Schutz ist?" Boom, *Jesus ist Sieger*, S. 28.29. Trotz unseliger Vorfälle in Kassel und an anderen Orten, die zur Berliner Erklärung geführt haben, sei es an der Zeit neu anzufangen, wenn die Sünde eine Gabe verunreinigt hat. Sie fragt darum: „Müssen wir uns nicht reinigen, um diese Gabe mit neuer Freude aus seiner Hand anzunehmen?" A.a.O., 29. Dabei erwähnt sie die Ausgießung des Heiligen Geistes auf die Erde und auf Israel als besonderes Zeichen der Endzeit, von der es heißt: „Bis dass wieder ausgegossen werde der Geist aus der Höhe" (Jes. 32,15)." A.a.O. Bedeutet das nicht auch eine Einladung an jede einzelne Gemeinde und Gemeinschaft gerade im pietistischen und kirchlichen Umfeld in Deutschland heute, den Heiligen Geist wieder willkommen zu heißen?

[62] Hld. 6,10.

erfüllt und in Jesus selbst ihre Quelle hat. Diese Wirklichkeit, die der Heilige Geist offenbart, ist *furchterregend* für alle, welche die Quelle der Liebe Gottes abgelehnt haben.[63] Doch für seine Braut ist der Platz an seiner Seite, wie auch für jeden, der sich von dem ihr innewohnenden Heiligen Geist einladen lässt, unter seinem Mantel der Gerechtigkeit und Herrlichkeit Zuflucht zu nehmen.

Und an diesem Ort wird sie jetzt und in Zukunft über alle Finsternismächte im Licht der Ewigkeit regieren.[64] Mit ihr zusammen, in der die Liebe zu Jesus zur Reife gekommen ist, wird dann die ganze Gemeinde aller Zeiten gewinnen. Auch die Töchter Jerusalems, die noch nicht reif geworden waren, werden mit ihr gewinnen und sie loben.[65] Unter dieser Schau, für die der Heilige Geist ihr jetzt die Augen

---

[63] Darum kann der Teufel Liebe nicht ertragen. Denn Luzifer, wie er vorher hieß, einer der höchsten Engel, zum Lobpreis- und Anbetungsleiter Gottes bestimmt, hatte diese Position abgelehnt. Er „wollte diese Position neben Gott haben, die für die Braut bestimmt war. Er wollte zur Rechten Gottes sitzen und so sein wie Gott. Doch das ist, was Gott so großzügig auf seine Gemeinde gelegt hat.“ (Bickle, a.a.O., S. 143). Für ihn, den Geist, der verneint und ablehnt, was Gott erwählt, ist die Braut Christi furchterregend. Selbst sein Heer von Engeln, das er in diese Ablehnung des Schöpfers und damit der Quelle der Liebe mit sich gerissen hatte, ist machtlos gegen sie. Denn sie ist es, die Gottes Liebe für sich geglaubt hat. Sie hat das Lösegeld angenommen und sich reinigen lassen durch das Blut des Lammes. Gegen das Lamm Gottes, den Sieger, kann der Teufel mit all seinen Heeren der Finsternis, mit seinen Herrschaften und Gewalten, mit den Weltbeherrschern dieser Finsternis, nichts ausrichten (vgl. Eph. 6,10-13). Und wer unter dem Banner der Liebe Jesu steht, ist unangreifbar für den Fürsten der Finsternis, der dem ewigen Feuer entgegengeht. Das weiß er, darum vervielfacht er seine Anstrengungen voller Hass am Ende der Zeit umso mehr, denn er weiß, dass er nicht mehr viel Zeit hat (Offb. 12,11.12). Doch schon der König Nebukadnezar, der den Feuerofen siebenfach erhitzt hatte, um die Anbeter Jahwes auszulöschen, hatte den Vierten gesehen, der mitten im Feuer Gemeinschaft mit den Seinen hatte. Durch ihn konnten sie auch unversehrt herauskommen (Dan. 3,19-27). So wird Jesus auch seine Braut der Endzeit ohne Brandgeruch aus der Feuerprobe hervorkommen lassen, damit sie den Sieger Jesus Christus, ihren Bräutigam, der Welt offenbart.

[64] Darauf verweist Corrie ten Boom mit vielen Schriftstellen und Beispielen in „Besiegte Feinde, Vom Kampf gegen die okkulten Mächte,“ in: Boom, *Jesus ist Sieger*, S. 93-127. Vgl. Offb. 5,9.10.

[65] Vgl. Hld. 6,9b. Denn sie alle werden einer Mannschaft gleichen, die sich bis fast zum Schluss abgemüht hat, und dann mit anderen Spielern kurz vor dem Ende das Spiel gewinnt, weil sie die entscheidenden Tore schießen. Sie alle werden in die Freude des Sieges hineingenommen und jubeln. Denn sie alle sind die Gewinner.

geöffnet hat, verschwinden die letzten Falten auf ihrer Stirn. Sie weiß, dass ihre Auserwählung nicht gegen ihre Glaubensschwestern gerichtet ist, auch wenn diese zu ihrem Ausschluss geschwiegen hatten. Vielmehr werden sie *mit ihr* gewinnen, wenn sie mit ihr umkehren, sie mit den Augen des Glaubens anerkennen und auf diese Weise sogar selbst Braut werden. Die jetzt mit ihr aufgebrochen sind, ihn zu suchen, würden auf jeden Fall mit ihr vollendet werden. Dann war nichts umsonst. Alles hatte Sinn. Ja, dann war es allen Schmerz wert. Sie schaut nicht mehr darauf. Sie schaut auf die Krone der Barmherzigkeit und Gnade, die auch ihr alles ermöglicht hat.[66]

Nachdem sie so von Herzen ihre Glaubensgeschwister angenommen hat, ungeachtet all dessen, was war, gibt es in ihrem Inneren keine Grenze mehr. Jetzt kann sie …

… mit Jesus in allen Gärten des Lebens tanzen

Ganz plötzlich sieht sie sich, vom Heiligen Geist bewegt, mit Jesus an einen anderen Ort versetzt. Um seinetwillen will sie jetzt erst recht eine Liebende an seiner Seite werden, und so hört sie seine Stimme: „Ich bin in den Nussgarten hinabgegangen, um die Sträucher im Tal anzuschauen, um zu sehen, ob der Weinstock sprosst, ob die Granatbäume blühen.“[67] Wenn er dort „hinabgegangen“ ist, will sie ihm folgen, was immer ihr dort begegnen mag. Denn sowohl das Bild des Walnusshains als auch die Tatsache, dass es vom himmlischen „Berg der Verklärung“ wieder ins Tal der Not hinuntergeht, enthält für sie diese Botschaft: „Nicht mehr lebe ich, Christus lebt in mir.“[68] Doch in der

Hld 6,11

Der Bräutigam:

„Ich bin in den Nussgarten hinabgegangen, um zu sehen, ob der Weinstock sprosst, die Granatbäume blühen.“

[66] Vgl. Ps. 103,4.

[67] Vgl. Hld. 6,11.

[68] Vgl. Mt. 17,1-16; Gal. 2,19. Das Besondere an diesen Bäumen sind nicht nur die wohlriechenden Blätter, die medizinisch für Heilzwecke benutzt werden, wie auch die Balsamkräuter. Ihre Blätter bieten außerdem dichten Schatten im heißen Sommer und sorgen so für Erfrischung. Und ihre Früchte sind eine Hauptquelle für Öl, aus dem man Seife herstellen kann. So werden sie auch zur Reinigung gebraucht, was nicht nur in der Medizin, sondern auch im täglichen Leben unabkömmlich ist. Doch wie wird dieses Öl gewonnen? Erst wenn die Schale

Hand ihres liebenden Herrn, der, im Bild der Walnuss, ihre harte Schale öffnen und zerbrechen darf, kann sie Leben reproduzieren und den Menschen Nahrung und Segen geben. Sie sagt jetzt von Herzen Ja dazu. Sie will es nicht mehr anders, denn sie weiß sich geliebt. Darum will sie jetzt dahin gehen, wohin ihr Herr sie führt. Sie ist in seiner Hand. Und obwohl es ein Weg ins Tal hinab ist, will sie mit ihm gehen und Menschen zu Jüngern machen. Sie will das aufkeimende Leben, das der Heilige Geist durch die Botschaft des Evangeliums in anderen hervorgebracht hat, pflegen, damit es auch zur Reife kommen kann.

Dass dieses neue Leben sich gerade auch in seinem Volk Israel findet, für das der Weinberg von jeher ein Bild ist, freut sie besonders. Denn selbst wenn die ganze Welt in seinen Garten verwandelt werden soll, so ist sein Augenmerk doch besonders auf dieses Volk und Land gerichtet, aus dem er kam. Von dort wird er sich der ganzen Welt schließlich auch aufs Neue offenbaren.[69] Und so würde die Liebe zu ihrem himmlischen Bräutigam mehr Orte und Zweige einschließen, als sie es bisher gewohnt war. Doch sie will sich von Herzen dafür öffnen, noch andere Dienste und Orte seines weltweiten Gartens zu besuchen, um ihnen zu dienen.[70]

Wann immer die Einzelnen der Braut Christi diese Sehnsucht in sich spüren, werden sie ihre eigene Seele nur staunend wahrnehmen. Wenn sie lernen, dem Heiligen Geist zu vertrauen, können sie sich ohne eigene bewusste Kontrolle für diese neuen Dienstzweige im

---

zerbrochen ist, kann das Innere Nahrung und Heilung bringen. Die Gemeinde wird der Braut als ein Ort gezeigt, in dem man sich selbst und seinen Vorstellungen immer wieder sterben muss, um für andere eine Quelle der Heilung, der Nahrung und Erfrischung sein zu können.

[69] Denn vom Ölberg in Jerusalem, wo er einst über seine Stadt weinte, wird der König der Herrlichkeit seiner Braut, die seine Liebe angenommen hat, als Bräutigam entgegengehen (Sach. 14,4.8; Apg. 1,11.12). Nicht berücksichtigt werden hier die einzelnen Abläufe der Entrückung seiner Braut vor seiner sichtbaren Wiederkunft, um 1000 Jahre mit ihr zusammen auf Erden zu regieren, bevor nach einem letzten Aufstand Satans das Jüngste Gericht gehalten und Satan endgültig vernichtet wird. Hier ist wesentlich: Er kommt und holt seine Braut ab.

[70] Gerade nach dem Missbrauch des Bildes vom Garten, um den Massenmord an Juden und anderen Völkern zu rechtfertigen, wodurch jedoch aus den Ländern ein Friedhofsgarten geworden war, ist es ein Wunder und ein Segen, wenn die Braut Christi in Deutschland sich mit Jesus zusammen aufmacht, die Welt in einen Garten des Lebens zu verwandeln. Vgl. *Einführung: Wie alles begann*, Punkt 12.

Reich Gottes öffnen und sich wie die Braut im Hohelied mit Macht darauf zubewegen – ohne irgendeinen Widerstand dem Heiligen Geist gegenüber.[71] Wie ein schneller und edler Wagen sind ihre Herzen dann bei den anderen im Reich Gottes, weit über ihre bisherigen kleinen Gartenbeete hinaus. Dann wissen sie sich verbunden mit allen, die ihn lieben und suchen, auch wenn diese nicht ihrer direkten Verantwortung unterstehen. Jetzt lassen sie sich senden vom großen Gärtner und Eigentümer all der kleinen und größeren Gärten in seinem Königreich.

Hld 6,12

Die Seele der Braut - wie ein schneller Wagen des Königs

Diese neue Freiheit, der Stimme seines Geistes zu folgen, wird nicht nur die Menschen, denen die Braut Christi auf den Dienstfeldern begegnen wird, vor Entscheidungen stellen. Auch die, aus deren geistlichem Hintergrund sie selbst kam, werden durch das, was jetzt geschieht, zu einem neuen Tanzschritt des Glaubens herausgefordert:

4. Tanzschritt des Glaubens: Getrennte Kreise bilden – getrennte Wege gehen

Nach der Schau des Himmels, wo sie mit ihrem himmlischen Bräutigam getanzt hat, sieht sich die Braut nun wieder im Tal der Not, denn er hatte ihr ja gesagt: „Ich bin in den Nussgarten hinabgegangen, um die Sträucher im Tal anzuschauen ...“ Jetzt ist sie mit ihren neuen Begleiterinnen, den Töchtern Jerusalems, die mit ihr den Bräutigam suchen wollen, auf dem Weg und begegnet hier der Leiterschaft und Anhängern aus dem bisherigen „Glaubensgarten“; es sind diejenigen,

[71] Hld. 6,12: „Ich wusste nicht, dass meine Seele mich zu den Wagen meines edlen Volkes gesetzt hatte.“ Mike Bickle hält fest, dass die Wagen eines Prinzen die hervorragendsten und teuersten waren, die man kannte, und damit auch die schnellsten. „Mit ihnen reiste man mit großer Leichtigkeit ohne viel Widerstand.“ Bickle, Hohelied, Band 2, S. 164. Zur Bedeutung im Blick auf die Braut sagt er: „Sie ist überrascht von dieser neuen Sehnsucht und Last. Bevor sie es überhaupt wusste, bewegte sich ihre Seele schnell auf andere zu wie der Wagen eines Königs.“ A.a.O., 165.

die froh über ihren Ausschluss aus der Gemeinde waren. In der Begegnung mit ihnen werden Herzenshaltungen klar.

In die Stimmen der Glaubensgeschwister, doch zu ihnen zurückzukommen, mischen sich die Stimmen der Wächter[72] und derer, die sie abgelehnt hatten. Im Hohelied hört sich dieser Dialog so an: „Kehre um, kehre um, o Sulamith! Kehre um, kehre um, dass wir dich anschauen!“[73] – „Was seht ihr an Sulamith? Den Reigen von Mahanajim.“[74]

Hld 7,1

Die Töchter: „Kehre um, o Sulamith!“

Die Wächter: „Was seht ihr an Sulamith?“

Auch wenn diese Dissonanz die Braut im Hohelied traurig macht, birgt der scheinbare Missklang doch für alle, die heute eine solche Erfahrung machen, eine große Hoffnung. Denn durch diese Begegnung wird das Schweigen gebrochen, das bisher noch viele in einer Starre gehalten hat. Aber jetzt rufen die Gläubigen ihre Schwester mit Namen, nicht als Funktionär mit Dienstgradnummer. Sie wissen genau, wer sie ist. Als einmaliger Mensch, von Gott erwählt und beim Namen gerufen, hat sie in ihrer Gemeinschaft gefehlt.[75] Das bringen sie jetzt zum Ausdruck. Die eifersüchtigen Leiter allerdings erheben sich und sagen: „Wir haben sie schon aus dem Leib hinausgejagt. Wie kommt ihr jungen Töchter dazu, ihr zu folgen? Sie ist schon zensiert. Sie ist als unrein gezeichnet. Warum denkt ihr, sie sei schön?“[76] Damit verfestigen sie, was sie bereits entschieden haben und warum es zur Trennung kam. Denn es war eine

---

[72] Vgl. Hld. 5,7.

[73] Es ist ein dringender Ruf der Töchter Jerusalems an die Braut, jetzt bei ihnen zu bleiben. Sie hatten nicht gewollt, dass sie geht. Sie hatten sie gern gehört, weil sie den Duft von Jesus verströmt hatte. Und doch war es zur Trennung gekommen. Jetzt sind sie ihr wieder begegnet, und noch immer geht der Duft Jesu von ihr aus, ja, mehr denn je zuvor. Wenn sie auch damals nichts gesagt hatten, so rufen sie sie jetzt umso dringlicher zurück.

[74] Hld. 7,1. Mit dem Bild vom Reigen von Mahanajim, das an die zwei Lager im Gefolge Jakobs vor der Begegnung mit seinem Bruder Esau erinnerte, stützten sie ihren Vorwurf (1. Mo. 32,8.9).

[75] Vgl. Jes. 43,1.

[76] Bickle, *Hohelied*, Band 2, a.a.O., S. 177.

Trennung durch Ablehnung der Braut in der Zeit

Mit Schmerz denkt die Braut an diese Zeit zurück und hört die sarkastischen Stimmen ihrer ehemaligen Leiter, die ihr mit dem Bild der zwei Lager Spaltung vorgeworfen haben.[77] Dabei hatten Einzelne im deutschen Teil der Braut Christi vielleicht nur Fragen an ihre Leiterschaft gestellt über die *Bedeutung des Heiligen Geistes* in ihrer Gemeinde oder Gemeinschaft, durch den allein die Liebe zu den Früchten führen kann, die ihren König ehren.[78]

Daraus mag sich eine zweite Frage ergeben haben, nämlich die nach ihrer *Beziehung zum jüdischen Volk*, mit dem sie ja so unsäglich durch Schuld verbunden waren. Könnten sie nicht in eine ganz neue Verbindung des Segens mit diesem Volk eintreten, indem sie es in ihren Gebetsversammlungen und auf vielen anderen Ebenen ehren und ihm Liebe erweisen würden?

Und wäre es nicht *drittens* an der Zeit, das alte Kleid des verletzten Stolzes und des Schweigens auszuziehen und über die Dinge zu reden, die sie in ihrer Kindheit durch einen verlorenen Krieg erlitten hatten?[79] Denn Jesus hatte selbst gesagt: „Die Wahrheit wird euch frei machen"[80], nicht das Verschweigen der Wahrheit. Vor ihm darf doch alles wahr sein, hatte er doch auch für alles bezahlt und gelitten.

---

[77] Mike Bickle beschreibt die Wechselwirkung zwischen den beiden Lagern, die es sogar im Leib Christi gibt, bis der Herr die Gemeinde zur Reife und Einheit führt. „Vor dieser substantiellen Einheit wird es einige Trennung geben. Der Herr wird schließlich die gesamte Gemeinde vereinen. Doch wird Gott eine Reinigungszeit erlauben, bevor er uns alle zur Einheit bringt. So war es immer durch die ganze Geschichte hindurch." Bickle, a.a.O., S. 175.

[78] Vgl. Gal. 5,22.23. Und Strophe 2 und 3.

[79] Doch durch die alten Werte von Härte und Gefühllosigkeit lagen diese Erlebnisse wie verschüttet in ihrer Seele, obwohl noch immer jede Sirene an einen Fliegeralarm und jeder Aufzug oder Tunnel an den Luftschutzkeller erinnerte. Das Rennen, der Bluthochdruck, und die Luftknappheit stellen sich ein, weil die Bilder unbewusst das Notfallprogramm im Körper auslösen. Ohne diese Reaktionen mit dem Krieg in Verbindung zu bringen, und ohne sie mit dem Verstand kontrollieren zu können, drängen sie jetzt im Alter ungehindert an die Oberfläche und bestimmen den immer mühevolleren Alltag. Auch Gefühle von Wertlosigkeit stellen sich ein, weil die Kraft zu arbeiten abgenommen hat. Und nur ‚Arbeit ist wertvoll und macht frei', oder? Wie Gespenster, die sich nicht greifen lassen wollen, halten diese Werte von damals und die damit verbundenen Ängste eine ganze Generation in Gefangenschaft und verhindern den Frieden, den nur Jesus schenken kann.

[80] Joh. 8,32. Vgl. Eph. 4,25.

Niemand sonst kann ja so mitempfinden wie er, was jeder Einzelne mitbringt, der zu ihm kommt. Hat er doch ausdrücklich gesagt: „Wer zu mir kommt, den werde ich nicht hinausstoßen“[81]; ganz gleich, was der Vater oder die Mutter oder die „Mutterkirche“ gesagt und getan hatte oder auch nicht. Seine Einladung steht: „Kommt her zu mir alle, die ihr mühselig und beladen seid. Ich will euch erquicken … Ich will euch Ruhe geben für eure Seele.“[82]

Wenn nun alles herausdürfte in der Gemeinschaft unter seinem Kreuz, dann wäre doch auch Raum für Tränen, die nie geweint werden durften, weil Trauer über Verluste nicht zu den Werten gehörte, die in diesem System erlaubt waren. Und dann könnten doch auch die *Erinnerungen der Kriegskinder und -enkel geteilt werden*; denn unter dem Schutzdach des Heiligen Geistes würde das Reden über diese Erinnerungen in die Freiheit führen, selbst wenn sie schmerzlich waren.[83] Aber sie wären kein Gefängnis mehr und würden sie dann auch wieder in eine echte Gemeinschaft untereinander führen, die stärkt und wärmt in einer Zeit, in der die Liebe in vielen erkaltet.[84]

---

[81] Joh. 6,37.

[82] Mt. 11,28-30.

[83] Monika Klotz stellt einige Möglichkeiten vor, die im kirchlichen Rahmen bereits erprobt wurden. Dabei hat sich z. B. die Veranstaltungsform des moderierten, öffentlichen Erzählcafés als geeignet erwiesen. Vgl. Ev.-luth. Kirchenkreis Hamburg-West: *Arbeitshilfe Erzählcafé. Ein Veranstaltungsformat für Kirchengemeinden.* Online erhältlich unter: http://seniorenwerk-hhsh.de/wp-content/uploads/Erzähl-Café.pdf, Stand 12.06.2018. [Zuletzt: 05.07.2021]. Hier werden teilweise vorbereitet, teilweise spontan aus der Zuhörerschaft Alltagsgeschichten zu einem gestellten Thema erzählt. Es können Lebenserfahrungen weitergegeben werden. „Die Erzähler haben die Möglichkeit, die eigene Biografie oder einzelne Erlebnisse im Gespräch mit anderen zu reflektieren und so ins Verhältnis zu vergleichbaren Erlebnissen oder Lebensläufen zu stellen … Den Veranstaltungsraum kann man durch zeitgenössische Gegenstände gestalten, die der Erinnerung auf die Sprünge helfen können … Ziel ist immer ein generationenübergreifendes Publikum, sodass die Generationen voneinander profitieren können.“ In Klotz, *Traumata*, S. 215. Dort auch weitere Literaturhinweise zu solchen Erzählcafés. Dabei werden die selbst erlebten Erzählungen nicht bewertet, und es ist Ziel, dass die erzählende Person einen Gegenwarts- und Zukunftsbezug herstellt, sodass ebenso die Ressourcen zur Sprache kommen und befreiend wirksam werden können. Auch Gedenktage wie der Buß- und Bettag oder der 9. November oder andere Thementage würden sich eignen, das Thema miteinander zu teilen und vor Gott zu bewegen. Denn so wäre Entlastung und ein Neuanfang möglich.

[84] Gab es nicht sogar beim letzten Abendmahl, das als Passahmahl begann, einen Becher mit Salzwasser, in den die Petersilie getaucht wurde? Es sollte an die

Denn Gott will ein Volk haben, das wie Jesus über den Tod weinen kann und auch über sein Volk aus dem alten und neuen Bund, das nicht zu ihm umkehren will und so seiner Vernichtung entgegengeht.[85] Er sucht wahre Anbeter, die ihn und die Seinen von ganzem Herzen lieben. Allerdings entsteht immer Spaltung, wo solche Menschen unter einer Leiterschaft stehen, die den Glauben mit einer „*political correctness*" leben und die ihr Gefolge mit Regeln kontrollieren will.[86] Denn Leiter, die ein Christentum leben wollen, in dem sie selbst die Kontrolle haben, und nicht der Heilige Geist, möchten nicht, dass diese Religiosität gestört wird. Darum sagen sie: „Was sucht ihr in Sulamith? Was immer sie auch tut, das bringt Trennung."[87]

Das sagen solche Leiter auch über die Braut, die sie herausfordert mit ihrer radikalen Liebe und ihrem Glauben an Jesus und seine Worte. Darum beginnt der Tanz der zwei Lager überall, wo sie hingeht. Diese Leiter sind dann auch verärgert über den Respekt, den die Töchter der Braut gegenbringen. „Sie wollen nicht, dass die Braut angenommen oder respektiert wird ... Doch es ist ein göttliches

---

Tränen der Vorfahren des Gottesvolkes unter der Gewaltherrschaft Ägyptens erinnern. Denn sie hatten ein bitteres Leben voller Ungerechtigkeit und Gewalt erleiden müssen, bevor sie befreit wurden. – Ist aber der Becher der Kriegskinder noch leer, weil die Tränen gar nicht geweint und die *Erinnerungen* nicht *geteilt* werden durften? Haben sie sich deshalb nichts mehr zu sagen, weil auch diese Wahrheit nicht ausgesprochen werden darf? So ist es kein Wunder, wenn auch die Schuld am jüdischen Volk nicht mehr empfunden werden kann und *Buße* nur ein dunkles Wort ist, dem man am liebsten aus dem Weg geht. Wenn aber die Tränen in den Becher geweint werden, kann auch das wahre Bild des heimkehrenden Sohnes aus dem Krieg der Gottesferne vor den Augen des Geistes entstehen, das Bild, in dem der Vater ihm aus lauter Liebe entgegenläuft, ihn umarmt, küsst und ins Haus führte, um das Leben zu feiern. Das wird eine neue Bewegung in die alte Starre bringen, und die gegenseitige Liebe wird wieder möglich sein.

[85] Vgl. Joh.11,33-36 und Luk. 19,41-44.

[86] Die Trennung, die daraus unweigerlich kommen muss, wird der Herr der Ernte selbst ausloten. Vgl. Bickle, a.a.O., S. 177. Er allein ist Richter, denn er allein ist auch der Retter für jeden, der mit seinem Leben bei ihm Zuflucht sucht.

[87] Bickle, a.a.O. Doch gerade das bewirkt die Hingabe an Gottes Willen immer. Mike Bickle fasst dieses Prinzip und den Inhalt der Trennung mit den Worten zusammen: „Jesus kam, um Trennung zu bringen zwischen den Aufrichtigen und den Unaufrichtigen, jedoch nicht zwischen den Reifen und Unreifen (Mt. 10,34-38). Paulus brachte Trennung, wo immer er hinkam, weil er die Rebellion konfrontierte. Man nannte ihn den Mann, der die Welt auf den Kopf stellte (Apg. 17,6)." A.a.O., 175. Denn in den Unaufrichtigen zeigt sich die Rebellion gegen Gott selbst. Diese Konfrontation ist unvermeidlich. A.a.O., S. 176.

Muster, dass Trennung und Verfolgung von gesalbtem Dienst unvermeidbar ist."[88]

Dabei ist es wie bei Jakobs zwei Lagern Gottes Ziel, die getrennten Reigen auf einer höheren Ebene des Geistes wieder zu vereinen. Ob sich die Leiter und alle, die ihnen folgen in der Abwertung und Ablehnung der Braut, dann einladen lassen? Es muss offenbleiben. Die Töchter jedenfalls geben ihnen eine Antwort, welche die Leiter wohl nicht hören wollen, die aber die Töchter selbst befreit. Denn sie sprechen das, was sie an der Braut gesehen haben, vor ihr und zugleich vor den Ohren ihrer Leiter aus. Sie schweigen nicht länger. Das bedeutet für sie und die Braut:

Annahme durch Wertschätzung der Braut für Zeit und Ewigkeit

Hld 7,2-6

Die Töchter zur Braut:

‚Du bist schön – von den Füßen bis zum Haupt ...'

10-fach schön!

Was die Braut hier zum ersten Mal mit eigenen Ohren aus dem Mund der „Töchter Jerusalems" hört, bewegt ihr Herz zutiefst. Durch deren Beschreibungen dessen, was sie in der Prüfung an ihr gesehen haben, erfährt sie die Wiederherstellung ihrer Würde. Denn sie war durch Verfolgung und Einsamkeit gegangen.[89] Jetzt Worte der Bestätigung von einem Teil seiner Nachfolger zu hören, ist mehr, als sie zu hoffen gewagt hat. Aber so kann etwas in ihr zur Ruhe kommen, was bisher immer in Anspannung geblieben war. Erst jetzt spürt sie dieses dringende Bedürfnis nach Bestätigung aus dem Leib Christi. Darum kann sie ihrem König nur danken, dass diese Töchter nun Worte dafür finden.

Es sind die äußeren Wege des Dienstes, die ihre Geschwister zuerst nennen, und so beschreiben sie die Schönheit der Braut zehnfach, von unten nach oben, quasi von außen nach innen.[90] Sie sehen

1. ihre *Füße*, die bereit sind, Wege auf sich zu nehmen, um Menschen die gute Nachricht vom Frieden mit Gott zu bringen.[91] Die

---

[88] Bickle, a.a.O., 177; vgl. Apg. 17,4-6.

[89] Hld. 7,2-6.

[90] Nur Jesus hatte sie in 4,1-5 von innen nach außen gesehen und gelobt und damit vom Kopf bis zu den Füßen. Denn ihm kam es immer zuerst auf das Innerste, auf das Herz an (vgl. Ps. 51,8).

Königsherrschaft Gottes auszurufen und zu Zion zu sagen: ‚Dein Gott ist König!', ist zum Inhalt ihrer Evangelisation an Juden und Heiden geworden. Das haben sie gesehen.[92] Obwohl man ihr in der Prüfung alle Sicherheiten genommen hatte, strahlte sie nicht Armut, Scham und Schande aus wie bei Menschen, die keine Schuhe tragen können oder dürfen. Vielmehr sehen sie in der Braut die Tochter des Königs mit königlicher Blutslinie, „des Edlen", in dessen Auftrag sie eine Botschafterin des Friedens und der Bitte ist: „Lasst euch versöhnen mit Gott!"[93] Diese Füße werden

2. getragen von *Beinen*, die im Lauf gestärkt und trainiert sind. Sie sind auf den bisherigen Lebens- und Dienstwegen gefordert und gefördert worden. Und was die Töchter jetzt im Wandel der Braut sehen, ist so kostbar wie ein Halsgeschmeide, von einem Kunsthandwerker meisterhaft gestaltet. Sie sehen, dass sie ein Meisterstück der Gnade Gottes ist und sich sogar mit ihren Anfragen an die Leiter in den Werken Gottes bewegt, die er von langer Hand genau für sie vorbereitet hat.[94] Das kommt auch
3. im Bild ihres *Schoßes* zum Ausdruck, das von ihrem inneren Leben spricht. Im Schoß der Mutter, d. h. im Heiligen Geist, ist sie ernährt worden und gewachsen. Und seitdem ist ihre geistliche Nahrung ausgewogen, sodass sie auch für das, was sie selbst zur Geburt bringen soll, die Kraft hat.[95] Denn die Töchter sehen, dass eine Ernte kommen wird. Das drücken sie im nächsten Bild aus, wenn sie sagen:
4. „Dein *Leib* ist ein Weizenhaufen, umzäunt mit Lilien."[96] Sie sehen, dass im „Mutterleib" der Braut, die für die ganze gereifte Endzeitgemeinde steht, eine überreiche Ernte zu erwarten ist.[97] Der Teil

---

[91] Vgl. Jes. 52,7; Eph. 6,15.

[92] Dabei sprachen ihre Sandalen vom Wohlstand und der Würde eines Königskindes. Vgl. Lk. 15,22.

[93] Vgl. 2. Kor. 5,20.

[94] Vgl. Eph. 2,8-10.

[95] Vgl. Apg. 1,8.

[96] Dieses Wort bedeutet auch „Mutterleib, Gebärmutter", und Weizen ist ein Bild für die Ernte.

[97] Dabei ist diese gereifte Gemeinde mit Lilien umgeben. Das heißt, die neu Bekehrten werden in Reinheit und Unschuld geführt und mit der Wahrheit des Wortes Gottes gefüttert, das sie nicht zur Unzucht verleitet, sondern zur reinen und heiligen Liebe Gottes führt. Kein verfälschtes Evangelium wird ihnen gegeben, sondern die reine Liebe des gekreuzigten und auferstandenen Herrn.

der Gläubigen, der die Braut rechtfertigt, sieht, „dass sie dabei ist, eine weltweite Ernte zur Geburt zu bringen. Und diese Gläubigen sehen, dass es an der Zeit ist, der Braut zu helfen, statt sie wie diese eifersüchtigen Wächter anzugreifen.“[98]

5. Darum sprechen sie ihr zu, dass sie die Fähigkeit hat, diese neugeborenen Kinder Gottes auch aufzubauen und nach ihrem Fassungsvermögen zu ernähren, wie eine Mutter ihre Babys mit der *Muttermilch* ernährt.[99]
6. Und sie haben erlebt, dass ihr Wille trotz aller Prüfungen frei und entschlossen geblieben ist, sich Jesus anzuvertrauen und wie Jakob zu sagen: „Ich lasse dich nicht, du segnest mich denn.“[100] Dafür steht ihr *Hals* wie ein Elfenbeinturm, der also ebenso selten wie kostbar ist.
7. Ihre *Augen* können klar die Tiefe und Wahrheit des Wortes Gottes erfassen, weil sie vom Heiligen Geist Offenbarung haben.[101] Und weil sie den Heiligen Geist der Unterscheidung hat, kann sie
8. mit ihrer *Nase* den Feind schon von fern riechen und Warnung aussprechen.[102] Ihre Glaubensgeschwister sehen, dass die Braut ein geistliches Unterscheidungsvermögen hat und erkennt, wie der Feind versucht, der Gemeinschaft der Gläubigen zu schaden. Darum suchen sie jetzt ihre Nähe. Denn sie haben
9. erlebt, wie die Gedankenwelt der Braut durch die Herrschaft des Heiligen Geistes in die göttliche Ordnung gebracht wurde. Dafür steht ihr *Haupt* wie der Karmel, auf dem schon einmal zu Elias Zeit die Entscheidung herbeigeführt worden war, wer der wahre Gott ist.

---

[98] Bickle, a.a.O., 187.Wie es für diese Gläubigen selbst eine Befreiung war, sich zu der verstoßenen Glaubensschwester zu stellen, so würde es auch für die Leiterschaft sein. Dafür warben sie indirekt, indem sie jetzt nicht mehr passiv oder schweigend blieben.

[99] Davon sprechen die Brüste wie zwei junge Gazellen. Die „Töchter Jerusalems“ können das sagen, weil sie es selbst durch sie erfahren haben.

[100] 1. Mo. 32,27.

[101] Das Tor von Bat-Rabbim, wie das Tor der volkreichen Stadt auch hieß, war ein Erholungsort gerade wegen seines reinen Wassers.

[102] Der Hauptfeind Israels war in Damaskus, der Hauptstadt Syriens. Die Töchter vertrauen ihr, dass sie wie der Libanon-Turm das Eigentum des Königs bewacht, also auch sie.

10. Diese göttliche Ordnung lässt die Hingabe der Braut an ihn, den König der Juden, so schön leuchten wie Purpur und so lebendig sein wie die Locken ihrer *Haare*, sodass der König davon ganz gefesselt ist.

Die „Töchter Jerusalems", deren Herz bisher noch nicht voller Hingabe ein Gefäß für den Heiligen Geist gewesen ist, haben durch die Begegnung mit ihrer Glaubensschwester ihre Sehnsucht nach ihm neu gespürt. Nun werden sie selbst von ihm berührt und erfüllt, sodass auch ihre Herzen dadurch weich und zugleich fest werden. Und so sehen sie mit geöffneten Augen den Wert der „unbequemen" Anfragen ihrer Schwester und die Qualität ihres ganzen Lebens der Hingabe an Jesus.

Nach den zehn Bestätigungen ihrer Schönheit haben sich diese Gläubigen darum entschieden: Sie nehmen die Braut von Herzen an; und so bitten sie ihre Glaubensschwester voller Sehnsucht: „Komm zurück!"[103]

---

[103] Hld. 7,1; vgl. Röm. 15,7, worin zum Ausdruck kommt, dass der Heilige Geist ein Geist der Annahme und gegenseitigen Wertschätzung ist. Zum andern wird darin auch klar, dass Gott nicht zwischen reifen und unreifen Christen trennt, sondern zwischen aufrichtigen und unaufrichtigen, die gegen die Herrschaft des Heiligen Geistes rebellieren.

Sela

1. Worin besteht meine Berufung als Braut Christi?

Geh durch die einzelnen Tanzschritte und frage dich: Wo habe ich schon Sicherheiten losgelassen, um Jesus folgen zu können? Habe ich Verluste erlebt, die ich mit Jesus und anderen teilen kann?

Anregung: Bringe die Erfahrungen deines Lebens in Verbindung mit Jesus und mit seinem Volk und frage ihn: Wo kann ich mit deinem Herzen fühlen, wofür darf ich Vergebung in Anspruch nehmen, persönlich und stellvertretend? Wie kann ich priesterlich für dein Volk beten und es segnen?

2. Wodurch wird diese Berufung bestritten?

Wo pflege ich ein eigenes „Königreich“ und bin von Angst vor Verlust geprägt? Wo trage ich als Kriegsenkel noch fremde Lasten vergangener Generationen und bin in (Selbst-) Ablehnung gefangen?

Anregung: Nimm dir einen Tag der Stille und geh im Geist in den Raum der Liebe Gottes, nimm dort ein „Bad“ und lass dich reinigen von allen Verkrustungen alter Unwertgefühle und -gedanken. Dann zieh das Brautkleid der Erwählung an und tanze mit Jesus im Festsaal des Himmels und freue dich an seiner Liebe zu dir.

3. Welche Schritte ist Jesus gegangen, um seine Braut wiederherzustellen?

Geh durch die Tanzschritte und frage dich: Was bedeutet für mich das Identifiziertsein mit Christus? Was heißt es für mich, vom Heiligen Geist bestätigt zu sein? Wie höre ich seine Stimme?

Anregung: Führe ein Gebetsheft und frage den Heiligen Geist, was auf seinem Herzen ist. Geh „im Geist“ an die Orte, die in dieser Strophe beschrieben sind, und frage Jesus, was er dir dort sagen und zeigen will.

4. Welche Tanzschritte des Glaubens will ich einüben?

Was hilft mir, mein eigenes wertvolles Leben zu ergreifen und mich Jesus neu anzuvertrauen?

Anregung: Bete Psalm 27 wie David für dich persönlich. – Bin ich eine „Freundin“ des Volkes Gottes? Was will ich tun, um mich an seine Seite zu stellen, es zu segnen und wie Ruth zu sagen: „Dein Volk ist mein Volk, und dein Gott ist mein Gott" (Ruth 1,16)?

Strophe 7

Darum wird sie zu ihm hin wachsen und Frucht bringen

Das jüdische Mädchen im Hohelied, das mit dem König verlobt ist, hört voller Staunen, wie die „Töchter Jerusalems" in ihr die Schönheit ihres Bräutigams erkennen und sie aufs Neue annehmen, ganz gleich, was die „Wächter" sagen.[1] Denn zusammen mit Sulamith wollen sie jetzt den Friedenskönig besser kennenlernen.

Für den deutschen Teil der Brautgemeinde Christi stellt sich heute die Frage, was die jüdische Brautgemeinschaft über ihren Messias sagen würde. Die bedeutendere Frage ist jedoch: Treten die deutschen christlichen Gemeinden als „Schwester" und „Freundin" an die Seite Israels und damit der jüdischen Geschwister weltweit? Sind sie gewachsen in der Erkenntnis der unzertrennlichen Verbindung von Juden und Christen, auch wenn sie, im Bild gesagt, verschiedene Zweige an dem einen Baum sind?[2] Gerade der deutsche Teil der Braut

---

[1] Sie hatten in ihr die Schönheit von Jesus selbst gesehen und sie mit zehn Eigenschaften beschrieben (Hld. 6,2-6). Es kommt ihr jetzt vor wie die Antwort auf die zehn Aussagen der Schönheit, mit denen sie ihnen Jesus vorgestellt hatte (Hld. 5,10-16).

[2] Vgl. Röm. 11,16b-24. Hier wird klar, dass Israel mit den natürlichen Zweigen im Ölbaum verglichen wird und die Christen aus den Nationen mit den eingepfropften. Ein anderes Bild für den unterschiedlichen Hintergrund von messianischen Juden und Christen aus anderen Völkern ist in Joh. 10,16 zu finden, wo Jesus sagt: „Ich habe noch andere Schafe, die sind nicht aus diesem Stall; auch diese muss ich herführen, und sie werden meine Stimme hören, und es wird eine Herde und ein Hirte werden." So ist es nicht die Aufgabe der „Gemeinde aus den Nationen", die Schafe aus dem jüdischen Stall zu be- oder gar zu verurteilen, sondern sie vielmehr der Fürsorge von Jesus, dem Hirten, zu übergeben. Denn sie

Christi ist jetzt herausgefordert und zugleich gewürdigt, sich eindeutig an die Seite ihrer jüdischen „Schwester“ in Israel und weltweit zu stellen; denn auch heute werden jüdische Mitbürger in Deutschland diffamiert und Anschläge gegen sie verübt. Wird die Braut Christi aus den Nationen sich in Deutschland aufrütteln lassen und aus dem Schlaf falscher Sicherheiten in Kirche und Staat aufwachen, sodass sie sich an die Seite ihrer jüdischen „Glaubensschwester“ stellen kann und es auch ausspricht – auf jeder gesellschaftlichen Ebene, auf der sie sich bewegt?

Doch auch innerhalb der Christenheit geschehen solche Ausschlüsse, wo religiöse und manipulative Mächte die Gemeinden und Gemeinschaften kontrollieren. Auch da sind beherzte Schritte notwendig, um Befreiung von den Schweigegeboten einer manipulativen und von Angst kontrollierten Leitung zu erfahren. Denn um zu wachsen, ist jeder persönlich vor die Entscheidung gestellt, seiner Sehnsucht nach Jesus zu folgen und dem Heiligen Geist als „der wahren Führerin in alle Wahrheit“ Raum zu machen.[3]

Diese Entscheidung wird dann auch alle Beziehungen betreffen, in denen die Gläubigen stehen, so die Beziehung zu ihren Leitern, zu ihren jüdischen Geschwistern (ob sie ihren Messias schon feiern können als den, der bereits gekommen ist, oder nicht), ebenso die Beziehung zu sich selbst und nicht zuletzt zu Jesus als dem König ihres Herzens, wie er sich jedem Einzelnen von ihnen in seiner Herrlichkeit offenbaren will.[4] Jeder, der Jesus so erfahren möchte, darf mitten im Streit der Meinungen und Urteile seine Stimme hören, wenn er vor

---

sind, wie gesagt, Zweige am selben Baum bzw. haben denselben Hirten, der richten wird zwischen Schaf und Schaf.

[3] Es ist nicht einfach, Schritte aus dem Nebel von verschleiernden Mächten und religiösen Geistern zu finden, und zu greifen, hinter welcher Wahrheit die Lügen des Diebes sich verstecken (vgl. Joh. 10,10a). Doch Gott selbst gibt himmlische Hilfe durch seinen Geist der Unterscheidung für jeden, der aufrichtig nach dem Licht seiner Wahrheit sucht. Die Sehnsucht nach seiner Offenbarung, nach seinen himmlischen Küssen (Hld. 1,2) zieht die Gläubigen aus der kontrollierenden Manipulation heraus und schenkt ihnen Schritt für Schritt eine Klarheit, die zu einem Bekenntnis des erneuerten Herzens und der Lippen befreit. Das erleben die Gläubigen, die durch den Ausschluss ihrer Glaubensschwester aufgerüttelt worden sind.

[4] Genauso wie Johannes ihn sah. Vgl. Offb. 1,12-20. Es ist der verherrlichte Jesus, der mit seinen feurigen Augen auch die Soldatenstiefel und die Mäntel des Antisemitismus am Kreuz verbrannt hat. Vgl. dazu auch Jes. 9,4.

allen sagt, was er von seiner Braut hält: „Wie schön bist du, und wie lieblich bist du, Liebe voller Wonnen!“[5]

Wie sehr sie die Bestätigung der anderen auch gebraucht hat – mehr als jedes menschliche Wort wird ihr Innerstes durch die Stimme ihres Herrn geheilt und gestärkt![6] Und bei seinen Worten sieht sie ihn aufs Neue in seinem Garten, der sie selbst ist, umhergehen. Sie sieht, wie er ihre Liebe wertschätzt, ja geradezu „trinkt“.[7] Ihr innerer Mensch, der aus dem Heiligen Geist geboren und im Glauben gewachsen ist, kann sehen, wie er sich an ihr und ihrer Liebe zu ihm erfreut;[8] etwas, das für ihre Seele immer sehr schwer vorstellbar war. Obwohl sie immer wieder Horden feindlicher Gedanken im glaubensvollen Gebet abwehren muss, freut er sich so sehr an ihrem Glaubensblick, dass er sie „Liebe voller Wonnen“ nennt.[9]

Nun ist ihr erneuerter innerer Mensch ihre wahre Identität. Sie ist die zum Frieden gebrachte und zugleich mächtige Tochter des himmlischen Vaters – Sulamith, die ihm glaubt.[10] Erneut bestätigt er ihr

---

5 Hld. 7,7.

6 Wer als Zeuge Jesu die Mächte des Todes, der Manipulation und der Bedrückung konfrontiert, sodass Spaltung entsteht, die die Gläubigen zugleich aus Gemeinschaften und Gemeinden herausführt, darf die Heilung und die Stärkung des auferstandenen und erhöhten HERRN Jesus Christus in Anspruch nehmen und erfahren. Wo es im Blick auf sein jüdisches Volk heute in der Welt erneut zu antisemitischen und damit abwertenden und ausschließenden Worten und Taten kommt, wird der Messias seines Volkes selbst kommen und ihm Recht schaffen.

7 Vgl. Hld. 5,1.

8 Vgl. Eph. 3,14-17: „…, dass er euch Kraft gebe nach dem Reichtum seiner Herrlichkeit, stark zu werden durch seinen Geist am *inwendigen Menschen*, dass Christus in euren Herzen wohne und ihr in der Liebe eingewurzelt und gegründet seid …“

9 Vgl. Hld. 2,4; 4,10. Er liebt sie dafür so sehr, wie der Vater *ihn* liebt! Vgl. Joh. 17,23.

10 Diese Sulamith, d. h. die Friedfertige, Friedliche, hat durch ihre geistliche Wiedergeburt (Joh. 3,5) im Friedenskönig Jesus Frieden gefunden und den Vater gesehen (Joh. 14,9). So steht sie für alle, die Jesus als König ins Leben eingeladen haben. Darum kann auch jeder hier seinen eigenen Namen einsetzen. Wie Sulamith kann man stark werden durch die immer neue Versorgung des Heiligen Geistes (vgl. Strophe 1), entsprechend der eigenen Bedürfnisse und Fassungskraft. Darum kann man seine vielleicht traumatisierte und gefangene Seele mit der Unterstützung der Engel Gottes befreien und diese „inneren Kinder“ an himmlische Orte bringen, wo sie vom Himmel her Heilung erfahren. Vgl. Ana Mendez, *Orte der Gefangenschaft*, S. 149 in dem Kapitel „Die Gefangenen befreien“. Sie bezieht sich auf Jes.58,6, wo es darum geht, „gewalttätig Behandelte

nun selbst, dass durch ihren Glauben an seine Liebe ihre Gestalt unter all dem Druck von außen und innen reif und schön geworden ist. Staunend wird sie durch diese Beschreibung in eine neue Bewegung ihres Herzens gebracht, zu ihm hin.

Wenn auch wir ihm glauben wie die erneuerte Braut im Hohelied, kann uns dies heute ebenso zum Lobpreis befreien und in die Bewegung eines neuen Tanzschritts des Glaubens führen:

1. Tanzschritt des Glaubens: In der Tiefe seiner Liebe verwurzelt in die Höhe wachsen

Jesus sieht seine Braut wie eine Palme, auf die schon als junge Pflanze ein schwerer Stein gelegt wurde, damit sie verkümmern und sterben sollte.[11] Doch als ihr Feind nach Jahren wieder an diese Stelle

---

als Freie zu entlassen …", was laut Mendez im Hebräischen bedeutet „die mit zerrissener Seele" in die Freiheit zu entlassen. Und weiter: „Die Braut Jesu geht überall hin, wo Jesus hingeht. Sie fürchtet sich nicht, denn die vollkommene Liebe treibt die Furcht aus. Man dient der zerbrochenen Seele genau da, wo man sie findet. Die Seele, die gefangen gehalten wird, wird all das sehen, hören und fühlen, was an dem Ort ihrer Gefangenschaft geschieht. Wenn sie an himmlische Orte versetzt wird, wird sie alles hören und fühlen, was im Himmel geschieht und all seine Segnungen genießen." Das ist möglich durch Eph. 2,6. Sie sagt: „Jesus nahm unsere Gefangenschaft gefangen und ließ uns mitsitzen in der Himmelswelt. Richtig, wir haben vollen und legalen Anspruch auf alles, was Jesus für uns erworben hat. Jesus hat den Scheck unterschrieben – aber einlösen müssen wir ihn schon selbst. So wie jeder persönlich Jesus in sein Leben einladen muss, um ein Kind Gottes zu werden, gilt es auch für die Tatsache, dass Jesus unsere Gefangenschaft gefangen genommen hat und uns mitsitzen lässt in der Himmelswelt. Er gab uns den Sieg, damit wir unsere Gefangenschaft verlassen können – und keiner kann uns noch dort festhalten. Er bahnte den Weg, damit jeder Teil unserer Seele mit ihm in der Himmelswelt sitzen kann … Gott hat uns also gesandt, die Gefangenen zu befreien und das Land aufzurichten, die Gefangenen herauszurufen und denen in der Finsternis zu sagen, dass sie ans Licht kommen sollen. Wenn wir das ausgeführt haben, müssen sie nur noch in den Himmel gesetzt werden, wo sie auf den Weiden der Höhen bei den Wasserquellen von Gott essen und trinken können … Wir müssen das Prinzip verstehen: Jeder Teil der Seele muss an himmlische Orte versetzt werden, unser Charakter, unser Wille, unsere Gefühle, unsere Sexualität, unsere Gedanken – einfach jeder gefangene Bruchteil unserer Seele. Wir müssen unsere Seele Jesus ausliefern – er wird sie vom Himmel her heilen, Stück für Stück." A.a.O. Zur Begründung für diesen Weg siehe auch a.a.O., S. 33–38.59f.64.72.

[11] In Anlehnung an Axel Kühner, *Überlebensgeschichten für jeden Tag*, Aussaat Verlag, 5. Aufl., Neukirchen-Vluyn 1994, S. 217.

kommt, sieht er sich vor einer großen Palme stehen, die aufrecht in die Höhe gewachsen ist. Er kann nicht glauben, dass es dieselbe ist, die ihm schon vor Jahren allein durch ihr Dasein ein Dorn im Auge war. Und so ersteigt er sie und findet sie nicht nur mit reifen Früchten beladen. Er erkennt auch den Stein auf ihrer Krone, den er zum Schaden dorthin gelegt hatte. Doch anstatt zu verkümmern, ist sie unter dieser Last erstarkt, gewachsen und zur Fruchtbarkeit gereift.[12] Jetzt kann er nur beschämt den Rückzug antreten.

Hld 7,7-10a

'Wie schön bist du, Liebe voller Wonnen! Wie eine Palme!'

Mit diesem Bild wird ihr mehr als durch vieles andere klar, was wachsen heißt, sowohl in die Tiefe als auch nach oben:

In die Tiefe zu wachsen, heißt, sich lieben zu lassen

Was für eine Bestätigung für die Braut im Hohelied, dass ihr Geliebter sie mit einer solchen Palme vergleicht, die über alle Bedrückung des Hasses und der Verachtung triumphiert, weil sie ihre Wurzeln tief in den Grund und die Quelle der Liebe Gottes gesenkt hat.[13] Nur darum ist sie im Sturm aller Ereignisse nicht zerbrochen, sondern konnte, durch diesen unterirdischen Strom versorgt und in dieses Fundament verwurzelt, aufrecht stehen und nach oben wachsen.[14]

---

[12] Vgl. Luk.10,17-19; Apg.18,1.6-10.

[13] Dieser Urgrund der Liebe des wahren Vaters, des Sohnes und des Heiligen Geistes will gerade die Kinder und Enkel des 2. Weltkrieges tragen, ob sie auf der Seite der Täter oder der Opfer aufgewachsen sind. Wer immer seine Wurzeln in diesen Boden senkt, wird erstarken können und Frucht bringen, trotz aller erfahrenen oder weitergegebenen Traumata. Dann können auch aus einem leidvollen und mühsamen Weg ganz besondere Kompetenzen erwachsen, denn, mit Monika Klotz gesprochen, ist es „auffallend, dass viele Kriegsenkel – sowohl unbewusst wie auch reflektiert – zu hohem sozialem Engagement in der Lage sind." Klotz, *Traumata*, S. 168. Darum kann gelten: Gerade wenn Menschen sich in der Liebe Gottes verwurzeln, „können vererbte oder selbst erlebte Traumata sich nicht nur zu einem Vermächtnis von Not und Verzweiflung zusammenfügen, sondern auch ein reiches Erbe an Stärke und Resilienz an spätere Generationen weitergeben." So Wolynn, Dieser Schmerz, 38, zitiert in Klotz, a.a.O.

[14] Vgl. 1. Mo. 49,22-24, wo schon Josefs Leben so beschrieben ist: „Josef wird wachsen, er wird wachsen wie ein Baum an der Quelle, dass die Zweige über die Mauer emporsteigen. Und obwohl ihn die Schützen erzürnen, gegen ihn kämpfen

Ihr König und Eigentümer will sie jetzt ebenfalls ersteigen, doch nicht, um die Zeichen der Bedrückung und Zerstörung zu suchen. Vielmehr will er ihr als seiner in der Liebe reif gewordenen Brautgemeinde offenbaren, dass er selbst mit der Kraft seines Geistes in ihrer Mitte ist, sodass sie sich nicht mehr fürchten muss. Zusammen mit der weltweiten Brautgemeinde soll auch der deutsche Teil der Braut Christi sagen können: „Darum fürchten wir uns nicht, wenn auch die Welt unterginge und die Berge mitten ins Meer sänken ... *Ein* Strom mit seinen Bächen erfreut die Stadt Gottes, wo die heiligen Wohnungen des Höchsten sind. *Gott* ist in ihrer Mitte, darum wird sie festbleiben; Gott hilft ihr früh am Morgen."[15]

Mitten in den weltweiten Erschütterungen würde er nun ihre Palmzweige ergreifen, die für die verschiedenen Dienste stehen. Und so wie Palmzweige von jeher ein Symbol der Anbetung für den Triumphator waren, sollen auch die Dienste in dieser letzten Zeit *ihn* verherrlichen und Menschen in die heilende Gegenwart Gottes bringen.[16] Mit dem Strom seines Geistes will er die Dienstzweige in jedem Volk und Land ganz neu ausrüsten, durch Zeichen und Wunder des Messias, um sie fruchtbar und stark zu machen für die größte Endzeiterweckung in der Geschichte vor seiner Wiederkunft, wie er es vor langer Zeit bereits angekündigt hat.[17]

---

und ihn verfolgen, so bleibt doch sein Bogen fest und die Arme seiner Hände stark durch die Hände des Mächtigen in Jakob, durch ihn, den Hirten und Fels Israels." Im Neuen Bund ist der Urgrund der Liebe in Röm. 8,35-37 ausgedrückt und gipfelt in der Aussage: „Aber in dem allen überwinden wir weit durch den, der uns geliebt hat." Vgl. Eph. 3,16-21.

[15] Ps. 46,4-6.

[16] Vgl. Joh. 12,12; Offb. 7,9.10.

[17] Vgl. Jes. 35,2-10. Doch um diese Kraft seines Geistes zu erfahren und mit Kühnheit und Wundern ausgerüstet werden zu können, braucht sein Volk in Deutschland diese Offenheit für den Heiligen Geist, auch wenn die Gemeinde bisher von einer „vertraglichen" Ablehnung des Heiligen Geistes durch die Berliner Erklärung oder andere Bekenntnisse betroffen war. Vgl. Strophe 3. Dann ist es notwendig, die dort beschriebenen Schritte der Lösung von diesem Vertrag und der neuen Bindung an den Heiligen Geist selbst zu gehen. Denn nur dann, wenn zuerst dem Heiligen Geist eine „Willkommenskultur" entgegengebracht wird, ist auch der Wille und die Kraft da, Menschen aus anderen Völkern, Kulturen und Religionen im Namen des dreieinigen Gottes willkommen zu heißen und wirkungsvoll ihren Traumata begegnen zu können. Vgl. Jes. 61,1-3. Dann kann auch Deutschland ein wahres Vaterland für alle werden, die auf diese Weise die

Gerade auch der deutsche Teil der Braut Christi ist eingeladen und zugleich herausgefordert, sich für die Segensströme seines Geistes zu öffnen, um noch einmal seinen Strom des Lebens in *die* Länder fließen zu lassen, die von den Todesströmen aus Deutschland überflutet wurden. Und selbst wenn Kirchenleitungen über die Braut, die einen neuen geistlichen Weg mit Jesus geht, verächtlich und verurteilend sprechen: ‚Wer ist sie überhaupt?', wird ihr himmlischer Bräutigam deren sarkastische Frage direkt beantworten und ihnen zu verstehen geben: „Ich bin ihr total verpflichtet. Ich werde mich völlig mit ihr identifizieren."[18]

Ohne deren Reaktion abzuwarten, wendet sich der König seiner ihm hingegebenen Braut wieder ganz persönlich zu. Und da versteht sie, dass alle Wachstumsschmerzen zu einer Reife geführt haben, die sie ganz neu mit dem Herzen ergreifen lässt, wofür sie von ihm ergriffen wurde:[19]

Chance erhalten, als Kinder Gottes im wahren Vaterhaus anzukommen und damit im Land der Liebe, welche Abwertung, Ablehnung und Hass überwindet.

[18] Bickle, a.a.O., 201. Gerade diese Identifikation des Bräutigams mit seiner gereinigten Braut, egal von welchem gemeindlichen und nationalen Hintergrund sie kommt, wird sie zur „Mauer" machen, sodass sie stehen kann gegen die Mächte von Bedrückung, Zerstörung und Tod. Auf diese Weise wird sie anderen Gläubigen Schutz und Orientierung geben können, im Namen und der Kraft des Auferstandenen, der sie liebt.

[19] Besonders für Kriegskinder und ihre Nachkommen, die Kriegsenkel, besteht die Reife in einer neu geschenkten Kindlichkeit, die Gott vertrauen kann, trotz aller (kriegs-)traumatischen Folgen in ihrem Land und Leben. Denn oft sind auch Kinder Gottes aus dieser Generation bindungstraumatisiert, weil ihre Eltern emotional unzugänglich oder latent angespannt und aggressiv waren. Übertragen sie das auf Gott als Vater, kann sich auch zu ihm kein Vertrauen entwickeln und der Glaube scheint nicht alltagstauglich. Treffend beschreibt Martin Schleske darum: „Das notwendige Grundvertrauen wandelt sich [bei einer Traumatisierung] in Urmisstrauen […] Die Störung betrifft alle Beziehungsebenen: das Verhältnis zu sich selbst, zu den Menschen im nahen Umfeld, aber auch zu der Gemeinschaft und den sie tragenden Werten. Damit wird die soziale Dimension einer Traumatisierung deutlich." In: Martin Schleske und Donata Wenders, *Der Klang.* Vom unerhörten Sinn des Lebens. Kösel Verlag, 10. Aufl., München 2015, S. 192f. Er erklärt weiter, dass hier die Entstehung des Gottesbildes aus der Wahrnehmung der Eltern heraus deutlich wird. Denn wie sie erlebt wurden, wird auch Gott dann bedrohlich, unzuverlässig und willkürlich vorgestellt. Zitiert in Klotz, *Traumata,* S. 149. Das wird auch in den Aussagen von Kriegsenkeln über „geerbte" Glaubensvorstellungen deutlich, die Monika Klotz festgehalten hat. A.a.O., S. 138-142. So gibt es immer neu Haltungen und Handlungen zu verlernen, um den

Nach oben zu wachsen, heißt, für ihn verfügbar zu sein

Voller Staunen hört sie jetzt drei Aufträge für diese letzte Phase, die vor ihr liegt. Jeder einzelne davon bringt zum Ausdruck, dass es nicht um Leistung und ein religiöses Tun geht. Ihr soll nicht wiederum eine schwere Last auferlegt werden, wie sie es vielfach in ihrer Gemeinde kennengelernt hatte.[20] Sie muss nicht mehr beweisen, dass sie besser ist als andere, und so ihr Dasein rechtfertigen; vielmehr kann sie entspannen in ihrem Sein als Geliebte und von ihm Erfüllte, aus der herausfließt, was er in sie hineingelegt hat wie eine Saat der Liebe.

So besteht der *erste Auftrag* darin, diese Liebe des Geistes strömen zu lassen und an andere weiterzugeben; dafür ist der Wein ein Bild.[21] Der *zweite Auftrag* betrifft ihr inneres Leben, ausgedrückt in ihrem „Atem wie Apfelduft".[22] Sie hat sich von ihm, dem Apfelbaum (aus Kapitel 2,3) ernährt. Jetzt soll der Lebensatem seines Geistes und seiner Erfrischung von ihr ausgehen und seine gesunde Luft überall verbreiten, wo sie hinkommt.[23] Doch mit dem letzten dieser drei Bilder

---

vollkommenen „inwendigen" Menschen, die beste Ausgabe von uns selbst, nach Gottes Bild geschaffen, kennenzulernen und in ihm zu wachsen (vgl. Eph. 3,16). Darum gilt bei allen bereits erlebten Befreiungs- und Heilungserfahrungen das, was Paulus in Phil. 3,12 beschreibt: „Nicht dass ich es schon ergriffen habe oder schon vollendet bin; ich jage ihm aber nach, ob ich es auch ergreifen könne, weil auch ich von Christus Jesus ergriffen worden bin."

[20] Vgl. Hld. 1,6.

[21] Vgl. Hld. 1,2; 2,4; 4,10; 7,10.

[22] Vgl. Hld. 7,9, wo er seine Braut bittet: „Lass deine Brüste wie Trauben am Weinstock und den Duft deiner Nase wie Äpfel sein." Beide Bilder zeigen, dass sie andere nur durch das nähren kann, was er durch sie hindurchfließen lässt.

[23] Da, wo sich auch die evangelische Kirche in Deutschland für diesen frischen Geist Gottes neu öffnen würde, müsste sie die Augen nicht mehr für den Zusammenhang der Kriegstraumata und ihrer transgenerationalen Weitergabe verschließen. Besonders die konstruktive Beschäftigung innerhalb der Kirche und ihrer Kreise mit dem Thema der Kriegskinder und die Auswirkungen auf die nächste Generation wäre ein wichtiger Schlüssel für unser gegenwärtiges Menschsein. Anzuerkennen und zu bestätigen, dass es kriegstraumatische Folgen gibt, würde in vielen Menschen Hoffnung wecken und die Freisetzung neuer Kräfte bewirken. Auch Hans Mörtter, Pfarrer der Lutherkirche in Köln, nimmt die gesamte deutsche Gesellschaft als eine Kriegstraumatisierte wahr, die diesen Schlüssel zum Herzen der Menschen benötigt, um frei zu werden für ihr eigenes Leben und ihre Berufung von Gott her. Vgl. das Interview vom 21.01.2018, zitiert in Klotz, *Traumata*, S. 161 und 165. Gerade das Evangelium von der Vergebung der Sünden, der Überwindung von Flüchen und der Heilung von körperlichen und seelischen Wunden durch die Kraft des Heiligen Geistes, das die

führt der *dritte Auftrag* wie nichts anderes zu ihm selbst, ihrer wahren Quelle. Der „Gaumen mit würzigem Wein" spricht von einem Anliegen, das er auch ganz am Schluss noch einmal wiederholen wird:[24] „Verliere nicht die Intimität mit mir. Verliere nicht deine bräutliche Innigkeit. Vernachlässige sie nicht in deinem eigenen Leben und vernachlässige nicht, andere dazu aufzurufen."[25] Denn diese Intimität gleicht dem Öl der fünf klugen Jungfrauen, ohne das keine Kraft da sein wird, die Lampe des Dienstes ohne Bitterkeit am Brennen zu halten, bis der Bräutigam da ist. Und es gibt nichts, was Gott außerhalb

---

Gemeinde verkündigen darf, macht es möglich, die Geschichte des deutschen Volkes nicht verdrängen zu müssen. Darum könnte die Kirche auch über ihre Rolle vor, während und nach dem 2. Weltkrieg sprechen, um jetzt einen neuen Weg einzuschlagen. Sie könnte „den notwendigen Diskurs zur Bewertung und Bearbeitung der aktuell relevanten Folgeerscheinungen durch die transgenerational weitergegebenen Traumata […] initiieren … Wenn sie sich diesem Thema widmen würde, ist davon auszugehen, dass sie gehört würde." So das Fazit von Monika Klotz in ihrer Dissertation *Traumata*, S. 230. Speziell die evangelische Kirche könnte eine hervorragende Rolle als Botschafterin einnehmen und den benötigten Informationen eine stabile und akzeptierte Bühne bereiten. Aufgrund der erlösenden Botschaft des Evangeliums, die die Gemeinde durch alle Zeiten trägt wie in einer Sänfte, könnte sie den hilfreichen Schritt gehen, die Vergangenheit angemessen zur Kenntnis zu nehmen und wo nötig auch zur Sprache zu bringen. Nach Monika Klotz ist es „darum ein erstrebenswertes Ziel, anhand dieser konkreten Zusammenhänge nachhaltig das zu tun, wofür Kirche steht: gesellschaftsrelevant und hilfreich lebensfördernden Einfluss zu nehmen, der dem Leben des Einzelnen einen stabilen Rahmen gibt und die Liebe Gottes konkret erlebbar macht." A.a.O. Diese Liebe und ihre verwandelnde Kraft ist jedoch persönlich und als Gemeinde nur durch den Heiligen Geist erfahrbar, der wie eine Mutter ihr Kind, das zur Braut des Königs erwählt ist, versorgt. Nur so gewinnt die Gemeinde die Kraft, die es ihr möglich macht, die schweren Platten von Hass, Antisemitismus und Abwertung des Lebens aus ihrer Geschichte abzuwerfen und diesen Bergen zu befehlen, von ihr zu weichen im Namen Jesu von Nazareth (vgl. Mk. 11,23). Denn nach seinem Wort kann die Gemeinde erst dann eine Zeugin des Lebens sein – gerade auch in Deutschland nach der Asche aller Zerstörung –, wenn der Heilige Geist auf sie kommt und sie so Kraft empfängt. Vgl. Apg. 1,8 mit Jes. 32,13-18. Dort wird schon im Alten Bund Gottes mit seinem Volk verheißen, dass Öde in einer Gemeinde oder Gemeinschaft herrscht, „bis der Geist aus der Höhe über uns ausgegossen wird. Dann wird die Wüste zum Fruchtgarten werden, und der Fruchtgarten wird wie ein Wald geachtet werden …"

[24] Vgl. Hld. 8,13.

[25] Vgl. Bickle, a.a.O., 203.

der Dreieinigkeit mehr liebt als diese Liebe der Braut Christi zu ihm und untereinander.[26]

Das ist für ihn der „würzige“ oder der „beste“ Wein, besser als jeder „Dienst“ und auch alles andere, was die Welt zu bieten hat. Voller Dank nimmt sie diesen Auftrag an und fällt ihrem Bräutigam mit Freimütigkeit ins Wort, weil sie im Geist eins mit ihm ist in seinem

---

[26] Vgl. Joh. 17,20-23. Wenn Kinder Gottes sich selbst und einander in dieser Liebe Gottes ansehen und annehmen, können sich sogar die Nachkommen der Opfer des letzten Krieges mit denen der Täter versöhnen. Das können dann sowohl die Enkel des Holocaust, als auch die Enkel von Nationalsozialisten erfahren. Erst dadurch kann ihre Zukunft eine andere werden, als die Vergangenheit für beide war. So sagte die Tochter eines ungarischen Juden, der als Holocaustüberlebender später in die USA ausgereist war und dort eine Familie gegründet hatte, im November 2019 in einem Aufenthalt in Israel zu mir: *„Honour the blood!“* Sie hatte zuvor ausgeführt, dass das Blut Christi ausreichend ist für jede Vergangenheit und auch für das, was Deutsche den Juden im 3. Reich angetan hatten. Sie selbst war mit einem deutschen Sohn von Nationalsozialisten verheiratet, der die Vergebung und Reinigung durch das Blut Christi angenommen hatte. Sie wollte unserer Gebetsgruppe, die an diesem Hauskreis von messianisch-jüdischen Gläubigen teilgenommen hatte, durch ihr Lebenszeugnis sagen, dass uns nicht die vergangene Schuld aneinanderbindet, sondern die Liebe des auferstandenen Messias. Nachdem sie ihre Geschichte mit Jesus als ihrem Messias erzählt hatte, sagte sie – für uns alle überraschend – Jesus hätte im Blick auf diesen Abend zu ihr gesagt: „Wenn ich heute hier wäre, würde ich ihnen die Füße waschen.“ Jetzt wollte sie dieses prophetische Zeichen an uns allen vollziehen, sofern wir dafür bereit wären. Wegen dieses Satzes war mein Herz weit geöffnet für diese ungewohnte Erfahrung. Als sie bei mir ankam, betete sie auf Knien, meine Füße festhaltend, dass ich in der Fülle seines Geistes und seiner Liebe laufe und auf sein vergossenes Blut vertraue, das für alle Sünden bezahlt hat, auch für die Sünden der Deutschen. Als ich mit Tränen in den Augen dankte, schaute sie mich eindringlich an und wiederholte: *„Honour the Blood!“* „Ehre das Blut Jesu!“ Als wollte sie es noch einmal sagen: „Es ist umfassend gültig. Das vergossene Blut Jesu reicht aus für alle Sünden einer ganzen Welt. Lass deine Buße nicht etwas sein, mit dem du immer noch etwas gut machen müsstest, das dein Volk unserem Volk angetan hat. Komm in der Fülle seiner Liebe und seines Geistes zu uns!“ Während sie meine Füße abtrocknete, war es mir, als hätte Jesus mir mit dieser Fußwaschung durch die Hände einer Vertreterin seines geschundenen Volkes allen Staub meiner Familie und meiner Vorfahren weggewaschen, alles was gegen die Juden gerichtet war. Mit dem Verstand war mir die Botschaft längst bekannt, aber nun hatten es mein Herz und meine Füße erfahren, dass sie die einer Freudenbotin sein können, die – gereinigt von altem Schmutz – mit neu geschenkter Leichtigkeit laufen können, wie es in Jesaja 52, 7 schon vorgezeichnet ist: „Wie lieblich sind auf den Bergen die Füße der Boten, die Frieden verkünden, gute Nachricht bringen, Heil verkünden; die zu Zion sagen: ‚Dein Gott ist König!‘ Jetzt würde es möglich sein.

Herzschlag für sie und die Welt.[27] Mehr denn je erkennt sie, was auch für uns einem zweiten Tanzschritt gleicht:

2. Tanzschritt des Glaubens: Das Wachsen zu ihm hin führt zur Fruchtbarkeit

Sie weiß, dass das Beste, was sie hat, von ihm kommt und darum auch wieder zu ihm fließt; denn sie gibt sich ihm mit Freuden hin, nachdem er sie so bestätigt hat. Dabei wird es ihr nicht langweilig, immer neu zu hören, wie sehr er sie liebt und jeden Funken ihrer Hingabe wertschätzt. Ihr ist klar, dass jeder Funke dieser Hingabe einen großen Brand seiner Liebe entfachen kann. Dann werden eine Menge Menschen mit seinem Licht und seiner Wärme erreicht in einer Zeit, in der die Liebe in vielen erkalten wird.[28] Und so bittet sie ihn, dass auch andere von dieser Liebe entzündet werden – sowohl die noch schlafenden Christen, als auch die, die noch zum Glauben an ihn gelangen werden –, damit auch sie bekennen werden: „Mein Geliebter ist mein, und nach mir steht sein Verlangen.“[29] Allein aus dieser Intimität mit ihrem Bräutigam im Heiligen Geist werden Kinder des Geistes geboren. Sie sollen an ihrem Leben und ihrem Reden von der reinen Liebe Gottes die Quelle erkennen, und das heißt letztlich ihn selbst. Nur so können auch sie in diese Vertrautheit mit ihrem Schöpfer und Erlöser finden, wie die Braut sie selbst erfahren hat.[30]

Hld 7,10b-11

„Mein Geliebter ist mein, und nach mir ist sein Verlangen."

Aus welcher Dunkelheit und welchen abgründigen Gebundenheiten des Feindes diese Neuerweckten auch herausgezogen werden – in der befreienden Kraft des Heiligen Geistes leuchtet ihnen zugleich die Liebe des Gekreuzigten entgegen. So können sie im Glauben ergreifen, wozu sie ergriffen sind: „Wen der Sohn frei macht, der ist wirklich

---

[27] Denn sie sagt im Blick auf den Wein der Liebe zu ihm, den er genießt: „... Der meinem Geliebten glatt eingeht und die Lippen der Schläfer reden macht.“ Hld. 7,10. Diese Kühnheit und Freimütigkeit ist auch verankert in Hebr. 4,16; 10,19-23.

[28] Mt. 24,12.

[29] Hld. 7,10b.

[30] Vgl. 2. Kor. 3,2.3; 1. Petr. 3,15.

frei!"[31] Keine Anklage oder Lüge des Feindes kann sie dann noch binden! Vielmehr lernen sie in dieser Vertrautheit mit ihrem Befreier, den Feind zu binden und aus ihrem Leben hinauszuwerfen.[32] Ja, niemand kann von den Pforten der Hölle überwältigt werden, der in diese Brautgemeinde hineingeboren ist und im Licht dieser befreienden und heilenden Liebe des Bräutigams lebt![33]

Darum hatte sich die Braut schon immer nach dieser innigen Verbundenheit mit ihm gesehnt und es ihm gesagt: „Zieh mich *dir* nach!"[34] Und darum drängt es sie jetzt auch, den zweiten Teil zu erfüllen: „Lass uns gemeinsam *laufen*!"[35] Mit neu gereinigten Füßen ist sie nun bereit, mit ihm aufs Missionsfeld zu gehen, denn sie ist erfüllt mit ihm und kann jetzt aufnehmen, was ihn erfüllt. So darf auch der deutsche Teil der Brautgemeinde verstehen:

Das Wachsen zu ihm hin führt in die Weite seiner Welt

Wer den König in seiner Schönheit sieht und im Geist Gemeinschaft mit ihm hat, wird nicht nur ein weites Land sehen. Er wird auch die Menschen mit *seinen* Augen sehen, diejenigen, für die der König aus Liebe Mensch geworden ist, wie er auch für das Mädchen kam. Darum darf sie jetzt als seine Braut, als Geliebte und Liebende, auch ihre

---

[31] Joh. 8,36; vgl. Phil.3,12-14; 2. Thess.3,5.

[32] Vgl. Röm. 8,31.32; Mk.3,27; Mt. 18,18 und Strophe 2 in Sela. Jetzt kann jeder von ihnen freimütig beten: „Vater im Himmel, ich komme zu dir im Namen deines Sohnes Jesus Christus, der am Kreuz durch sein vergossenes Blut für mein ganzes Leben bezahlt hat. Bitte vergib mir, dass ich ohne dich in die falsche Richtung gelaufen bin (hier kann ich konkret werden: ...). Doch du hast dich über mich erbarmt und bist mir durch deinen Heiligen Geist gefolgt. Jetzt bist du gekommen, um die Werke des Teufels in mir zu zerstören (1. Joh. 3,8). So sage ich mich jetzt im Namen Jesu los von allen Bindungen und Abhängigkeiten von den Mächten, die mich davon abhalten wollten, dir zu vertrauen und zu folgen (auch hier will ich konkret werden: ...). Herr Jesus, ich weihe mein Leben aufs Neue dir, der mich geliebt und sich selbst für mich gegeben hat (Gal. 2,20). Amen." In dieser Gewissheit kann man jetzt vor Gott, seiner eigenen Seele und allen Gegnern bekennen: „Jesus ist kommen, nun springen die Bande, Stricke des Todes, die reißen entzwei. Unser Durchbrecher ist nunmehr vorhanden; er, der Sohn Gottes, der machet recht frei, bringet zu Ehren aus Sünde und Schande; Jesus ist kommen, nun springen die Bande." Johann Ludwig Konrad Allendorf (1736): *Jesus ist kommen, Grund ewiger Freude*, in: EG, Nr. 66, Strophe 2.

[33] Mt. 16,18.19.

[34] Vgl. Hld. 1,2.4a.

[35] Hld. 1,4b.

Pflöcke weit machen, um Raum zu machen für die vielen geistlichen Kinder, die ihr geboren werden und in ihrer geistlichen Familie aufwachsen sollen.[36]

Von dieser Schau erfüllt, sagt sie ihm jetzt voll Zuversicht: „Komm, mein Geliebter, lass uns aufs Feld hinausgehen und auf den Dörfern bleiben, damit wir uns früh aufmachen zu den Weinbergen, um zu sehen, ob der Weinstock sprosst und seine Blüten aufgehen, ob die Granatbäume blühen; da will ich dir meine Liebe geben."[37] Sie kann es kaum erwarten loszugehen. Doch sie hält inne. Denn durch alle zurückliegenden Erfahrungen

Hld 7,12

„Komm, mein Geliebter, lass uns aufs Feld hinausgehen und auf den Dörfern bleiben."

[36] Vgl. Jes. 54,1-5. Gerade im Blick auf die unfreiwillige Zuwanderung von Menschen aus dem arabischen und afrikanischen Raum nach Deutschland hat die EKD diese Herausforderung entschlossen angenommen. Monika Klotz stellt heraus: „Bereits am 10.09.2015 veröffentlichten die leitenden Geistlichen aller zwanzig evangelischen Landeskirchen Deutschlands eine gemeinsame Erklärung, in der sie es als Gebot christlicher Verantwortung bezeichnen, Flüchtlinge willkommen zu heißen und aufzunehmen. Ausdrücklich wird benannt, dass in Deutschland das Wahrnehmen von Hilfsbedürftigkeit und die Dankbarkeit für empfangene Hilfe durch die in der Vergangenheit erlebte Not tief verankert ist". Sie zitiert diese Erklärung der EKD Deutschland, Zur aktuellen Situation, Punkt 6: „Uns in Deutschland ist aufgrund unserer Geschichte in besonderer Weise bewusst, welches Geschenk es ist, Hilfe in der Not und offene Türen zu finden. Ohne die Hilfe, die uns selber zuteilgeworden ist, wären wir heute nicht in der Lage, mit unseren Kräften anderen zu helfen." Vgl. EKD Deutschland (2018): *Zur aktuellen Situation der Flüchtlinge. Eine Erklärung der Leitenden Geistlichen der evangelischen Landeskirchen Deutschlands.* Online abrufbar unter: https://static.evangelisch.de/get/?daid=CuHJjg3NFHgLFUAr_L0MIZoH00118099&dfid=download. [Zuletzt: 05.07.2021]. Zitiert in Klotz, *Traumata*, S. 233. Kriegsenkel, die Kinder Gottes wurden und die Liebe des Vaters im Himmel neu kennengelernt haben, sind durch alle transgenerationalen Traumata hindurch wie eine Palme stark geworden. Darum können sie „auf die Kraft des Lebens setzen" und müssen nicht bei Ängsten stehenbleiben. Denn: „Es scheint eine Ressource zu sein, durch die Kriegsenkel in der Lage sind, verantwortlich die Gesellschaft auszugestalten mit dem Ziel einer mitfühlenden, menschlichen Gesellschaft, in der Unterschiedlichkeit sein darf. Kriegsenkel fürchten die Zukunft nicht, sondern gestalten sie." So Monika Klotz, a.a.O., S. 232. Gerade deshalb können sie „auf den erarbeiteten Erkenntnissen aufsatteln und Wegbereiter der Hoffnung auch in widrigen Umständen [Ergänzung: für viele] sein." A.a.O., S. 234. Vgl. Jes. 58,10-13.

[37] Hld. 7,13.

ist ihr eines wichtiger geworden als alles andere. Sie hat längst erkannt:

Das Wachsen zu ihm hin führt in die Tiefe des Gebets

Bevor sie losstürmt, bittet sie ihn darum zuerst, seine Verheißung zu erfüllen, denn er hatte gesagt: „Ersteigen will ich die Palme, will nach ihren Rispen greifen.“[38] Er hatte versprochen, die Gegenwart seines Geistes zu senden, damit sie in dieser Kraft seine Zeugin sein kann – in jedem Dorf und jeder Stadt, bis ans Ende der Welt.[39]

Und wie die Jünger zehn Tage in Jerusalem warten mussten, bis er die Verheißung am Pfingstfest wahr machte, so geht auch die Braut zuerst in eine Zeit des Gebets – für sich selbst und für alle, die zur Brautgemeinde gehören. Für sie ist es der Ruf der Sehnsucht nach der Offenbarung des Bräutigams und seiner Kraft, entsprechend seiner Verheißung.

Wie bei den ersten Jüngern Jesu soll ihr Handeln aus dem Hören kommen und in seiner Vollmacht und Bestätigung geschehen.[40] Es soll nicht blindem Aktivismus oder gar einer Panik entspringen, die sie bald wieder erschöpft sein ließe oder angesichts sich überschlagender Ereignisse „kopflos“ machen würde. Vielmehr will sie vom Ort der Ruhe aus losgehen, wo sie mit ihm zusammen auf dem Thron hoch über allem sitzt und seine Sicht für den nächsten Schritt gewinnt.[41] Dieser Ort ist in ihrem Innersten, denn dorthin hatte sie ihn längst eingeladen.[42]

---

[38] Hld. 7,9.

[39] Vgl. Apg. 1,4.8.

[40] Vgl. 2. Tim. 1,6.7.

[41] Vgl. Eph. 2,6, Röm. 5,17 und Hebr. 4,11. Der Ort der Ruhe ist der Ort der Herrschaft, hoch über der Seele und allen Umständen und Stürmen, die auf Erden herrschen. Dieser Ort ist für den König über Himmel und Erde und für seine Braut.

[42] Vgl. Offb. 3,20.21, wo sie sich der Stimme Jesu schon einmal geöffnet hatte, als er sagte: „Sieh, ich stehe vor der Tür und klopfe an. Wenn jemand meine Stimme hören und die Tür öffnen wird, zu dem werde ich hineingehen und werde mit ihm essen und er mit mir.“ Seine Braut, die ihm geöffnet hatte, erfährt dann auch, dass Jesus in ihr jetzt seinen Thron, den Ort seiner Herrschaft über alles, aufrichtet. Darum kann er versprechen: „Wer überwindet, dem werde ich das Recht geben, mit mir auf meinem Thron zu sitzen, wie auch ich überwunden habe und mich mit meinem Vater auf seinen Thron gesetzt habe.“ Das gilt schon jetzt, denn es ist eine Sphäre hoch über der Dimension des Natürlichen, wodurch

Darum spricht sie im Gebet aus, was er selbst schon vor längerem in ihr Herz gelegt hat, und segnet das Volk der Juden, wofür der Weinstock steht, ganz praktisch.[43] Sie will sehen, ob es sich schon für ihren Messias geöffnet hat; sie will ihm auf der Ebene der Liebe begegnen, für die es schon offen ist, und es dadurch reizen, ihn selbst zu suchen. Denn „sprossen“ und „blühen“ spricht von Unreife und knospenhaftem Leben. Doch gerade das will sie liebevoll pflegen und sich nicht über die noch kleinen Schritte des Vertrauens zu ihr ärgern.[44]

Ebenso will sie bei anderen – aus welchem Volk sie auch kämen – nicht bei dem stehenbleiben, was noch ungenießbar ist, sondern das sehen und aussprechen, was kostbar und köstlich für ihn ist. Denn durch die Granatbäume wird sie auch an seine Geduld mit ihr selbst erinnert. Darum will sie jetzt genauso bei anderen das hervorheben, was diese aufbaut. Ärger und Kritik will sie in ihrem Reden keinen Raum geben.[45]

---

seine Braut diese Vollmacht über alle Materie samt der unsichtbaren Welt, die sich ihm entgegenstellt, erhält. Vgl. Lk. 10,19 und Strophe 2. Um diese Macht zu erhalten, war und ist es notwendig, an diesem Ort zuerst sein Wesen besser kennenzulernen, seine Liebe, Geduld und Freundlichkeit, und ihm zu glauben, dass er gut ist und dass er *für* sie ist, was auch immer im Sichtbaren geschieht und in ihrem Leben schon geschehen ist.

[43] Vgl. Röm. 1,16: „Denn ich schäme mich des Evangeliums von Christus nicht; es ist eine Kraft Gottes, die alle rettet, die daran glauben, *zuerst die Juden*, aber auch die Griechen.“ Gerade das deutsche Volk Gottes hat eine einzigartige Chance und Verpflichtung, dem jüdischen Volk in Demut im Geist des Evangeliums ganz praktisch zu dienen und sie dadurch „eifersüchtig“ zu machen auf Jesus, ihren Messias; denn nur er kann aus Menschen des Hasses Menschen der Liebe machen. Vgl. Röm. 10,19, wo Gott selbst Israel zur Eifersucht reizen will durch ein Volk, das ihn nicht so kannte wie sein eigenes Volk.

[44] In einer Zeit von zunehmendem Antisemitismus und Gewalt gegen Juden auch in Deutschland ist die Braut Christi erst recht aufgefordert, sich dem Heiligen Geist und damit dem Geist der Unterscheidung zu öffnen, um Klarheit und Kraft zu empfangen in der Frage, wie sie an die Seite Israels treten kann. Denn das Versprechen Gottes an Abraham, den Vater aller Gläubigen und Vater des Volkes Israel, ist noch immer gültig und in Kraft: „Ich will segnen, die dich segnen, und verfluchen, die dich verfluchen; und in dir sollen alle Völker auf Erden gesegnet werden“ (1. Mo. 12,3).

[45] Vgl. Eph. 4,29. Gerade durch die transgenerationale Weitergabe der Hocherregbarkeit und der eigenen erlebten Härten braucht der deutsche Teil der Braut sowohl Geduld mit sich selbst als auch mit denen, die mit ihren nationalen Traumata aus Kriegsgebieten jetzt als Flüchtlinge zu ihr kommen. In ihrer Bedürftigkeit und Unfähigkeit, sich selbst zu ändern, ist sie immer neu eingeladen, durch

Die Orte, in die sie gehen würde, will sie nicht nach ihrer scheinbaren Attraktivität auswählen; es dürfen auch Dörfer sein, in die sonst niemand gehen will. Wenn er das für sie erwählt hat, was nichts ist vor der Welt, dann will sie mit ihm dorthin gehen und ihm da ihre Liebe zeigen.[46] Doch gerade dafür braucht sie Gebet und eine innige Zeit mit ihm, in der er sie mit seiner Bestätigung und Liebe füllen kann. Denn welcher Dienstort es auch sein würde – mehr als aller „Erfolg" zählt das Motiv, aus dem heraus sie alles tun will: Es sind „Liebesäpfel", „allerlei Früchte, diesjährige und vorjährige" an „unserer Tür".[47]

Aus Liebe zu ihm hat sie alles verlassen und auf sich genommen. Aus Liebe will sie auch jetzt weitergehen. Sie weiß längst, dass in seinem Reich nichts anderes zählt, denn die Worte von Paulus klingen ihr im Ohr: „Wenn ich mit Menschen- und Engelzungen redete und hätte keine Liebe, so wäre ich ein tönendes Erz oder eine klingende Schelle. Und wenn ich weissagen könnte und wüsste alle Geheimnisse und alle Erkenntnis und hätte allen Glauben, sodass ich Berge versetzte, und hätte keine Liebe, so wäre ich nichts. Und wenn ich alle meine Habe den Armen gäbe und ließe meinen Leib verbrennen, und hätte keine Liebe, so wäre es mir nichts nütze. Die Liebe ist langmütig und freundlich."[48]

Diese Liebe will sie sich aufs Neue ins Herz legen lassen. Ihr ist bewusst: Das Wichtigste ist, alles und alle mit Liebe zu betrachten, denn was sie mit Liebe betrachtet, würde schön werden – einschließlich ihrer eigenen Person! Sie weiß, dass es allein die *Intimität mit ihm* im

---

den Geist Gottes eine Empfängerin von Geduld und Gnade zu sein und sich von ihr wie von einer Mutter trösten zu lassen, die liebt und reichlich zu geben hat. Vgl. Jes. 66,13, wo Gott verspricht: „Ich will euch trösten, wie einen seine Mutter tröstet." Das ist gerade die Aufgabe des Heiligen Geistes bzw. der Heiligen *Ruach*, wie Jesus selbst in Joh. 14,7 sagt. Vgl. Keil, *Die weibliche Seite Gottes* in *Einführung: Worum es geht*. Darum darf sie beten: „Herr, ich danke dir für deine Geduld mit mir. Ich gebe dir jetzt meine Ungeduld und ‚Kurzatmigkeit' und bitte dich um deine Geduld und Langmut." Der Vater gibt gern und ohne Vorwurf jedem, der ihn bittet. Vgl. Jak. 1,4.5 und Mt. 7,11.

[46] Vgl. 1. Kor. 2,27-31. Wenn er gerade in diesen Dörfern beginnen will, den Regen seines Geistes zu schenken, dann will sie ihnen in Gemeinschaft mit ihm und in seinem Auftrag und seiner Vollmacht dienen, so dass von ihnen die Flutwelle des Heiligen Geistes das ganze Land erfassen kann und darin aufs Neue Gerechtigkeit und Leben für alle aufblüht, die darin wohnen.

[47] Hld. 7,14.

[48] 1. Kor. 13,1-4.

hörenden und gehorchenden Gebet ist, die sie ihrer *Identität* als geliebte Braut gewiss macht. Und nur in dieser Identität wird sie auch *Autorität* haben. Das will sie nie vergessen. Darum soll ihr alles lebendig bleiben: ältere Glaubensschätze, die sie schon länger kennt, genauso wie das, was ihr jetzt an frischen Offenbarungen durch seinen Geist zugeflossen ist. All das will sie vor ihm bewegen, und er soll es gebrauchen, so wie sein Geist es will.[49]

Angesichts dieses Reichtums überkommt sie eine ganz neue Sehnsucht, die im Gebet plötzlich durch seinen Geist hervorgebrochen ist. Diese Herzensbewegung bedeutet auch für uns zugleich einen neuen Tanzschritt des Glaubens:

3. Tanzschritt des Glaubens: Wachstum in der Geduld – Zurückhaltung aus Liebe

Die Liebe, die sie jetzt empfindet, ist so stark, dass es im Gebet aus ihr hervorbricht: „O, dass du mir wie ein Bruder wärst, der die Brüste meiner Mutter gesogen! Fände ich dich draußen, so wollte ich dich küssen, und niemand dürfte mich verspotten!
Ich wollte dich führen und ins Haus meiner Mutter bringen, wo du mich lehren solltest; da wollte ich dich mit gewürztem Wein und mit dem Most meiner Granatäpfel tränken.“[50] Während dieses Ausdrucks der Sehnsucht kommt sie sich durch den Zustrom seines Geistes wie ein Gefäß vor, das jetzt mit seiner Liebe überläuft. Ja, wie eine Fontäne bricht die Liebe aus ihr hervor.[51] Sie liebt ihn so sehr, dass sie es am liebsten der ganzen Welt zeigen würde. Gerade in der Öffentlichkeit will sie ihn küssen, die „Küsse“ seines Wortes empfangen und weitergeben. Ja, wenn die ganze Welt schon Gottes Familie wäre, könnte sie es einfach tun! Dann wäre es als Zeichen der Verwandtschaft zwischen Geschwistern von allen anerkannt. Doch gerade um der Liebe willen braucht es noch

Hld 8,1-2

„O dass du mein Bruder wärst! … Ich wollte dich führen und ins Haus meiner Mutter bringen.“

[49] 1. Kor. 12,11.
[50] Hld. 8,1.2.
[51] Joh. 7,38.

Zurückhaltung aus Liebe innerhalb von Konfessionen und Denominationen

Wenn der Geist Gottes wie am Anfang der Schöpfung und wie eine Mutter über allem „brüten" würde[52], wenn keine Sünde des Stolzes und der Rechthaberei die Liebe verdunkelt hätte, dann würde auch niemand Anstoß nehmen, wenn die Kinder des Geistes Gottes Hand in Hand ins Haus ihrer „Mutter" gingen. Ganz gleich, zu welcher Gemeinde sie gehören würden, oder wie die Namen ihrer Konfessionen und Denominationen lauteten, könnten sie sich versammeln und voneinander empfangen. Dann wäre es möglich, einander vom Besten, mit dem der Heilige Geist sie genährt hatte, zu geben und alles miteinander zu teilen.

Die in der Liebe des Geistes reif geworden sind, teilen diese Sehnsucht mit Jesus selbst, der zu seinem Vater betete: „Ich bitte aber nicht allein für sie, sondern auch für die, die durch ihr Wort an mich glauben werden, damit sie alle eins werden, gleich wie du, Vater, in mir und ich in dir; dass auch sie in uns eins werden, damit die Welt glaubt, dass du mich gesandt hast."[53] Doch das kann die Braut nicht mit „der Brechstange" erzwingen, sondern nur wie Jesus in einer demütigen und zugleich mutigen Liebe erbitten, die alles erhofft.

Dann gilt es mit der Geduld des Bauern zu warten, dass nach der Saat und seiner anhaltenden Pflege die Zeit der Ernte kommt. Erst wenn alle Wetter über diese Saat gegangen sind, wird er die Erntegaben einsammeln.[54] Diese Geduld und Liebe gilt besonders auch denen, die als Erstes mit ihm unterwegs waren und aus seinem eigenen Volk kommen, dem Volk der Juden. Gerade sie sind durch viele Gesetze wie durch einen Zaun von anderen Völkern getrennt. Darum braucht es aus geduldiger Liebe heraus auch

---

[52] Vgl. 1. Mo. 1,2. Das hebräische Wort *rachaph*, „schweben" bedeutet auch „brüten". Dabei sind die Küken das Ergebnis der Brut einer Henne. So in Dutch Sheets, *Fürbitter,* Die in den Riss treten, Durch Gebet bewegt Gott immer noch den Himmel und die Erde, Asaph-Verlag, 3. Auflage, Lüdenscheid 2015, S. 137. Er bezieht sich im Blick auf die Wortbedeutung von *rachaph* auf William Wilson, *Old Testament Word Studies* (Grand Rapids: Kregel Publications, 1978), S. 175.

[53] Joh. 17,20.21.

[54] Vgl. Jak. 5,7-11.16.17.

Zurückhaltung aus Liebe gegenüber Juden und Christen aus anderen Völkern

Jesus, der als Jude zu seinem Volk gekommen war, wollte aus allen Völkern Menschen zum Vater rufen, der sie alle liebt.[55] Er wollte in seiner ganzen Welt die Feindschaft töten und die Zäune der Trennung abbrechen, sodass sie sich alle ohne Angst im Haus der „Mutter," dem Heiligen Geist, treffen könnten und einander in der Liebe des Vaters annehmen.

Paulus, der als Pharisäer aus dem Volk der Juden kam, schreibt im Brief an die Christen in Ephesus eindrücklich: „Und er ist gekommen und hat im Evangelium Frieden verkündet euch, die ihr fern wart, und denen, die nahe waren; denn durch ihn haben wir alle beide in einem Geist den Zugang zum Vater."[56] Ja, zu ihm wollte sie, die große Trösterin, alle führen.[57] So hat es Jesus angekündigt: „Wenn aber jener, der Geist der Wahrheit, kommen wird, dann wird er euch in alle Wahrheit leiten … Alles, was der Vater hat, gehört mir. Darum habe ich gesagt: Er wird es vom Meinen nehmen und euch mitteilen."[58] Allein durch ihn kann die Versöhnung der Völker geschehen, die Jesus, der Sohn Gottes, so teuer erworben hat.

‚Ach, wann wird es so weit sein?' Voller Sehnsucht ruft die Braut es aus. Doch noch kann sie in der Öffentlichkeit nicht einfach so von ihrem Bräutigam reden. Noch gibt es Missverständnisse, Feindschaften und verschlossene Türen. Die Zeichen der Geschwisterliebe sind noch von vielen unreinen Küssen des Feindes – im Geheimen und in

---

[55] Joh. 3,16: „Denn so sehr hat Gott die Welt geliebt, dass er seinen einziggeborenen Sohn gab, damit alle, die an ihn glauben, nicht verloren gehen, sondern das ewige Leben haben." In seinem Missionsbefehl lautet der Auftrag an seine Jünger deshalb: „Darum geht hin in alle Welt und macht zu Jüngern alle Völker …" Mt. 28,20. Gerade der deutsche Teil der Braut ist herausgefordert, nicht andere Völker abzuwerten und abzulehnen oder gar sein Volk der Juden auszuschließen – wie durch die „Ersatz-Theologie" und dann im Holocaust geschehen.

[56] Eph. 2,17.18; vgl. V.11-22, wo sowohl die hoffnungslose Situation der Völker ohne das Volk Israel beschrieben wird als auch die hoffnungsvolle Situation eines neu geschenkten Friedens und der Einheit zwischen allen Völkern durch die Vernichtung der Feindschaft am Kreuz von Golgatha.

[57] Als Mutter und Trösterin hatten die Kirchenväter bis zum 4. Jahrhundert den Heiligen Geist genannt, da er im Hebräischen weiblich ist.

[58] Joh. 16,13-15.

der Öffentlichkeit – beschmutzt, missverstanden und so von scheinbar allen Seiten reglementiert.

Aber eines Tages würde es anders sein. Dafür betet sie im Namen ihres Königs, der selber alles ins wahre Licht rücken wird, wenn er öffentlich wiederkommt. Dann wird es offenbar sein und niemand kann es verhindern: Juden und Heiden aus allen Nationen werden einander als Geschwister erkennen und in der Liebe zu Jesus, ihrem Messias, eins sein.[59] Im Glauben an den himmlischen Bräutigam Jesus werden sie Kinder desselben Vaters und derselben „Mutter" sein, die der Heilige Geist ist. Und dann werden es alle sehen: Als im Glauben vereintes Volk sind sie der eine neue Mensch, den der Messias durch seinen Kreuzestod geschaffen hat.[60] Aus seinen Wunden, aus der Seite des zweiten Adams, ist dieser neue Mensch die Braut geworden, für die er den Himmel jetzt zum zweiten Mal verlassen würde, um mit ihr in einem neuen Himmel und auf einer neuen Erde seine Königsherrschaft aufzurichten.[61] Dann wird es klar sein, wer die wahre Braut des himmlischen Bräutigams wirklich ist. Jetzt ist vieles noch ein Geheimnis und kann nicht einfach vollmundig hinausposaunt werden. Noch gilt:

Zurückhaltung aus Liebe bis zur Offenbarwerdung der wahren Braut Christi

Wie durch einen Spalt in die unsichtbare himmlische Welt können Gläubige immer wieder etwas sehen, staunen und ihre Offenbarung mitteilen.[62] Jeder, der in dieses Staunen hineingenommen werden möchte, darf es im Glauben nehmen: So wie ein Körper aus einer Trillion Zellen besteht, von denen jede einzelne Zelle alle Erbinformationen in sich trägt, so besteht auch die Braut Christi aus unzähli-

---

[59] Vgl. Offb. 7,9-17.
[60] Eph. 2,15.
[61] Vgl. Apg. 1,1-8; 1. Kor. 15,21.22. Schon im Propheten Jesaja war es angekündigt: „Denn sieh, ich schaffe einen neuen Himmel und eine neue Erde, sodass man der früheren nicht mehr gedenken und sie nicht mehr zu Herzen nehmen wird; sondern sie werden sich ewig freuen und fröhlich sein über das, was ich schaffe. Denn sieh, ich will Jerusalem zur Wonne schaffen und ihr Volk zur Freude" (Jes. 65,17.18).
[62] Vgl. Paulus in 2. Kor. 12,1-8 und bis heute viele andere.

gen einzelnen Zellen.[63] Und jeder, der Jesus im Glauben angenommen hat und so ein Kind Gottes wurde, ist als Zelle dieses Leibes auch Träger der Erbinformation Gottes und hat sein Wesen.[64] Ohne den, der alles verdreht, können sich dann alle in Übereinstimmung mit ihm, dem Haupt, in Liebe bewegen und den Vater ehren wie er, denn sein „ist das Reich und die Kraft und die Herrlichkeit in Ewigkeit. Amen."[65]

---

[63] So sah es Dr. Gerald Jeffers, der in Bott 2007 zum Thema sprach: Verdammnis stört Vertrautheit. In: Internetquelle: Jeffers, Dr. Gerald (2013): *Condemnation Interferes with Intimacy*. Online abrufbar unter: https://www.youtube.com/watch?v=u6MxzPvQMng. [Zuletzt: 05.07.2021]. Er breitete dort dieses Thema der vertrauten Beziehung mit Gott aus, die sich nur frei von Selbstverdammnis und frommem Leistungsdruck entfalten kann. Darin berichtete er von einer Vision, die er eines Morgens hatte. Er sah sich selbst wie einen kleinen Jungen im Himmel. Von fern erblickte er eine Kreatur. Er konnte nicht erkennen, was es war. Dann zoomte er näher, und in der Mitte sah er sich selbst als einen kleinen Punkt, aber er konnte sich klar erkennen. Gott fragte ihn: ‚Weißt du, was du siehst?' Er fühlte sich wie Hesekiel. Er sagte: „Du weißt es." Da sagte Gott: „Das ist die Braut Christi. Und du bist eine Zelle der Braut. Du bist nicht allein die Braut. Ich bin so groß. Ein menschlicher Körper hat eine Trillion Zellen. Jede Zelle kann selbst existieren und funktionieren, denn sie hat die ganze Erbinformation in sich. Jede Zelle gleicht einer Stadt. Sie hat keinen simplen Aufbau, sondern ist sehr komplex aufgebaut. Aber der Wille jeder Zelle muss sich hingeben für den Leib. Sie kann nicht ihr eigenes Ding drehen, sie kann nur durch Übergabe an den Leib ein Teil des Leibes sein, ein Mitglied. Und ich bin so groß, dass ich jeden Einzelnen von euch brauche als Zellen, um eine Braut für meinen Sohn zu machen. Darum ist das, was ICH suche, ein Liebender, d. h. jemand, der in eine Liebesbeziehung eintritt: *„I am looking for a lover. Someone who enters in a love affair."* Der geistliche Kampf erschöpft dich. Du kannst nicht ruhen mit mir, weil du nicht weißt, wie du aus dem Kampf herauskommst. Aber: *„The warfare is empowered by a love affair. It is the source to empower you to perform the warfare."* Das bedeutet: Der geistliche Kampf wird durch eine Liebesbeziehung gestärkt. Sie ist die Quelle, die dich befähigt, den geistlichen Kampf zu kämpfen. So funktioniert es. Wenn die Schrift sagt: „Widersteht dem Teufel, so flieht er von euch," dann bedeutet das: Um widerstehen zu können, brauchst du Kraft. Die Bibel sagt: Die Freude des Herrn ist meine Kraft. Seine Freude bin ich! Gemeinschaft mit ihm zu haben, heißt, mich selbst als geliebt anzusehen und ihn wiederzulieben. Liebe kann der Teufel nicht ertragen. Ich bekomme die Kraft, dem Teufel zu widerstehen, durch die Gegenwart Gottes! Und in Gottes Gegenwart ist Freude die Fülle. Der Christ soll wissen: Diese Freude in seiner Gegenwart bin ich selbst als seine Braut.

[64] Vgl. Joh. 1,12; 2. Petr. 1,4.

[65] Mt. 6,13; vgl. Eph.1,23.

Auf einmal sieht die Braut sich wieder in den ersten Garten versetzt. Noch bevor sie selbst menschliche Elternschaft erlebte, hatte sie die Worte Gottes gehört: „... ein Mann wird Vater und Mutter verlassen und seiner Frau anhängen und sie werden ein Leib sein.“[66] Genauso hatte Jesus den Himmel, das heißt die Welt seines Vaters und seiner Mutter, verlassen, um seiner Frau anzuhängen und mit ihr ein Geist zu werden. Das ist sie selbst, die Braut Christi auf Erden! Und so, wie ein Mann ein Leib mit seiner Frau wird, ist also auch jeder Einzelne ein Teil dieser Braut, mit der er im Geist eins geworden ist.[67] Das ist unglaublich, aber wahr! Denn das heißt doch auch: Er wird sie niemals verlieren, denn sie ist eine geliebte Zelle in seinem

---

[66] 1. Mo. 2,24.

[67] Dieses Einswerden ist ein Weg. Dr. Jeffers beschreibt diesen Weg eindrücklich, indem er den Unterschied von Lobpreis und Anbetung aufgreift: Er sagt, es gebe einen biblischen Unterschied zwischen *praise,* d. h. Lobpreis und *worship,* d. h. Anbetung. Das griechische Wort für Anbetung ist *proskyneo* – *pros*: zu jemand hin (*towards*), *kyneo:* küssen. Wenn du Gott anbetest, wirfst du ihm Küsse zu. Anbetung bedeutet, deine Liebe mit ihm zu teilen, ihm mitzuteilen. Lobpreis, wenn du Gott lobst – sprichst und singst du über ihn. Du flirtest mit ihm. Du tanzt mit ihm. Du sagst: Ich weiß, dass du mich willst, weil ich dich auch will. „Ich gehöre meinem Geliebten und mein Geliebter gehört mir.“ Hld. 1,16; 6,3; 7,11. Und wenn es dann ruhiger wird und du gehst ins Schlafzimmer, hast du Gottes meistgeliebtes Parfüm an dir. „Aber lass mein Gebet seinen Duft geben.“ Sein Lieblingsparfüm ist Gebet. Er liebt es. Er riecht dich. Er kann dich gut riechen, wenn du kommst. Du hast das Lieblingsgewand Gottes an, wenn du kommst. Die Robe der Gerechtigkeit. Die Braut in Offb. 19 trägt weißes Leinen. Das ist die Farbe der Gerechtigkeit der Heiligen. Wenn du dich dann hinlegst, bist du in einer horizontalen Position. Darum kommt der Lobpreis vor der Predigt, weil der Duft des Bräutigams an dir ist. Zu liegen heißt, du übergibst deinen Willen ihm – was das Wesen der Anbetung ist. Du übergibst dich ihm und was immer er dir durch das Wort sagen will, damit sein Wort dich „schwanger“ machen kann; dass er es in dich hineinlegen kann, damit es in dir Frucht bringt. Aber du kannst keine Intimität mit ihm haben, wenn du eine Waffenrüstung trägst. Hebr. 6,1 sagt: „Darum wollen wir den Anfang der Lehre Christi jetzt lassen und uns der vollen Reife zuwenden, indem wir nicht erneut den Grund legen mit der Buße von toten Werken, mit dem Glauben an Gott.“ Apg. 2,38 ist nicht dazu da, um dich zur Vollendung zu bringen, es ist der Anfang: Tut Buße, lasst euch taufen und glaubt an das Evangelium. Es ist das Konzept der Berührung und des Berührtwerdens (*affection*), das zur Reife bringt. Gott sagte zu Gerald: ‚Hör auf zu studieren, wie man predigt. Fang an MICH zu studieren, kennenzulernen. Dann hast du viel zu sagen. Es geht beim Gebet nicht um Pflicht, sondern um Liebe.‘ Vgl. die Schöpfung Adams, der durch die Berührung Gottes zum geliebten Sohn und Mitarbeiter Gottes wurde. In: *Einführung: Worum es geht.*

geliebten Leib! Was für eine Geborgenheit bedeutet das für sie und was für eine unaussprechlich herrliche Zukunft liegt vor ihr!

Während dieser Offenbarungen hat sie gar nicht gemerkt, dass Jesus selbst schon die ganze Zeit zu ihrer Rechten ist und ihr all diese Bilder des Himmels ins Herz gemalt hat.[68] Doch gerade so werden wir mit ihr in einen neuen Tanzschritt des Glaubens geführt:

4. Tanzschritt des Glaubens: Wachstum durch Abhängigkeit

Mit verschiedenen Bildern für ihre Seele offenbart der Heilige Geist ihr die machtvolle und zugleich liebende Gegenwart ihres himmlischen Bräutigams.[69] Gerade dadurch kann sie im Vertrauen zu ihm wachsen, egal wie die Umstände sich auch entwickeln mögen. So sieht sie sich aufs Neue selbst am Ende ihrer Reise durch die Geschichte. Diesmal nicht im Bild der Sänfte des Evangeliums, in der sie durch die Wüste zum Haus des zukünftigen Ehemanns getragen wurde, nein, dieses Mal erfährt sie: ich bin …

… auf den Geliebten gelehnt

Und so hört sie auch jetzt die Stimme des Heiligen Geistes, die liebevoll zu ihr selbst sagt: „Wer ist die, die von der Wüste heraufsteigt und sich auf ihren Geliebten lehnt?“[70] Ja, sie hat auf ihrer Reise schmerzlich erfahren, dass ihre eigene Kraft und ihre eigene Weisheit

---

[68] Hld. 8,3.4: „Seine Linke liegt unter meinem Kopf, und seine Rechte umarmt mich.“ „Ich beschwöre euch, Töchter Jerusalems, dass ihr meine Liebe nicht aufschreckt noch weckt, bis es ihr selbst gefällt.“ Ihr Denken ist dabei von Sorgen und Befürchtungen frei, denn seine Linke liegt schützend unter ihrem Kopf, sodass sie all das ungestört aufnehmen kann. Und er erlaubt nicht, dass andere durch unreifes und verurteilendes Reden diese Bilder ihrer tiefen Annahme und Bewahrung stören, denn letztlich leben auch sie davon. Allein durch diese Offenbarungen seiner göttlichen Liebe kann sie alle dämonischen Attacken und alle Schwachheit in dieser gefallenen Welt überstehen und siegreich daraus hervorgehen (vgl. Röm. 8,38.39; 2. Kor. 12,1-8).

[69] Mit Dr. Gerald Jeffers gesagt: „Gerade darum sucht Gott einen Liebhaber. Einen, der sich von ihm halten lässt. Intimität bedeutet, ich zeige ihm unverhüllt mein Herz, die Geheimnisse meines Herzens; ich enthülle mich ihm. ‚Naht euch zu Gott, und ER naht sich zu euch.‘ Jak. 4,8. Wenn Gott sich enthüllt, nennen wir das Offenbarung. Wenn ich ihn sehe, kann ich werden wie er. 2. Kor. 3,18. So werden wir verwandelt. Als Geliebte und Liebende.“

[70] Hld. 8,5a.

sie niemals zur himmlischen Heimat leiten können. Sie hat gelernt, auf den zu hören, der in seinem Wort zu ihr redet und sie vergewissert: „Gnade und Treue werden dich nicht verlassen.“[71] Auch wenn es ein Prozess war, ihre Schwachheit nicht als etwas zu sehen, gegen das sie sich wehren oder das sie abschütteln müsste, um ihm zu gefallen, so begrüßt sie jetzt umso mehr gerade alles Unvollkommene, alles Nichtverstehen und Vorläufige, um sich erst recht bei ihm, der alle Antworten kennt, anzulehnen.[72] Schließlich gehört die Abhängigkeit von ihm von Anfang an, seit der Geburt der Braut, dazu. Denn sie ist …

Hld 8,5

„Wer ist sie, die von der Wüste heraufsteigt und sich auf ihren Geliebten lehnt?“

… durch den Heiligen Geist geboren

Der Heilige Geist will sie gerade am Ende der Reise und sogar im Leiden daran erinnern, wie alles angefangen hat, als sie in Jesus den „Apfelbaum“ entdeckte, durch den sie ewig gesund würde und dem gegenüber alle anderen Menschen wie Nadelbäume des Waldes sind.[73] „Unter dem Apfelbaum weckte ich dich; da hatte deine Mutter Wehen; da hatte Wehen, die dich geboren hat.“[74] Als Mutter erinnert sie der Heilige Geist, dass es wie bei der Geburt ein schmerzhafter Prozess war, bis das Mädchen seine Ängste überwunden hatte – und die Werte seines alten Lebens ohne Gott – um jetzt im Vertrauen ein

---

[71] Spr. 3,3. Darum will sie ihre Seele auch weiterhin ermutigen: „Verlass dich auf den HERRN von ganzem Herzen, und verlass dich nicht auf deinen Verstand, sondern denke an ihn in allen deinen Wegen, dann wird er dich recht führen. Meine nicht, weise zu sein, sondern fürchte den HERRN und weiche vom Bösen“ (Spr. 3,5-7).

[72] Wie Paulus dürfen wir es lernen, uns auf die Antwort von Jesus zu stützen, als er durch seinen Geist zu ihm sagte: „Lass dir an meiner Gnade genügen; denn meine Kraft ist in den Schwachen mächtig.“ Und darum will die Braut Christi der Endzeit genauso wie er sagen: „Darum will ich mich am allermeisten vielmehr meiner Schwachheiten rühmen, damit die Kraft Christi bei mir wohne.“ Sein Bekenntnis und seine Erfahrung sollen auch unsere als Teil der Braut Christi heute sein: „Darum bin ich guten Mutes in Schwachheiten, in Misshandlungen, in Nöten, in Verfolgungen, in Ängsten um Christi willen; denn wenn ich schwach bin, dann bin ich stark“ (2. Kor. 12,9.10).

[73] Vgl. Hld. 2,3.

[74] Hld. 8,5.

neues, gottgeweihtes Leben führen zu können.[75] Der Heilige Geist als ihre wahre Mutter hatte Geburtsschmerzen, bis das neue Leben in ihr, der Braut Christi, Gestalt gewonnen hat.

Doch nun darf die Braut Christi mit der Heiligen *Ruach* aufsteigen an himmlische Orte, zusammen mit ihrem geliebten Bräutigam und König. Denn inzwischen hat sie alle eigenen Schutzmechanismen abgelegt, die sie bisher vor Schmerz bewahren sollten. Alle Geister der Ablehnung, des Ärgers, der Unabhängigkeit, der Manipulation und Kontrolle und der unmäßigen Schüchternheit, die sie abgehalten hatten, ihm über die Berge zu folgen, sind entlarvt und entmachtet. Und selbst wenn Satan sich wie ein Engel des Lichts verstellt hat, um sie mit einem Mitleid zu bedenken, das sie schwächen und zur Anklägerin ihrer Glaubensgeschwister machen sollte, fällt sie nicht mehr darauf herein.[76] Sie lässt sich nur von dem trösten, der der Trost Israels und der ganzen Welt ist und den schon der alte Simeon im Tempel von Jerusalem in Jesus erkannt hatte.[77] Denn das Heil liegt in ihm, dem König der Juden, dem Heiland der Welt! Ihn allein will sie, die Braut aus Juden und Heiden, anbeten und mit ihm gehen. Er war es, der um ihre Hand angehalten und sich mit ihr verlobt hat.[78] Für ihre Hochzeit lässt sie sich jetzt vorbereiten und reinigen. Denn sie weiß: Das Hochzeitskleid ist bezahlt und das Fest wartet auf sie.[79] Schon geht der Ruf durch die Welt: „Seht, der Bräutigam kommt! Geht hinaus, ihm entgegen!“[80] Sie lässt sich nicht mehr aufhalten.

Auch von der Braut Christi in Deutschland soll es immer mehr heißen: Die Welt mit ihren Versprechungen und Verlockungen hat ihren Reiz für sie verloren. Sie nimmt ihre Lampe und das Öl der

---

[75] Vgl. Hld. 2,15-17; Röm. 12,1.2.

[76] Vgl. 2. Kor. 11,14; Offb. 12,10.11.

[77] Von ihm heißt es: „… dieser Mann war gerecht und gottesfürchtig und wartete auf den Trost Israels, und der Heilige Geist war auf ihm … Und er kam auf Anregen des Geistes in den Tempel. Und als die Eltern das Kind Jesus in den Tempel brachten, … da nahm er ihn auf seine Arme und lobte Gott: ‚Herr, nun lässt du deinen Knecht in Frieden fahren nach deinem Worte; denn meine Augen haben dein Heil gesehen, das du vor allen Völkern bereitet hast, ein Licht, die Nationen zu erleuchten und zum Preis deines Volkes Israel.‘“ (Lk. 2,25-32). Vgl. Joh. 4,22.42.

[78] Vgl. Jes. 62,1-5.11.12; Hos. 2,21.22; Eph. 5,28-32.

[79] Vgl. Jes. 61,10.

[80] Mt. 25,6-10.

innigen Gemeinschaft mit dem Heiligen Geist, das sie in all den Jahren kultiviert und gepflegt hat, und geht entschlossen ihrem geliebten Bräutigam entgegen. Ja, die Wehen des Heiligen Geistes und derer, die in seinem Dienst an ihr gehandelt, gehofft und gebetet haben, haben sich gelohnt.[81] Sie ist bereit – für die Ernte und das Fest. Nach dieser erneuten Festlegung ihres Herzens offenbart sich Jesus ihr mit *seiner* Festlegung als Bräutigam, der sich mit ihr verlobt hat und ihr als Pfand den Hochzeitsring gibt, sodass sie weiß: sie ist …

… durch sein Siegel bewahrt

Dieses Siegel des Königs stellt die Braut ganz unter seinen Schutz, und mit all seinen Mitteln des Himmels tritt er für sie ein, die noch auf Erden lebt. Mit dem Bund der Liebe bietet er ihr sein Siegel an, aber es bedeutet nicht Vereinnahmung der Braut. Um ihr seinen Schutz gewähren zu können, nähert er sich ihr mit einer Bitte: „Leg mich wie ein Siegel an dein Herz, wie ein Siegel an deinen Arm! Denn stark wie der Tod ist die Liebe, hart wie der Scheol die Leidenschaft. Ihre

---

[81] Vgl. 2. Kor. 11,2. Dazu hatte Dr. Gerald Jeffers eine Offenbarung Gottes selbst, als er zu ihm sagte: „Der Grund und die Absicht, warum ich dich gerettet habe, war nicht, damit du Seelen gewinnst. Der Grund, warum ich dich gerettet habe, war, damit ich eine Frau bekomme. Wenn du mit mir ‚intim' wirst, werden Kinder automatisch geboren, aus der vertrauten Beziehung heraus. Der größte Gegner für dich ist die Menschenfurcht. ‚Was sagen meine Kollegen zu so einer Sicht?' Doch Jesus sagt zu denen, die vieles in seinem Namen tun – und erfolgreich sind – am Tag des Gerichts: ‚Ich habe dich nicht gekannt' (vgl. Mt. 7,21-23). *„I don't remember your face when I go into my bedroom"*, d. h. ich erinnere mich nicht an dein Gesicht, wenn ich in mein Schlafzimmer gehe. Denn du bist nie dort, wo ich auf dich warte. Ihr macht Dinge künstlich und überlegt, wie man Evangelisation von Schritt 1-10 durchführt. Gott sagte zu Gerald: Du machst mich eifersüchtig auf „deine" Kinder. Du sprichst nur über sie anstatt zu mir, deinem Ehemann. Doch: *„The whole purpose of the ministry is to present the church as God's bride."* So sagt Paulus zu den Korinthern in 2. Kor.11,2: „Ich eifere um euch mit göttlichem Eifer, denn ich habe Christus eine reine Jungfrau zuzuführen." Gott will eine Frau! Die Absicht der Rettung von Menschen ist, dass Gott eine Frau für seinen Sohn möchte. Mit Gott „intim" zu werden, schildert er am Beispiel von 1.Mo. 15,1: „Gott spricht zu Abraham: Ich bin dein Schild und dein sehr großer Lohn." Es folgt ein vertrautes Gespräch, in dem Abraham Gott sein Herz und seinen Schmerz enthüllt. Dann gibt Gott ihm Offenbarung über die Kinder, die er durch Gottes Kraft bekommen würde. *„If you came to Me and get intimate you will become the wife that gives birth."* A.a.O. D. h.: ‚Wenn du zu mir kommst und mir dein Herz anvertraust mit allem, was darin ist, dann wirst du zu der Frau werden, die Kinder empfängt.'

Gluten sind Feuergluten, eine Flamme Jahs. Mächtige Wasser sind nicht in der Lage, die Liebe auszulöschen, und Ströme schwemmen sie nicht fort."[82]

Bis zum Schluss soll es klar sein: Die Entscheidung liegt bei ihr. Dieser Bund der Liebe wird in völliger Freiheit des Willens geschlossen.[83] Es besteht kein Zwang, sein Siegel an ihr Herz zu legen; es ist eine Bitte![84] Als wolle er sagen: ‚Lass mich der sein, für den du erschaffen wurdest. Lass mich dich beschenken mit *der* Liebe, nach der du dich sehnst. Lass mich dir meine *reinen* Küsse schenken, sodass du alle unheiligen Küsse des Feindes vergessen kannst und sie allen verunreinigenden und lähmenden Einfluss in dir verlieren. Ich habe dich zuerst geliebt! Diese Erbinformation liegt in dir, wenn du ein Kind Gottes bist. Pack sie aus wie ein Geschenk! Wende dich mir zu und lass mich der Erste sein!'[85] – Auch von der Braut Christi in Deutschland möge es heißen: Sie hat sich entschieden. Jesus ist …

Hld 8,7

„Mächtige Wasser sind nicht in der Lage, die Liebe auszulöschen und Ströme schwemmen sie nicht fort."

… das Siegel auf ihrem Herzen

Mit ihrem Ja zu ihm empfängt sie als Siegel die feurige Liebe Gottes in ihrem Herzen. Um diese Liebe in ihrer Kraft zu beschreiben, dreht der himmlische Bräutigam für seine Braut aus dem Alten und Neuen Bund die Wirkung der Elemente Feuer und Wasser herum, so dass das Feuer wie bei Elia auf dem Karmel das Wasser verzehrt.[86] Darum sagt er jetzt: ‚Meine Liebe zu dir ist so leidenschaftlich, dass sie nur mit Feuer ausgedrückt werden kann. Sie wird alles verbrennen, was

---

[82] Hld. 8,6.7 (ELB). In der Fortsetzung heißt es: „Wenn einer den ganzen Besitz seines Hauses für die Liebe geben wollte, man würde ihn nur verachten." Das heißt auch: Diese Liebe ist ein so großes Geschenk, dass sie durch nichts auf der Erde aufgewogen werden kann.

[83] Vgl. Joh. 6,67; Mk. 8,34.

[84] In diesem Geist ließ Jesus auch seine Botschafter die Nachricht überbringen: „So *bitten* wir an Christi Statt: Lasst euch versöhnen mit Gott!" (2. Kor. 5,19).

[85] Vgl. 5. Mo. 6,5; Lk. 10,27; 1. Joh. 4,10.19.

[86] Vgl. in Hld. 4,15, wo im Gegensatz dazu die Feuerbrände des Feindes die Braut Christi nicht verbrennen können, weil sie von oben, vom Libanon her (d.h. vom Himmel her) mit dem Strom des Heiligen Geistes erfrischt wird.

dich gefangen halten will. Doch du bist das Gold, das in dieser Liebe umso strahlender und glänzender hervorkommt.'

Dieses Siegel, das Jesus zum Eigentümer ihres Lebens macht, gleicht einem Feuer-Siegel, das alles andere verblassen und vergehen lässt. Aber es ist auch um sie herum wie ein Wall, der sie wie eine feurige Mauer schützt.[87] Dieses Feuer offenbart eine Kraft, die für sein Volk kämpft, das er mit heißer Liebe liebt. Und auf einmal sieht sie sich wieder auf dem Berg Karmel, wo der Prophet Elia sein Volk mit einem Opfertier zur Entscheidung aufrief, welchem Gott es gehören wollte. Welcher Gott mit Feuer antworten würde, der sei Gott.[88] Die Braut des Alten Bundes sollte wissen, dass es Gott selbst ist, der die feurige Liebe zu ihm in sein Volk hineinlegt, was dann Jahrhunderte später im Neuen Bund an Pfingsten auch geschah: „Und es erschienen ihnen Zungen, wie von Feuer, und setzten sich auf jeden einzelnen von ihnen; und sie wurden alle mit dem Heiligen Geist erfüllt."[89]

Mit diesem Feuer-Siegel will Gott seiner Braut aus jedem Volk und Land sagen: ‚Nichts kann diese Liebe auslöschen, denn mein Geist selbst ist das Öl, das sie brennend erhält – selbst angesichts großer Fluten von Hass, von Schwierigkeiten, von Enttäuschung durch Krankheit, Versagen, Sorgen dieser Welt und dem Betrug des Reichtums.[90] Ja, weder die Versuchungen des Wohlstands und des

[87] Sach. 2,9; vgl. 2.Kön. 6,17.

[88] Dabei ließ er das Opfertier zuerst drei Mal mit Wasser übergießen, bevor er Gott um Feuer bat, das das Opfer verzehren sollte. Denn er hatte zum König Israels und zu allen Götzenpriestern seiner Frau Isebel gesagt: „Welcher Gott nun mit Feuer antworten wird, der sei Gott" (1. Kö. 18,24). Nachdem die Baalspriester stundenlang ohne Erfolg ihren Gott Baal angerufen hatten, betete Elia: „HERR, Gott Abrahams, Isaaks und Israels, lass heute bekannt werden, dass du Gott in Israel bist und ich dein Knecht, und dass ich das alles nach deinem Wort getan habe! Erhöre mich, HERR, erhöre mich, damit dieses Volk wisse, dass du, HERR, Gott bist, damit du ihr Herz zu dir bekehrst." Die Antwort auf sein Gebet kam prompt: „Da fiel das Feuer des HERRN herab und fraß Brandopfer, Holz, Steine und Erde und leckte das Wasser im Graben auf." Das hatte zur Folge, dass das ganze Volk von neuem bekannte: „Der HERR ist Gott, der HERR ist Gott!" (1. Kö. 18,39).

[89] Apg. 2,3.4.

[90] Vgl. Mk. 4,19. Auch die Traumata, die sie in ihrem Inneren aus anderen Generationen überflutet haben, oder diejenigen, die sie selbst erlebt hat, können diese Liebe nicht auslöschen. Vielmehr ist diese feurige Liebe in der Lage, die zerstörerischen Fluten „aufzulecken", wenn wir uns als „lebendiges Opfer" auf

Vertrauens auf dich selbst, noch die der Verfolgung um Christi willen (z.B. durch Beschränkung der Freiheit und persönlichen Unversehrtheit, wie Paulus und andere seiner Nachfolger es oft erlebt haben und erleben) können diese Liebe auslöschen. So umfassend wie der Tod, der alles Leben auslöscht, ist meine Liebe, die alles auslöscht, was das Leben hindert. Dabei ist meine erste Botschaft dieses Feuers nicht das Gericht, sondern meine leidenschaftliche Liebe zu dir, meiner Braut!'

Wie eine Flamme Gottes, die wächst, je mehr Öl hineingegossen wird, wird durch diese Liebe eine große Dunkelheit erhellt, weil ihr Schein weit zu sehen ist.[91] Ja, die Braut will gern als einfacher Docht so von diesem Feuer der Liebe übernommen werden, dass sie in der Nacht dieser Welt wie eine Flamme Gottes leuchten kann, ohne auszubrennen. Die Anbetung seines mächtigen Namens, die der Heilige Geist sie gelehrt hat, soll nun zusammen mit dem Geist selbst das Öl sein, das ihre Flamme am Brennen hält! Und darum gilt auch das Zweite: Er ist …

… das Siegel an ihrem Arm

Dieses Feuer der Liebe des Heiligen Geistes soll darum auch das Siegel an ihrem Arm sein, der für ihre Taten steht. Diese Taten können nicht nur von anderen *gesehen* werden; sie wollen auch etwas in ihnen *auslösen.* Denn Jesus will durch ihre Taten auch andere zu Liebhabern Gottes machen. Gerade die Art, wie die Braut Christi ihnen dient, soll offenbaren, wie sehr sie von ihm selbst geliebt sind. Darum ist es so notwendig, dass auch der Dienst der Braut vom Heiligen Geist inspiriert und geschützt ist. Denn gerade hierbei ist die Gefahr groß, dass die Flamme der Hingabe an ihn verlöscht. Ob man für ihren Einsatz keine Dankbarkeit zeigt oder ihre Hilfe zurückweist,

---

seinen Altar der Liebe legen. Dann können die Träume, die Gott selbst in unser Herz gelegt hat, noch immer wahr werden. Vgl. Röm. 12,1 und *Einführung: Worum es geht,* Punkt 7.

[91] Mit einem anderen Lied gesagt: „Ein Funke, kaum zu sehn, entfacht doch helle Flammen. Und die im Dunkeln stehn, die ruft der Schein zusammen. Wo Gottes große Liebe in einem Menschen brennt, da wird die Welt vom Licht erhellt. Da bleibt nichts, was uns trennt!" (Dt. Titel: „Ins Wasser fällt ein Stein"; Originaltitel: „Pass It On"; Text & Melodie: Kurt Kaiser; dt. Text: Manfred Siebald; © 1969 Bud John Songs; für D, A, CH: Universal Music Publishing, Berlin; in: *Lieder für die Gemeinde*, Nr. 433, Strophe 2.)

die sie im Namen Jesu angeboten hat – es ist leicht, bitter zu werden. Es kann schnell geschehen, dann in der Liebe zu erkalten oder sich selbst anzuklagen und sich schamhaft zurückzuziehen, weil der „Erfolg“ scheinbar ausbleibt.[92]

Davor kann sie nur die lebendige und gegenwärtige Nähe ihres Herrn und Bräutigams schützen, der alles sieht und sie trösten kann wie kein anderer. Und darum bittet er sie: „Leg mich wie ein Siegel an deinen Arm!“ Als wolle er sagen: ‚So brauchst du in deinem Tun für mich niemals auszubrennen. Weil ich dich liebe, bin ich bei dir, und gebe jedem Tun aus Liebe einen unverlierbaren Wert. Nur mit mir an deiner Seite wird deine Flamme der Hingabe lebendig bleiben und hell leuchten.‘[93] Darum: „Fürchte dich nicht! Ich bin der Erste und der Letzte und der Lebendige!“[94]

In seiner Umarmung kann sie sich jetzt, von dieser Sorge um sich selbst befreit, wieder um seine Anliegen kümmern. Mit ihnen hat sie sich schon wieder eins gemacht. Denn seine Stimme klingt wie ein Lied befreiend in ihrem Herzen: „Trachtet zuerst nach dem Reich Gottes und nach seiner Gerechtigkeit, dann wird euch das alles zufallen.“[95] Auf ihn gelehnt, wird sie auch die letzte Etappe schaffen und dabei in der Liebe zu ihm und den Seinen weiterwachsen.

---

[92] Gerade für die Kriegskinder und -enkel, die noch in Zweifeln über ihren eigenen Wert und den Wert ihres Tuns stecken, ist die Gefahr groß, aufzugeben und sich vor Scham zurückzuziehen. Vgl. Strophe 6. Gerade sie sind eingeladen, sich der Liebe des Heiligen Geistes aufs Neue zu öffnen und nicht in der Religiosität ihrer Gemeinde stehen zu bleiben, sondern ihrer eigenen Sehnsucht zu folgen und aufzubrechen.

[93] Vgl. Offb. 2,2.4, wo Jesus durch seinen Geist der Gemeinde in Ephesus sagen lässt: „Ich kenne deine Werke und deine Mühe und deine Ausdauer… aber ich habe gegen dich, dass du die erste Liebe verlassen hast.“

[94] Offb. 1,17.18.

[95] Mt. 6,33.

Sela

1. Worin besteht meine Berufung als Braut Christi?

Geh durch die einzelnen Tanzschritte und frage dich: Habe ich meine Berufung schon ergriffen?

Anregung: Frage Jesus im Gebet: Gibt es Bereiche in meinem Leben, die noch nicht in den Grund deiner Liebe gesenkt sind? (Wo) bin ich darum aus Angst noch nicht bereit, auf das Missionsfeld zu gehen und verfügbar für deinen Willen zu sein?

2. Wodurch wird diese Berufung bestritten?

Ist mein Tun für Jesus noch unter einem „Stock des Treibers“ – oder kommt es aus meinem Sein als Geliebte des Bräutigams Jesus? Wo ist mein Gebetsleben noch unter dem Diktat einer Religiosität, die mir eine Last vermittelt und Selbstverdammnis bewirkt, wenn es nicht meinen gesetzten Ansprüchen genügt? – Welche Trennzäune zu anderen versperren mir den Weg zum Glaubensgespräch mit ihnen?

Anregung: Wenn du nicht mit anderen über Gott reden kannst, rede mit Gott über die anderen und frage ihn nach seinem Weg zu ihren Herzen.

3. Welche Schritte ist Jesus gegangen, um seine Braut wiederherzustellen?

Anregung: Lies Zefania 3,17: „Der Herr, dein Gott, ist bei dir, ein starker Retter. Er freut sich über dich mit großer Freude. Ist er still in seiner Liebe, jauchzt er über dich mit Jubel.“ Geh durch die einzelnen Tanzschritte des Glaubens und frage dich: Wo habe ich sein Nahesein in meinem Leben erfahren? Wann war er still und zurückhaltend aus Liebe? (Wo) habe ich im Geist gesehen, dass er sich über mich freut, über mich jauchzt und jubelt?

4. Welche Tanzschritte des Glaubens will ich einüben?

In welchem Bereich meines Lebens will ich mich neu in die Liebe Gottes hineinversenken?

Anregung: Mache einen Spaziergang mit ihm und denke darüber nach, wieviel Zeit er sich für das Wachstum der Pflanzen und Bäume genommen hat. – Wo brauche ich Geduld mit mir und anderen, wenn ich an Mauern stoße?

Anregung: Frage den Heiligen Geist: „Welche Frucht willst du gerade jetzt in mir wirken im Umgang mit mir und anderen?" „Trinke" diese Frucht in Dank und Anbetung, soviel du brauchst. – Frage dich: Bin ich an Jesus gelehnt – oder laufe ich autonom nach meinem Tempo und Plan und tue die Dinge auf meine Art?

Anregung: Bete seine Liebe zu dir an, z. B. mit dem Lied: „Gott ist die Liebe" von August Rische.

XI 2021

Strophe 8

Darum wird die Liebe siegen

Im Bund mit dem himmlischen Bräutigam, der größten Liebe ihres Lebens, kann man von der Braut Christi nun sagen, dass sie über die Jahre hinweg im Herzen weich und zugleich in der Gewissheit fest geworden ist: Die Liebe Gottes wird den Sieg behalten.[1] Der Heilige Geist brennt mit seiner feurigen Liebe für Jesus wie ein Hochzeitsring in ihrem Herzen. Durch ihn ist sie versiegelt worden für den, der als König aller Könige zurückkommen wird, um sie abzuholen. Dann wird Hochzeit gefeiert, und es wird sich vollziehen, wofür er vor langer Zeit mit seinem Leben den Brautpreis bezahlt hatte.[2] Die Menschheit aus Juden und Heiden, die ihn mit Herz und Mund angenommen hat,[3] wird seine Frau. In Ewigkeit wird sie mit ihm herrschen und in Einheit mit ihm alles mit Liebe regieren.

Für diese Bestimmung und die alles überwindende Kraft dieser Liebe hat der Heilige Geist ihr immer mehr die Augen des Herzens

---

[1] Vgl. Ps. 118,15.16: „Man singt mit Freuden vom Sieg in den Zelten der Gerechten: „Die Rechte des HERRN behält den Sieg; die Rechte des HERRN ist erhöht; die Rechte des HERRN behält den Sieg!“

[2] Vgl. Joh. 14,1-3. Dabei ist der Heilige Geist als Siegelring zugleich das Pfand, dass diese Hochzeit stattfindet und die himmlische Heimat in Fülle Wirklichkeit ist (2. Kor. 1,21f).

[3] Vgl. Röm. 10,9-13, worin deutlich wird: „Mit dem Herzen glaubt man zur Gerechtigkeit, und mit dem Mund bekennt man zur Errettung“ (V. 10). Das wird auch in vielen Liedern durch die Kirchengeschichte hindurch aufgenommen, z. B. in „Ich singe dir mit Herz und Mund, Herr, meines Lebens Lust … Er ist dein Schatz, dein Erb und Teil, dein Glanz und Freudenlicht, dein Schirm und Schild, dein Hilf und Heil, schafft Rat und lässt dich nicht.“ Paul Gerhardt (1653): *Ich singe dir mit Herz und Mund*, in: *EG*, Nr. 324, Strophen 1.14.

geöffnet.[4] Und wie die Augen einer Taube, für die der Heilige Geist von jeher ein Symbol ist, ist auch ihr Blick zunehmend auf ihn gerichtet worden, sodass sie nur noch ihm allein folgen und gehören will.[5] Mitten in den Erschütterungen ihres Lebens und der ganzen Welt ist das Bild seiner Schönheit in ihr gewachsen und hat allen Raum in ihrer Seele eingenommen. Und so geht auch sein Glanz von ihr aus, sodass andere ihr um seinetwillen folgen wollen.[6] Jetzt sieht sie: Ich bin nicht nur eine Lilie im Tal, ich bin zur Partnerin des Königs geworden, die mit ihm Kinder hat. Für diese Phase ihrer Beziehung ist sie bereit, einen neuen Tanzschritt des Glaubens zu lernen:

---

4 Wer Jesus im Glauben angenommen hat, weiß, dass er ihn auch persönlich als Bräutigam anbeten kann und ihn damit ehrt. Denn man zählt sich zu der Menschheit, die sich so innig geliebt weiß wie eine Braut von ihrem Bräutigam. Darum kann man auch heute mit dem Liederdichter Johann Franck singen: „Jesu, meine Freude, meines Herzens Weide, Jesu, meine Zier: ach wie lang, ach lange ist dem Herzen bange und verlangt nach dir! Gottes Lamm, mein Bräutigam, außer dir soll mir auf Erden nichts sonst Liebers werden." Johann Franck (1653): *Jesu, meine Freude*, in: EG, Nr. 396, Strophe 1. Es ist ein Ausdruck des Glaubens, der sich aus der Bibel selbst nährt, nicht ein Ausdruck der Zeit des Barock, in der Johann Franck gelebt hat. Vgl. das Lied aus Strophe 1 von Paul Wilbur: „*Dance with me, o Lover of my soul.*"

5 Vgl. die Eigenschaft der Taube, nicht peripher sehen zu können und ihrem „Ehepartner" auch nach dessen Tod treu zu bleiben und keine andere Verbindung mehr einzugehen. Vgl. Strophe 2.

6 Vgl. Jes. 55,5 und Strophe 6. Im Rückblick stellt sich ihr Weg so dar: Nachdem sie als Mädchen ihrer Sehnsucht nach den reinen Küssen ihrer wahren himmlischen Familie gefolgt war (Strophe 1), wurde sie in ihrem Geist in die himmlischen Räume im Vaterhaus Gottes geführt (Strophe 2), wo ihr wahres Zuhause ist. Doch trotz dieser himmlischen Aussicht war sie in den Niederungen ihrer Vergangenheit geblieben, durch die es in ihr wieder Nacht wurde (Hld. 2,17-3,1.2). Doch gerade durch diese Not hat sie sich erneut dem Heiligen Geist anvertraut und ist zur Lernenden aus Liebe geworden (Strophe 3). So konnte sie schließlich Ja sagen zu seinem Ruf über die Berge und in seinen weltweiten Garten der Liebe und des Lebens (Strophe 4). In seiner Liebe zu ihr gewiss geworden, war sie bereit geworden, in Gemeinschaft mit ihm auch den Preis zu bezahlen, den die Schicksalsgemeinschaft mit ihm mit sich bringt: von den Ihren abgelehnt und ausgestoßen zu werden (Strophe 5).

1. Tanzschritt des Glaubens: Liebe, die geistliche Kinder annimmt und fördert

Über die neugeborenen Kinder spricht sie jetzt mit Jesus, ihrem Bräutigam, in mütterlicher Fürsorge: „Wir haben eine Schwester, die ist klein und hat noch keine Brüste. Was sollen wir mit unserer Schwester tun an dem Tag, da man um sie werben wird?“[7] Wie selbstverständlich sagt die Braut jetzt „Wir“. Sie ist in eine solche Einheit mit Jesus hineingewachsen, dass sie seine Liebe zu jedem neuen Leben teilt, wie unreif es auch sein mag. Es scheint ihr noch gar nicht lange her zu sein, dass sie selbst an der Mutterbrust Gottes die Milch seines Wortes und seiner Liebe aufgesogen hat und gesättigt wurde. Jetzt ist sie schon selbst Mutter für viele andere geworden, die zum Leben in Gott durchgebrochen sind. Auch wenn es nicht immer leicht war und ist, hat sie durch seinen Geist die Kraft empfangen, diese geistlichen Kinder nicht nur auf die Welt zu bringen, sondern sie auch in der Geduld seiner Liebe anzunehmen und zu versorgen. Ja, sie ist bereit, Verantwortung zu übernehmen, dass auch diese Kinder zur Reife gelangen und so zum Segen für viele andere werden können. Zusammen mit Jesus will sie die Kinder jetzt in ihrem Wachstum fördern und sehen, welche Gaben und Neigungen die einzelnen, noch unreifen Glaubensgeschwister haben. Das geht nicht ohne Fürbitte und liebenden Austausch mit ihm.[8] Aus ihrer Erinnerung weiß sie, dass es ein besonderer Tag sein wird, wenn die Kinder selbst nach den reinen „Küssen“ des Wortes Gottes verlangen werden. Dann werden sie erkennen, wer sie in Jesus sind, und können nicht mehr so leicht entmutigt werden, wenn Schwierigkeiten und Angriffe kommen. Sie werden in ihre wahre Bestimmung hineinwachsen, nämlich eine reife Partnerin des gekreuzigten und auferstandenen Bräutigams zu werden, der mit ihr zusammen nach dem Willen des Vaters die Zukunft der Welt gestalten will. Doch dieses geistlich junge Leben zu fördern, heißt für die Braut Christi auch …

---

[7] Hld. 8,8.

[8] Darum fragt sie ihn: „Was sollen wir mit unserer Schwester tun an dem Tag, da man um sie werben wird?“

… unreifes Leben in der Liebe Jesu (er)tragen können

Eine kleine Schwester zu haben bedeutet, dass diese in geistlicher Liebe noch nicht entwickelt ist und darum noch nicht reif für die Ehe oder Mutterschaft. Sie sehnt sich vielleicht nach dem „Kuss“ Gottes oder seiner Umarmung, hat aber selbst nur wenig Erfahrung damit gemacht.[9] Eine kleine Schwester ist wie eine der „Töchter Jerusalems,“ die die heiligen „Küsse“ Gottes und die langen Umarmungen seines Wortes und Geistes noch nicht so erlebt haben wie die Braut selbst und darum noch „klein“ im Verstehen und „klein“ im Glauben sind.[10] Deshalb sind sie oft noch schnell entmutigt und unter einem Gefühl der Verdammnis, was sie wiederum ungeduldig mit sich selbst und anderen macht. Aber sie suchen ihn und wollen wachsen. Die Braut Christi nimmt sich ihrer an, als wären es ihre eigenen Kinder, und schüttelt sie nicht ungeduldig ab, um Jesus allein zu genießen.[11] Sie sind ja die Frucht ihrer Intimität mit Jesus. Darum bittet sie jetzt in tragender Liebe für sie. Sie weiß: allein diese geduldige Liebe wird sie zur Reife führen. Für sie selbst bedeutet dieser Schritt jedoch immer neu: Sie muss …

---

[9] Vgl. Bickle, *Hohelied,* Band 2, S. 305.

[10] Damit sind auch die „Söhne meiner Mutter“ aus Hld. 1,6 gemeint.

[11] So hat es Mike Bickle erlebt. Er wollte eigentlich nur in aller Stille sein eigenes geistliches Leben entwickeln und sich durch das Studium des Wortes Gottes in seine Liebe vertiefen, als ihn 1988 der Ruf Gottes traf, das Hohelied im Blick auf Gottes Liebe zu seiner Menschheit zu lesen. Gott fragte ihn darin: „Was ist besser als sein eigenes Leben unter die Herrschaft des Heiligen Geistes und damit Gottes zu stellen?“ Als er es nicht wusste, hörte er die himmlische Antwort: „Eine ganze Generation zu beeinflussen, sich unter die Herrschaft des Heiligen Geistes zu stellen.“ Sein anfängliches Zögern und sein Unwille, das Hohelied zu studieren, mündete in viel Enthusiasmus, andere zu rufen, das Hohelied zur Priorität ihres Lebens zu machen. Vgl. Bickle, *Hohelied*, Band 1, S. 27.28. Es sollte der Hauptfokus seines Dienstes werden. Ausführlicher dazu in Bickle, *Hohelied*, Band 2, S. 298–300. So entstand die Gebetshausbewegung in Kansas City, USA, genannt IHOP, das „International House of Prayer“, in Deutsch: das „Internationale Haus des Gebets“, in dem 24-Stunden-Gebetsdienst stattfindet. Diese Gebetsbewegung hat sich auch in Deutschland über die Konfessionen und Denominationen hinweg ausgeweitet, wo dieser 24-Stunden-Gebetsdienst stattfindet, der vor allem von der jüngeren Generation getragen wird.

… keine Angst haben, sich selbst zu verlieren

Die Braut Christi hat zuerst Jesus Christus als ihren Bräutigam im Herzen. Eine Mutter für andere kann sie nur werden, wenn sie keine Angst hat, sich zu verausgaben und dabei sich selbst zu verlieren. Denn sie weiß: Es ist der Heilige Geist, der die Kraft und Liebe des Herrn Jesus mit seiner Gegenwart in ihr freigesetzt hat. Es ist *seine* Liebe, die ihr selbst gilt und die auch ihre geistlichen Kinder brauchen, wenn sie ihnen in seinem Auftrag dient. Dabei ist die Flamme göttlicher Liebe zugleich unabhängig von ihrem aktuellen Verstehen und ihrer emotionalen Verfassung. Denn es ist die Liebe des Vaters zu seinem eigenen Sohn, die in das Herz seiner Gemeinde und jedes Einzelnen hineingelegt ist.

Die Quelle dieser feurigen Liebe liegt also in Gott, dem Vater, selbst und kann deshalb durch keine Enttäuschung, keinen erlebten geistlichen, emotionalen oder körperlichen Missbrauch und keine Wut des Feindes „oder einer anderen Kreatur“[12] gegen die endzeitliche Brautgemeinde gelöscht werden. Sie hat auch nichts zu tun „mit unserer Persönlichkeit oder unserem Temperament.“ Dieses Feuer „ist stärker als jegliche ‚sündige Flamme‘ unseres Lebens.“[13]

Auch ein Nachkomme des 2. Weltkrieges darf dann trotz aller Hocherregbarkeit und allen Ängsten, mit denen er noch kämpft, als Teil dieser Brautgemeinde zur Ruhe kommen; wenn er mit dem Heiligen Geist versiegelt ist, wird diese feurige Liebe Gottes ihn bewahren. Und so ist es dem Feind Gottes nicht möglich, den versiegelten Kindern Gottes ihre Identität als Gottes Ebenbild zu stehlen und sie gegen Gott zu „impfen“. Vielmehr ist es so: Wenn die Braut Christi ihren Geist wie ein Fenster immer neu für den Heiligen Geist öffnet – ganz gleich, was sie bisher als Folge von transgenerationalen und anderen Traumata erlebt oder erlitten hat –, wird er durch dieses Fenster wie ein Wind die Flamme dieser Liebe Gottes zu einem lodernden Feuer entfachen. Und dieses Feuer wird das Gold ihres Glaubens

[12] Vgl. Röm. 8,39.
[13] Bickle, *Hohelied*, Band 2, S. 292.

offenbaren[14] und nur das verzehren, was sie sowieso schon an alten oder neuen Bindungen oder Werten zerstören wollte.[15]

Im Blick auf den Dienst an anderen dürfen sich die Generationen der Kriegskinder, Nachkriegskinder und Kriegsenkel gewiss sein: Während sie ihren geistlichen Kindern liebevoll dienen, werden sie als „Partnerin Christi" immer noch im Zentrum seiner Zuwendung stehen. Jede Angst, mit zunehmendem Alter ihrer Aufgabe nicht mehr gerecht werden zu können und damit unwichtig und wertlos zu werden, wird überwunden von dieser Flamme seiner Liebe, die ihr wie nichts und niemand anderes zeigt, wie unauslöschlich geliebt sie ist.[16] Darum muss sie keine Angst haben, sich selbst zu verlieren, wenn sie in Gemeinschaft mit ihm königlich und priesterlich anderen dient, sodass auch in ihnen diese Flamme Gottes wachsen kann.[17] Erst so ist sie befreit für einen zweiten Tanzschritt des Glaubens mit Jesus:

---

[14] Vgl. 1. Petr. 1,6.7.

[15] Werte, die wie im Sozialdarwinismus von Adolf Hitler nur auf dem Recht des Stärkeren beruhen, der das schwache, alte, behinderte Leben abwertet und ablehnt, wodurch sich der Mensch zum Gott über Leben und Tod macht, werden in der feurigen Liebe des Heiligen Geistes überwunden.

[16] Die vergangene Zeit unter der nationalsozialistischen Fremdherrschaft war von dieser Wertlosigkeit im Alter geprägt, was durch die Eltern und sogar über ihren bisherigen geistlichen Hintergrund bewusst und unbewusst an die Kinder weitergegeben wurde. Um sich an andere im Namen und Auftrag Jesu verschenken zu können, ist es darum gerade für den deutschen Teil der Braut Christi, die Generation der Kriegsenkel, wichtig, sich in die Liebe zu vertiefen, die ihr selbst gilt. Denn vielfach haben die Kriegskinder, deren Kindheit und Jugend vom Schutt des Krieges begraben und deren Hoffnungen und Träume zerstört wurden, ambivalente Werte an ihre Kinder, die Kriegsenkel, weitergegeben. Einerseits sollten sie es besser haben, sodass sie in einem heilen Haus aufwachsen und Bildung genießen könnten. Doch andererseits haben sie auch ihren eigenen Mangel an Zuwendung und Liebe weitergegeben, der weder getröstet noch verarbeitet oder integriert werden konnte. Darum lebt auch in den Kriegsenkeln die Angst, sich selbst zu verlieren und kein Recht auf Zuwendung und Trost zu haben, geschweige denn, ihre Träume guten Gewissens zu träumen oder gar verwirklichen zu können. Vgl. M. Klotz, *Traumata*, S. 189.

[17] Offb. 1,5.6: „Ihm, der uns geliebt und uns von unseren Sünden reingewaschen hat mit seinem Blut und uns zu Königen und Priestern gemacht hat vor Gott, seinem Vater, ihm sei Ehre und Macht von Ewigkeit zu Ewigkeit! Amen." Vgl. 1. Petr. 2,9.10.

2. Tanzschritt des Glaubens: Liebe, die eine Vision für geistliche Kinder hat

Weil die Braut Ansehen bei Jesus hat und in seinen Wunden geheilt ist, kann sie der nächsten Generation geben, was er auch beständig in ihr selbst wirkt: Zukunft und Hoffnung.[18] Sie kann den „kleinen Schwestern" oder geistlichen Kindern, die ihr in der kommenden Erweckung anvertraut werden, die Quelle ihrer Kraft zeigen und das weitergeben, was sie selbst vergewissert und immer neu stärkt. Denn jetzt ist sie frei für eine Liebe, die nicht das Ihre suchen muss, weil sie selbst mit ihr gefüllt ist.[19] So kann sie sich hingeben, ohne zu verlieren.

Die geheilte und „mit allem geistlichen Segen"[20] gesegnete Braut Christi hat eine Vision für die nächste Generation, denn sie weiß: Der Tag, da man um die „kleine Schwester" werben wird,[21] kommt. Es ist der Tag, wenn auch diese geistlichen Kinder nach der Nacht der Unreife klar sehen, wer sie als die Braut Christi wirklich sind. Es handelt sich um die Zeit, in der auch die im Glauben Jungen erkennen: „Es geht nicht nur um Gerettetsein aus dem ewigen Feuer. Nein, wir haben vielmehr eine hohe Berufung auf unserem Leben." Denn „von Ewigkeit an sind wir dazu berufen, seine Braut zu sein. Es gibt einen Zeitpunkt, wo jeder Gläubige anfängt, diese Wirklichkeit zu erfassen."[22]

Der deutsche Teil der Braut Christi, der als Kriegskind, Nachkriegskind oder Kriegsenkel aufgewachsen ist, darf darum aus dem langen Schatten der Vergangenheit heraustreten und beginnen, sich mit dem Reichtum der Herrlichkeit zu identifizieren, den wir als Erbe von Gott empfangen haben.[23] Auch diese Generation darf lernen, aus dem himmlischen Vaterhaus heraus zu leben und sich im Geist in

---

[18] Vgl. Jer. 29,11; Röm. 15,13.
[19] Vgl. 1. Kor. 13,4-7.
[20] Eph. 1,3.
[21] Hld. 8,8b.
[22] Bickle, a.a.O., S. 312.311.
[23] Vgl. Eph. 1,18,15-23. Wie Paulus betet die in der Liebe zu Jesus reif gewordene Gemeinde für die neuen Kinder Gottes, die noch klein im Glauben und im Verständnis seiner Liebe sind, dass sie geöffnete Augen bekommen für den Reichtum der Herrlichkeit und die Größe seiner Kraft in ihnen.

diesen Räumen zu bewegen, um das auf die Erde zu bringen, was im Himmel für sie und die nächste Generation vorbereitet ist.[24]

Es mag sein, dass für manche Gemeinde die aktive Gemeinschaft mit dem Heiligen Geist fremd ist. Doch es ist ja gerade dieser mütterliche Geist, der sowohl die Gotteskindschaft in den Herzen der Gläubigen bestätigt, als auch die Kraft und Kühnheit schenkt, um ein Zeuge für Jesus sein zu können.[25] Deshalb braucht es insbesondere dieses Offensein für den Heiligen Geist, um in der liebenden Vertrautheit mit Jesus zu reifen und auch die nächste Generation zur Reife zu führen. Und wie ein Kind erst laufen lernt, sind Übung und Zuspruch nötig, um auf die Stimme des Heiligen Geistes zu hören und ihr zu gehorchen.[26] Denn nur er ist der Geist der Unterscheidung im zunehmenden Dschungel der Verführung durch andere Geister aus den Religionen und Ideologien, die jedes Kind Gottes umgeben. Allein in Zusammenarbeit mit ihm kann die Partnerin Christi die jungen Gläubigen für den konkreten Auftrag und die persönliche Berufung und Begabung ausrüsten, denn sie weiß: Für den Aufbau seines Reiches gibt es verschiedene Mandate und Aufträge. Darüber spricht sie in der Fürbitte mit Jesus selbst, um ihre geistlichen Kinder dafür zu schulen. Denn sie sieht, dass dieser Auftrag zwei Teile umfasst:

---

[24] Vgl. Eph. 2,10: „Denn wir sind sein Werk, geschaffen in Christus Jesus zu guten Werken, die Gott schon vorbereitet hat, damit wir darin leben sollen.“ Vgl. zu diesem Zutritt zu den himmlischen Räumen im Geist Strophe 2.

[25] Vgl. Röm. 8,16 und Apg. 1,8.

[26] Wer den Heiligen Geist nicht persönlich kennt, darf ihn bitten, vielleicht mit diesen oder ähnlichen Worten: „Heiliger Geist, ich kenne dich nicht wirklich und habe bisher keine Gemeinschaft mit dir gehabt. Ja, ich habe Angst gehabt, mit dir zu reden, und habe dich so aus meinem Leben ausgeschlossen. Bitte vergib mir und komm zurück zu mir. Offenbare dich mir und zeige mir den Vater, wie er wirklich ist. Offenbare mir Jesus in all seiner Herrlichkeit und Liebe zu mir, sodass ich ganz neu glauben kann: Er ist mein Freund und zugleich der Herr aller Herren, dem nichts entgleitet. Öffne die Augen meines Geistes, dass ich sehen und empfangen kann, was ich zum Leben in dieser Welt brauche. Hilf mir zu werden, wie mein Vater im Himmel mich in dieser Welt braucht. Amen.“ Vgl. Offb. 2,7.11.17.29; 3,6.13.22: „Wer ein Ohr hat, der höre, was der Geist den Gemeinden sagt.“ Vgl. dazu auch Marcello Corciulo, *Gottes Stimme hören lernen*. Online abrufbar unter: https://www.adler-dienst.ch/produkte/buch-gottes-stimme-hoeren-lernen. [Zuletzt: 22.07.2021].

1. Eine Schutzmauer für andere werden

Die Braut, die diese Bestimmung bereits angenommen und darin Erfahrungen gesammelt hat, betet darum: „Wenn sie eine Mauer ist, bauen wir auf ihr eine silberne Zinne.“[27] Die Dienste, welche als Schutzmauer dienen, sind die pastoralen oder prophetischen.[28] Die Braut hatte selbst erlebt, was es bedeutet, als Prophet wie eine Mauer Druck und Angriffe auszuhalten und dabei stehenzubleiben. Es könnte sein, dass auch die kleine Schwester den Platz des Propheten für ihr Volk einnehmen und damit Wahrheiten aussprechen soll, die Kirchenleitungen herausfordern würden.[29]

Hld 8,8-9

„Unsere Schwester ist klein … Ist sie eine Mauer, bauen wir eine silberne Zinne darauf. Ist sie eine Tür, versperren wir sie mit einem Zedernbrett.“

Die Braut will in der Fürbitte mit Jesus zusammen solche ermutigen und stärken, die diesen Platz einnehmen würden, vor Fürsten und Könige zu treten und sie mit der Wahrheit Gottes zu konfrontieren. Vor Kirche und Staat würden sie Gottes Zeugen sein. Und wie auch immer deren Antwort ausfiele, sollten sie sich nicht fürchten, nach dem Wort von Jesus selbst: „Wenn sie euch nun wegführen und einsperren werden, dann sorgt euch vorher nicht, was ihr reden sollt, und überlegt es auch nicht im Voraus; sondern was euch in jener Stunde eingegeben wird,

---

[27] Hld. 8,9.

[28] Vgl. Bickle, a.a.O., S. 313.

[29] Schon Jeremia hatte einen solchen Platz, der dieses Stehvermögen erforderte, in seiner Berufung als Prophet eingenommen. Denn Gott hatte ihn mit den Worten vorbereitet: „So gürte nun deine Lenden, mach dich auf und predige ihnen alles, was ich dir gebieten werde. Erschrick nicht vor ihnen, damit ich dich nicht vor ihnen erschrecken lasse; denn ich will dich heute im ganzen Land zur festen Stadt, zur eisernen Säule, zur ehernen Mauer gegen die Könige Judas, gegen ihre Fürsten, gegen ihre Priester und gegen das Volk im Land machen.“ Diese Platzanweisung braucht eine besondere Ausrüstung, die Jesus zusammen mit seiner Braut denen geben will, die er dazu ruft. Wie Jeremia sollen auch sie Gottes Zusage hören: „… wenn sie auch gegen dich streiten, sollen sie dennoch nicht gegen dich siegen; denn ich bin bei dir, sagt der HERR, um dich zu erretten“ (Jer 1,17-19). Denn „keiner Waffe, die gegen dich geschmiedet wird, soll es gelingen, und jede Zunge, die vor Gericht gegen dich aufsteht, wirst du schuldig sprechen. Das ist das Erbteil der Knechte des HERRN und ihre Gerechtigkeit von mir her, spricht der HERR.“ Jes. 54,17.

das redet. Denn ihr seid es nicht, die reden, sondern der Heilige Geist."[30]

Die silberne Zinne auf der Mauer spricht genau von dieser Unterstützung durch den Heiligen Geist.[31] Denn es braucht übernatürliche Kraft und Gnade, die Gottes Kinder schützt, gerade an solchen exponierten Orten wie den Wachttürmen, welche die ganze Stadt vor dem Feind schützen sollen. Darum spricht die silberne Zinne davon, „dass wir in der Kraft des Heiligen Geistes ausgerüstet sind, anderen Erlösung und Schutz zu bringen."[32] Die Braut Christi weiß: „Wir haben nicht gegen Fleisch und Blut zu kämpfen, sondern gegen Fürsten und Mächtige, nämlich gegen die Herrscher der Welt, ... gegen die bösen Geister in den himmlischen Regionen."[33] Darum sind auch die Waffen unseres Kampfes nicht menschlich, „sondern mächtig vor Gott zur Zerstörung von Festungen; wir zerstören damit kluge Anschläge und jede Höhe, die sich gegen die Erkenntnis Gottes erhebt, und nehmen alles Denken gefangen unter den Gehorsam Christi."[34]

---

[30] Mk. 13,11.

[31] Im Gegensatz zu irdischen Zinnen, d. h. Wachtürmen an Burgen oder einer Stadt, die aus Holz sind als Bild für die begrenzten menschlichen Möglichkeiten, sind diese Zinnen aus Silber. Die silberne Zinne spricht von der übernatürlichen Hilfe des Geistes Gottes und der Erlösung, wofür das Silber auch steht. Gerade darin muss die nächste Generation der Gläubigen ausgerüstet und geschult werden, dass sie in der Kraft und den Gaben des Heiligen Geistes anderen Erlösung und Schutz bringen kann. Sie sind übernatürlich, weil wir ohne die Hilfe Gottes niemals wirksam über die Stadt, d. h. die Gemeinde, wachen könnten, weder im Dienst der Fürbitte noch im prophetischen und pastoralen Dienst. Denn „wenn der Herr die Stadt nicht bewacht, wachen die Wächter umsonst" (Ps. 127,1).

[32] Bickle, a.a.O., 315. Auch wenn seit der Aufklärung im 19. Jahrhundert die Wirklichkeit des zweiten Himmels mit den Engeln der Finsternis weitgehend geleugnet wird (die Evangelien nennen sie Dämonen) und man diesen geistlichen Bereich durch den Glauben an die menschliche Vernunft überwunden wähnt, bestätigt doch der Heilige Geist diese Wirklichkeit – allerdings als durch den Kreuzestod von Jesus Christus entwaffnet und entmachtet. Vgl. Joh. 14,7-11; Kol. 2,15. Die Leugnung und Verharmlosung Satans und seiner Dämonen führte nicht zu ihrer Überwindung, sondern vielmehr zu einem kraftlosen Christsein, bzw. zu einer Angst vor ihnen. Beides ist nicht im biblischen Zeugnis verankert.

[33] Eph. 6,12.

[34] 2. Kor. 10,4.5. Diese Festungen des Feindes werden durch „das Schwert des Geistes", das Wort Gottes, zerstört, das im Glauben an Jesus und in seiner Autorität ausgesprochen wird (vgl. Mt. 4,1-11). Von diesem Wort ist dann auch die Fürbitte getragen.

Die silberne Zinne, die die Braut Christi in die junge Generation hinein baut, kann sich darum auch auf den Dienst der Fürbitte beziehen, der die prophetischen Dienste der Verkündigung umgibt, und darin „auf die Freisetzung von Engeln …, damit sie ihnen helfen, so wie wir diesen Dienst der Engel auch in der Apostelgeschichte sehen.“[35]

Nach dieser gibt es eine weitere Dienstmöglichkeit und Platzanweisung im Leib der Braut Christi, die sie kennt und wozu sie ausrüsten kann:

2. Eine Tür für andere werden

Auch darüber spricht die Braut Christi mit Jesus: „Wenn sie aber eine Tür ist, versperren wir sie mit einem Zedernbrett.“[36] Es ist der Platz des Evangelisten oder Lehrers, der anderen in Jesus die Tür zum Leben zeigt und tiefere Wahrheiten im Wort Gottes für sie aufschließt, sodass sie Jesus selbst darin „riechen“, wofür die Zedern stehen.[37]

So rüstete auch Paulus seinen geistlichen Sohn Timotheus aus: „Du aber sei nüchtern in allem, ertrage das Leid, tue das Werk eines Evangelisten, richte deinen Dienst voll aus.“[38] Wie er will Jesus zusammen mit seiner Braut der Endzeit daran arbeiten, den jungen Gläubigen sich selbst und die Kraft seines Geistes samt seinen Gaben nahezubringen, damit ihr Dienst im Königreich der Liebe mitten im Widerstand und der Nacht der Welt reiche Frucht bringen kann, bis

---

[35] Bickle, a.a.O., S. 316. Vgl. Joh. 1,51, wo die Engel die Gebete der Kinder Gottes zum Thron Gottes tragen und mit den Gebetserhörungen und der benötigten Hilfe wieder zum Beter kommen. So auch in Apg. 12,5-10. Zur Ausrüstung der nächsten Generation, im Übernatürlichen zu leben und die geistlichen Sinne zu schulen, ist auch das Buch von Jonathan Welton hilfreich: *Die Schule der Seher,* Eine praktische Anleitung, wie man ins Unsichtbare hineinsehen kann, Glory-World-Medien, 3., verbesserte Aufl. 2017, Xanten.

[36] Hld. 8,9b. Das Zedernbrett ist ein Hinweis auf Jesus selbst, das „himmlische Holz“ aus dem Libanon, was ebenfalls vom Himmel spricht. Vgl. Hld. 1,17. Es ist menschlich und zugleich himmlisch vollkommen. Dieses vollkommene herrliche Bild von Jesus entfaltet die Brautgemeinde Christi für die nächste Generation von Gläubigen, die als Evangelisten dann Jesus in die Welt bringen werden und wie dieses Holz ganz nach ihm selbst duften. „Versperren“ meint dieses Ausrüsten mit Jesus in seiner Vollkommenheit, sodass sie durch das wahre Bild von Jesus geschützt sind vor den unreinen Geistern, die in dieser Welt das Bild Jesu in ihnen verunreinigen wollen (vgl. das Bild von Jesus in Hld. 5,10-16).

[37] Vgl. Hld. 1,17; 2. Kor. 2,15.

[38] 2. Tim. 4,5.

zu seiner Wiederkunft. Denn aller Dienst soll dahin führen, dass auch diese neue Generation weiß, wer sie ist.

Doch jedes Kind Gottes, zu welcher Generation es sich auch zählt, ist berufen, diesen neuen Tanzschritt des Glaubens zu lernen und sich darin zu bergen:

3. Tanzschritt des Glaubens: Liebe, die Identität verleiht

Gerade die Gemeinde Jesu in dieser Zeit darf im Glauben ergreifen, wer sie ist, sodass sie sagen kann: „Ich bin eine Mauer.“[39] Es bedeutet, dass einer für den anderen einsteht und Schutz bietet in der Kraft des Heiligen Geistes und in der Lehre des Wortes Gottes. Jeder soll den Schutz aller haben, denn nur gemeinsam kann die Mauer gebaut werden, die das Haus Gottes umgibt.[40] Dabei wird es bis zum Schluss klar sein: Die Identität der Brautgemeinde Christi kommt aus der Intimität jedes und jeder Einzelnen mit Jesus im Heiligen Geist. Dabei lebt sie nicht aus dem, was sie tut, sondern aus dem, wer sie als Braut des himmlischen Bräutigams ist.[41]

Besonders in der Beziehung zu ihm sollen auch die Generationen der Kriegskinder und -enkel Frieden darin finden, dass all ihr Erleben einen Sinn hatte und dem Ziel dient, anderen im Namen und der Kraft

---

[39] Hld. 8,10.

[40] Vgl. Neh. 1-10.

[41] In Deutschland ist es insbesondere die Generation der Kriegsenkel, die von ihren Eltern, den Kriegskindern, kaum einfach aufgrund ihres Daseins bestätigt wurden, da die Eltern angesichts der Zerstörungen nach dem 2. Weltkrieg und dem Zusammenbruch des Glaubens an die unbesiegbare Vorherrschaft der deutschen Rasse nicht wussten, welche Werte und Ziele sie ihren Kindern hätten weitergeben können. Durch die Notwendigkeit, alle Kräfte für den Wiederaufbau zu mobilisieren, wurde unbewusst und bewusst vielmehr der Wert weitergegeben, dass nur Leistung zählt. Und so hielt sich auch der Unwert, mit dem Millionen von Menschen in den Tod getrieben wurden: „Arbeit macht frei.“ Doch Jesus ist der Einzige, der uns daraus befreien kann, denn es gilt bis heute: „Wenn ihr in meinem Wort bleibt, so seid ihr wahrhaftig meine Jünger und werdet die Wahrheit erkennen, und die Wahrheit wird euch frei machen … Wenn euch nun der Sohn frei macht, dann seid ihr wirklich frei.“ Joh. 8,31.32.36. Diese Wahrheit ist es, die seine Braut zur „Mauer“ macht gegen die Lügen des Feindes, sodass in ihrem Schutz Menschen aufwachsen können wie in einer gut bewachten Stadt, die um ihrer selbst willen geliebt und gefördert werden.

Jesu Schutz bieten zu können. Darum sollen sie sagen können: „Ich bin eine Mauer." Dabei müssen sie ihre Kraft nicht mehr darauf verwenden, gegen Gottes Ruf zu „mauern" und sich vor ihm in Misstrauen zu verschließen. Wie die Braut im Hohelied ihre Berufung, für andere eine geistliche Mutter zu sein, von ganzem Herzen angenommen hat, so soll auch die Braut Christi in Deutschland sagen können: „Da bin ich in seinen Augen wie eine geworden, die Frieden findet."[42] Gott will sie nicht nur mit ihm selbst versöhnen, sondern auch mit ihrem eigenen Lebensweg.[43] Nur als Kinder Gottes können sie versöhnt werden mit ihrer Situation als Kinder und Enkel eines Krieges, den sie nicht verschuldet haben. Und nur durch den Heiligen Geist können sie heil werden und neue Kraft für neue Perspektiven gewinnen, die dann auch der nächsten Generation zugutekommen.

Um diese Mauer für andere zu werden, die ihren eigenen Weg mit Jesus noch vor sich haben, ist die Braut durch Einsamkeit, Unverständnis, Druck, Unehre und Schande gegangen.[44] Doch es hat sich gelohnt: Sie ist im „Mutterhaus" des Heiligen Geistes angekommen und hat so ihre wahre himmlische Familie kennen- und lieben gelernt.[45] Jetzt weiß sie, wer sie ist. Und gerade darum kann sie jetzt auch ihren geistlichen Kindern im Namen Jesu zusprechen, wer sie sind. Durch die Bestätigung des Heiligen Geistes, Kind des Vaters und Braut des himmlischen Bräutigams zu sein, hat sie die Fähigkeit, die nächste Generation aufzubauen und zu ermutigen. Auch diese soll

---

[42] Hld. 8,10b.

[43] Zur Versöhnung mit Gott und den Folgen daraus vgl. 2. Kor. 4,17-20.

[44] Vgl. Mk. 12,28-34.

[45] Vgl. Strophe 1. Nur wer in der Bestätigung des Heiligen Geistes, ein geliebtes Kind des himmlischen Vaters zu sein, satt geworden ist und immer neu wird, ist in der Lage, seinen Kindern, auch und gerade den geistlichen, Bestätigung, Orientierung und Förderung zukommen zu lassen (Röm. 8,15.16). Denn ohne diesen Zustrom und die Versorgung des Heiligen Geistes kann nur der eigene Mangel weitergegeben werden, wie es schon die eigenen (geistlichen) Eltern taten. Darum ist es umso notwendiger, dem Heiligen Geist den Raum zu geben, der ihm gebührt als die wahre „Mutter im Haus der Gemeinde", die den wahren Vater im Himmel offenbart und die alle versorgen kann – die Kriegskinder, die Kriegsenkel und darum auch die vierte Generation. Nur so werden dann alle Generationen gemeinsam in den Ruf des Geistes und der Braut einstimmen können, die die Menschen dieser letzten Zeit vor seiner Wiederkunft ins himmlische Vaterhaus einladen: „Komm! … Und wen dürstet, der komme; und wer da will, der nehme das Wasser des Lebens geschenkt" (Offb. 22,17).

wie Paulus sagen können: „... in allen Dingen erweisen wir uns als Diener Gottes: in großer Geduld, in Bedrängnissen, Nöten, Ängsten ... durch Ehre und Schande, durch böse Nachrede und gute Nachrede; als Verführer und doch wahrhaftig ... als Betrübte, aber allezeit fröhlich; als Arme, die aber viele reich machen; als solche, die nichts haben und doch alles besitzen."[46]

Die Generation der Kriegskinder und Kriegsenkel dürfen in dieser Identität fest werden, sodass sie bereit werden, die Berufung als Braut durch den Bräutigam zu hören: „Mach den Raum deines Zeltes weit, und dehne die Zeltdecken deiner Wohnung aus; spare nicht! Spanne deine Seile lang und stecke deine Pflöcke fest! Denn du wirst dich zur Rechten und zur Linken ausbreiten und deine Nachkommen werden die Nationen beerben und in den verwüsteten Städten wohnen."[47] Sie dürfen im Glauben ergreifen, dass sie nicht zu kurz gekommen sind, denn er selbst hat sie erwählt und sie durch sein Wort und seinen Geist befreit.[48] Sie können seinen Anliegen in ihrem Leben Raum geben, weil er ihr Leben auch unter Druck fruchtbar gemacht hat; er hat sie *gesehen* und mit allem geistlichen Segen im Himmel gesegnet.

Nach allem, was in Deutschland schon geschehen ist, kann mit dieser Identität als Braut sowohl das jüdische Volk Gottes des Alten Bundes als auch das Volk Gottes aus den Nationen – die Gemeinde des Neuen Bundes – seinen Zuspruch glauben und annehmen: „Du Elende, über die alle Wetter gehen, du Ungetröstete! Siehe, ich lege deine Steine in Hartmörtel und lege deine Grundmauern mit Saphiren. Ich mache deine Zinnen aus Rubinen und deine Tore aus Karfunkeln und deine ganze Einfassung aus Edelsteinen. Und alle deine Kinder werden von dem HERRN gelehrt, und der Friede deiner Kinder wird groß sein."[49] Dafür lohnt sich aller Einsatz und alle Hingabe an ihn, der aus Liebe auch alles für sie gegeben hat. Und am Ende

[46] 2. Kor. 6,4-10.
[47] Jes. 54,2.3.
[48] Sie hat seine Stimme gehört und ihm geglaubt, als er zu ihr sagte: „Fürchte dich nicht, denn du sollst nicht zuschanden werden; sei nicht beschämt, denn du sollst nicht zu Spott werden; sondern du wirst die Schande deiner Jungfrauschaft vergessen und nicht mehr an die Schmach deiner Witwenschaft denken. Denn der dich gemacht hat, ist dein Mann – HERR Zebaoth heißt sein Name, – und der Heilige in Israel dein Erlöser, der der Gott der ganzen Welt genannt wird" (Jes. 54,4.5).
[49] Jes. 54,11-13.

würden nicht Menschen über ihr Leben als geliebte Braut zu Gericht sitzen, auch wenn sie sie jetzt verurteilten,[50] sondern ihr Herr. Ihm allein würde sie Rechenschaft geben müssen, denn auch das gehört zu ihrer Verkündigung: Wir alle stehen vor einer

Liebe, die sich nicht täuscht

Die Braut Christi weiß: Salomo ist als Friedenskönig ein Bild für Jesus. Und er hat seinen weltweiten Weinberg (als Bild für sein Volk Israel im Alten Bund und die Gemeinde aus allen Völkern im Neuen Bund) den Hütern anvertraut.[51] Jeder Einzelne hat darin mit seinem Leben ein Gut empfangen, das es zu behüten gilt und das er mit seinem Tod Jesus wieder zurückgeben würde. Dabei wird nicht die Begabung ins Gewicht fallen, sondern ob er sein Leben aus Jesu Hand angenommen und in Treue und Wertschätzung für den „Weinberg" eingesetzt hat. Denn jeder von uns ist durch Jesus vollständig erlöst und von allen Spuren der Vergangenheit gereinigt worden, wofür das tausendfache Silber steht. Treue dieser Erlösung gegenüber bedeutet, in jeder einzelnen Situation nicht auf sich selbst, sondern auf seine Erlösung zu vertrauen, mit dem Finger auf dem Wort: „In ihm *haben wir* die Erlösung durch sein Blut, die Vergebung der Sünden, nach dem Reichtum seiner Gnade."[52] Darum ist es möglich, sein Leben nicht vergraben zu müssen wegen der Dinge, die im Leben falsch liefen, sondern es in immer neuen Schritten und Wegabschnitten ihm zu weihen, der auf Vertrauen hin reiche Frucht wirkt.

Das darf die Braut Christi auch in Deutschland wissen. Von ihr darf es heißen: Er hat sie durch sein vergossenes Blut gereinigt und in den Mantel seiner Gerechtigkeit und Herrlichkeit gekleidet. Sie hat den Mantel der Scham und der Schande von seinem Feuer verzehren lassen. Darum verbreitet sie in Freimut diese Botschaft; denn nichts geht verloren, was das Siegel seiner vergebenden und erneuernden Liebe trägt. Jedes Tun aus dieser Liebe heraus bringt immer gute

---

[50] Vgl. 1. Kor. 4,3-5.

[51] Hld. 8,11: „Salomo hat einen Weinberg in Baal-Hamon. Er gab den Weinberg den Hütern, damit jeder für seine Früchte tausend Silberschekel brächte." Vgl. dazu das Gleichnis in den Endzeitreden Jesu von den anvertrauten Pfunden in Mt. 25,14-30, das dem Gleichnis von den klugen Jungfrauen folgt.

[52] Eph. 1,7. Und: „Das Blut Jesu Christi, seines Sohnes, macht uns rein von aller Sünde." 1. Joh. 1,7.

Frucht, die sie ihm verdankt und die ihn ehrt.[53] Dafür darf gerade jeder Einzelne, der Jesus gehört, in Deutschland ein Zeugnis sein.

Doch weil er ein gerechter König ist, sieht er auch das, was ihm (und damit jedem, der zu ihm gehört) widerstanden hat. Wie die Braut im Hohelied darf diese Gewissheit jeden von uns gelassen und getrost machen, denn dieser König ist unbestechlich; und am Tag der Offenbarung aller verborgenen Motive und Absichten weltweit wird er alles in die göttliche Ordnung bringen. Diese göttliche Gerechtigkeit wird uns in der Identität als einer von Jesus geliebten Braut Recht verschaffen, allen Angriffen und Anklagen von außen und innen zum Trotz.

Darum muss die Braut sich jetzt nicht selbst rächen, wo ihr Unrecht geschieht. Vielmehr ist sie frei, wie Jesus ihrem Feind Gutes zu tun, für ihn zu beten und ihn zu segnen. Er selbst hat ja gesagt: „Glückselig seid ihr, wenn sie euch um meinetwillen verleumden und verfolgen und allerlei Übles über euch behaupten, indem sie lügen. Seid fröhlich und getrost; denn es wird euch im Himmel reichlich belohnt werden. Denn genauso haben sie die Propheten verfolgt, die vor euch gelebt haben."[54]

So wird der Braut fortwährend Freiheit von Bitterkeit, Unversöhnlichkeit und Hass geschenkt; und deshalb kann sie reiche Frucht des Geistes zurückgeben, wenn sie selbst an der Reihe ist, ihm Rechenschaft zu geben über ihr ganzes Leben: „Mein eigener Weinberg ist vor mir. Dir, Salomo, gebühren tausend, aber zweihundert den Hütern seiner Früchte."[55] Damit sagt sie, wie Paulus Jahrtausende später: „Wir müssen alle vor dem Richterstuhl Christi offenbar werden, damit ein jeder empfange, je nachdem wie er gehandelt hat im Leib, sei es gut oder böse."[56] Doch sie selbst muss sich nicht fürchten, denn sie lebt von einer …

Hld 8,11

„Für seine Früchte … 1000 Silberschekel von den Hütern."

[53] Vgl. 1. Kor. 13,1-8; Offb. 19,7.8.
[54] Mt. 5,11.12; vgl. Röm. 12,17-21.
[55] Hld. 8,12.
[56] 2. Kor. 5,10.

… Liebe, auf die sie sich freut

Die Braut Christi, auch in Deutschland, darf in der Vorfreude der Hochzeit leben und sich darauf vorbereiten. Ohne Leistungsdruck verbringt sie Zeit mit ihrem Bräutigam, liest seinen Liebesbrief und tut mit Eifer das, was ihn freut. Fokussiert zu leben, heißt für sie zu beherzigen, was auch Paulus an seinen geistlichen Sohn Timotheus weitergab: „Halte fest am Vorbild der heilsamen Worte, die du von mir gehört hast, im Glauben und in der Liebe in Christus Jesus. Bewahre dieses schöne anvertraute Gut durch den Heiligen Geist, der in uns wohnt … Behalte im Gedächtnis Jesus Christus, der von den Toten auferstanden ist.“[57]

In ihrem Auftrag, eine Mauer zu sein, die zum Schutz und zur Auferbauung anderer lebt, will sie fleißig sein, einsatzbereit und ohne Furcht, bis er kommt. Ihm Rechenschaft zu geben, macht sie nicht ängstlich, sondern zuversichtlich, weil sie sich von ihm geliebt weiß. Durch den beständigen Zustrom des Heiligen Geistes hat sie verstanden – und bejaht es im Glauben immer neu –, dass sie nicht perfekt sein muss, wenn sie ihm an seiner Seite dient. Vielmehr heißt es für sie, nüchtern zu sein und ihre Hoffnung ganz auf die Gnade zu setzen, die ihr bei der Offenbarung Jesu Christi gegeben wurde.[58] Gerade die Größten im Reich Gottes, wie Abraham und David, ermutigen sie, niemals aufzugeben oder zu verzweifeln; denn auch diese Glaubenshelden gaben nie auf, selbst wenn sie gesündigt hatten. Sie sind ihr ein Vorbild darin, nicht auf die eigene Rechtfertigung zu setzen, sondern sich ganz in seine Gnade fallen zu lassen.[59] Und selbst Paulus

---

[57] 2. Tim. 1,13; 2,8.

[58] 1. Petr. 1,13. Darum darf sie in allen Fähigkeiten zunehmen, die ein Mensch braucht, um erwachsen und reif zu werden. Das schließt die Fähigkeit, Fehler zu machen, ein. Denn weise zu sein, heißt gerade nicht, Angst davor zu haben, Fehler zu machen. Von diesem Geist der Furcht will der Heilige Geist uns befreien und ihn durch Freimut ersetzen. Vgl. 2. Tim. 1,7. Das braucht unsere Zustimmung: „Vater im Himmel, ich heiße deinen Heiligen Geist der Freimut willkommen und will, dass der Geist der Angst keine Kontrolle mehr über mich hat. Darum gebiete ich im Namen Jesu: ‚Geist der Furcht, verlasse mich. Ich schließe die Tür meines Herzens für dich. Komm nicht zurück und fahre auch in keinen anderen Menschen, sondern warte dort, wo Jesus dir den Platz anweist bis zum letzten Gericht. Heiliger Geist, erfülle mich mit Freude und offenbare mir Jesus und den Vater in jedem Augenblick so, wie ich sie brauche. Denn um Gottes willen lebe ich. Amen.“

[59] Vgl. Röm. 4,1-8.13-25.

war es bis zum Ende seines Lebens ein Schmerz, dass er ein Lästerer, ein Verfolger der Gemeinde und ein Gewalttäter gewesen war. Doch genau das ist auch der Grund, warum er sein ganzes Vertrauen in die Gnade setzte, die ihm bei der Offenbarung Jesu Christi gegeben wurde, und sagte: „Das Wort ist gewiss wahr und aller Annahme wert, dass Christus Jesus in die Welt gekommen ist, um die Sünder zu retten, unter denen ich der erste bin."[60] Nicht sich selbst und seine Größe pries er an, sondern die Größe der Gnade, auf die er vertraute. Deshalb sagte er: „Aber darum ist mir Barmherzigkeit widerfahren, damit Jesus Christus an mir, dem ersten, alle Geduld erzeigte, zum Vorbild für die, die an ihn glauben sollten zum ewigen Leben."[61] Gerade diese Gnade macht es der gesamten Braut Christi möglich, im Horizont der Hoffnung zu leben. Denn es ist eine

Liebe, die sie verwandelt

Besonders als deutscher Teil der Braut Christi sollen wir wissen: Wir sind nicht wegen unserer Sündlosigkeit erwählt, sondern weil wir die vergebende Liebe und Gnade des Bräutigams in seinem vergossenen Blut angenommen haben, das nun durch unsere Adern fließt. Diese Blutlinie des himmlischen Königs in unserem Inneren lässt uns in der Kraft des Heiligen Geistes auffahren wie ein Adler, der in die Sonne blickt und nicht in ein schwarzes Loch oder ins Reich der Finsternis.[62] In seine Augen wie in die Sonne zu sehen, bedeutet darum für uns wie für seine weltweite Gemeinde, nicht müde zu werden und immer weiterzugehen auf dem Weg, Jesus nach, während wir uns in der Höhe des Geistes schönlieben lassen.

In der Luft des Heiligen Geistes wird die Braut Christi auch in Deutschland zusammen mit dem alttestamentlichen Volk Gottes die Wirklichkeit der Zusage Gottes erleben: „Der HERR segne dich und

---

[60] 1. Tim. 1,12-15.

[61] 1. Tim. 1,16; vgl. 1. Kor. 4,16; 11,1.

[62] Vgl. die Bundesfahne Deutschlands und *Einführung: Wie alles begann,* Punkt 10: Das Hohelied geistlich lesen. Dann können wir auch mit Gerhard Tersteegen singen und beten: „Mache mich einfältig, innig, abgeschieden, sanft und still in deinem Frieden; mach mich reines Herzens, dass ich deine Klarheit schauen mag in Geist und Wahrheit; lass mein Herz überwärts wie ein' Adler schweben und in dir nur leben." Aus dem Lied *Gott ist gegenwärtig:* Text: Gerhard Tersteegen (1729) Melodie: Joachim Neander (1680), in: *EG,* Nr. 165, Strophe 7.

behüte dich; der HERR lasse sein Angesicht leuchten über dir und sei dir gnädig; der HERR erhebe sein Angesicht über dich und gebe dir Frieden.“[63]

Unter diesem Blick seiner unverdienten und erwählenden Liebe vergisst sie nicht, denen zu danken, die ihr geholfen haben, nicht aufzugeben: den Hütern, d. h. den Gemeindeleitern, durch die sie Jesus in neuer Weise kennengelernt hat. Und genauso dankt sie denen, die sie durch ihre hilfreichen Fragen und ihr Mitgehen auf dem Weg ermutigt haben, gerade in der Zeit des Angegriffenwerdens; auch ihnen gelten die zweihundert Silberschekel.[64] Sogar denen, die sie abgelehnt und ausgeschlossen haben, kann sie jetzt dankbar sein, denn durch sie ist ihr die Kostbarkeit ihres himmlischen Bräutigams noch viel größer geworden als je zuvor und ihre Hingabe an ihn noch tiefer.[65] Als sie das erkennt, wird ihr Herz aufs Neue ganz weich wie ein durch sanften Regen erweichter Ackerboden.[66]

Hld 8,12

„Dir … gebühren tausend, aber zweihundert den Hütern seiner Früchte.“

Was für die Braut im Hohelied gilt, darf jeder Einzelne seiner Brautgemeinde heute für sich im Glauben ergreifen. Gerade von den Kriegskindern und ihren Nachkommen soll es heißen: Sowohl die Dankbarkeit für seine Güte und Bewahrung in ihrem Leben als auch das Ergreifen der Vergebung für sich und andere haben sie schön gemacht. Wie die Braut im Hohelied soll jeder und jede Einzelne mit einer bräutlichen Identität erfahren, dass viele in seinen „Gärten“, d. h. Gemeinden, hören wollen, was sie über ihn zu sagen haben.[67] Denn in der Vollmacht seines Geistes, die auf der Brautgemeinde liegt, haben sich neue Türen zum Dienst für sie geöffnet. Sie erlebt, was Jesus die Gemeinde in Philadelphia wissen ließ, und nimmt es persönlich an: „Ich kenne deine Werke. Sieh, ich habe vor dir eine

---

[63] 4. Mo. 6,24-26; vgl. 2. Kor. 3,18.

[64] Vgl. Hld. 5,9; 6,1; 7,1-6. Damit ist der Anteil an Dank für diejenigen gemeint, die ihr geholfen haben, auch wenn letztlich alles Gott selbst zu verdanken ist, der die einzelnen Bruchstücke wie ein kostbares Mosaik zusammengefügt hat.

[65] Vgl. Hld. 5,7-16.

[66] Vgl. Mk. 4,8.

[67] Hld. 8,13.

offene Tür gegeben, und niemand kann sie zuschließen; denn du hast eine kleine Kraft und hast mein Wort bewahrt und hast meinen Namen nicht verleugnet."[68]

Während sie vielleicht noch über all die offenen Türen nachdenkt, die seitdem aufgegangen sind, hört sie seine leise Stimme in ihrem Herzen. Er lädt sie zu einem letzten Tanzschritt ein, ohne den sie das Ziel nicht erreichen könnte.

4. Tanzschritt des Glaubens: Im liebenden Gespräch mit dem Bräutigam bleiben

Mitten in der Ernte der Erweckung, die gerade ihr viele Möglichkeiten des Dienstes eröffnet hat, hört die Braut die Stimme ihres Herrn, der sie erneut in seine Königskammer ruft: „Die du in den Gärten wohnst, lass mich deine Stimme hören; die Gefährten hören darauf."[69] Mit dieser Bitte ihres geliebten Bräutigams steht ihr auf einmal das himmlische Vaterhaus vor Augen, das sie nun mit ganz neuem Blick wahrnimmt. Es ist, als ob Jesus selbst sie in dieser Dimension des Geistes außerhalb von Raum und Zeit an die Hand nimmt und mit ihr, an all den offenen Türen vorbei, einen Raum voller Filme betritt. Dort lädt er sie zu einem „Herzkino" der ganz besonderen Art ein. Zu ihrem Erstaunen sind auch Filme über die einzelnen Abschnitte ihres Lebens darin; und mit ihm zusammen sieht sie im Rückblick jetzt manches neu. Während dieser Rückschau wird sie auf ungeahnte Weise von Schwere befreit. Jetzt kann sie ihm sogar …

Hld 8,13

„Die du in den Gärten wohnst, lass mich deine Stimme hören!"

… im Rückblick danken

Beim Anschauen ihres Lebensfilms ist ihr Blick des Glaubens mit Dankbarkeit erfüllt. Gerade in der Zeit ihrer tiefsten Fragen, wie und mit wem es weitergeht und wer jetzt noch auf sie hören will, hatte Gott ihr tatsächlich neue Türen geöffnet. Er hatte ihr neue Gefährten

[68] Offb. 3,8.
[69] Hld. 8,13; vgl. 1,4.

gegeben, die für sie wichtig waren und für die auch sie von Bedeutung werden durfte.

Jetzt sieht sie es noch einmal vor sich: Als alle Türen zugingen und sie scheinbar ohne geistlichen Schutz dastand, hatte Gott im Verborgenen schon neue Offenbarungen und neue Räume vorbereitet, deren Türen er für sie öffnen wollte. Das war aber nur möglich, weil sie trotz aller Verletzungen in der Gemeinde geblieben war und ihr nicht den Rücken gekehrt hatte. Schon das war seine Bewahrung gewesen. Sie hatte in der zurückliegenden ***„Weg-gemein-schaft"*** mit anderen aus seiner Herde erlebt, wie man sie ***weg***haben wollte, zunächst dadurch, dass Verantwortungsträger in ihrer Gemeinde sie anfauchten und sie in fremde Aufträge zwangen.[70] Durch diese Überlastung war ihr eigenes Leben mit ihm fast verkümmert, und sie hatte darüber nahezu selbst die Liebe und die Richtung verloren.

Später erfuhr sie ***Gemein***heit durch Verleumdung und versteckte Bosheit, aber auch durch offene Feindschaft und Ausschluss. Doch sie hielt in den verschiedensten Erfahrungen die Sehnsucht nach seinen Offenbarungen im Wort Gottes wie „reine Küsse" und das Verlangen nach seinen Umarmungen wach.[71] Das tat sie sowohl in Einsamkeit durch eigene Schuld,[72] als auch in Verlassenheitsgefühlen durch unverschuldete Glaubensprüfungen.[73] Sie weiß: All das hätte dazu führen können, sie aus den Gärten hinauszukatapultieren. Doch sie war wie ein ***Schaf*** ihres guten Hirten in seiner Pflege geblieben, auch mit allen offenen Fragen und Spannungen.

So konnte er sie zu seiner Stimme machen, die andere in seinem Namen in den vertrauten Umgang mit ihm ruft. Ja, sie hatte neue Weggefährten gefunden und neue Gärten, in die er selbst sie führte. So erlebte sie die Erfüllung einer Verheißung, die schon seinem alttestamentlichen Volk galt, wenn sie ihn in allen Erfahrungen von ganzem Herzen suchten: „Deine Augen werden den König in seiner Schönheit sehen; du wirst das Land weit offen sehen."[74] Was für ein Vorrecht! Was für eine Gnade!

---

[70] Vgl. Hld. 1,6.
[71] Vgl. Hld. 5,9; 6,1; 7,1-6.
[72] Hld. 3,1-5.
[73] Hld. 5,2-7.
[74] Jes. 33,17.

Mitten in ihre Dankbarkeit hinein ergreift Jesus ihre Hand aufs Neue und nimmt sie gleichsam mit in einen anderen Raum: Es ist die geistliche „Kammer“ im himmlischen Vaterhaus, die er nur mit ihr selbst teilen will. Und dort ergreift sie im Glauben, worum es immer geht:

In jedem Heute sein Angesicht suchen – *facetime* mit Jesus

Seine leise Bitte: „Lass mich deine Stimme hören!“[75] bedeutet auch: ‚Lass nicht nur andere deine Stimme hören. Bleib in der innigen Gemeinschaft mit mir. Nicht nur, damit du weißt, was du das nächste Mal sagen sollst, sondern einfach nur um meinetwillen. Denn ich liebe dich und ich sehne mich nach Zeit und Gemeinschaft mit dir. Denn du bist nicht nur ein Arbeiter in meinem Weinberg; du bist meine Freundin, meine Taube, meine Braut. – Ja, ich möchte dir sagen, wer du für mich bist. Und ich freue mich, wenn du mir sagst, wer ich für dich bin. Es ist allein diese Gemeinschaft, die die Einheit im Geist hervorbringt und damit auch neue Kinder Gottes. Und zugleich kann ich dir als meiner Freundin neue Offenbarungen geben, worauf es bei jedem Einzelnen ankommt, dem du in meinem Auftrag dienst.[76] Denn nur in der Freude, so geliebt zu sein, können sie bis zum Ende beharren und die erste Liebe bewahren.‘[77]

Bei diesen Worten erinnert sie sich sofort daran, dass er ihr das schon einmal gesagt hat. Es ist die dieselbe Bitte wie der Auftrag aus der siebten Strophe dieses Liebesliedes: „Verliere nicht die Intimität mit mir. Verliere nicht deine bräutliche Intimität. Gib sie weiter, vernachlässige sie nicht in deinem eigenen Leben und vernachlässige nicht, sie weiterzugeben.“[78] Denn die Gefährten hören auch *darauf!* Ganz im Gleichklang mit ihrem Bräutigam spricht sie darum im Gebet aus, was auch sein eigenes tiefstes Herzensanliegen ist: „Enteile, mein Geliebter, und tu es der Gazelle gleich oder dem jungen Hirsch auf den Balsambergen!“[79] Das bedeutet, sie will …

---

[75] Hld. 8,13.
[76] Vgl. Joh. 15,15.
[77] Mk. 13,13; Off. 2,4.
[78] Bickle, a.a.O., 203. Vgl. Hld. 7,10.
[79] Hld. 8,14.

… in der Zukunft nicht die Katastrophe, sondern ihn selbst erwarten

Nicht die Schreckensnachrichten aus den Medien sollen sie in Bewegung bringen, sondern seine Stimme, durch die sie sich mit ihm eins machen kann. Darum reagiert sie sofort auf seine Bitte und lässt alles stehen und liegen. Nichts ist ihr wichtiger als diese Zeit mit ihm und als diese letzte Fürbitte. Es ist, als wolle sie sagen: ‚Wenn all diese Dinge geschehen, dann komm zu mir und komm für mich! Komm, und schenke mir diese Vertrautheit, durch die du die letzte Ernte einbringst. Erfülle mich mit dem Heiligen Geist und komm mit der Salbung, die ich brauche, um dir die entgegenzuführen, die du durch mich rufen willst. Und dann komm und hol uns zu dir nach Hause. Schnell!‘ Denn er hatte sie für diese letzte Zeit vor seinem Kommen wissen lassen: „Wenn der Herr diese Tage nicht verkürzt hätte, würde kein Mensch gerettet; aber wegen der Auserwählten, die er auserwählt hat, hat der Herr diese Tage verkürzt.“[80]

Darum soll er so schnell sein wie eine Gazelle, die flink und scheinbar fliegend über alle Hindernisse springen kann, um bei ihr zu sein. Mitten im Druck möge er mit seiner Hilfe und Rettung da sein, sodass niemand aufgibt oder in der Liebe kalt wird. Und sie bittet, dass er bald von den Balsambergen zu ihr kommt, wo schon jetzt nur Heil und Leben ist. Dort sieht und riecht sie auch das neue Jerusalem mit allen guten Düften Gottes und sieht den einen Strom, der vom Thron Gottes ausgeht; auf seinen beiden Seiten kann sie den Baum des Lebens sehen, der zwölfmal Früchte bringt, jeden Monat aufs Neue. „Und die Blätter des Baumes dienen zur Heilung der Völker.“[81] Von dort würde er kommen, und dorthin würde er seine Braut bringen, um mit ihr in Ewigkeit zu regieren und den Vater voller Liebe anzubeten.

Um dieser Liebe willen beendet die Braut Christi das Hohelied mit den Worten, mit denen sie es auch begonnen hat: „Zieh mich *dir* nach, so laufen *wir*.“[82] Sie schließt mit dem gleichen Prinzip. ‚Komm zu mir, du, den ich liebe, und lass uns zusammen auf die Balsamberge

---

[80] Mk. 13,20. Die Auserwählten sind aus seiner Perspektive alle diejenigen, die seine Wahl angenommen haben bzw. annehmen würden. Denn eingeladen ist seine ganze Menschheit ohne Ausnahme.

[81] Offb. 22,1-5.

[82] Hld. 1,4.

laufen.' Denn diese heiligen und heilenden Berge gleichen der Stadt, die Abraham gesehen und nach der er sich gesehnt hat. Es ist dieselbe Stadt in ihrer Fülle, die wir erwarten, wie Petrus es ausdrückt: „Wir erwarten aber nach seiner Verheißung neue Himmel und eine neue Erde, in denen Gerechtigkeit wohnt."[83] Dann wird es wahr sein: „Er wird jede Träne von ihren Augen abwischen, und der Tod wird nicht mehr sein, noch Trauer noch Geschrei noch Schmerz wird mehr sein; denn das Erste ist vergangen." Und dann wird erfüllt sein, was er versprochen hatte: „Siehe, ich mache alles neu."[84] Von dieser Gewissheit ist die Sehnsucht der Braut getragen. Darum kann sie schon jetzt …

… vom Ziel der Freude her leben

Die Geschichte der Liebe von Bräutigam und Braut begann für sie in einem Garten, aber sie endet in einer Stadt.[85] In ihr ist nichts Unreines mehr, nichts Unheiliges, nichts Verderbliches und nichts Verwirrendes mehr.[86] Von dort eilt der Bräutigam ihr entgegen – für das Hochzeitsfest und zum gemeinsamen Leben in der ewigen Stadt. Um dieser ewigen Heimat und Liebe willen rufen der Geist und die Braut es bis dahin jedem Menschen zu: „Komm! Und wen dürstet, der komme; und wer da will, der nehme das Wasser des Lebens geschenkt."

Jesus selbst will diese Bitte seiner Braut erfüllen und verspricht: „Ja, ich komme bald."[87] So wird auch die letzte Erweckung vor seiner Wiederkunft eine „Bräutigam-Erweckung" sein. In ihr geht es nicht nur um die Errettung aus dem letzten Feuer des Gerichts oder um die Zahl von Mitgliedern einer Kirche. In ihr geht es um die Tiefe der Liebe, für die jeder Einzelne bestimmt ist und auf die er nur persönlich eine Antwort des Herzens geben kann, so wie es auch ein Brautpaar am Altar tut. Es wird eine Erweckung des Herzens sein, die nicht aus Angst geboren ist. Sie ist vielmehr durch eine Liebe entzündet, die nur der Heilige Geist hervorbringen und wachsen lassen kann. Allein diese Liebe wird unbesiegbar sein und will die Braut schon jetzt immer neu in Bewegung bringen wie in einem Tanz.

---

[83] 2. Petr. 3,13.
[84] Offb. 21,4.5; vgl. Jes. 25,8; 35,10.
[85] Offb. 21,9-17.
[86] Im Gegensatz zur Stadt Babel, was Verwirrung heißt; vgl. 1. Mo. 11,9.
[87] Offb. 22,17-20.

Doch noch gibt es freie Plätze im Reigen der größten Liebe. Noch können Menschen sich einreihen in den Tanz des dreieinigen Gottes mit den Seinen. Noch kann jeder Einzelne sich als die Rose sehen, die sich in den Tanzschritten des Glaubens in seiner Liebe öffnet und ihren Duft für ihn verströmt. Denn der sie liebt, ist im Kommen. Gerade durch den Heiligen Geist, der ihr Herz immer neu mit dem Licht seiner Liebe füllt, kann seine Braut auch bis zum Schluss eine Trägerin der Hoffnung und ein Resonanzraum seiner Sehnsucht nach allen Menschen sein. Darum ruft sie noch einmal voller Sehnsucht und Liebe aus: „Amen, ja, komm, Herr Jesus!“[88] Sie singt und betet auch in Deutschland mit der Sehnsucht, die ihn selbst erfüllt: „Jesus, dein Licht füll dies Land mit des Vaters Ehre! Komm, Heil'ger Geist, setz die Herzen in Brand! Fließ Gnadenstrom, überflute dies Land mit Liebe! Sende dein Wort, Herr, dein Licht strahle auf!“[89]

Wenn Jesus, das Licht der Welt, Deutschland aufs Neue erfüllt und wir so das Glück erleben, dass der Heilige Geist mit dem Strom dieser Liebe auch durch die Kinder des Krieges hindurch das Land bewässert, dann kann sogar das Lied der Deutschen von Herzen von allen gesungen werden, die darin leben wollen: „Blüh im Glanze *dieses* Glückes, blühe, deutsches Vaterland!“ Denn dann wird es ein Garten des wahren Königs sein, der Leben bringt; und er wird jeden in die Tanzbewegung der Freude hineinnehmen, die aus dem Glauben an ihn kommt.

Jesus selbst hat versprochen, was im Glauben durch seinen Geist schon hier auf Erden geschehen kann: „Ich will euch wiedersehen, und euer Herz wird sich freuen, und eure Freude wird niemand von euch nehmen.“[90] Gerade durch seinen Geist können wir ihm und einander aufs Neue die Hand reichen: Juden und Heiden aus allen Völkern, die in Deutschland leben und weit darüber hinaus. In der Freude, Jesus als Messias zu erkennen, können wir uns gemeinsam in die Tanzschritte des Glaubens einreihen. Gerade diese „tanzenden“ Gemeinschaftskreise um seinetwillen werden dann durch alle Strophen

---

[88] Offb. 22,20.

[89] Originaltitel: Shine Jesus Shine; Text: Graham Kendrick (nach Joh 1,5; 3,19-21; 2. Kor 3,18); Melodie: Graham Kendrick; dt. Text: Manfred Schmidt; © 1988 Make Way Music, für D, A, CH: Small Stone Media Germany, Köln; in: *Licht dieser Welt*, in: *Lieder für die Gemeinde*, Nr. 428, Refrain.

[90] Joh. 16,22.

hindurch als die eine Rose sichtbar, die sich entfaltet und ihren Duft der Liebe in einer sterbenden Welt verströmt.

Um ihretwillen wird Jesus den Himmel noch einmal verlassen, um sie zu „pflücken" und an sein Herz zu legen. Dann werden wir schauen, was wir jetzt noch im Glauben durchschreiten wie in einem Reigen: Die Liebe siegt und sie allein regiert! Denn „die Rechte des HERRN ist erhöht; die Rechte des HERRN behält den Sieg!"[91] Himmel und Erde werden in Einheit das Lied der Lieder singen, das nie mehr verstummt und in viele neue Tanzschritte des Lebens führt: „Halleluja! Denn der Herr, der allmächtige Gott, hat das Reich eingenommen. Wir wollen uns freuen und fröhlich sein und ihm die Ehre geben; denn die Hochzeit des Lammes ist gekommen, und seine Braut hat sich bereit gemacht."[92]

So bleibt am Schluss die Frage: Sind wir bereit, Jesus in bräutlicher Liebe entgegenzugehen wie die fünf klugen Jungfrauen? Das Gefäß mit dem Öl des Heiligen Geistes – der intimen Gemeinschaft mit ihm – wird entscheidend sein, ob wir den Weg dorthin durch die zunehmende Finsternis dieser Welt finden. Nur dann wird uns die Tür offenstehen, zur ewigen Gemeinschaft und Herrschaft mit dem Bräutigam des Himmels im Vaterhaus Gottes. Dann wird auch jede zweifelnde Frage besiegt sein, mit welchen Augen unser himmlischer Vater seine deutschen Kinder sieht. Mit unseren Herzensaugen werden wir sehen, was Jesus uns schon jetzt zu glauben einlädt: „Er selbst, der Vater, hat euch lieb."[93]

Wenn auch die Gläubigen in Deutschland durch den Heiligen Geist die Liebe des Vaters empfangen, können sie darin stark werden. In dieser Kraft kann der deutsche Teil der Braut Christi gerade in unserer Zeit seine Berufung ergreifen, als Ebenbild des himmlischen Vaters selbst ein „Vater" für andere Völker zu werden und den Rettungsschirm des Höchsten über ihnen auszuspannen. Denn „ein Vater gibt Heimat. Ein Vater versorgt und gibt Orientierung. Er erzieht und rüstet aus. Er fördert Leben und ermöglicht Zukunft. Er ist wie Abraham ein Priester Gottes und damit ein Fürbitter. Weil er selbst vom

---

[91] Ps. 118,16. Der Glaube an diesen wirklichen „Endsieg" wird nicht enttäuscht werden, denn Gott selbst verbürgt sich in seinem Wort, dem Buch der Bücher, dafür.

[92] Offb. 19,6.7.

[93] Joh. 16,27.

Vater im Himmel geliebt ist, liebt auch er seine Kinder und lehrt sie, andere zu lieben."[94] Im Blick auf das jüdische Volk und die kommenden Generationen, die in seinem Land leben, wird dieser „Vater" in der Kraft und Vollmacht des Heiligen Geistes den Fluch vergangener Generationen durch Fürbitte in Segen verwandeln. Denn er darf wie Josua und Kaleb (Nachkommen Abrahams im Alten Bund) einer der Glaubenden sein, der die Zukunft im Land der Verheißung auch für die kommende Generation einnimmt.[95]

In diesem Land werden die Feinde nur mit der übernatürlichen Liebe des Geistes Gottes besiegt. Sie macht den Liebenden selbst auf geheimnisvolle Weise unverwundbar, weil sie wie ein Feuer-Siegel im Herzen brennt; es ist ein Siegel, das kein Hass der Welt auslöschen kann. Diese unauslöschliche Liebe gewinnt für jeden, der ihr glaubt, aus welchem Volk er auch kommt. Das im Glauben zu ergreifen, lädt das Lied der Lieder ein; denn es ist getragen von der Gewissheit, die auch heute in Lobpreis und Anbetung münden will: „Groß ist der Herr, ihm gebührt unser Lob. In Herrlichkeit ragt seine Stadt empor, zur Freude aller Welt. Groß ist der Herr und in ihm haben wir den Sieg. Denn er hat uns aus Feindeshand befreit. Wir beugen unsere Knie. Und wir erheben deinen Namen, Herr. Wir danken dir von Herzen für dein Werk in unserm Leben. Und wir vertrauen deiner Liebe, Herr, denn du allein bist unser Gott, in Ewigkeit regierst du die Welt."[96]

---

[94] So ein Bruder aus Uganda in der Jerusalem-Gemeinde in Berlin im Jahr 2019.

[95] Vgl. 4. Mo. 14,6-9.21-24. Es war dann Josua, der das Volk Gottes ins Land der Verheißung bringen sollte, um es übernatürlich einzunehmen für die nächsten Generationen. Vgl. zu diesem „Leben im Übernatürlichen" Pierrot Fey (2021): *Geistliche Höhen* (Prophetenschule), online abrufbar unter: https://www.youtube.com/watch?v=ny6FYPVl9QM. [Zuletzt: 28.07.2021].

[96] Originaltitel: Great Is The Lord; Text: Steve McEwan (nach Ps. 48,1-2); Melodie: Steve McEwan; dt. Text: Immanuel Lobpreiswerkstatt; © 1985 Body Songs; für D, A, CH: CopyCare Deutschland, Holzgerlingen; in: Feiert Jesus! 2, Hänssler Verlag, 2. Aufl., Holzgerlingen, Nr. 32.

Sela

1. Worin besteht meine Berufung als Braut Christi?

Lebe ich in der Vorfreude auf die Hochzeit im Himmel?

Anregung: Geh durch die einzelnen Tanzschritte des Glaubens und frage dich: Habe ich geistliche Vater- oder Mutterschaft erlebt? Bin ich selbst ein geistlicher Vater/eine geistliche Mutter?

2. Wodurch wird diese Berufung bestritten?

Gibt es Gedanken, die mich blockieren, geistliche Väter oder Mütter zu suchen? Gibt es Hindernisse, die mich davon abhalten, selbst ein geistlicher Vater/eine geistliche Mutter zu sein? – Gibt es etwas, das meine Vorfreude auf Jesu Wiederkunft hindern will?

Anregung: Sprich mit anderen Glaubensgeschwistern darüber, die wie du in Jesus den himmlischen Bräutigam erwarten.

3. Welche Schritte ist Jesus gegangen, um seine Braut wiederherzustellen?

Anregung: Geh in Gedanken durch dein Leben und sieh es dir mit Jesus im „Herzkino seiner Liebe" an. Frage dich: Bei welchen Abschnitten kann ich nur staunen über Gott?

4. Welche Tanzschritte des Glaubens will ich einüben?

Geh durch die einzelnen Tanzschritte und lass Jesus deine Stimme hören! Stimme in die Sehnsucht der Braut Christi ein, die singt:

1. Regier als König hier, wir wollen mehr von dir. Nimm unsre Herzen hin, zeig uns den Lebenssinn. Dein Hoffnungsfeuer brenne, Herr, in unsren Herzen immer mehr. Komm, Heilger Geist, erfülle du uns ganz. Wir sind dein Leib. Sei du die Kraft in uns.
2. Wir sehnen uns danach, dass dein Reich kommen mag. Erfüllung finden wir doch ganz allein bei dir. Mach du gefangne Herzen frei, schenk Heilung, Frieden, steh uns bei. Wir setzen alles ein für deinen Plan. Wir sind dein Leib. Komm und erweck die Welt.
3. Komm du zu uns in Macht, zeig allen deine Kraft. Nichts hindert deinen Plan, du fängst neu mit uns an. Wir sind für so viel mehr gemacht. Erweck in uns, das du erdacht. Füll uns mit Jesu Liebe, seiner Kraft. Wir sind dein Leib, bringen der Welt dein Licht.

Refrain:

Bau dein Königreich, dass das Dunkel weicht. Deine starke Hand heile unser Land. Weck die Kirche auf, weil dies Land dich braucht. Sende deinen Geist. Bau dein Königreich, o Herr.[97]

[97] Originaltitel: Build Your Kingdom Here; Text & Melodie: Chris Llewellyn & William Herron & Gareth Gilkeson; dt. Text: Marita Schmidt & Simon Gottschick; © 2011 Thankyou Music; für D, A, CH: SCM Hänssler, Holzgerlingen, in: Feiert Jesus! Liederbuch FÜNF, Hänssler-Verlag, Holzgerlingen 2017, Nr. 205).

Epilog

Was bleibt?

Als geistliche Nachkommen von Abraham, dem Vater aller Gläubigen, sind wir auch heute und hier eingeladen, Gott die Liebe zu glauben, die ihn dazu bewegt hat, seinen Sohn als Opfer für die Sünden einer ganzen Menschheit in unsere zerbrechende Welt zu senden.[1] Doch so wie Kaleb und Josua als Nachkommen Abrahams im Alten Bund unverschuldet mit dem ganzen Volk vierzig Jahre lang durch die Wüste zogen und als Glaubende den Unglauben einer ganzen Generation mittrugen, ohne zu zerbrechen,[2] haben auch Kriegskinder und Kriegsenkel in Deutschland in zwei Generationen den Unglauben ihrer Vorfahren vor mehr als achtzig Jahren erlitten und zugleich mitgetragen.

Als Teil der Braut Christi im Neuen Bund sind sie darum von Jesus selbst gerufen und befähigt, am Vergangenen nicht zu zerbrechen, sondern in der übernatürlichen Kraft des Heiligen Geistes ihr Leben zu lieben und als Liebende zu leben. Gerade sie haben erfahren, dass Gott allein der Richter über alle Weltreiche der Rebellion und des Unglaubens ist. Doch weil er zugleich ihr persönlicher Retter wurde, können sie – im Heiligen Geist mit ihm verbunden – ihr Land in einen Garten des Lebens verwandeln, sodass es das freundliche Angesicht des wahren Vaters widerspiegelt. So kann durch alle, die ihm vertrauen, auch Deutschland unter der Herrschaft des Heiligen Geistes Wiederherstellung der Würde für alle Menschen erfahren. Gerade dadurch wird sich ihre Jugend erneuern wie bei einem Adler, der in

---

[1] Vgl. Joh. 3,16; 1,29.

[2] Vgl. die ganze Geschichte in 4. Mo. 13,1-3.25-33; 14,1-10.20-39.

das Gold der ewigen Liebe blickt und mit mächtigen Schwingen in die Höhe emporsteigt, die seine wahre Heimat ist. Diese Gläubigen werden dann wie Abraham weder im Glauben noch im Laufen ermatten, sondern das Ziel der Vollendung in der ewigen Stadt erreichen.[3]

Ganz gleich, in welchen Garten seines Reiches und in welche Gegend er sie bis zu seiner Wiederkunft senden wird, um daraus einen neuen Garten seiner Liebe entstehen zu lassen, sie werden als geliebte Kinder Gottes und zugleich als Braut des himmlischen Bräutigams Botschafter seines Friedensreichs sein.[4] Denn bis dahin gilt auch für den deutschen Teil seiner Braut:

Die Braut Christi mit „braunem Hintergrund" hat eine bunte, farbenfrohe Zukunft.

Die Braut Christi in Deutschland hat Zukunft, weil sie geliebt ist. Jesus, der König der Juden, hat auch sie durch sein vergossenes Blut in einen Bund der Liebe aufgenommen, den „viele Wasser" nicht auslöschen können.[5] Darum soll am Ende dieses Buches nur ein Vierfaches stehen:

1. Das Gebet einer Geliebten

Mein Gebet ist erhört, wenn in Deutschland die Braut Christi mit „braunem" Hintergrund ihre Knie nicht mehr vor dem Thron Satans beugt und nicht länger am Pergamon-Altar im Bund mit dem Tod stehen bleibt. Mein Gebet ist erfüllt, wenn die Braut Christi in Deutschland ihre wahre Bestimmung annimmt und ihre Knie am Altar Gottes zum Bund der Liebe mit Jesus beugt, dem König der Juden und himmlischen Bräutigam. Denn er hat sie mit seinem Blut von den Bündnissen Satans gelöst und ihren Namen von seinen Altären gelöscht. Darum hat sie eine bunte und farbenfrohe Zukunft mit dem, der ihr sein Leben schenkt und dieses Leben durch sie auch allen anderen gibt, die in den Bund mit Jesus eintreten. Dann werden diese Gläubigen genauso seine Stimme sein, die mit dem Heiligen Geist zusammen weltweit einlädt: „Komm!"[6]

---

[3] Vgl. Ps. 103,5; Jes. 40,31; Hebr. 11,10.
[4] Vgl. Jes. 9,5.6.
[5] Hld. 8,7.
[6] Offb. 22,17.

2. Die Geduld des Gekreuzigten

Bis zu seiner Wiederkunft reicht die Geduld des gekreuzigten und auferstandenen Jesus von Nazareth, dem König aller Könige und Heiland der Welt. Bis dahin besteht für die Menschheit wie im ersten Garten eine Wahl: Will sie als geliebte Braut am Altar Gottes knien, um sich dann im Lebensbund mit dem Bräutigam des Himmels zu erheben und über alle Umstände hinweg schon hier den Sieg seiner Liebe zu feiern? Oder will sie es nicht?[7] Die Geduld Christi will sie gewinnen und groß machen, ohne andere abzuwerten. Wird sie diese Gnade annehmen? Noch ist dazu Gelegenheit.

3. Gefährten des Glaubens

Nur mit „Gefährten des Glaubens" kann die Braut Christi gerufen und aufgerichtet werden, egal aus welchem Land und Volk die Einzelnen kommen. Auch dieses Buch ist nur mit anderen zusammen zu dem geworden, was es ist. Neben Mike Bickle mit seinem gründlichen Studium des Hohelieds ist mir genauso der messianische Jude Aljosha Ryabinov zu einem „Gefährten des Glaubens" geworden, der mir mit seinem Einblick in Gottes Wort aus der hebräischen Ursprache der Bibel viele Erkenntnisse vermittelt hat, die mein Herz für die Wahrheit der Schrift aufgeschlossen und mir meinen Platz darin gezeigt haben.[8]

Um dieses Buch schreiben zu können, sind mir aber ebenso Glaubensgeschwister zu Gefährten geworden, die mir nicht nur digital und auf Papier nahe waren. Vielmehr haben sie mir persönlich ihre Herzen

---

[7] Wenn sich die Menschheit nicht mit Jesus als ihrem Bräutigam am Altar Gottes beugt, dann trifft sie auch eine Wahl: sie wird sich am Altar Satans beugen und von ihm betrogen werden, um letztlich gebeugt und gedemütigt und im Geist des Todes gefangen dem letzten Gericht entgegenzugehen, wie auch er selbst.

[8] Ihn hatte ich persönlich 2018 in dem Kongress „Dein Reich komme" in Berlin gehört, als Bibellehrer wie als Pianist. In Vorträgen über das Königtum Gottes konnte ich seither kostbare Einsichten empfangen, die meine Liebe zur hebräischen Bibel wieder angefacht haben. Durch manches vom Heiligen Geist inspirierte Klavierspiel dieses Bruders habe ich mich in den biblischen Geschichten gesehen und meinen Platz am Vaterherzen Gottes neu eingenommen. Vgl. Aljosha Ryabinov (2011): *Glorious Heavenly Music with the FATHER'S BLESSING!* Online abrufbar unter: https://youtu.be/71ORrYyKiyw. [Zuletzt: 22.07.2021]. Auch sein Buch *Hebräisch denken*, Verborgene Edelsteine der Bibel entdecken, ReformaZion Media, 3. Aufl., Rinteln 2018, hat mich inspiriert.

und Häuser geöffnet. Sehr dankbar bin ich für alle Gebete und Gaben von Heide und Marion, die mir für eine erste Zeit ihre Wohnung zur Verfügung stellten, sowie für Marianne, die den ganzen Prozess mitgetragen hat und in deren Haus in Wilhelmsdorf ich anschließend einfach sein und schreiben konnte. Ein besonderer Dank gilt auch den Ehepaaren Sybille und Thomas sowie Manuela und Andreas, die mir ihre Häuser geöffnet haben, als andere Türen zugingen. Darüber hinaus hat Manuela inhaltlich den Prozess durch das Lesen jedes einzelnen Kapitels begleitet. So war sie mir eine beständige Ermutigung dranzubleiben. Auch Karin, Johanna, Andrea und Darya gilt mein Dank für alles geistlich wache Lesen und hilfreiche Begleiten. Corinna will ich für ein letztes sorgfältiges Korrekturlesen danken. Eine besondere Gefährtin war und ist mir Rahel, die meinen persönlichen Weg und das Rufen Jesu nach seiner Braut existenziell geteilt hat wie auch die Sehnsucht nach dem geistlichen Einswerden mit ihm, dem himmlischen Bräutigam. Nicht zuletzt gilt mein Dank Manfred Mayer, dem Verlagsleiter von GloryWorld-Medien und der Lektorin Klaudia Wagner für alle geistliche Verbundenheit und alles freundliche und fachlich kompetente Begleiten bis zur Veröffentlichung dieses Buches. Auch die kostbaren Einblicke in die Schau des Künstlers Horacio Marcelo Valera-Cucinelli über das Herz Gottes im Hohelied bis zur Entstehung der geistlich inspirierenden Bilder sind mir ein großes Geschenk. Wer immer mich sonst auf irgendeine Weise mitgetragen und unterstützt hat, dem gilt mein Dank. Er möge sich hier sehen und auch den Segen aus allem empfangen. Denn letztlich verdanken wir den gedeckten Tisch der Güte und Liebe Gottes ihm selbst. Ihm sollen alle Ehre und aller Dank gehören und zu ihm soll auch alles führen. Dass das geschieht, ist mein Gebet. Denn allein er ist es, der uns liebt wie der himmlische Bräutigam seine Braut im Hohelied.

4. Der Gewinn der Gemeinschaft aller Gläubigen

Die Gemeinschaft der Gläubigen aller Zeiten wird gewinnen – zusammen mit der Braut der Endzeit, die ihrem Bräutigam durch die Gemeinschaft mit dem Heiligen Geist in Liebe entgegengeht. Sie wird gewinnen, weil der Geist des Lebens und der Liebe als Feuersiegel des Sieges auf ihrem Herzen ist. Sie wird gewinnen, wenn sie das Gefäß mit dem Öl des Heiligen Geistes bei sich trägt, das mitten im Kampf der irdischen Reiche das Bild des wahren Königs offenbart und Gemeinschaft mit ihm gewährt. Sie wird gewinnen, weil sie den König der Juden und sein Volk ehrt und liebt. Denn gerade in Israel, dem Volk, für das er kämpft, wird er seine Herrschaft des Friedens aufrichten. In Jerusalem, der Stadt des Friedens, werden Himmel und Erde sich aufs Neue berühren und Gerechtigkeit und Frieden sich küssen.[9] Dann werden unsere Augen den König in seiner Schönheit sehen. Und in seiner Braut werden sich alle Farben des Lichts der Liebe Gottes spiegeln. Das ist ihre Zukunft, die sie gewinnt und für die sich jeder einzelne Tag zu leben lohnt! „Der Geist und die Braut sagen und singen: ‚Komm!'"[10]

Werden wir den Ruf und die Melodie dieser Liebe hören und ihr folgen? Noch läuft der Bräutigam des Himmels uns in Liebe entgegen und die Tür zum Vaterhaus Gottes steht offen.[11] Der Vater im Himmel erwartet uns, und seine Einladung steht: „Kommt, denn es ist alles bereit!"[12]

---

[9] Ps. 85,10.11; vgl. Offb. 21,10-27.
[10] Offb. 22,17.
[11] Vgl. Mt. 25,10.13: „Und als sie hingingen, um [Öl] zu kaufen, kam der Bräutigam; und die bereit waren, gingen mit ihm hinein zur Hochzeit, und die Tür wurde verschlossen … Darum wacht, denn ihr wisst weder Tag noch Stunde, in welcher der Menschensohn kommen wird."
[12] Lk. 14,17.

Anhang 1

Wie können wir für unsere Familien in Bezug auf den Nationalsozialismus beten?

1. Heil-Hitler-Gruß

1. **Bedeutung**: Hinter diesem Gruß steckt die Verehrung von Hitler als Gott.
2. **Vorgehen**: Für Eltern, Großeltern, Verwandte und eventuell sich selbst (a) Gott um Vergebung bitten für das Aussprechen dieses Grußes, (b) sich für die ganze Familie und auch die Vorfahren lossagen von der Bindung an Hitler, die dahintersteht, und dann (c) diese Verbindung im Namen Jesu Christi durchschneiden.

   Gebetsvorschlag:
   Herr Jesus Christus, ich bitte stellvertretend für meine Eltern und/oder Großeltern und Verwandten um Vergebung für das Aussprechen dieses Grußes und sage mich und meine ganze Familie von der Bindung an Hitler und den nationalsozialistischen Geist im Namen Jesu Christi los. Amen.
3. **Buße tun** über die Bespitzelung von und den Verrat an Deutschen und Juden.

   Gebetsvorschlag: Herr Jesus Christus, ich bitte um Vergebung, wo meine Vorfahren an der Bespitzelung von und am Verrat an Juden und Deutschen beteiligt waren. Amen.

2. Nationalsozialistischer Geist und nationalsozialistisches Gedankengut

Generell um Vergebung bitten für alle Öffnung für den nationalsozialistischen Geist und alle Aufnahme von nationalsozialistischem Gedankengut bei unserer Herkunftsfamilie und bei uns selbst und Abtrennen von diesem Gedankengut im Namen Jesu Christi.

Es handelt sich um Gedankenmächte und Gedankengut wie Folgende:

- „Am deutschen Wesen wird die Welt genesen."
- Die angebliche Überlegenheit und Reinheit des arischen Blutes über das jüdische Blut: „Das jüdische Blut degeneriert und vergiftet uns."
- „Flink wie die Windhunde, zäh wie Leder, hart wie Kruppstahl, jung, hart und grausam (Napola), so will Adolf Hitler uns haben."
- „Ein deutscher Junge weint nicht!" (Ablehnung von Gefühlen und von Schmerz)
- „Nur die Stärksten haben ein Recht auf Leben." (Sozialdarwinismus)
- „Wir sind besser als alle anderen. Darum müssen sie besiegt werden!"
- Adolf Hitler: „Wenn dieses Volk nicht siegen kann, dann soll es eben untergehen!"
- Ablehnung von behindertem und altem Leben: „Der Einzelne ist nichts, das Reich ist alles."
- Geist der Arbeit (Pervertierung: „Arbeit macht frei" – in Konzentrationslagern am Tor), Nützlichkeitswahn; Arbeit, die das Besinnen verhindert

An diesen Werten zeigt sich, dass der nationalsozialistische Geist ein Geist des Todes, der Depression, des Hasses und der Ablehnung ist, der sowohl den Menschen als auch das Bild Gottes in ihm verunreinigt. Es ist der Geist Satans, dem Hitler Deutschland geweiht hat.

Gebetsvorschlag:
Herr Jesus Christus, ich bitte dich um Vergebung für alle Aufnahme von nationalsozialistischem Gedankengut in meiner Herkunftsfamilie und bei mir selbst und trenne mich und meine Familie von diesem Gedankengut ab im Namen Jesu. Ich sage mich und meine Familie los vom nationalsozialistischen Geist in jeder Auswirkung und Gestalt im Namen Jesu Christi. Amen.

3. Eide und Hingabeäußerungen

Buße tun für alle Hingabeäußerungen und -eide an Hitler, und sich selbst und seine Familie im Namen Jesu Christi davon lossagen. Gruppierungen, in denen das geschehen ist:

Soldaten

- Jeder Soldat legte folgendes **Gelöbnis** ab: Ich schwöre bei Gott diesen Eid, dass ich dem Führer des Deutschen Reiches und Volkes, Adolf Hitler, dem Oberbefehlshaber der Wehrmacht, unbedingten Gehorsam leisten und als tapferer Soldat bereit sein will, jederzeit für diesen Eid mein Leben einzusetzen (aus: Siegfried Frisch, Der Geist über Deutschland, S. 251).
- Buße für den **Eid**
  Gebetsvorschlag:
  Herr Jesus Christus, ich tue stellvertretend Buße für den Eid und den unbedingten Gehorsam, den meine Vorfahren (Name) als Soldaten an Adolf Hitler geschworen haben, und ich löse mich und meine Familie von diesem Eid und dem unbedingten Gehorsam an Adolf Hitler im Namen Jesu Christi. Amen.
- Buße tun für alle Taten im Krieg
  Gebetsvorschlag:
  Herr Jesus Christus, ich bitte dich stellvertretend um Vergebung für alle Taten, an denen meine Vorfahren als Soldaten beteiligt waren und bringe ihre Schuld an dein Kreuz. Amen.

SS (Schutzstaffel)

- Buße tun für die **Mitgliedschaft** von Familienangehörigen in der SS
  Gebetsvorschlag:
  Herr Jesus Christus, ich tue Buße für die Mitgliedschaft meiner Vorfahren (wenn möglich namentlich) in der SS und bringe die Schuld an dein Kreuz, Herr Jesus, und löse mich und meine Familie von der Macht des Nationalsozialismus und der Bindung an Adolf Hitler. Amen.
- Bei der Aufnahme in die SS (Schutzstaffel) wurde folgender **Eid** geschworen: Ich schwöre dir, Adolf Hitler, als Führer des Deutschen Reiches Treue und Tapferkeit. Ich gelobe dir und den von

dir bestimmten Vorgesetzten Gehorsam bis in den Tod, so wahr mir Gott helfe.[1]

Gebetsvorschlag:

Herr Jesus Christus, ich tue Buße für den Eid, den meine Vorfahren bei der Aufnahme in die SS geschworen haben, und bringe die Schuld an dein Kreuz. Ich löse mich und meine Familie von diesem Eid und dem Gehorsam bis in den Tod, den meine Vorfahren an Adolf Hitler geschworen haben, im Namen Jesu Christi. Amen.

- **Glaubensbekenntnisse**

  Der Anwärter für die SS lernte den SS-Katechismus. Außer diesem gab es auch noch andere Glaubensbekenntnisse an Hitler.

  Gebetsvorschlag:

  Ich tue Buße für alle Glaubensbekenntnisse an Adolf Hitler, die meine Vorfahren gesprochen haben, und bringe die Schuld an dein Kreuz, Herr Jesus Christus, und löse mich und meine Familie von der Macht des Nationalsozialismus und der Bindung an Adolf Hitler im Namen Jesu Christi. Amen.

- **Buße** tun über das, was die SS getan hat.

  Die SS war an der Judenvernichtung beteiligt und an Racheakten gegen den Widerstand in den besetzten Gebieten.

  Gebetsvorschlag:

  Ich tue Buße für die Taten, an denen meine Vorfahren als Mitglieder der SS beteiligt waren, und bringe die Schuld an dein Kreuz, Herr Jesus Christus. Amen.

Hitler-Jugend

- **Gruppierungen:**

  a) Jungvolk und Jungmädel (10-14 Jahre)

  b) Hitlerjugend und Bund deutscher Mädchen (ab 14 Jahre)

- **Eid**

  Auch bei der Aufnahme in die Hitlerjugend wurde ein Eid gesprochen: „Ich gebe mein Blut und Leben dem einen, der uns alle führt …" (Teil des Eides bei der Aufnahme in die Hitler-Jugend[2]).

  Gebetsvorschlag:

---

[1] Aus: *Der Geist über Deutschland,* S. 247.

[2] Aus: Reinhold Kerstan, *Ein deutscher Junge weint nicht,* K. 4.

Ich tue Buße für den Eid, den ... (Name) bei der Aufnahme in die Hitlerjugend geschworen hat und bringe diese Schuld an dein Kreuz, Herr Jesus. Ich löse mich und meine Familie von diesem Eid meiner Vorfahren und von der Übergabe von Blut und Leben an Adolf Hitler im Namen Jesu Christi. Amen.

Eintritt in die NS-Frauenschaft, NS-Bauernschaft, SA, Arbeitsdienst und andere, Parteimitgliedschaft

Buße tun über die Identifikation mit den Zielen und Plänen Hitlers und ihrer aktiven und passiven Unterstützung.

Gebetsvorschlag:
Herr Jesus Christus, ich tue Buße über die Mitgliedschaft von ... (Namen meiner Vorfahren) in der Partei, die Identifikation mit den Zielen und Plänen Hitlers und ihre aktive und passive Unterstützung. Ich löse mich und meine Familie im Namen Jesu Christi von der Bindung an Adolf Hitler und von der Macht des Nationalsozialismus. Amen.

Besondere Ämter während des Nationalsozialismus

Wenn jemand aus der Familie ein Amt innegehabt hat, wie Ortsgruppenleiter, Hitlerjugendführer, SA-Führungspositionen ..., so sollte man hier gesondert Buße tun über allen Eiden und Hingabeäußerungen, für die Mithilfe bei der Ausbreitung des nationalsozialistischen Gedankengutes und für die aktive Unterstützung des NS-Regimes, bitte auch ganz konkret über Einzelheiten, die man erfahren hat.

Gebetsvorschlag:
Herr Jesus Christus, ich bitte dich um Vergebung, dass ... (Name des Vorfahren) während des NS-Regimes ... (Bezeichnung des Amtes) war. Ich bitte dich auch stellvertretend um Vergebung für alle Eide und Hingabeäußerungen, die in Verbindung mit diesem Amt geleistet wurden, und für die Mithilfe bei der Verbreitung nationalsozialistischen Gedankengutes und die aktive Unterstützung des NS-Regimes. Ich bringe diese Schuld an dein Kreuz, Herr Jesus Christus, und löse mich und meine Familie von der Bindung an Adolf Hitler und von der Macht des Nationalsozialismus in deinem Namen, Herr Jesus Christus. Amen.

4. Konzentrationslagerbewachung und Mithilfe bei der Judenvernichtung

Hier sollte für die bekannte Beteiligung der Vorfahren stellvertretend um Vergebung gebeten werden.

Gebetsvorschlag:
Herr Jesus Christus, ich bitte dich stellvertretend um Vergebung für ... (Art der Beteiligung) von ... (Name des oder der beteiligten Vorfahren) und bringe diese Schuld an dein Kreuz. Ich sage mich und meine Familie los von dem Geist des Todes und der Vernichtung, die hier wirksam war, im Namen Jesu Christi. Amen.

5. Zwangsarbeiter

Hier sollte über die bekannte Beteiligung der Vorfahren stellvertretend um Vergebung gebeten werden, z. B. Bewachung von Zwangsarbeitern, Beteiligung an Aktionen gegen Zwangsarbeiter, medizinische Versuche an Zwangsarbeitern ...

Gebetsvorschlag:
Herr Jesus Christus, ich bitte dich stellvertretend um Vergebung für ... (Art der Beteiligung) von ... (Name des oder der beteiligten Vorfahren) und bringe diese Schuld an dein Kreuz. Ich sage mich und meine Familie los von dem Geist des Todes und der Vernichtung, die hier wirksam war, im Namen Jesu Christi. Amen.

6. Wohnort

In entsprechender Art und Weise wie oben aufgeführt, können wir auch für unseren Wohnort und seine Einwohner in Bezug auf die nationalsozialistische Vergangenheit beten.

Nimm nach dem Gebet deine Befreiung als bestehende Tatsache an und danke Gott dafür!

Falls es zu irgendwelchen ungewöhnlichen gefühlsmäßigen oder körperlichen Reaktionen kommt, erschrick nicht.

Gebete:

Herr Jesus Christus, ich glaube, dass du der Sohn Gottes und der einzige Weg zu Gott, dem Vater im Himmel, bist. Ich glaube, dass du am Kreuz für meine Sünden gestorben und von den Toten auferstanden bist.

Ich glaube, dass du am Kreuz zum Fluch geworden bist, damit ich vom Fluch befreit werde und deinen Segen empfangen darf.

Ich vertraue auf deine Gnade und Vergebung und gebe mich dir ganz hin. Von nun an möchte ich dir in der Kraft deiner Gnade folgen und gehorchen.

Ich bitte dich, jegliche Sünde zu vergeben und zu vertilgen, die ich oder meine Vorfahren begangen haben und die mich einem Fluch ausgesetzt haben. (Nenne an dieser Stelle alle Sünden, derer du dir bewusst bist.)

Wenn Menschen mir Leid oder Unrecht angetan haben, vergebe ich ihnen, so wie Gott mir vergibt. (Nenne diese Menschen.)

Ich sage mich hiermit los von jeglichem Kontakt zu Satan, zu okkulten Praktiken oder Geheimbünden. Wenn ich irgendwelche Gegenstände besitze, die okkult belastet sind, verspreche ich hiermit, diese zu zerstören oder aus meinem Umfeld zu verbannen. (Benenne die Praktiken oder Kreise, mit denen du zu tun hattest.)

Mit der Autorität, die du mir als Kind Gottes verliehen hast, sage ich mich hiermit los von jeglichem Fluch, der auf mir lastet und in meinem Leben Auswirkungen auf mich gehabt hat. Im Namen Jesu. Amen.

Herr Jesus Christus, ich glaube, dass du der Sohn Gottes und der einzige Weg zu Gott bist und dass du am Kreuz für meine Sünden gestorben und wieder von den Toten auferstanden bist. Ich gebe meine ganze Rebellion und all meine Sünden auf und unterwerfe mich dir als meinem Herrn.

Ich bekenne all meine Sünden vor dir und bitte um deine Vergebung – besonders für die Sünden, die mich in den Einflussbereich eines Fluches gebracht haben. Befreie mich auch von den Folgen der Sünden meiner Vorfahren. In einer Willensentscheidung vergebe ich allen, die mir Schaden angetan und mich ungerecht behandelt haben, genauso wie ich auch möchte, dass Gott mir vergibt. Im Speziellen vergebe ich ...

Ich entsage jeglichem Kontakt mit okkulten oder satanischen Dingen; wenn ich irgendwelche „Kontaktgegenstände" habe, dann verpflichte ich mich hiermit, sie zu vernichten.

Ich weise jeden Anspruch Satans auf mein Leben von mir. Herr Jesus, ich glaube, dass du am Kreuz jeden Fluch auf dich genommen hast, der je über mich kommen könnte. Deshalb bitte ich dich, mich von jedem Fluch in meinem Leben zu befreien – in deinem Namen, Herr Jesus Christus! Im Glauben nehme ich meine Befreiung an und danke dir dafür. Amen.[3]

[3] Aus: Derek Prince, *Segen oder Fluch – Sie haben die Wahl*, Verlag Gottfried Bernard, Solingen, 1993, S. 177.

Anhang 2

Ein Einladungsbrief an die „inneren Kinder" (Persönlichkeitsanteile) der eigenen Seele zu Jesus zu kommen

Liebe Kinder,

ich weiß, ihr habt Angst und fühlt euch ganz fremd. Jesus hat uns an diesen sicheren Ort gebracht und viele von uns haben ihn schon kennengelernt. Und er weiß auch, dass es euch gibt. Er möchte so gerne für euch da sein. Bei ihm ist jeder ganz wichtig; auch die ganz Kleinen. Keiner muss sich mehr verstecken. Er beschützt euch und alle dürfen gesehen werden. Es hat ihm sehr wehgetan, was man euch angetan hat, und er wird diese Menschen dafür bestrafen. Ihr braucht keine Angst vor ihm zu haben, er ist ganz anders; liebevoll schau er euch in die Augen und seine Berührungen sind ganz sanft. Aber er wartet so lange, bis ihr es erlaubt, von ihm berührt zu werden, er zwingt seinen Willen niemandem auf. Er ist immer für euch da und sieht jede Träne. Er möchte sie abwischen, euch in den Arm nehmen und mit euch weinen. Er ist sich dafür nicht zu schade. Er will helfen und für euch da sein. Ihr dürft Kinder sein, kleine, fröhliche, unbeschwerte Kinder. Keiner ist stärker als Jesus, denn er ist Gottes Sohn. Auch er hat unvorstellbare Schmerzen gehabt, wurde weggesperrt und war ganz allein, genauso wie ihr. Er war nackt und wurde ausgelacht, dadurch kennt er dieses schreckliche Gefühl, total verlassen und verraten zu sein. Ihr wurdet dazu gezwungen, aber er hat es freiwillig durchlitten. Er musste es tun, weil es ihm so wehtat, wie sehr die Menschen leiden. Er hat es für alle getan. Versteht ihr, er war ganz nah bei euch und will es auch jetzt sein. Und dann geht er mit euch zu Gott, seinem Vater. Er wartet auf euch. Ihr müsst nichts tun, einfach nur da sein. In seinen Augen ist so viel Liebe, da wird euch ganz warm ums Herz, ihr dürft auch auf seinem Schoß sitzen und euch ausruhen. Es ist ganz schön dort, wir können auch alle gemeinsam zum Vater gehen. Bitte denkt darüber nach. Es wäre schön, wenn ihr auch zu Jesus gehört. Er wartet auf euch.

Liebe Grüße

Anna[1]

[1] Zitiert in: Ursula Roderus, Handbuch zur Traumabegleitung, S. 232.

Literaturverzeichnis

Bücher

Aggrey, James (1875 in Ghana -1927 in Harlem, New Your City). *Der Adler, der nicht fliegen wollte.* Peter Hammer Verlag, Wuppertal 1998.

Anderson, Neil T. *Neues Leben – neue Identität.* Lichtzeichen Verlag, 7. Aufl., Lage 2008.

Augst, Kristina. „Auf dem Weg zu einer traumagerechten Theologie. Religiöse Aspekte in der Traumatherapie – Elemente heilsamer religiöser Praxis." Praktische Theologie heute, Band 121, Stuttgart: Kohlhammer 2012, 191, zitiert in Monika Klotz, *Transgenerational weitergegebene Traumata.* Eine praktisch-theologische Untersuchung, LIT Verlag, Berlin 2020. In: Praktische Theologie interdisziplinär, hrsg. Prof. Dr. Christoph Schneider-Harpprecht (Karlsruhe) und Prof. Dr. Dirk Oesselmann (Freiburg), Band 6. Im Folgenden zitiert als Klotz, *Traumata*, LIT Verlag, Berlin 2020.

Back, Nikolaus. „5.3 Bonlanden während der NS-Zeit," S. 242-262, in: *Bonlanden, eine Ortsgeschichte*. Hrsg. Stadt Filderstadt, Filderstädter Schriftenreihe Band 25, Filderstadt 2020.

Back, Nikolaus. 5.4 „Zweiter Weltkrieg", 263-272. In: *Bonlanden, eine Ortsgeschichte.* Hrsg. Stadt Filderstadt, Filderstädter Schriftenreihe, Band 25, Filderstadt 2020.

Baer, Udo. *Wo geht's denn hier nach Königsberg,* Wie Kriegstraumata im Alter nachwirken und was dagegen hilft. Semnos Verlag, Neukirchen-Vluyn 2014.

Baer, Udo; Frick-Baer, Gabriele. *Vom Schämen und Beschämtwerden,* Semnos Verlag, Neukirchen-Vluyn 2008.

Baer, Udo; Frick-Baer, Gabriele. *Wie Kriegstraumata in die nächste Generation wirken,* Untersuchungen, Erfahrungen, therapeutische Hilfen. Semnos Verlag, Neukirchen-Vluyn 2012.

Bickle, Mike. *Den meine Seele liebt,* Ein Bibelstudium zum Hohelied Kapitel 1 bis 5,1. Asaph Verlag, 2. Aufl., Lüdenscheid 2016.

Bickle, Mike. *Alles an ihm ist liebenswert,* Ein Bibelstudium zum Hohelied von 5,2-8. Asaph Verlag, Lüdenscheid 2005.

Bittner, Jobst. *Die Decke des Schweigens*. TOS-Verlag, 2. Aufl., Tübingen 2012.

Bode, Sabine. *Die vergessene Generation,* Die Kriegskinder brechen ihr Schweigen. Klett-Cotta Verlag, 27. Aufl., Stuttgart 2015.

Bode, Sabine. *Kriegsenkel.* Die Erben der vergessenen Generation. Klett-Cotta, Stuttgart 2009.

Czwalina, Johannes. *Das Schweigen redet.* Wann vergeht die Vergangenheit. Joh. Brendow & Sohn Verlag, 2. Aufl., Moers 2013.

Deidenbach, Hans. „Versöhnung und Vergebung: Psychologische, theologische und seelsorgliche Aspekte". In: Kick, Hermes Andreas und Günter Dietz (Hrsg.): Trauma und Versöhnung: Heilungswege in Psychotherapie, Kunst und Religion. Affekt – Emotion – Ethik, Band 9, Berlin: LIT-Verlag 2010, 111-130, 128. In: Klotz, *Traumata*, LIT Verlag, Berlin 2020, 198.

Eckstein, Hans-Joachim. *Wenn die Liebe zum Leben wird. Zur Beziehungsgewissheit.* Grundlagen des Glaubens, Band 3. SCM Hänssler, Holzgerlingen 2010.

Edwards, Gene. *Der Stoff, aus dem die Könige sind, Über Macht, Ohnmacht und Vollmacht.* Asaph Verlag, 5. Aufl., Lüdenscheid 2015.

Evangelische Brüder-Unität (Hrsg.). *Die Losungen der Herrnhuter Brüdergemeinde für das Jahr 2021.* Friedrich Reinhardt Verlag, 291. Ausgabe, Lörrach/Basel 2020.

Faulde, Cornelia. *Wenn frühe Wunden schmerzen: Glaube auf dem Weg zur Traumaheilung.* Mainz: Grünewald 2002, 64. Zitiert in Klotz, *Traumata*, S. 187.

Frick-Baer, Gabriele. *Kreative Traumatherapie: Aufrichten in Würde*, Methoden und Modelle leiborientierter kreativer Traumatherapie. Semnos Verlag, 2. Aufl., Neukirchen-Vluyn 2015.

Fritsch, Siegfried. *Der Geist über Deutschland,* Verlag Johannes Fix, Schorndorf, 1985.

Gutmann, Hans-Martin. *Und erlöse uns von dem Bösen: Die Chancen der Seelsorge in Zeiten der Krise.* Gütersloher Verlagshaus, Güterloh 2005, 238f, zitiert in Klotz, *Traumata*, S. 185.

Hermle, Siegfried. „Die Bischöfe und die Schicksale „nichtarischer" Christen." In: Gailus, Manfred und Hartmut Lehmann (Hrsg.): Nationalprotestantische Mentalitäten, Konturen, Entwicklungslinien und Umbrüche eines Weltbildes. Veröffentlichungen des Max-Planck-Instituts für Geschichte, Band 214. Vandenhoeck & Ruprecht, Göttingen 2005, 263-306, 272. Zitiert in Klotz, *Traumata*, LIT Verlag, Berlin 2020, S. 99.

Hirschmann, Maria Anne. *Vom Hakenkreuz zum Kreuz,* Autobiografie. Gerth Medien, 1. Aufl., Asslar 2006.

Immer, Leni. *Meine Jugend im Kirchenkampf,* Quell Verlag, Frankfurt am Main 1994.

Kenyon E. W. & Gossett, Don. *Die Kraft deiner Worte*. Shalom-Verlag, Bad Griesbach 1981.

Kerstan, Reinhold. *Ein deutscher Junge weint nicht:* Erinnerungen an damals, Oncken-Verlag ABC Team, 2. Aufl. 1982.

Kisaakye Adler, Margret. *Gottes Gnade für Deutschland.* Ein Ruf zur Umkehr. edition winterwork, Berlin 2019.

Klotz, Monika. *Transgenerational weitergegebene Traumata, Eine praktisch-theologische Untersuchung,* LIT Verlag, Berlin 2020. In: Praktische Theologie interdisziplinär. Hrsg. Prof. Dr. Christoph Schneider-Harpprecht (Karlsruhe) und Prof. Dr. Dirk Oesselmann (Freiburg), Band 6.

Kühner, Kühner. *Überlebensgeschichten für jeden Tag.* Aussaat Verlag, 5. Aufl., Neukirchen-Vluyn 1994.

Kuhlemann, Frank-Michael. Protestantische „Traumatisierungen". Zur Situationsanalyse nationaler Mentalitäten in Deutschland 1918/19 und 1945/46. In: Gailus, Manfred und Hartmut Lehmann (Hrsg.): Nationalprotestantische Mentalitäten. Konturen, Entwicklungslinien und Umbrüche eines Weltbildes. Veröffentlichungen des Max-Plack-Instituts für Geschichte Band 214. Vandenhoeck & Ruprecht, Göttingen 2005, 45-78, in: Klotz, *Traumata*, 82.

Lammer, Kerstin. Beratung mit religiöser Kompetenz: Beiträge zu pastoralpsychologischer Seelsorge und Supervision. Neukirchener Verlagsgesellschaft mbH, Neukirchen-Vluyn 2012, in: Klotz, *Traumata*, LIT Verlag, Berlin 2020, S. 177.

Lüling, Dirk & Christa. *Trost finden, Scham und Minderwertigkeit überwinden*, Asaph Verlag, 1. Aufl., Lüdenscheid 2019.

Luther, Martin. *Der Große und der Kleine Katechismus*, Vandenhoeck & Ruprecht, 2. Aufl., Göttingen 1985.

Mendez Ferrell, Ana. *Orte der Gefangenschaft*, cube8, 3. Aufl., Konstanz 2012.

Metaxas, Eric. *Bonhoeffer*, Pastor, Agent, Märtyrer und Prophet. SCM Hänssler im SCM-Verlag GmbH & Co. KG, 3. neu durchgesehene Aufl., Holzgerlingen 2011.

Nsimbi, Georg. *Deutschlands geistlicher Segen*, Books & Presents Medienverlag, Bietigheim 2007.

Penkazki, Werner. *Israel – der dritte Weltkrieg – und wir*. Verlag für reformatorische Erneuerung, 5. Aufl., Wuppertal 2002.

Prinz, Derek. *Segen oder Fluch – Sie haben die Wahl.* Verlag Gottfried Bernard, 5. Aufl., Solingen 1993.

Roderus, Ursula. *Handbuch zur Traumabegleitung,* Hilfen für Seelsorger, Berater und Therapeuten, Asaph-Verlag, 2. Aufl., Lüdenscheid 2015.

Ryabinov, Aljosha. *Hebräisch denken*, Verborgene Edelsteine der Bibel entdecken, ReformaZion Media, 3. Aufl., Rinteln 2018.

Savelle, Jerry. *Wenn Satan deine Freude nicht rauben kann, kann er nicht zurückhalten, was dir gehört!* Shalom-Verlag, Bad Griesbach 2002.

Schiffer, Annedore. *Subjektive und gesellschaftliche Aspekte von Traumatisierungsprozessen in Bezug auf die NS-Zeit. Eine Studie zum transgenerationalen Psychotrauma in Bezug auf die NS-Zeit und den Zweiten Weltkrieg.* Dissertation zur Erlangung des Doktorgrades der Philosophie. Technische Universität, Dortmund 2014 S. 66. In: Klotz, *Traumata*, LIT Verlag, Berlin 2020, S. 127f.

Schleske, Martin und Wenders, Donata. *Der Klang.* Vom unerhörten Sinn des Lebens. Kösel Verlag, 10. Aufl., München 2015.

Schult, Maike. *Ein Hauch von Ordnung. Traumaerzählung und seelsorgliche Arbeit.* Habilitationsschrift im Fach Praktische Theologie vorgelegt bei der Theologischen Fakultät der Christian-Albrechts-Universität zu Kiel, 2017b, 30. In: Klotz, *Traumata*, LIT Verlag, Berlin 2020, S. 217.

Sheets, Dutch. *Fürbitter,* Die in den Riss treten, Durch Gebet bewegt Gott immer noch den Himmel und die Erde, Asaph-Verlag, 3. Aufl., Lüdenscheid 2015. Im Folgenden zitiert als Sheets, *Fürbitter*.

Soerensen-Cassier, Dagmar, Transgenerationelle Prozesse von NS-Traumatisierungen, 138. In: Radebold, Hartmut (Hrsg.): Kindheiten im Zweiten Weltkrieg und ihre Folgen: Psychosozial-Verlag, Gießen 2004, 137-146. In: Klotz, *Traumata*. LIT Verlag, Berlin 2020, 42.43.

Süss, Joachim. *Die entschlossene Generation. Die Kriegsenkel verändern Deutschland,* Europa-Verlag, 1. Aufl., München 2017.

Ten Boom, Corrie. *Jesus ist Sieger*, Brockhaus RBTaschenbuch, 10., erweiterte Taschenbuchauflage, Wuppertal 1997.

Vollnhals, Clemens. „Im Schatten der Stuttgarter Schulderklärung, Die Erblast des Nationalprotestantismus." In: Gailus, Manfred und Hartmut Lehmann (Hrsg.): *Nationalprotestantische Mentalitäten. Konturen, Entwicklungslinien und Umbrüche eines Weltbildes.* Veröffentlichungen des Max-Planck-Instituts für Geschichte, Band 214. Vandenhoeck & Ruprecht 2005, 379 – 431.

Welton, Jonathan, *Die Schule der Seher.* Eine praktische Anleitung, wie man ins Unsichtbare hineinsehen kann. GloryWorld-Medien, 3., verbesserte Aufl. 2017, Xanten.

Wilson, William. „Rachaph", *Old Testament Word Studies* (Grand Rapids: Kregel Publications, 1978), S. 175. In: Dutch Sheets, *Fürbitter*, S. 137.

Wolynn, Mark. *Dieser Schmerz ist nicht meiner.* Kösel Verlag, München 2017. Zitiert in Klotz, *Traumata*, LIT Verlag, Berlin 2020, S. 203.

Internetquellen

Beit Sar Shalom, Evangeliumsdienst e.V.: *Das Passahmahl kurz gefasst.* Online abrufbar unter: https://www.beitsarshalom.org/das-passahmahl-kurz-gefasst/. [Zuletzt: 05.07.2021].

Berliner Erklärung (Religion). Online abrufbar unter: https://de.wikipedia.org/wiki/Berliner_Erklärung_%28Religion%29. [Zuletzt: 05.07.2021].

Blutfahne (NSDAP). Online abrufbar unter: https://de.m.wikipedia.org/wiki/Blutfahne_(NSDAP). [Zuletzt: 05.07.2021].

Bonhoeffer, Dietrich (1944). Online abrufbar unter: https://www.dietrich-bonhoeffer.net/predigttext/wer-bin-ich/. [Zuletzt: 21.07.2021].

Brose, Patrick (2006): *Münchens Denkmäler. Das Braune Haus im Parteiviertel.* Online abrufbar unter: denkmaeler-muenchen.de/ns/brauneshaus.php. [Zuletzt: 05.07.2021].

Bühler, Jürgen (2021): *Die Berliner Erklärung und der Holocaust, ICEJ Deutschland (Präsident der International Christian Embassy Jerusalem).* Online abrufbar unter: https://www.youtube.com/watch?v=D5OBdiRzIEA [Zuletzt: 05.07.2021].

Bundesministerium der Justiz und für Verbraucherschutz: *FlaggAnO 1996 – Anordnung über die deutschen Flaggen.* Online abrufbar unter: https://www.gesetze-im-internet.de/flaggano_1996/BJNR172900996.html [Zuletzt: 05.07.2021].

Der Pergamonaltar. Online abrufbar unter: https://de.wikipedia.org/wiki/Pergamonaltar. [Zuletzt: 05.07.2021].

Das Pergamonmuseum in Berlin wird eröffnet. Online abrufbar unter: https://www1.wdr.de/stichtag/stichtag-eroeffnung-pergamon-museum-100~_mon-062013.html. [Zuletzt: 22.07.2021].

Schwarz, Dr. (2015). *Die jüdische Hochzeit – ein Sinnbild für die Kirche Jesu.* Online abrufbar unter: https://www.israelogie.de/theologisches/die-juedische-hochzeit-ein-sinnbild-fuer-die-kirche-jesu/. [Zuletzt: 22.07.2021].

Die Offene Bibel: *Adonai*. Online erhältlich unter: https://offene-bibel.de/wiki/Adonai, [Zuletzt: 05.07.2021].

Dupont, Marc (2021): *Session 2 der Online-Konferenz mit Marc Dupont, Andreas & Stephanie Keller.* Online abrufbar unter: https://www.youtube.com/watch?v=Qwhz_A3oe6U. [Zuletzt: 05.07.2021].

EKD Deutschland (2018): *Zur aktuellen Situation der Flüchtlinge. Eine Erklärung der Leitenden Geistlichen der evangelischen Landeskirchen Deutschlands.* Online abrufbar unter:

https://static.evangelisch.de/get/?daid=CuHJjg3NFHgLFUAr_L0MIZoH00118099&dfid=download. [Zuletzt: 05.07.2021].

Ev.-luth. Kirchenkreis Hamburg-West: *Arbeitshilfe Erzählcafe. Ein Veranstaltungsformat für Kirchengemeinden.* Online erhältlich unter: http://seniorenwerk-hhsh.de/wp-content/uploads/Erzähl-Café.pdf, Stand 12.06.2018. [Zuletzt: 05.07.2021].

Lutz Hoeth, Die Evangelische Kirche und die Wiederbewaffnung Deutschlands in den Jahren 1945-1958. Dissertation. Technische Universität Berlin 2008, 11. URL: https://www.deutsche-digitale-bibliothek.de/binary/7VQVGZQ2BCMK5BZ4RUPNGWF-BAGV4JZPO/full/1.pdf – Stand: 17.05.2017. [Zuletzt: 20.07.2021]. Zitiert in Klotz, *Traumata*, 112.

Jacobi, Thorsten (2016): *Die deutsche Kriegstheologie 1914 in ihren Ursachen und Folgen.* Online abrufbar unter: http://www.degpa.be/wp-content/uploads/Dt.-Kriegstheolgie-1914.pdf zitiert in Klotz, Monika. *Traumata*, LIT Verlag, 2020, 84.

Jehuda, Arie: *Das hebräische Alphabet.* Online abrufbar unter: http://ariejehuda.de/hebraeische-wurzeln/. [Zuletzt: 05.07.2021].

Kadell, Franz: *Persönlichkeiten der Reformation: Karlstadt.* Online abrufbar unter: https://www.mdr.de/reformation500/person-karlstadt-andreas-bodenstein-refjahr-100.html. [Zuletzt: 05.07.2021].

Keck, Ewald: *Das Buch Hohelied*, in: „Route 66 – Quer durch die Bibel“. Online abrufbar unter: http://www.bibelwissen.ch/images/d/d7/Hohelied.pdf. [Zuletzt: 05.07.2021].

Keil, Helge: *Ruach – die weibliche Seite Gottes (wieder) entdecken.* Online abrufbar unter: https://www.ankernetz.de/inspiratives/dateien/134-ruach-dieweiblicheseitegotteswiederentdecken.pdf [zuletzt: 05.07.2021].

Klinkewitz, A. („Nefesch“): *Zärtliches Erbarmen.* Online abrufbar unter: https://www.nefesch.net/2011/08/zartliches-erbarmen. [Zuletzt: 05.07.2021].

Koch, Horst (2007): *Pergamonaltar. Thron Satans.* Online abrufbar unter: https://horst-koch.de/pergamonaltar/ [Zuletzt: 05.07.2021].

Kringe, Gerhard: *Wort Gottes, Die biblische Zahlensymbolik und die Rückführung zum Vater.* Online abrufbar unter: http://www.gerhard-kringe.de/Zahlens.html [zuletzt: 05.07.2021].

Kuhlmann, Jürgen (1980): *Der Heilige Geist als Mutter.* Online abrufbar unter: www.stereo-denken.de/diomadre.htm. [Zuletzt: 03.08.2021].

Luther, Martin (1512/1513): *Martin Luther und seine „Turmstunde“.* Eine Biografie für Christliche-Autoren.de. Online abrufbar unter: https://www.christliche-autoren.de/luther.html. [Zuletzt: 26.07.2021].

Neumann, Johann: 1945. Die Kirchen vorher und nachher. Die Kirchen in Deutschland, 19f. URL: https://www.ibka.org/artikel/ag98/1945.html#6 – Stand: 16.03.2017 [zuletzt: 20.07.2021).

Schnabel, Benjamin (2020): *Dänische Bibel ohne Bezug zu Israel*. Online abrufbar unter: https://www.unsere-wurzel.de/blog/news/daenische-bibel-ohne-bezug-zu-israel/. [Zuletzt: 05.07.2021].

Schneider, Reinhold (1936): *Allein den Betern kann es noch gelingen*. Online abrufbar unter: https://johannesklinkmueller.wordpress.com/2008/09/18/allein-den-betern/. [Zuletzt: 26.07.2021].

Schönemann, Hubertus (2012): *Klage (AT)*, in: „Das wissenschaftliche Bibellexikon im Internet". Online abrufbar unter: https://www.bibelwissenschaft.de/fileadmin/buh_bibelmodul/media/wibi/pdf/Klage_AT___2018-09-20_06_20.pdf. Zitiert in: Klotz, *Traumata*, LIT Verlag, Berlin 2020, 179.

Seifert, Katharina (1997): *Theologie und Spiritualität, Die weibliche Seite Gottes, Wissen der Bibel und der ersten christlichen Theologen wiederentdeckt*, in: „Tag des Herrn, Katholische Wochenzeitung für das Erzbistum Berlin und die Bistümer Dresden-Meißen, Erfurt, Görlitz und Magdeburg". Online abrufbar unter: https://archiv.tag-des-herrn.de/archiv_1996_bis_2007/artikel/3816.php#gsc.tab=0. [Zuletzt: 05.07.2021].

Weizsäcker, Richard (1985): *Rede des Bundespräsidenten Richard von Weizsäcker zum 40jährigen Kriegsende 1985.* Online abrufbar unter: https://www.tagesschau.de/inland/rede-vonweizsaecker-wortlaut-101.html [zuletzt: 05.07.2021].

Lieder und Predigten

Billing, Carolyn (2018): *Jesus Singing to the Bride* (You Have Ravished My Heart) Songs of Songs 4:7-15. Online abrufbar unter: https://youtu.be/UJJP-g8f6ZI. [Zuletzt: 26.07.2021].

Corciulo, Marcello. *Gottes Stimme hören lernen*. Online abrufbar unter: https://www.adler-dienst.ch/produkte/buch-gottes-stimme-hoeren-lernen. [Zuletzt: 22.07.2021].

Die deutsche Nationalhymne – alle 3 Strophen. Online abrufbar unter: http://www.liederundtexte.com/die-deutsche-nationalhymne/ [Zuletzt: 05.07.2021].

Elevation Worship (2016). *Do It Again.* Online abrufbar unter: https://www.youtube.com/watch?v=0B_lnQIITxU [Zuletzt: 05.07.2021].

Fey, Pierrot (2021): *Geistliche Höhen* (Prophetenschule). Online abrufbar unter: https://www.youtube.com/watch?v=ny6FYPVl9QM. [Zuletzt: 28.07.2021].

Jeffers, Dr. Gerald (2013): *Condemnation Interferes with Intimacy*. Online abrufbar unter: https://www.youtube.com/watch?v=u6MxzPvQMng. [Zuletzt: 05.07.2021].

O'Bros (2021), *Real Life. Song für Philipp Mickenbecker.* Online abrufbar unter: https://www.youtube.com/watch?v=_OKojI3W5nU. [Zuletzt: 05.07.2021].

Master KG (2019): *Jerusalema*. Online abrufbar unter: https://www.youtube.com/watch?v=fCZVL_8D048. [Zuletzt: 05.07.2021].

Ryabinov, Aljosha (2011). *Glorious Heavenly Music with the FATHER'S BLESSING!* Online abrufbar unter: https://www.youtube.com/watch?v=71ORrYyKiyw. [Zuletzt: 22.07.2021].

Wilbour, Paul (2013): *Dance with me*. Online abrufbar unter: https://www.youtube.com/watch?v=7_4gJvDy2gU. [Zuletzt: 05.07.2021].

Wilbur, Paul (2013): *Song Of The Beautiful Bride* Online abrufbar unter: https://www.youtube.com/watch?v=RLgIAgiS_LE. [Zuletzt: 05.07.2021].

Interviews:

Interview Mörtter, Hans. 12.01.2018, zitiert in M. Klotz, *Traumata*, S. 163 und S. 247–252.

Interview Süss, Hans-Joachim. 21.10.2017, zitiert in Klotz, *Traumata*, S. 162 und S. 237–244.

Über die Autorin

Cornelia Weinmann, Jahrgang 1963, erlebte mit 18 Jahren eine Begegnung mit Jesus, die ihr nicht nur Freude und Lebenskraft (zurück)gab, sondern auch für ihren Weg eine neue Weiche stellte.

Seitdem schlägt ihr Herz dafür, die befreiende Nachricht von Jesus Christus weiterzusagen: als Religionspädagogin, als Gemeindediakonin und als Referentin. Gerne begleitet sie Menschen durch Verkündigung und Seelsorge auf ihrem Weg mit Gott.

Weitere Informationen zum Buch und zur Autorin, wie z. B. Kontaktmöglichkeiten, Downloads oder Termine finden sich auf der Website der Autorin: www.corneliaweinmann.de.

Weitere Produkte von GloryWorld-Medien

„Himmlische Bücher für die Erde"

Matthias Hoffmann, Gehimmelt leben

Den Himmel in unseren Alltag holen; 216 S., Paperback

Gehimmelt leben ist ein neuer Zugang zu einem alltagstauglichen Lebensstil der Intimität und Kraft aus der unmittelbaren Gegenwart Gottes, dort, wo sich Himmel und Erde berühren.

Das Buch strahlt eine tiefe, vertraute Freundschaft mit Abba-Vater aus. Es lädt ein, Altbekanntes aus einer anderen Perspektive zu betrachten und eigene beglückende Himmels-Erfahrungen zu sammeln.

Ein Buch für Tiefgänger, Fragensteller und Weiterdenker, das darauf wartet, im Alltag von jedem Leser persönlich weitergeschrieben zu werden.

Matthias Hoffmann

Gemeinschaft der Erwartungsvollen

Exodus und Metamorphose der Gemeinde Jesu in unseren Tagen; 176 Seiten, Paperback

Die Gemeinde Jesu befindet sich derzeit in einer Phase der Verwandlung. Weltweit verlassen Tausende ihre bisherigen kirchlichen Strukturen. Sie wollen nicht weg von Jesus, sondern suchen nach authentischer geistlicher Gemeinschaft. Der Autor nennt das die „Gemeinschaft der Erwartungsvollen".

Das Buch ist eine Einladung, dem nachzuspüren, was der Geist Gottes den Gemeinden heute dazu sagen will. Und der Autor ist sich gewiss, dass jeder, der sich Gott mit offenem Herzen und hungrigem Geist nähert, eine Antwort des Himmels bekommen wird.

Dr. Charity Virkler-Kayembe / Dr. Mark Virkler

Höre Gott durch deine Träume

Gottes Reden in der Nacht verstehen; 288 S., Pb.

In der Bibel finden wir sehr viele Beispiele für Gottes Reden durch Träume. Auch heute möchte er uns durch Träume wichtige Botschaften zukommen lassen. Doch beachten wir sie oft wenig oder wissen nicht, wie sie zu deuten sind.

Diesem Missstand möchte dieses Buches abhelfen. Die Autoren haben sehr viele Erfahrungen im Umgang mit Gottes Reden gesammelt. Das Buch ist ein praktischer, leicht verständlicher und biblischer Leitfaden, um die Sprache zu verstehen, die Gott in unseren Träumen benutzt.

Bill Johnson / Randy Clark, Berufen zu heilen I

Grundlagen und Praxis des Gebets für Kranke, 240 S., Pb.

Jeder Christ kann von Gott gebraucht werden, um anderen Heilung zukommen zu lassen. Das ist das Anliegen der beiden Autoren. Dazu berichten Sie, wie Gott sie in den Heilungsdienst hineinführte, und legen anschließend klare biblische Grundlagen für das Heilungsgebet. Im umfangreichsten Teil gehen sie auf verschiedene Aspekte ein, die für eine Heilung förderlich sind, erläutern, wie seelische und körperliche Krankheiten zusammenhängen und stellen dann ein in der Praxis bewährtes Modell für das Gebet um Heilung vor, das für alle Christen leicht anwendbar ist.

Blake K. Healy, Durch den Schleier sehen

Eine Einladung in die unsichtbare Welt; 176 S. Paperback

Blake K. Healy sieht Engel und Dämonen seit seiner Kindheit – und zwar so klar wie natürlich sichtbare Dinge. Er sieht zum Beispiel Engel in Anbetungsgottesdiensten tanzen und Ermutigungsworte in die Ohren von Menschen flüstern, doch genauso sieht er auch Dämonen, die sich an Leute heften und so Abhängigkeiten, Lügen und Bitterkeit in deren Herzen und Gedanken aufrechterhalten.

In diesem Buch erzählt er einige dieser Begegnungen und wie er in dieser Gabe reifte und dabei die Angst und Verwirrung über die Dinge, welche er sah, überwand. Und ebenso, und wie er lernte, die Gabe des Sehens zu Gottes Verherrlichung zu nutzen und andere darin zu lehren.

„Ich wollte nicht, dass dieses Buch jemals endet!" (Bill Johnson)

Blake K. Healy, Unzerstörbar

Führe deine geistlichen Kämpfe aus der Perspektive des Himmels; 192 S., Pb.

Welche Fallen und Taktiken wenden Dämonen an, und wie können wir diese meiden?

Blake K. Healy kann schon seit seiner Kindheit Engel und Dämonen sehen. Dieses Buch fasst zusammen, was er in über dreißig Jahren über die Pläne des Feindes und ebenso die des Himmels gelernt hat.

Wir lernen, wie wir die Komplotte, Pläne und Lügen des Feindes aufdecken und abwehren können und gleichzeitig die Pläne des Himmel vorantreiben können.

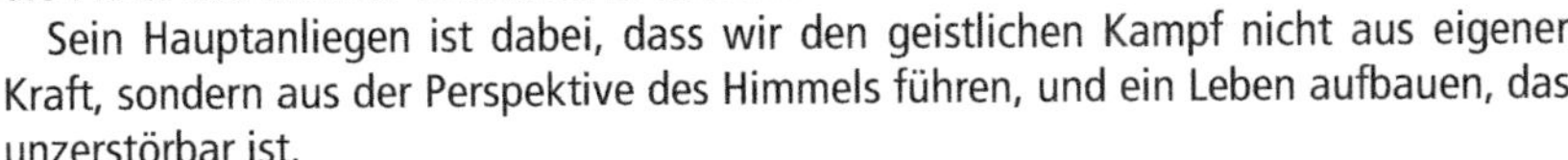

Sein Hauptanliegen ist dabei, dass wir den geistlichen Kampf nicht aus eigener Kraft, sondern aus der Perspektive des Himmels führen, und ein Leben aufbauen, das unzerstörbar ist.

Dann können wir in unserem Umfeld – unserem Wohnviertel, unseren Schulen, Städten und Ländern – zu einem Leuchtfeuer der Herrlichkeit Gottes werden.

Henk Bruggeman

Das Herz des Vaters entdecken

Unsere Identität als Söhne und Töchter Gottes empfangen

200 S.; Paperback

Gott sehnt sich mehr denn je danach, seinen Kindern sein Vaterherz zu offenbaren. Er möchte, dass wir ihn nicht nur mit dem Kopf, sondern vor allem mit dem Herzen kennenlernen. Statt einer Distanziertheit soll eine innige Vertrautheit unsere Beziehung zu ihm prägen. Darüber hinaus möchte er uns aber eine neue Identität schenken: die Identität der Sohnschaft. Wir entdecken mehr und mehr, wie wir als echte Söhne und Töchter Gottes leben können.

Wayne Jacobsen, Geliebt!

Tag für Tag in der Zuneigung des himmlischen Vaters leben

240 S., Paperback

Jeden Tag ein Leben zu führen, in dem wir völlig sicher sind, dass wir bedingungslos von Gott geliebt sind – ist das wirklich möglich, und wie sieht das konkret aus?

Wayne Jacobsen bringt uns Schritt für Schritt nahe, wie tief die Liebe Gottes zu uns tatsächlich ist. Wir entdecken dabei, dass wir nicht zu Sklaven, sondern zu Söhnen und Töchtern berufen sind. Die liebevolle Zuneigung unseres Vaters im Himmel gilt uns in allen Umständen. Wir erfahren eine lebendige Beziehung zu ihm, die uns von der Qual der Scham befreit und uns so verändert, dass wir als seine Kinder leben können.

Israel Harel, In die Ruhe eingehen

Vom Hebräerbrief lernen; 304 S.; Paperback

Dieses Buch ist ein eindringlicher Aufruf zu inniger Gemeinschaft mit Gott im Allerheiligsten und eine Aufforderung, in die Sabbatruhe Gottes einzugehen, dorthin, wo ER alles in allem ist.

Was bedeutet das konkret? Wie können wir heute in diese Ruhe eingehen? Diesen Fragen geht Israel Harel in seiner tiefgründigen Auslegung des Hebräerbriefs nach.

Seine Querverweise zur jüdischen Geschichte helfen dem Leser besser zu verstehen, was Jesus für jeden von uns getan hat.

Es wird klar: Diese Aufforderung und Verheißung an uns, in die Sabbatruhe Gottes einzugehen, ist nicht auf die Zukunft gerichtet, sondern dürfen wir jetzt und heute erleben und genießen.

Phil Mason, Quanten-Herrlichkeit

Die Wissenschaft von der Inbesitznahme der Erde durch den Himmel; 520 Seiten, Paperback

Quanten-Herrlichkeit erläutert auf eine äußerst spannende Weise die Zusammenhänge zwischen den faszinierenden Erkenntnissen der Quantenmechanik und der Herrlichkeit Gottes.

Der erste Teil untersucht die subatomare Welt und enthüllt ihren außergewöhnlich komplexen göttlichen Plan, der die Genialität unseres Schöpfers offenbart.

Im zweiten Teil erklärt der Autor ausführlich, wie die Herrlichkeit Gottes in unser physisches Universum eindringt, um Wunder göttlicher Heilung zu bewirken.

Das Buch ist vollgepackt mit verblüffenden Erkenntnissen, aber mehr als das, ist es dazu bestimmt, uns für den übernatürlichen Dienst auszurüsten, damit wir die Herrlichkeit Gottes auf der Erde freisetzen, wie sie im Himmel ist!

Phil Mason, Die Ergründung des Herzens

Eine Einführung in die Herzensrevolution; 240 S., Pb.

Band 1 der Reihe „Übernatürliche Transformation"

Willkommen zur Herzensrevolution! Phil Mason bringt uns mit diesem Buch wieder mit dem Herzen Gottes – und somit auch unserem eigenen Herzen – in Verbindung. Begegnen wir der verschwenderischen Liebe des Vaters, erweckt sie in unserem Herzen eine neue Begeisterung und Leidenschaft.

Jesu Modell der Herzensverwandlung stützt sich nicht auf irdische Weisheit und Methoden. Er möchte, dass wir durch eine Begegnung mit der Herrlichkeit und Macht Gottes verwandelt werden.

Phil Mason, Das Wunder der Neuen Schöpfung

Die Grundlage der Herzensrevolution

Band 2 der Reihe „Übernatürliche Transformation"

264 S., Paperback

Was genau passiert bei der Wiedergeburt eines Christen? Welche Segnungen gehen damit einher? Wie kommen wir dahin, vom Geist bestimmt zu werden? Und wie geschieht es, dass wir ganz heil werden und immer mehr Christus widerspiegeln?

Phil Mason legt die umfassende Grundlage dafür, dass jeder Christ die Tatsachen und Prozesse versteht, die uns zu siegreichen Christus-Nachfolgern machen. Das ist Voraussetzung für die Revolution, die Gott in seiner Gemeinde gerade in Gang bringt.

Frank Krause, Feuerprobe

Das kleine Buch über Erweckung in Deutschland

120 Seiten, Paperback

Das Thema „Erweckung" wird heiß diskutiert. Was sagt nun Jesus selbst zur Sache? Schließlich ist er derjenige, der uns mit Heiligem Geist und Feuer taufen möchte. Und er ist auferstanden und lebt; wir können ihn selbst danach fragen.

Das hat der Autor getan und hat in einer erstaunlichen Vision überraschende Antworten dazu erhalten, wie wir reif werden für Erweckung: Die Kirche ebenso wie das Land. Darin enthalten ist ein **Sendschreiben an die Gemeinde in Deutschland.**

James Goll
Geistlich wahrnehmen und unterscheiden

Wie wir Offenbarungen empfangen, prüfen und anwenden können; 216 S.

James Goll erklärt, dass jeder Nachfolger Jesu geistliche Offenbarungen empfangen und prüfen kann, auch wenn einige als Propheten besonders begabt sind. Er legt präzise dar, wie wir unsere Sinne dem Heiligen Geist hingeben können, damit wir geistlich wahrnehmen können.

Und er erläutert, wie wir Offenbarungen prüfen, anwenden und letztlich verinnerlichen können, damit die Menschen sie nicht nur hören, sondern in uns sehen.

Für das vertiefte Studium ist ein Arbeitsbuch erhältlich.

Neil Cole, Leiten lernen wie Paulus

Hineinwachsen in ein Leben, das Kreise zieht;

240 S., Klappenbroschur

Welche Lektionen können wir von Paulus, einem der größten Weltveränderer der Geschichte lernen? Welche Lebens- und Leiterschule durchlief er, um am Ende sagen zu können: „Ich habe den guten Kampf gekämpft, ich habe den Lauf vollendet …" (2 Tim 4,7)?

In diesem Buch untersucht Neil Cole, ein erfahrener Coach und Gründer organischer Gemeinden das Leben des Apostels Paulus. Wir lernen wertvolle Lektionen darüber, wie Gott in verschiedenen Lebensphasen einen Leiter formt und ihn zum Ziel bringt.

Leiten bedeutet dabei, Einfluss zu haben. Jeder ist dazu geboren, jemand zu werden, der Einfluss hat – egal, ob er wie Paulus unerreichten Völkern das Evangelium bringt oder Kinder so erzieht, dass sie unsere Gesellschaft positiv prägen.

Paul Manwaring, Die Herrlichkeit Gottes

Was sie ist und wie unser Leben davon geprägt sein kann

260 S.; Paperback; Vorwort von Bill Johnson.

Gott hat eine Leidenschaft: Er möchte, dass wir seine Herrlichkeit kennen, und zwar schon hier auf Erden!

Paul Manwaring, der Leiter des apostolischen Netzwerk der Bethel Church, beschreibt seinen Weg in dieses Verlangen Gottes hinein. Er verfolgt die Spuren der Offenbarung von Gottes Herrlichkeit durch die Bibel hindurch und lädt uns ein, Moses Wunsch an Gott zu folgen: „Zeige mir deine Herrlichkeit."

„Dies könnte das ermutigendste Buch sein, das Sie je lesen werden" (Bill Johnson).

James Goll
Die Gaben des Heiligen Geistes freisetzen

216 S., Paperback

Der Heilige Geist demonstriert Gottes übernatürliche Kraft durch seine Gemeinde heute, indem seine Herrlichkeit auf globaler Ebene freigesetzt wird. Alle Gaben Gottes sind immer noch voll funktionsfähig, und jeder einzelne Gläubige ist dazu bestimmt, im Fluss Gottes zu leben und seine Bestimmung zu erfüllen.

James Goll zeigt auf, wie der Heilige Geist durch die neun bekanntesten Geistesgaben wirkt und wie wir sie unter Gottes Leitung für die Erfüllung des Missionsbefehls einsetzen können.

Anhand vieler anschaulicher Beispiele aus der Bibel und aus der Gegenwart lernen wir, wie geistliche Gaben in der Praxis funktionieren. Aber es geht in diesem Buch nicht nur darum, wie man seine geistlichen Gaben entdeckt oder empfängt, sondern wie man sie freisetzt und weitergibt!

Ron Cantor, Identitätsraub

Ein Jude ... die Wahrheit. Roman; 240 Seiten, Pb.

Warum fällt es Juden so schwer, an Jesus zu glauben, und warum tun sich Christen schwer damit, dass Juden, die zum Glauben an Jesus kommen, ihr Jüdischsein nicht ablegen wollen?

„Identitätsraub" erläutert auf kreative Weise die alte Trennung zwischen den Juden und der Christenheit – jedoch nicht in Form von trockener Theologie, sondern vielmehr als fesselnder Roman.

Dass Jeschua (Jesus) seiner kulturelleren Identität beraubt wurde, hatte eine schreckliche und endlose Tragödie für das jüdische Volk zur Folge. Das Buch möchte deshalb Jeschua seinen ursprünglichen ethnischen Kontext wiedergeben.

Die Schriftrolle der Liebe, Band 1

Die Stadt der Liebe und dein Körper der Liebe; 160 S., Pb.

Nachdem der Autor lange um eine Offenbarung der Geheimnisse der Liebe gebetet hatte, kam eines Tages ein Engel zu ihm, der ihm die Schriftrolle der Liebe brachte. In diesem Band wird die Schriftrolle geöffnet und gibt ihre ersten Geheimnisse preis.

Sie drehen sich um die Art der Gemeinschaft – die „Stadt" –, welche die Liebe baut, sowie um überraschende Erkenntnisse über die Bedeutung unseres Körpers. Viele Aspekte des äußeren Leibes und eine ganze Reihe von inneren Organen werden besprochen. Ihre Widerspiegelung höherer Zusammenhänge und geistlicher Prozesse ist augenöffnend.

Frank Viola, Ur-Christen

Eine außergewöhnliche Chronologie der Ereignisse des Neuen Testaments, 220 Seiten, Paperback

Das Neue Testament ist nicht chronologisch geordnet, weshalb manches darin missverstanden wird. *Ur-Christen* verbindet daher die verschiedenen Bücher des NT miteinander. Daraus entsteht eine einzigartige, fortlaufende Geschichte.

Das Buch gibt uns insbesondere einen tiefen Einblick in das praktische, pulsierende Gemeindeleben der ersten Christen. Geschichtliche, politische und soziologische Daten, Landkarten und Hintergrundinformationen runden das Bild von der damaligen Situation ab und lassen uns unser Neues Testament in Zukunft mit ganz anderen Augen lesen.

Dr. Larry Richards

Die volle Waffenrüstung Gottes

Gut geschützt gegen die Angriffe des Bösen; 208 Seiten, Pb.

Die Bibel macht deutlich, dass ein Großteil unserer Unsicherheiten, Ängste und Zweifel auf den Machenschaften böser Mächte beruhen. Deshalb ist es so entscheidend, dass wir sowohl die Strategien kennen, die Satan benutzt, um uns anzugreifen, als auch die Rüstung, die Gott uns zur Verfügung stellt, um uns dagegen zu schützen.

Eine biblische Dämonologie, Hilfen zum Umgang mit dem Bösen in der Seelsorge sowie Lektionen für „Lebe-frei-Selbsthilfegruppen" runden das Buch ab.
